国連安全保障理事会と憲章第7章

集団安全保障制度の創造的展開とその課題

佐藤哲夫

有斐閣

国連安全保障理事会と憲章第7章
── 集団安全保障制度の創造的展開とその課題 ──

【目　次】

本書収録の論文とその記載について
はじめに

第1部　国際組織の創造的展開の理論と国連安全保障理事会
　第1章　国際組織設立文書の解釈プロセスと国際組織のダイナミズム
　第2章　国連安全保障理事会機能の創造的展開
　　　　　── 湾岸戦争から9・11テロまでを中心として ──

第2部　国連憲章第7章と国連安全保障理事会の活動
　第3章　国連安全保障理事会決議による経済制裁の概略と課題
　第4章　冷戦後の国際連合憲章第7章に基づく安全保障理事会の活動
　　　　　── 武力の行使に関わる二つの事例をめぐって ──
　第5章　冷戦解消後における国連平和維持活動
　　　　　── 国内紛争に対する国際連合の適応 ──
　第6章　見果てぬ夢, 国連常設軍
　　　　　── 国際公共目的に向けた軍事的強制の現代的諸相 ──

第3部　国連安全保障理事会とその求められる正当性
　第7章　国際連合憲章第7章に基づく安全保障理事会の活動の正当性
　第8章　国連安全保障理事会の創造的展開とその正当性
　　　　　── 憲章第7章の機能の多様な展開と
　　　　　　立憲化（constitutionalization）の視点をめぐって ──

第4部　公権力としての国連安全保障理事会とその課題
　第9章　国連安全保障理事会は国際社会の公権力たりうるか？
　第10章　公権力としての国連安全保障理事会の課題

あとがき
条約・文書索引，判例・事件索引，決議索引，事項・人名索引

細　目　次

はじめに ……………………………………………………… i

第1部　国際組織の創造的展開の理論と国連安全保障理事会

第1章　国際組織設立文書の解釈プロセスと国際組織のダイナミズム ……………………… 7

第1節　問題の所在 ……………………………………………… 7

第2節　組織法としての設立文書 ……………………………… 9
　1　設立文書の概念規定　9
　2　設立文書の組織法としての特徴　10
　3　組織法としての特徴が実現されるメカニズム　12

第3節　設立文書の解釈枠組みにおける目的論的推論 ……… 13
　1　条約の解釈枠組みにおける「有効性の原則」　13
　2　設立文書の解釈枠組みにおける目的論的推論　15
　　(1) 設立文書の解釈枠組みをめぐる学説の概観 (15)　(2) 設立文書の解釈枠組みをめぐる国際司法裁判所の判例の分析 (16)

第4節　設立文書の解釈枠組みにおける国際組織の実行の法的意義 ……………………………………… 17
　1　条約の解釈枠組みにおける「締結後の慣行」　17
　2　設立文書の解釈枠組みにおける機関の「締結後の実行」　18
　　(1) 国際法に基づく一般的分析 (19)　(2) 設立文書の解釈基準としての機関の実行 (19)　(3) 立法条約に反映する国際組織の発展的実行の考慮──「国際組織の関係規則」の意義を中心として── (20)
　　(4) 設立文書の解釈手続き──設立文書の解釈主体としての国際組織の

iii

　　　　機関——(21)

　第5節　組織法としての解釈枠組み……………………………22
　　　1　組織法としての性質の理論的基礎　22
　　　　(1) ヨーロッパ共同体における解釈理論(23)　(2) アメリカ合衆国連邦憲法の解釈理論(24)　(3) 制度理論(25)　(4) 時際法の理論(26)
　　　2　組織法としての解釈枠組みの確定に向けて　27
　第6節　結　び——残された問題——………………………29

第2章　国連安全保障理事会機能の創造的展開……………30
　　　　　　——湾岸戦争から9・11テロまでを中心として——

　第1節　はじめに…………………………………………………30
　第2節　国際組織の創造的展開…………………………………33
　　　1　国際組織設立文書の意義と機能　33
　　　2　WHO要請に基づく「核兵器使用の合法性」に関する勧告的意見　34
　第3節　国連安全保障理事会機能の創造的展開………………36
　　　　　　——憲章第7章の深化——
　　　1　冷戦下の実行　37
　　　2　冷戦解消後の実行　37
　　　　(1) 第39条：「平和に対する脅威」概念の展開(37)　(2) 第41条：非軍事的措置(39)　(3) 第42条：軍事的措置(41)
　　　3　評　価　46
　第4節　国連安全保障理事会による合法性確保機能の展開……47
　　　　　　——憲章第7章の進化——
　　　1　従来の議論　47
　　　2　冷戦下の実行　48
　　　3　冷戦解消後の実行　49
　　　　(1) 侵略(49)　(2) 人権の大規模侵害・人道法の重大な違反(51)

(3) 国際テロリズム（52）
　4　評　　価　57
第5節　お わ り に……………………………………………58

第2部　国連憲章第7章と国連安全保障理事会の活動

第3章　国連安全保障理事会決議による経済制裁の概略と課題……………………………………………61

第1節　は じ め に……………………………………………61
第2節　経済制裁の国際法上の位置づけ………………………61
　1　復仇措置としての経済制裁　62
　2　第三国による対抗措置の許容性　63
　3　様々な具体的手段　65
第3節　国連安全保障理事会決議による経済制裁の発動から
　　　　履行に至るまでのメカニズム………………………66
　1　国連安全保障理事会決議による経済制裁の法的枠組み　66
　2　国連安全保障理事会決議による経済制裁の発動　67
　(1) 憲章第39条に基づく認定（67）　(2) 憲章第41条に基づく決定と勧告（67）
　3　国連安全保障理事会決議による経済制裁の履行に伴う法的諸問題(1)──主に国際的次元で──　69
　(1) 通商関係条約との抵触（70）　(2) 不参加の可能性と負担不均衡の是正（71）　(3) 履行確保の仕組み：制裁委員会（71）　(4) 禁輸の執行（71）
　4　国連安全保障理事会決議による経済制裁の履行に伴う法的諸問題(2)──主に国内的次元で──　72
　(1) 国連安保理決議の国内的な実施（72）　(2) 制裁措置の域外適用（73）　(3) 既契約との抵触（73）　(4) 私人の権利保護や人道的配

　　　　慮に基づく除外（73）
　　5　国連安全保障理事会決議による経済制裁の解除　74
第4節　小　　括……………………………………………………………74

第4章　冷戦後の国際連合憲章第7章に基づく
　　　　安全保障理事会の活動……………………………75
　　　　　　——武力の行使に関わる二つの事例をめぐって——

第1節　問題の提起………………………………………………………75
第2節　湾岸戦争における武力の行使…………………………………77
　　　　——安全保障理事会決議678の国際連合憲章上の位置づけ——
　　1　事　　実　77
　　2　決議678の法的根拠に関する主要な論点の整理と検討　79
　　　(1) 憲章第39条に基づく勧告説（80）　(2) 憲章第42条に基づく決定（勧告）説（83）　(3) 憲章第51条に基づく集団的自衛権説（89）
　　3　決議678の国際連合憲章上の位置づけ　93
　　　(1) 明示的規定に基づく見解について（93）
　　　　(a) 集団的自衛権説の却下（93）　(b) 第39条説と第42条説との相違（96）
　　　(2) 黙示的権限に基づく見解について（101）
　　　　(a) その主張（101）　(b) 批判（102）
　　　(3) 評　　価（103）
　　　　(a) 違憲説について（103）　(b) 第39条説について（105）
　　　　(c) 第42条説について（108）　(d) 黙示的権限説について（109）
第3節　人道的介入と武力の行使………………………………………112
　　　　——国際連合による武力行使を伴う人道的介入——
　　1　概　念　規　定　112
　　2　国際連合による人道的介入の合法性　114
　　　(1) 不干渉原則と国際連合の活動（114）　(2) 国際連合総会の動き（118）　(3) 学説の状況（122）　(4) 人道的介入に関する若干の実定法（127）　(5) 冷戦後における展開へのシナリオ：事務総長の「平

和への課題」(128)　(6) 小括 (130)
　　3　冷戦後における国際連合による人道的介入に関する事例の検
　　　討　131
　　(1) クルド人保護のためのイラクへの介入 (131)
　　　(a) 事実 (131)　(b) 国際法上の主要論点の考察 (134)
　　(2) ソマリアへの介入 (141)
　　　(a) 事実 (141)　(b) 国際法上の主要論点の考察 (144)
　　(3) 旧ユーゴスラビアへの介入 (150)
　　　(a) 事実 (150)　(b) 国際法上の主要論点の考察 (156)
第4節　国際連合憲章第7章の動態的展開 …………………………161
　　　──組織法としての解釈理論から──
　　1　第39条における「脅威」概念の展開　161
　　2　国際連合による武力行使（の許可）　164
　　3　組織法としての国際連合憲章第7章　166

第5章　冷戦解消後における国連平和維持活動 …………169
　　　──国内紛争に対する国際連合の適応──

第1節　問題の設定 ……………………………………………………169
第2節　冷戦下における平和維持活動の形成 ………………………170
　　1　平和維持活動の基本原則の形成　170
　　2　内戦に派遣された平和維持活動の困難　173
第3節　冷戦解消後における平和維持活動の発展 …………………175
　　1　冷戦解消後における紛争の特徴と問題　175
　　2　冷戦解消後における平和維持活動の類型　176
　　3　基本原則の維持と変容　178
第4節　武力行使と平和維持活動 ……………………………………180
　　　──人道援助活動の保護との関係で──
　　1　平和強制の試みと失敗　180
　　2　人道援助活動の保護　184

第 5 節　包括的和平計画の実施のための平和維持活動 ……… 190
　　1　内戦介入の困難とその帰結　190
　　2　岐路に立つ「公平性の原則」　193
第 6 節　結　　論 …………………………………………… 195

第 6 章　見果てぬ夢，国連常設軍 ………………………… 197
　　　　──国際公共目的に向けた軍事的強制の現代的諸相──

第 1 節　はじめに ………………………………………… 197
第 2 節　「世界政府論」からの示唆 ……………………… 198
　　1　「世界政府論」の概要　198
　　2　「世界政府論」の問題点　200
　　3　国際社会における統治システムのあり方に対する視点　202

第 3 節　国際連合における軍事的強制の変遷と国連常設軍の
　　　　諸提案 …………………………………………… 203
　　1　冷　戦　期　204
　　2　1992 年～1995 年　205
　　　(1) 冷戦終結直後における楽観主義の段階 (205)　(2) ルワンダにおける失敗を踏まえた段階 (206)
　　3　1995 年以降　210
第 4 節　国連常設軍の視点からみた「強力な平和維持」 ……… 213
　　1　国連常設軍の実現可能性とその構成要素　213
　　　(1) 国連常設軍の実現可能性 (214)
　　　　(a) 現状の認識 (214)　(b) 国連常設軍の批判 (215)　(c) 民間軍事会社 (PMC) (216)
　　　(2) 国連常設軍の構成要素 (217)
　　2　「強力な平和維持」の存立可能性　219
　　　(1)「平和強制」についてのフィンドレイの議論 (222)　(2) キャプストーン・ドクトリン (国連事務局『国連平和維持活動：原則と指針』)

　　　　(223)　　(3) 課題：エスカレート回避，部隊の確保 (227)

第5節　国連の平和維持活動と多国籍軍の交錯 ……………………229

　　1　錯綜した交錯状況の整理と類型化　　230
　　　　(1) 主体の多様化 (230)　　(2) 形態・相互関係の多様化 (233)
　　　　(3) 即応部隊 (233)

　　2　現在の交錯状況に至る背景と論理　　235
　　　　(1) 主権国家並存体制における主観的国益重視の姿勢 (235)　　(2) 平和活動と多国籍軍との間における相互補完関係 (237)　　(3) 個別的事情に基づく多様化 (239)

第6節　お わ り に …………………………………………………242

第3部　国連安全保障理事会とその求められる正当性

第7章　国際連合憲章第7章に基づく安全保障理事会の活動の正当性 ……247

第1節　は じ め に ………………………………………………247

第2節　国際連合憲章第7章と冷戦下の実行 ………………………249

　　1　国際連合憲章の解釈　　249
　　2　国際連合憲章，特に第7章に基づく安全保障理事会の役割　　250
　　3　冷戦下において安全保障理事会が果たした役割　　251
　　　　(1) 大韓民国への侵攻 (251)　　(2) 南ローデシアの事態 (252)
　　　　(3) 南アフリカの事態 (252)　　(4) 若干のコメント (253)

第3節　冷戦解消後における国際連合憲章第7章に基づく安全保障理事会の諸活動 ……………………………………254

　　1　第39条　　254
　　　　(1) 加盟国の国内問題に対する，国際連合による人道的根拠に基づく介入（クルド（決議688），ソマリア，その他の事例）(254)　　(2) リビ

アの事例（決議731（1992）・748（1992））（256）

　2　第41条　257

　　　(1)　リビアの事例（決議731（1992）・748（1992））（257）　(2)　湾岸戦争の戦後処理（決議687（1991）：イラクの化学兵器と生物兵器の破壊，およびイラクとクウェート間の国境画定等）（258）　(3)　国際人道法の重大な違反に責任を有する者を訴追するための国際刑事裁判所の設立（決議827（1993）および決議955（1994））（259）

　3　第42条　260

　　　(1)　加盟国による武力行使に対する許可（湾岸戦争（決議678（1990））および他の事例）（260）　(2)　決議687（1991）実施のための一方的な武力行使（262）

　4　法的グレー・ゾーンに踏み込む安全保障理事会　265

　　　(1)　安全保障理事会は，第7章に基づいて，拘束的な紛争解決を課する法的権限を有するか（265）　(2)　安全保障理事会は武力行使を加盟国に許可することができるか（268）

第4節　国際社会の憲法としての国際連合憲章に照らした
　　　　安全保障理事会の活動の正当性 …………………………………270

　1　国際社会の憲法としての国際連合憲章　271
　2　公正と実効性との間に位置する安全保障理事会　277
　3　正当性要因としての権力の機能的な分立　280
　　　(1)　準司法的権限（282）
　　　　　(a)　旧ユーゴスラビア国際裁判所（283）　(b)　国際連合補償委員会（283）　(c)　国際連合イラク・クウェート国境画定委員会（285）
　　　(2)　準立法的権限（288）
　4　正当性要因としての司法審査　291

第5節　結　論 ……………………………………………………………297

第8章　国連安全保障理事会の創造的展開と
その正当性 ……………………………………………………300
　　　　――憲章第7章の機能の多様な展開と立憲化

――（constitutionalization）の視点をめぐって――

第1節　はじめに …………………………………………………300
第2節　冷戦下における国際連合による平和と安全の
　　　　維持への取り組み ……………………………………302
　　1　国際連合憲章に基づく仕組み　302
　　2　冷戦下における展開　303
第3節　冷戦解消後における国際連合による平和と安全の
　　　　維持への取り組み ……………………………………304
　　1　国際社会が現在直面する脅威：「ハイレベル・パネル報告書」
　　　304
　　2　活動領域の創造的展開：「脅威」概念の展開　304
　　　(1)　「国内的武力紛争」（305）　(2)　「民主制の崩壊」（305）
　　　(3)　「国際テロリズムの鎮圧」（306）
　　3　執行的機能の創造的展開　306
　　　(1)　非軍事的強制措置：スマートサンクションの動きとその問題点
　　　（306）　(2)　軍事的強制措置：許可（authorization）決議の方式の確
　　　立と一方的武力行使（308）
　　4　司法的機能の創造的展開　309
　　　(1)　湾岸戦争と決議687（1991）（309）　(2)　Ad hoc 国際刑事裁判所
　　　の設立：旧ユーゴスラビア，ルワンダ（310）　(3)　国際刑事裁判所
　　　（ICC）と安全保障理事会（312）
　　5　立法的機能の創造的展開　313
　　　(1)　個別的な法定立：決議661（1990）＝イラク・クウェートとの関係
　　　に限定（313）　(2)　個別的義務創設：決議687（1991）＝イラクの軍
　　　備縮小義務（314）　(3)　個別的義務創設：リビアへのモントリオール
　　　条約適用の排除（314）　(4)　一般的立法機能：決議1373（2001）（国
　　　際テロリズムの鎮圧）・決議1540（2004）（大量破壊兵器の拡散防止）
　　　（315）
第4節　正当性確保の必要性と立憲化（constitutionalization）
　　　　という視点 ……………………………………………316

1 実効性の考慮から正当性の確保へ　316
 (1) 設立文書の創造的展開と実効性の考慮（316）　(2) 国際組織の創造的展開と正当性（318）
2 正当性の確保(1)：国際社会における公権力の組織化とその意義　321
 (1) 国際社会の立憲化（constitutionalization）の議論（321）　(2) 国際社会における憲法の機能：公権力の組織化と適正な行使のための規制（322）
3 正当性の確保(2)：安全保障理事会の活動の規制　325
 (1) 国際法上の制約：強行規範，人権（325）　(2) 国際司法裁判所による司法審査（328）　(3) その他の機関や主体によるコントロール（329）　(4) 機能的権力分立の視点：執行・司法・立法各機能の区分と行使の適切性の評価（331）

第5節　おわりに　333

第4部　公権力としての国連安全保障理事会とその課題

第9章　国連安全保障理事会は国際社会の公権力たりうるか？　337

第1節　はじめに　337
第2節　国際社会における公権力の形成　338
1 公権力形成の歴史的背景　338
2 公権力形成の動き　339
 (1) 公権力としての判断基準（339）　(2) 国際連盟（340）　(3) 国際連合（342）　(4) 国際連合による平和維持活動の位置づけ（345）
第3節　冷戦解消後の国際社会における暴力のコントロール　347
1 湾岸戦争　347
2 カンボジア　349

3　旧ユーゴスラビア　350
　　　4　ソマリア　354
　　　5　ルワンダ　356
　　　6　最近の四つの事例　357
　第4節　おわりに——まとめ——……………………………………360

第10章　公権力としての安全保障理事会の課題………362

　第1節　安全保障理事会の公権力としての位置づけ……………362
　　　　　——「公」の概念の意義と効果——
　第2節　安全保障理事会の機能や運営が「公」の名に値しない
　　　　　という観点からの批判………………………………………365
　第3節　人権をめぐって…………………………………………368
　第4節　公権力としての安全保障理事会を規律する諸原則……375
　第5節　おわりに——まとめ——……………………………………384

あとがき………………………………………………………387

条約・文書索引，判例・事件索引，決議索引，事項・人名索引

本書収録の論文とその記載について

1. 本書は，基本的に，下記の初出一覧に示された既発表の論文（第1章〜第9章）を収録するとともに，新たに書き下ろしとして第10章を加えた上で，全体の趣旨を「はじめに」で説明したものである。
2. 既発表の論文の刊行年が多岐にわたるために，発表後の展開をどの程度補足するかは悩ましい問題である。論旨の理解に資するものとして補足した箇所が若干あるが，原則として発表年の段階での論文と理解していただきたい。もちろん，誤記や表記ミスなどは気がついた限り正した。
3. 下記の初出一覧の諸論文を本書に収録するに際しては，国際法学会，外務省，三省堂，世界法学会，日本国際連合学会および東京大学出版会からその旨の許諾を得た。また研究助成金を受領した場合には，その名称も挙げておく。ここに記して感謝申し上げる。
4. 下記の略語表に示されていない外国語文献については，"（論文名）"のほか，雑誌名と書物名をイタリックとした。

【初出一覧】

「はじめに」 (書き下ろし)

第1部 国際組織の創造的展開の理論と国連安全保障理事会

第1章：「国際組織設立文書の解釈プロセスと国際組織のダイナミズム」『一橋論叢』第104巻第1号（1990年）

第2章：「国連安全保障理事会機能の創造的展開――湾岸戦争から9・11テロまでを中心として」『国際法外交雑誌』第101巻第3号（2002年）
＊財団法人松下国際財団より2001年度研究助成

第2部 国連憲章第7章と安全保障理事会の活動

第3章：「国連安全保障理事会決議による経済制裁の概略と課題」財団法人平和・安全保障研究所『国連安保理決議による経済制裁』（平成18年度外務省委嘱調査）（2007年）

第4章：「冷戦後の国際連合憲章第7章に基づく安全保障理事会の活動――武力行使に関わる二つの事例をめぐって――」『法学研究（一橋大学研究年報）』第26号（1994年）

第 5 章：「冷戦解消後における国連平和維持活動──国内紛争に対する国際連合の適応──」杉原高嶺編『紛争解決の国際法』三省堂（1997 年）
＊1995-1996 年度文部省科学研究費（基盤研究（C）：課題番号 07802003）
第 6 章：「見果てぬ夢，国連常設軍──国際公共目的に向けた軍事的強制の現代的諸相──」『世界法年報』第 30 号（2011 年）
＊財団法人日本証券奨学財団より 2009 年度研究助成

第 3 部　国連安全保障理事会とその求められる正当性

第 7 章：「国際連合憲章第 7 章に基づく安全保障理事会の活動の正当性」『法学研究（一橋大学研究年報）』第 34 号（2000 年）
＊財団法人村田学術振興財団より 1998 年度研究助成
第 8 章：「国連安全保障理事会の創造的展開とその正当性──憲章第 7 章の機能の多様な展開と立憲化（constitutionalization）の視点をめぐって──」日本国際連合学会編『国連研究の課題と展望（国連研究第 10 号）』（2009 年）
＊一橋大学より 2007 年度個人研究支援経費

第 4 部　公権力としての国連安全保障理事会とその実効性

第 9 章：「〔旧題〕国際紛争と公権力：国連安全保障理事会」（山内進他編『暴力：比較文明史的考察』東京大学出版会（2005 年）
＊公益財団法人三菱財団より 2001-2002 年度研究助成（山内進代表）
第 10 章：「公権力としての国連安全保障理事会の課題」　　　　　　（書き下ろし）
＊2013-2015 年度日本学術振興会科学研究費（基盤研究（C）：課題番号 25380060）

【略語表】

AIDI	Annuaire de l'Institut de droit international
Alberta L Rev	Alberta Law Review
Austrian J Public Int'l L	Austrian Journal of Public and International Law
AJIL	American Journal of International Law
AYIL	Australian Yearbook of International Law
BYIL	British Year Book of International Law
Denver J Int'l L & Policy	Denver Journal of International Law and Policy
EJIL	European Journal of International Law
Fordham Int'l L J	Fordham International Law Journal
HILJ	Harvard International Law Journal

ICJ Reports	International Court of Justice, Reports of Judgments, Advisory Opinions and Orders
ICLQ	International and Comparative Law Quarterly
Int'l Relations	International Relations
ILA	International Law Association
ILM	International Legal Materials
Indiana L J	Indiana Law Journal
Int'l Aff	International Affairs
LJIL	Leiden Journal of International Law
MJIL	Michigan Journal of International Law
Modern L Rev	Modern Law Review
N Y Univ J Int'l L & Pol	New York University Journal of International Law and Politics
NILR	Netherlands International Law Review
NYIL	Netherlands Yearbook of International Law
Recueil des cours	Recueil des cours de l'académie de droit international
RGDIP	Revue général de droit international public
YILC	Yearbook of International Law Commission
ZaöRV	Zeitschrift für ausländisches öffentliches Recht und Völkerrecht

はじめに

　本書がめざす目的は，冷戦解消後における国連安全保障理事会（以下，安保理）の目覚ましい活動，特に集団安全保障制度を規定する国連憲章第7章に基づく多様な活動を総合的に分析・考察することによって，その全体的展望を提示し，国際社会における法の支配に対して安保理が果たしうる役割・機能および克服すべき課題を明らかにすることである。

　第2次大戦後に設立された国際連合の安保理は，40年以上に渡って機能麻痺を続けたが，冷戦解消後の1990年代に入って，覚醒し，目覚ましい活動を展開してきた。初期の事例を挙げれば，湾岸戦争におけるイラクに対する制裁の発動そして武力行使許可決議（決議678）の採択，イラク北部におけるクルド人救援のための人道的介入（決議688），平和維持軍への限定的な武力行使の許可（ソマリア，旧ユーゴ），旧ユーゴにおける国際人道法違反処罰のための国際裁判所設立（決議808），多国籍軍への武力行使の許可（ソマリア，旧ユーゴ，さらには東ティモールなど）等である。これらの重要な決議・活動は最近の25年ほどの間に生じたものであり，しかもほとんどが憲章第7章に基づいてなされた。

　これらの活動には，国際法上および国連憲章上の多様な論点が含まれているが，分析・考察の柱という観点から，主要な柱を簡潔に示せば，以下のようなものが含まれている。

(1) 憲章第39条に示された，憲章第7章に基づく安保理の権限の発動要件である「平和に対する脅威」概念の展開
(2) 憲章第41条の非軍事的措置の多様な展開とそれらの実施
(3) 憲章第42条の軍事的措置の許可方式（「必要なあらゆる手段」）による実施
(4) 平和維持活動の多様な展開
(5) 安保理の法的コントロールおよび正当性の向上

本書の構成は，過去20年ほどの間に発表した論文を収録するという事情のために，これらの主要な柱の内容を体系的な順番に従って検討する形にはなっていない。しかしながら，本書を通読することによって，網羅的ではないとしても，主要な論点の多くを理解するとともに，安保理の活動の展開と問題点を俯瞰することができるものと考えている。

　他方で，以上のような主要な柱の内容を横断する分析の原理的視点を，原理の展開・変容として，簡潔に示せば，以下のようにいえる。ただし，これら2つの原理的視点は，相互に重なり，錯綜した関係にあることに留意する必要がある。

　第1は，国際組織の権限の基礎に関する理解という次元での，原理の展開・変容である。一般に，国際組織は多数国間条約により設立され，条約上の産物として，条約法の原理に規律されると理解される。その結果，具体的には，その権限は，設立条約上の明示規定に限定されると理解される。

　しかし，国際組織が組織としてもつダイナミズムは，国際連合の発足直後から，国際司法裁判所により，黙示的権限の法理として承認され，国際組織の発足後の実行に基づく発展（＝創造的展開）が承認されてきた。こうして，安保理の活動についても，憲章に明示的規定のない領域に，あるいは明示的規定とは異なる仕方で，活動を展開してきた。著者の別著『国際組織の創造的展開――設立文書の解釈理論に関する一考察――』（勁草書房，1993年）』は，このような原理的視点を体系的に検討したものである。本書の第1章は，この書物を簡潔に要約したものであり，安保理に限らず，国際組織一般の理論として，本書の理論的基礎をなす。本書の第2章は，この創造的展開という原理的視点に立って，冷戦解消後，湾岸戦争に始まり，2000年代初期に至る期間における安保理の憲章第7章に基づく多様な活動を俯瞰し，総括するものである。また，第2部（第3章～第6章）は，同様の視点からの各論的な個別実証的検討と評価することができる。

　第2は，国際社会が国際共同体に変容してきているという，国際社会の性格の変容という次元での原理の展開・変容である。伝統的な国際社会は，2国間の契約的な関係の総和という性格が支配的であり，憲章に基づく安保理の任務も，集団安全保障制度の実施機関として，狭義における「平和と安全の維持」

のための強制措置を実施するものと理解されていた。

しかし，平和，人権，人道，環境，テロなどの諸領域で国際社会の一般利益という理解が浸透・深化し，国際社会を国際共同体と理解する方が適切になってきた。安保理も，「平和と安全の維持」を広義に理解するなどして，これらの国際共同体の一般利益の保護をめざす国際法規範の遵守を確保することに踏み込み始めているとも理解される。本書の第2章は，この点にも触れており，第1の創造的展開という原理的視点を「深化」とすれば，第2の国際共同体の一般利益の保護という原理的視点は「進化」と形容できよう。

以上の動きを受けて，国際的な議論，特に欧米の研究者による国際共同体の立憲化という次元での議論が展開してきた。伝統的な国際社会は主権国家の併存する水平的構造であり，それが国際連合や専門諸機関などの国際組織により組織化されてきた。組織化が高度化し，特に冷戦終消後の安保理機能の立法や司法の領域への展開などを受けて，権力分立や司法審査などの視点から，安保理の法的コントロールおよび正当性の向上が問題となっている。本書の第3部（第7章・第8章）は，これらの諸問題を検討する[1]。

他方で，このような国際共同体の一般利益の認識とその保護に向けた安保理の対応や，安保理の権限乱用に対する法的コントロールおよび正当性の向上をめぐる議論，さらには国際共同体の立憲化の議論を踏まえるならば，国際組織および国際社会・共同体の進むべき方向・段階を示す理念あるいは原理として，国際社会の公的組織・公権力としての普遍的国際組織を考えることができるように思う[2]。

社会全体の法益としての「公」の利益や社会全体を代表する組織としての

---

1) 本書に収録されたもの以外に，拙稿「国際組織およびその決定の正当性——21世紀における国際組織の課題——」『思想』No. 993（2007年）184-202頁および「Transitional Justice, Peacebuilding, and International Law: What Role is Played by the UN in Post-conflict Peacebuilding?」『国際法外交雑誌』第110巻4号（2012年）26-58頁がある。

2) 著者においては，国際連合や専門機関が国際社会における公的利益を保護促進する公的機関としての位置づけと機能を有するとの問題意識は，比較的に早くから具体化してきており，この点に関わる著者の先行研究としては，次のものがある。「国際社会の共通利益と国際機構——国際共同体の代表機関としての国際連合について」大谷良雄編著『共通利益概念と国際法』（国際書院，1993年）69-111頁，「国際社会の組織化の理論的検討——国際社会の組織化と国際法秩序の変容——」国際法学会編『日本と国際法の100年

「公」の組織という，「公」の概念や視点は，往々にして社会の一部構成員の利益・組織を「公」の名の下に正当化するというイデオロギーとして機能する[3]ことがあり，十分に慎重に用いられる必要がある。国際社会や国際法において「公」の概念が従来あまり使用されてこなかった背景には，国際共同体においては一般利益が比較的に未成熟であったことに加えて，この点に対する懸念があったとも考えられる。

しかしながら，第2次大戦後における国際連合や専門機関などの国際組織に象徴される国際社会の組織化が高度化するとともに，冷戦解消後における人権や民主主義の価値の普遍化を背景とする，上記のような議論状況においては，イデオロギーとしての機能に十分に注意したうえではあるが，国際社会全体の法益としての「公」の利益や国際社会全体を代表する組織としての「公」の組織という，「公」の概念や視点に着目することが有益な成果を生み出す段階に来ている[4]ように思う。その意味で，試論としての議論ではあるが，第4部（第9章・第10章）の分析にも十分な意義が認められるものと期待している。

第8巻 国際組織と国際協力』（三省堂，2001年）1-27頁，「国際社会における"Constitution"の概念——国際連合憲章は国際社会の憲法か？——」一橋大学法学部創立50周年記念論文集刊行会『変動期における法と国際関係』（有斐閣，2001年）501-522頁。

3) See, for example, F. Rangeon, *L'idéologie de l'intérêt général* (Économica, 1986).

4) 例えば，広部和也他編集代表『山本草二先生還暦記念 国際法と国内法——国際公益の展開——』（勁草書房，1991年）の他にも，次のような文献がある。T. Komori and K. Wellens (eds.), *Public Interest Rules of International Law: Towards Effective Implementation* (Ashgate, 2009, Pp. xvi, 493); A. von Bogdandy et al. (eds.), *The Exercise of Public Authority by International Institutions: Advancing International Institutional Law* (Springer, 2010, Pp. xiii, 1005); A. Suy, *La théorie des biens publics mondiaux* (L'Harmattan, 2009, p. 175); S. Peter, *Public Interest and Common Good in International Law* (Helbing Lichtenhahn Verlag, 2012, Pp. xxv, 248).

第 1 部

国際組織の創造的展開の理論と国連安全保障理事会

第1章　国際組織設立文書の解釈プロセスと国際組織のダイナミズム

第1節　問題の所在

(1) 一般に，国際組織は，主権国家間の合意に基づく国家間の機能的な組織であると，理解されている。すなわち，国際組織は一定の目的・任務を遂行するために意図的任意的に設立された実体であり，その存在は付与された目的・任務の遂行によってのみ正当化されうるといえよう。こうして，法的観点から国際組織の理論を構築するうえで，任務・機能 (function, fonction) の概念はその基礎なすものと指摘される。すなわち，任務・機能の概念は，単に国際組織の組織構造の理解においてのみでなく，その活動の内容や範囲，権限・権能の内容や範囲を決定するうえにおいても，指導的な役割を果たしていると考えられる。従って，この任務の概念と組織構造，権限・権能，活動形態等との関係を如何に理解するかが，国際組織法の理論構築における一つのポイントとなるのである。

(2) 国際組織は，通常，国家間の条約によって設立される。従って，国際組織の目的，任務，権限，組織構造，活動形態などの重要事項は，基本的には，設立文書中に規定される。このため，国際組織の構造と活動に関わる法的分析は，論理上不可避的に，まず，設立文書の分析すなわち設立文書の解釈から出発することになるのである。実際，国際組織の構造と活動に関する疑義や紛争が当該国際組織の機関において討議されたり，国際司法裁判所に付託されたりするとき，多くの場合は，問題は設立文書中の関連規定の解釈をめぐる争いとして展開されている。

この解釈をめぐる争いは，一般に，設立文書も通常の条約と同様に解釈されるべきであるという主張と，設立文書はその特殊性に鑑みて目的論的発展的に解釈されるべきであるという主張との対立として整理することができよう。そ

して後者の立場にも様々なものがありうるが,一般に設立文書の特殊な解釈方法を示すシンボル的意味を有することになってきたのが,国際司法裁判所によって認められた「黙示的権限の法理」である。すなわち,裁判所は,1949年の「損害賠償」事件において,国際連合憲章の明示的規定の中に関係規定が存在しないのにもかかわらず,国連の機能・目的という総合的観点から,当該事件において争点となった国連職員の機能的保護権限を承認したのであるが,その理由付けとして次のような法原則の存在を確認しているのである。

　「国際法上,機構は,憲章において明示的に述べられていないが,必然的推論により,その任務の遂行に不可欠なものとして機構に付与される権限を有しているものとみなされるべきである。」

国際組織の目的・任務とその遂行のために認められる権限とを結びつけるうえで重要な役割を果たすこの「黙示的権限の法理」こそが,そしてこの法理の中に示される「必要性」の概念・判断基準が,設立文書の解釈方法をめぐる問題における一つのか・ぎ・と思われる。

　(3) 本章は,国際組織の設立文書を検討対象として取り上げ,その法的性質という観点から設立文書の法創造的解釈のプロセスを分析することを目的とした。このような問題設定は,次のような事情に基づく。すなわち,一方で,国際組織は,既に指摘したように,通常,国家間の条約によって設立されるのであり,その目的,任務,権限,組織構造,活動形態などの重要事項は基本的には設立文書中に規定される。他方で,国際組織は,変わり行く国際環境の中で,効率的に機能し,一定目的を実効的に遂行し続けることを要請されている。こうして,一方における,国際組織の存在の基礎であり活動の法的枠組みである設立文書が,条約として当然に有する静態的安定性の要請と,他方における,国際組織の機能と活動に内在的なダイナミズムの要請との間の緊張関係を如何に調整するかが,争点となるのである。この争点は,国際組織の様々な側面の法的分析に直接或は間接に影響する基本的問題である。この問題は,設立文書の法的性質を如何なるものとして理解し,その結果,設立文書の解釈プロセスを如何なる特徴を有するものとして理解するかという問題として,設定することができると考えられる。

　筆者は,この点で,国際組織のダイナミズムの影響のために,設立文書の解

釈枠組みは，通常の条約解釈の枠組みと同じではない，言い換えれば，設立文書の解釈は，条約法の解釈枠組みの中では十分に説明されえないと考える。そして，設立文書の解釈枠組みを設定するために，「組織法としての理論」を提示する。

本章の構成は以下の通りである。第2節では，組織法の概念と特徴，及び通常の条約解釈の枠組みとは，①目的論的程度において，②機関の実行の法的意義という質的側面において，それぞれ異なることを指摘する。第3節では，目的論的程度における相異を，そして第4節では，機関の実行の法的意義という質的側面における相異を，それぞれ検討する。第5節では，以上の二つの特徴を有する組織法としての解釈枠組みに関して，その理論的基礎を様々な理論に求めた分析と，枠組みの確定のための若干の要素の指摘をおこなう。

第2節　組織法としての設立文書

1　設立文書の概念規定

(1)　設立文書が形式的側面において条約であることに疑いの余地はない。その締結過程においては，設立文書も，他の通常の条約と同様に，国々の間で交渉され，署名され，批准されることによって，成立するのである。こうして，締結過程においては，設立文書と他の通常の条約とを区別することはできないと考えられる。国際法の形式的法源の基準から考えれば，設立文書は疑いなく条約なのである。従って，推定は，条約の諸側面を規律する条約法の基本的支配の下に設立文書もあるということになるであろう。

(2)　設立文書が実質的側面において国際組織の組織法[1] (Constitution) であるという点にも疑問の余地はないと考えられる。設立文書の内容が国際組織の存在と機能を基礎付け，活動の法的枠組みとなるものであることは，既に指摘した。国際組織の組織法という実質的側面から見た場合，設立文書は確かに当該組織の組織法を含んでいると言える。問題は，設立文書中の諸規定はすべて組

---

[1]　本章においては，国際組織の「組織法」という用語を，国際組織の構造と活動に関わる規定と定義する。国際組織の組織法がすべて当該設立文書の中に含まれているとは限らないし，設立文書中のすべての規定が組織法であるとも限らないであろう。

織法であるということができるか否かである[2]。

ここでの問題設定に立ち返って考えてみれば，出発点は，設立文書を条約という形式的側面からではなく，国際組織の組織法という実質的側面から見ようとするところにある。このような問題設定の仕方は，設立文書の機能・運用が，単に条約として条約法の規律のもとにあるとしては説明できない現象を提起し，当該組織の組織法としての特殊な性質の影響を不可避的に受けている事実を説明するためであると考えられる。そうであるとすれば，設立文書中の諸規定の中で国際組織の組織法としての実質を有する規定の範囲の確定は，第1に，「単に条約として条約法の規律のもとにあるとしては説明できない現象」の実証的な分析によって，そのような現象を提起する原因となる規定の認定及び当該規定の性格の解明から，第2に，「当該組織の組織法としての特殊な性質」とは何であるのかの問題の解明から，相対的にのみ定められるにすぎないであろう。ここでは，一応，組織的規定が設立文書中の組織法の規定であるとしながらも，一定の実体的規定も組織法の影響を受け，その意味で，組織法の一部として考えられる余地もあると留保しておく。

2 設立文書の組織法としての特徴

(1) 様々な設立文書の中で組織法としての共通点は，その目的が国際組織を設立し，当該組織を法的に基礎付けることである。従って，組織法としての設立文書の任務は，この目的のための具体的な規定，すなわち国際組織の目的，任務，権限，組織構造，活動形態等の規定を提供することによって，当該組織の構造と活動の法的枠組みとなることにある。

(2) 上記のような任務を担う組織法としての設立文書は，如何なる特徴を有するのであろうか？ モナコは以下の諸点を指摘している。①時間的に無制限の継続性，②適応の必要性と能力，③設立文書の統一的解釈の必要性，④解釈

---

[2] 設立文書中の諸規定は，「組織的規定」と「実体的規定」とに分けることができる。組織的規定は，国際組織の目的，任務，権限，組織構造，活動形態等を定めるものであり，設立文書を組織法たらしめている本質的な規定である。実体的規定は，「規範的規定」と「相互的規定」とに分けることができるが，当該組織が存在しなくても法的内容を有する（当該組織がこれらの遵守その他の点で重要な役割を有するとしても）という意味で，加盟国の行為規範として独立しているものである。

方法，⑤優越的地位。これらの特徴のために，「設立文書は条約の形式をまとっているが，組織法の実質を有している」のであり，「条約を基にして生まれるが，時とともにその形式的起源を越えて不確定な継続期間の組織法となり，その発展は設立文書が最初に作成された際の枠組みを乗り越えることになる」と指摘されるのである。

設立文書の内在的な性格付けという観点から，シモンは，設立文書は，次の三つの要素の観点から考察されるべきとする。第1は規範的要素である。設立文書は，加盟国が直接に或は設置される機関を通じて達成することを約束する一群の目的を決定するという意味において，常に規範的側面を含んでいる。第2は制度的要素である。設立文書は，制度的構造を通じて，一定目的の達成に国々を参加させるものであり，条約目的の達成に必要な権限が当該組織に付与される。第3は時間的要素である。国際組織の概念自体が一定の恒久性を前提とし，従って条約の署名の際に定められた目的の一定期間にわたる実現を前提としている。国際組織の「ダイナミックな」或は「発展的な」性格と言われるものは，組織の時間的側面の考慮に他ならない。そして，この側面は設立文書の規範的内容及び制度的内容に影響を及ぼし，組織に付与された任務の意義も国際関係の発展の影響下で不可避的に修正される。設立文書の還元されえない特殊性を最も明瞭に決定し，「組織法」という形容を正当化するのは，疑いなく設立文書の発展的性格なのである。設立文書の起草者意思との関係における組織の機能的発展の自律性は，組織法の性格のあらゆる文書に固有なものであり，そのような文書の適用は一種の「継続的創造」に類似する。そこでは，組織の機能・運営を通して設立文書の規範的及び制度的諸規定の意義と効果を現実化するという，重要な役割を解釈が演じている。こうして，解釈者の任務は，国際組織の論理自体の中に刻まれた制度的発展を促すことである。

(3) モナコおよびシモンに共通して示されているように，組織法の性格として設立文書が有する特殊性の中心は，国際環境の変化にもかかわらず，国際組織がその共通目的を実効的に遂行し効率的に機能し続けることができるように，設立文書は目的論的発展的な観点から解釈され，国際組織の構造と活動の法的基礎及び枠組みを提供するものである，という点にあると考えられる。すなわち，国際組織の存在意義に立ち返って考えてみるならば，国際組織の存在意義

はその任務の遂行にあることに疑問の余地はない。そして，国際組織は，多数国間立法条約を含めて条約による単なる行為規範の設定では不十分であり，国際組織という組織的な実体の恒久的な運用によってのみ遂行可能な任務を達成するものとして，設立されたのである。従って，設立文書は，当該組織の実効的な機能・活動のために，国際社会の変化に対する適応という要請の下に常に置かれているわけであり，「国際組織の活動の序章をなすにすぎない」とさえ言われるのである。このような考え方は，多かれ少なかれ欧米の研究者に共通するものと思われる。

3　組織法としての特徴が実現されるメカニズム

(1)　設立文書の多数国間条約としての側面を重視する立場においては，設立文書の意味の確定は，次の二つの特徴を有する。第1は，条約法の文言的な条約解釈の枠組みの中において，設立文書を条約として解釈することによって達成されることである。第2は，そのようにして確定された設立文書の意味が国際組織の存在と活動を基礎付け，枠付け，コントロールするという一方的性格——すなわち，〔設立文書〕→〔国際組織〕という図式である——を有することである。

(2)　組織法としての特徴が実現されるメカニズムは，しかしながら，次の二つの側面で前記立場と区別され，特徴付けられると考えられる。

第1は，自律的な国際法主体としての国際組織の存在と活動を考慮して，その実効的な活動と効率的な運営とを確保し促進するように，目的論的に設立文書が解釈されていくという側面である。ここでは，条約法における文言的な解釈枠組みを程度において逸脱する形で，国際組織・設立文書の「有効性」に支配的考慮が払われていると考えられる。このような目的論的解釈を依然として条約解釈の枠組み内のものと主張することは，条約法における文言的な解釈枠組みの持つ法的規制力を破壊する結果になるであろう。条約解釈の枠組みの観点からは，そのような目的論的解釈は，「解釈」の枠組みを逸脱し，「修正」の領域に属するものであると，率直に認めることが必要である。

第2は，設立文書が国際組織の存在と活動を基礎付け，枠付け，コントロールすると同時に，国際組織の現実の実行が設立文書の意味の確定に対して，フ

ィード・バックという形——すなわち,〔国際組織〕→〔設立文書〕という図式である——で逆に影響するという両方向的な側面である。設立文書に依拠する存在である国際組織（特に政治的機関）の活動が，自らの基礎である設立文書の意味の確定において法的意義を有する。ここでは，条約法における解釈枠組みを質的に逸脱する形で，国際組織の機関による設立文書の「締結後の実行」に法的意義が与えられていると考えられる。すなわち，条約法条約に認められた「締結後の実行」はすべての当事国の合意を見い出しうるものであるのに対して，設立文書の運用においては，加盟国間の合意にではなくて，国際組織の活動，すなわち機関の一方的な実行が重視され，この実行が，或は設立文書の意味の確定において解釈基準とされ，或は組織法としての「組織の規則」を形成していくのである。このような国際組織の実行の持つ意義を条約法にいう「締結後の実行」によって説明しようとすることは，第1の特徴の場合と同様に，「解釈」の枠組みの中に「修正」を持ち込み，「解釈」の枠組みの持つ法的規制力を失わせるという望ましくない結果に導くと考えられる。

　設立文書の組織法としての特徴は，以上に示した二つの点によって特徴付けられるメカニズムによって実現される。すなわち，組織法としての特徴は，これら二つの要素の結合による目的論的発展的な（teleological and evolutionary）解釈に依拠して，その持つ内在的なダイナミズムを徐々に実現させていくと考えられるのである。

第3節　設立文書の解釈枠組みにおける目的論的推論

1　条約の解釈枠組みにおける「有効性の原則」

　(1)　条約解釈における基本的アプローチには基本的に三つのアプローチを区別することができる。当事国意思主義的アプローチ（条約文とは別個にありうる当事国の「真の意思」を準備作業等の参照によって探求する），文言的アプローチ（当事国の意思は条約文の中に反映されているという推定から，当事国意思の有権的表示の地位を条約文に与え，「通常の意味」に従ってその意味するものを確定する），目的論的アプローチ（全体としての条約の目的に重点が置かれ，個々の規定はそうした目的に効果を与えるような仕方で解釈される）である。これらの三つのアプローチは

相互排除的ではなく、各要素に与える相対的な比重の程度による区別である。

　条約の解釈をめぐる伝統的な論争は、当事国意思主義と文言主義との間において展開されてきたと考えられる。条約解釈の目的が当事国意思の解明にあることは一般に受け入れられており、争いはそのための手段をめぐるものであった。すなわち、解明されるべき当事国意思の有権的な表示をどこに見い出すのかをめぐる議論であり、換言すれば、条約文は何を意味するように意図されたかを解明すべきなのか、それともそれは現実の用語のうえで実際に何を意味するのかを解明すべきかの問題であった。

　二つの間で支配的な地位は文言主義が占めてきた。この点は、国際司法裁判所の判例法及び国際法委員会の結論によって支持される。実際、条約法に関するウィーン条約の第31条（一般規則）に対して、準備作業への依拠等を含む第32条は、解釈の補足的手段としての地位に置かれているのである。

　(2)　問題は、「有効性の原則」の名前でしばしば言及される目的論的な解釈方法において許される目的論の程度である。この点で、ウィーン条約法条約の立場は、目的論的解釈方法は条約文言の示す枠内においてのみ認められるにすぎないという、制限的なものであったと言うことができる。国際法委員会のコメンタリーは次のように述べる。

　　「委員会は ut res magis valeat quam pereat という格言が解釈の真の一般規則を反映するものである限り、条約はその文脈において及びその目的に照らして、条約の文言に与えられる通常の意味に従って誠実に解釈されることを求めた〔第31条〕第1項の中にその原則が具現されているという見解を取った。……適切に制限され、適用されるならば、この格言は、条約の文言によって表現されているか又はその中に必然的に黙示されているところのものを超えるという意味において、解釈が『拡張的』であり又は『自由な』ものであることを求めない。そうすることは、いわゆる『有効的解釈』の原則に基づいて条約の意味を不当に拡張しようとする企てを奨励することになりかねない。」

国際司法裁判所の判例法も同様の立場を採用していると考えられる。

2 設立文書の解釈枠組みにおける目的論的推論
(1) 設立文書の解釈枠組みをめぐる学説の概観

(1) ここでは，設立文書の解釈枠組み一般ではなくて，国際組織の任務・権限を設立文書との関係で如何に理解するかという点，言い換えれば，黙示的権限の法理の位置付けの観点から，諸学説を検討する。様々な学説は便宜上，次の三つのカテゴリーに分けられる。

(2) 第1は，設立文書をその条約としての側面に注目してとらえ，国際組織の任務・権限を条約解釈の枠組み内において条約（設立文書）から解釈によって導き出されるものとして限定的に理解する立場である。トゥンキンを代表とする社会主義諸国の学者に加えて，ケルゼン，ハックワースを指摘することができる。

(3) 第2は，国際社会の事実認識から出発して，或は国際社会の必要性という観点から，また或は国際組織の実行の分析という観点から，国際組織の任務・権限を設立文書のコントロールからかなりの程度切り離され独立したものとして理解する立場である。著名な学者としてはアルヴァレスとセイヤステッドを指摘することができる。

(4) 第3は，国際組織の任務・権限を設立文書に基づくものとしながらも，設立文書が国際組織の組織法としての側面を有することに鑑みて，国際組織の実効的機能・変わりゆく環境への適応の必要性等の考慮から，設立文書を必ずしも条約解釈の枠組みにとらわれることなく柔軟に解釈する立場である。そして，この柔軟性の程度に応じて，第1に近いものから第2に近いものまで多様な諸学説が存在している。

(5) これらの立場の中で，第2の立場は，確かに重要な示唆を含んではいるが，留保なしに受け入れることはできない。実際，国々はその設立時に国際組織の任務・権限を如何様にも規律・制限することができるし，その後の活動においても同様である。第1の立場における問題は，国際組織がこの数十年において著しく発展させてきた多様な実行及びそれらに対する諸国の対応を，果たしてこの立場の考え方が説得的に説明することができるか否かである。確かに，事実上の実力が基本的には国家によって独占され，重要な政策決定が国家代表によってなされる国際社会の現段階においては，そして諸国の間に大きな亀裂

の存在する限りにおいては，この立場の指摘が一定の真実を含んでいることは否定できないであろう。しかし，国際連合を中心とする国際組織の一連の実行は，組織発足直後の時期は別として，ますます第3の立場に基づいて展開されているように思われる。大部分の諸国もそのような実行を支持してきているのである。

(2) 設立文書の解釈枠組みをめぐる国際司法裁判所の判例の分析

(1) 国際司法裁判所の判例の検討は，判例が設立文書の解釈枠組みに関しては明確なまとまった理論を提示しうる十分な段階には質的にも量的にも未だ達していないことを示していると思われる。しかし，国際組織に関わる主要な判例の慎重な分析は，設立文書の解釈枠組みに関して一定の方向性が確立しつつあることを示してはいると考えられる。

(2) 設立文書の特殊な解釈方法を示すシンボル的意味を有することになった黙示的権限の法理が国際司法裁判所によって承認された「損害賠償」事件において，反対意見を述べたハックワース判事は，条約の解釈枠組みの立場に立って，次のように述べた。

「機構は，委任され，列挙された権限の機構である，という事実を否定することはできない。加盟国が付与しようと望んだ権限は，憲章の中か，加盟国の締結した補足的協定の中に述べられていると考えられるべきである。明示されていない権限は自由に推定されることはできない。黙示的権限は，明示的権限から流れ出るのであり，明示的に付与された権限の行使に『必要な』権限のみに限定されるのである。ここで問題となる権限行使の必要性の存在は示されなかった。職員がその任務遂行中に生じたものに限定されるとしても，機構が職員に代わって請求の保証人となるべきであるとする決定的な理由はない，たとえ何らかの理由があるとしても。」

(3) 「損害賠償」事件において示された設立文書の解釈枠組みに関する対立，すなわち組織法としての解釈枠組みと条約としての解釈枠組みとの対立は，多くの他の判例においても，直接あるいは間接に争点となってきた。例えば，以下の事件において，対立は顕在化した。「補償裁定」事件（1954年）における多数意見と反対意見（ハックワース）の対立，「南西アフリカの国際的地位」事

件 (1950 年) における国連の監督権限をめぐる多数意見と少数意見 (マクネアとリード) の対立, 同事件における交渉義務をめぐる多数意見と反対意見 (ドゥ・ヴィシュ) の対立,「ナミビア」事件 (1971 年) における多数意見と反対意見 (フィッツモーリス) の対立等である。

(4) このような対立の存在と多くの場合における組織法としての解釈枠組みの立場の勝利は, 次のことを示していると考えられる。すなわち, 条約の解釈枠組み及びそこでの「有効性の原則」の位置付けに照らして考えれば, 国際組織設立文書の解釈が, 通常の条約の解釈枠組みには収まらない程度の目的論的推論を伴うものとして展開してきていることである。言い換えれば, 条約の解釈枠組みを程度において逸脱する目的論的側面を承認し, 基礎付ける組織法としての解釈枠組みが確立してきていると考えられるのである。

第4節　設立文書の解釈枠組みにおける国際組織の実行の法的意義

1　条約の解釈枠組みにおける「締結後の慣行」

(1) 条約に関連する当事国の条約締結後の慣行[3] (practice) がその当事国の意図の証拠的価値を有することは, 学説によっても, また国際司法裁判所の判例においても広く認められている。問題は, このような慣行に与えられる解釈上の地位及び正確な意義である。

(2) 解釈上の地位に関しては, 学説においても, 判例においても, 文言主義的方法に対して従属的地位を占めるにすぎないものとして位置付けられてきたと思われる。すなわち, もし不明瞭・あいまいさが存在せず自然な通常の意味に従って意味が明白であるならば, その意味を変えたり, それに付け加えたり

---

3) practice (英語) pratique (仏語) は, 日本語の実行 (行為) と慣行という二つの意味を持つ用語と考えられる。条約法条約の公定訳はこの用語を慣行とするが, 本章における国際組織の場合には実行という一層広い訳のほうが適当と思う。例えば, 次のものを参照せよ。P. Reuter, "Quelques réflexions sur la notion de 'pratique internationale,' spécialement en matière d'organisations internationales," *Studi in onore di Giuseppe Sperduti* (A. Giuffrè, 1984), p. 187. 兼原敦子「現代の慣習国際法における『慣行』概念の一考察」『国際法外交雑誌』第 88 巻 1 号 (1989 年) 6, 25 頁。

することはできないと考えられた。

　国際法委員会においては、しかしながら、多数の委員は締結後の慣行が解釈の一般規則の中に含まれることを望んだ。特別報告者はこの点で消極的であったが、締結後の慣行は、補足的手段ではなくて解釈の一般規則の一部を占める形で採用されたのである。

　(3)　慣行の正確な意義は、慣行の地位向上の結果、一層重要な問題となる。そして、一般規則第31条第3項（b）に言う締結後の慣行は、全当事者に共通する一致した締結後の慣行であることが強調されなくてはならない。コメンタリーは次のように述べる。

> 「委員会は、条約の解釈に関する当事国の了解を確立する条約締結後の慣行は、解釈上の合意とともに、解釈の有権的手段として第3項中に含められるべきであると考えた。1964年に暫定的に採択されたテキストは『すべての当事国の了解を確立する』慣行について述べている。『すべての』という言葉を削除することによって委員会は右の原則を変えることを意図しなかった。委員会は『当事国の了解』という字句は必然的に『当事国全体』を意味するものと考えた。委員会は、慣行を受諾しているならばそれで十分であるにも拘らず、各当事国がそれぞれの慣行に従って行動しなければならないというように誤って理解されるのを単に避けるため『すべての』という言葉を削除したのである。」

　(4)　こうして、条約法条約において承認された「締結後の慣行」は、その地位こそ一般規則の中に上げられたが、それは全当事国の黙示的な合意を具現するような慣行のみを意味するにすぎない。黙示的合意の存在を示しえない慣行は、依然として、第32条の補足的地位に留まり、文言的方法に従属するものであることが確認されなくてはならない。

2　設立文書の解釈枠組みにおける機関の「締結後の実行」

　組織法としての解釈枠組みにおいては、機関の実行（practice）が設立文書の解釈において法的意義を有するものとして考慮されることを承認する。ここでは、機関の実行は、解釈における単なる補助的手段以上のものとして扱われるし、さらには必ずしも全当事国の黙示的合意の存在を示すものにも限られない

のである。

(1) 国際法に基づく一般的分析

(1) まず，設立文書が当該国際組織の機関に設立文書の意味を確定する権限を付与している場合が考えられる。一定の経済的国際組織においては，設立文書の有権的解釈権限が内部の政治的機関に付与されている。従って，これらの経済的国際組織では，機関の実行が設立文書の意味を確定するというメカニズムが内蔵されているのである。

(2) 前記規定の存在しない多くの国際組織においては，機関の実行は，全当事国の黙示的合意を意味しない限り，国際法上，十分な法的意義を有するとは言えない。しかし，判例上，実行・決議は一般に有効なものとして推定されている。また，黙認や時の経過は機関の実行の合法性を強化することになる。

(2) 設立文書の解釈基準としての機関の実行

(1) 国際司法裁判所は，その判例，特に「ある種の経費」事件において，国連憲章の解釈基準としての法的意義を機関の実行に与え，関係規定の解釈において機関の実行に大きく依拠したのであった。これに対して，スペンダー判事は，機関の実行を機関の構成国の実行に還元せず機関自身の実行として法的意義を認める多数意見の立場を厳しく批判し，法的意義を有しうるのは全加盟国の黙示的合意を示しうるような（機関の）実行のみであるという条約の解釈枠組みの立場を主張したのであった。

(2) 判例の検討は，裁判所が設立文書の解釈において解釈基準として機関の実行に依拠する幾つかの例があったことを示している。ラウターパハトは，こうして，国際組織の実行への依拠は今や独立した法的基礎に基づき，国々は国際組織に参加するに際してこのような仕方での組織法の発展の許容性を黙示的に受諾する旨の国際組織法の特別法が存在すると結論する。判例の慎重な検討は，裁判所は機関の実行に依拠する場合にも機関の加盟国の個別的実行の側面を強調し，可能な限りすべての加盟国の支持の存在を強調していることを示していると思われる。しかし，「ある種の経費」事件を中心として，構成国の実行に還元して説明されえない機関の実行も，（スペンダー判事が批判するように）

存在する。その限りで，裁判所は条約の解釈枠組みを一歩踏み出してきていると考えられる。

(3) 立法条約に反映する国際組織の発展的実行の考慮
―――「国際組織の関係規則」の意義を中心として―――

(1) 国際組織の実行が設立文書の意味の確定にフィード・バックという形で影響を及ぼすことは，国際組織に関わる一連の立法条約の中においても承認されてきている。ここでは，国際組織の構造と活動を基礎付けるものは，単に設立文書ではなくて，組織において効力ある諸規則を含む「組織法」であると考えられており，この「組織法」を構成する「国際組織の関係規則」は，組織の発展的実行を含むものとして考えられているのである。

(2) 例えば，① 条約法に関するウィーン条約 (1969年) の第5条 (国際機関を設立する条約及び国際機関内において採択される条約) は，次のように規定する。

「この条約は，国際機関の設立文書である条約及び国際機関内において採択される条約について適用する。ただし，当該国際機関の関係規則の適用を妨げるものではない。」

② 普遍的国際機関との関係における国家代表に関するウィーン条約 (1975年) の第3条 (この条約と国際機関又は会議の関係規則との関係) は，次のように規定する。

「この条約の規定は，国際機関の関係規則又は会議の関係手続規則の適用を妨げない。」

さらに，同条約第1条第1項 (34) は，次のように定義する。

「『国際機関の規則』とは，特に，当該国際機関の設立文書，関係する決定及び決議並びに確立された実行をいう。」

③ 国と国際機関の間及び国際機関の間の条約法に関するウィーン条約 (1986年) では，幾つかの条項に「国際機関の規則」の表現を含み，第2条第1項 (j) は定義を含む。

「『国際機関の規則』とは，特に，当該国際機関の設立文書，当該文書に従って採択された決定及び決議並びに確立された実行をいう」。

(3) これらの諸条約の関係規定の検討から，次のような結論を指摘すること

ができる。第1に，国際組織の地位及び活動を規律する条約の起草においては，組織の関係規則を考慮に入れる必要性，及び起草されている一般規則に対してそれらの規則が優位すべきという必要性が一貫して承認されてきた。また，国際組織の代表の立場もそのようなものであった。第2に，問題は，「国際組織の関係規則」が確立途上にある実行を含むことができるか否かである。この点で，1969年条約と1975年条約は必ずしも明確ではないように思われるが，1986年条約においては，委員会の立場は肯定的であり，国際組織の実行による組織法の発展を凍結することを意図しなかった。外交会議においても，この立場は基本的に変更されなかったと考えられる。

(4) 設立文書の解釈手続き
―――設立文書の解釈主体としての国際組織の機関―――

(1) 法の解釈という行為が多かれ少なかれ解釈者の価値判断を介在させる以上，設立文書の解釈においても，誰が設立文書を解釈するのかは重要な論点である。特に，解釈が対立して紛争が生じた場合に，すべての加盟国を拘束する最終的な判断という意味での有権的な解釈権限は誰の手の中にあるのか，という問題は，設立文書の意味を確定するうえで，実際上決定的な重要性を有することになる。

(2) 設立文書の解釈に関わる意見の相異又は紛争の解決手続きは，基本的に設立文書中の関連規定に依存する問題である。国際組織における実際の運用も考慮した設立文書の実証的分析は，次のような結論に導くと考えられる。

第1に，それらの規定の予定する手続きが極めて多様であることを示している。言い換えれば，設立文書に予定された解釈手続きは，各国際組織の任務と性格等に応じて，それぞれ異なり，一括して論じることを許さないように思われる。従って，その限りで，設立文書の意味の確定に対して，解釈主体及び解釈プロセスが及ぼしうる影響は，一律に論ずることはできず，各国際組織ごとにそれぞれ検討していくことが必要となる。設立文書に固有な解釈枠組みは国際組織ごとに異なった展開の仕方をすると推定される。

第2に，しかしながら，各国際組織におけるそれらの関連規定の運用・実行をも分析の射程に入れるならば，多くの国際組織に共通する一つの傾向・特徴

が浮彫りになってくる。すなわち，設立文書の解釈の統一及び意味の確定というプロセスにおける司法的機関の不利用とその結果としての政治的機関の優位という現象である。この結果として，国際組織の内部の政治的機関による解釈は，事実上或は場合によっては法律上も，設立文書の意味の確定にとって決定的な影響を有することになる。これは，司法的手続きが十分に用意され利用されない場合には，多数決制の表決制度が採用されているほとんどすべての普遍的国際組織の運営・活動は，一部少数の加盟国によっては十分に制御されえず，多数派の国々の支配の下にある機関の決定を通して，継続・蓄積されていることを，示している。

(3) 以上の結論が意味するところは，設立文書の意味を解釈するためには，国際組織の機関による設立文書の当該規定の解釈・運用を考慮することが不可欠ということである。設立文書の厳格な解釈のみから導き出される意味が，国際組織の実際の運用の中において当該規定に与えられている意味と必ずしも同一ではないという指摘は，一見陳腐な結論ではあるが，本章の文脈においては重要なポイントである。解釈において司法的コントロールに服することなくなされる政治的機関の実行が，多くの場合，法的考慮よりも国際組織の目的・任務の実効的遂行に向けられていることに鑑みれば，前記結論は，目的論的色彩の強い政治的機関の実行が設立文書の解釈に発展的な方向性をもたらしていることを示している。

第5節　組織法としての解釈枠組み

1　組織法としての性質の理論的基礎

　以上に展開してきたような「組織法としての理論」を提示するにあたって不可欠なことは，当該理論を法的に枠付ける枠組みをも同時に提示することである。すなわち，条約の解釈枠組みという法的規制としての枠組みから設立文書を解き放つ以上，それに代わる枠組みを解釈枠組みとして設定する必要がある。本章においては，この点に関しては，第1に組織法としての性質の理論的基礎の解明を以下の四つの理論の分析の中に，第2に組織法としての解釈枠組みの確定に向けた若干の要因の指摘を，それぞれ試みた。

(1) ヨーロッパ共同体における解釈理論

(1) ヨーロッパ共同体司法裁判所によるヨーロッパ共同体設立諸条約の解釈においては，目的論的動態的な解釈方法の採用されることが多いと言われる。また，ヨーロッパ共同体は，通常の協力のための政府間国際組織と異なり，統合の国際組織であると一般に理解されている。そして，この構造上の相違が設立文書の解釈方法にも一定程度影響を及ぼしているとも言われる。そうであるとすれば，設立文書の組織法としての特徴は，ヨーロッパ共同体設立諸条約において一層明確な形で顕在化しているのかもしれない。

(2) 設立条約にどのような解釈が与えられるかは，如何なる解釈方法が採用されるかに依存している。そして，一般に，如何なる解釈方法が採用されるかは，解釈される対象の条約の性質と，それを解釈する機関の性質とに依存すると考えられる。第1の条約の性質については，① 目的論のかたまりであること，② 自律的な組織（司法裁判所を含む）という目的実現の手段を備えていることが指摘できる。第2の解釈機関については，有権的解釈権限が司法裁判所に専属的に委ねられていることが指摘できる。

(3) ヨーロッパ共同体の設立諸条約の解釈において，条約締結権限の認定基準は極めてダイナミックに発展してきたと言える。初期においては，権限付与の原則，個別列挙主義，EEC条約第235条の存在などの理由から限定的に理解されていたにすぎないが，1970年代の一連の判決を契機としてダイナミックな発展を遂げたのである。

(4) この発展の過程における重要な要因の一つは，設立諸条約の目的論的な性質である。「目的論のかたまり」と表現されたように，設立諸条約は共同市場の実現という目的の定義及びその達成のために必要な構造と手続きの設置に重要な位置を与えているのである。従って，統合のプロセスを規定した設立諸条約には，その後の発展のダイナミズムが内在していると言うことができるであろう。ひるがえって，通常の協力の国際組織を考えてみよう。ここでは，確かに，統合のプロセスではなくて，協力の任務を遂行する国際組織が問題となるにすぎない。しかし，任務遂行のための構造と手続きが設立文書の中心を占めており，当該組織の組織法としての意義を有する点では，共通点があるということができる。従って，質的或は量的に多少異なる点があるという留保の下

であるが，共同体の発展過程において示されたダイナミズムは，協力の国際組織の設立文書が組織法としてのダイナミズムを有することに対して，一定の示唆を与えることになると考えられる。

(2) アメリカ合衆国連邦憲法の解釈理論

(1) 設立文書の法的性質及びその解釈方法について，特にアメリカの国際法学者の間に影響を及ぼしている考え方に，アメリカ合衆国連邦憲法の解釈理論の考え方がある。この立場に立つ学者によれば，アメリカ連邦憲法と国連憲章との間には，基本的な共通点があるとされる。確かに，連邦憲法が各州及び州市民に対する限定的ではあるが重要な権能を有する連邦政府を設立したのに対して，国連憲章は主権国家が自発的に協力・協調するための組織を設立したのであり，二つの間には基本的な相異がある。しかし，両者は，生命と成長の能力を有する有機的組織体（organism）を創設したのであり，いずれの場合においても，この生命と成長は創設者の成文の命令にだけではなく，後の世代のヴィジョン（洞察力）と英知に依存するものである，と。

(2) ①アメリカ合衆国連邦最高裁判所による連邦憲法の解釈方法に設立文書の解釈理論の基礎を見い出そうとする考え方と，②アメリカ連邦憲法の解釈理論との比較検討から，次の二点を指摘することができる。

第1は，二つの文書がいずれも有機的組織体（organism）を設立するものと考えられていることである。すなわち，憲法制定行為（constituent act）と設立文書（constituent instrument）の共通部分である「constituent」が示すように，これらはいずれも後の発展の予測が不可能な生命と成長の能力を有する組織を設立した。従って，これらの文書は，単に200年前或は40年前に言われたことにではなく，我々の全経験に照らして検討されなくてはならない，と指摘されるのである。第2は，憲法或は憲章（設立文書）というものの性質から言って，大体の概略及び重要な目的のみを示しておき，その他はこれらから演繹されるべきことである。この演繹の過程は，第1の点を考慮して，広く柔軟に理解された必要性の基準の下に展開される。

(3) このような類推はどこまで有益であろうか？ 類推の有益性を限定することになる二つの間の相異として二点を指摘できる。第1に，実定法原則とし

て受け入れられた解釈原則の存在の有無である。アメリカ連邦憲法においては（そして一般に国内憲法においては），何らかの解釈原則はそれ自体当然に認められるものではなくて実体的な解釈理論によって正当化される必要がある。起草者意思の探究は，契約の場合には合理的としても，憲法解釈においては，その他の解釈理論と同じ価値を有するにすぎない。他方で，国際法においては，ウィーン条約法条約第31条・第32条に示されるように，条約解釈の目的は当事者意思の解明にあり，それは文言的アプローチによる条約文の解釈によってなされるべきことが，実定法として国々によって受け入れられているのである。こうして，設立文書が組織法としての特殊な性質に基づく解釈原則の支配のもとにあると考えるのであれば，第1にウィーン条約法条約に示される解釈原則の支配のもとにないことを示し，第2にその特殊な解釈原則を基礎付ける解釈理論を構築する必要がある。

第2に，アメリカ連邦憲法の国内的基盤と国連憲章の国際的基盤との相異の評価である。すなわち，一方で一般に集権的構造を有する強固な国家統合と，他方で実力を有する主権国家の並存を前提としてその自発的同意に基本的に依拠する国際組織とにおいては，裁判所及び（国家・国際組織の）機関によってなされる解釈の持ちうる実効性には，当然の相異があると推定される。解釈の実効性の観点から，国際組織の社会的な基盤の脆弱性をどのように評価するのか，が問題である。

(3) 制度理論

(1) 設立文書の法的性質の理解に影響を及ぼしている考え方に，制度理論（théorie de l'institution）がある。制度理論は，フランスにおいて1930年前後を中心として，オーリュー（M. Hauriou）及びルナール（G. Renard）などによって設立された考え方である。制度理論の基礎にある考え方は，間接的な形においては，広く見い出される。例えば，ペスカトールは，国際組織一般を対象として次のように述べている。

> 「実際，すべての国際組織の設立規程は，起源においては，多数国間条約によって代表される。後に，制度の設置後は，この契約的性格はおぼろげとなり，以後優位を占めるのは制度的性格である。多数国間条約は，その

時，言わば組織法（constitution）に変わるのである。」

(2) オーリュー及びルナールによって展開された制度理論は，結局のところ，制度と形容される社会集団・共同体或は現象に内在するダイナミズムをありのままに捕らえようとするものであり，実定法理論ではないと理解される。そのように理解するならば，制度理論の基本的意義は，制度的現象に内在的なダイナミズムの存在の指摘及び法がこのダイナミズムを考慮に入れる必要性の指摘にあるということができよう。

このような制度理論の主張を国際組織の一般理論の構築に導入することは，国際組織の持つ内在的なダイナミズムを，理論構築における不可欠の要素として常に考慮に入れることを意味するのであり，その限りで示唆的であるということができる。制度理論は，国際組織という複雑な法的現象の持つ神秘を，特にそこに並存するダイナミズムと安定性とをありのままにとらえるべきことを，要請していると言えよう。

(3) 他方で，制度理論は，実定法理論として構成されたのではない故に，国際組織の法的評価においても，内在的な限界を持っているように思われる。第1に，国際社会においては主権国家の並存状況が国際法秩序の基礎にあるのであり，国際組織の存在及び活動の法的評価においても，国際組織の加盟国間の条約的な基礎を重視しなくてはならないことである。第2に，問題は，国際組織が国際法秩序において機能することに必然的に伴う条約的な基礎の重要性と，国際組織が制度として持つ内在的なダイナミズムを考慮に入れる必要性とを，国際組織の存在及び活動の法的評価において，如何なる仕方で相対的に適切に考慮することができるか，である。制度理論は，この問題に適切な解答を用意しているとは考えられない。すなわち，制度理論は，基礎理論にとどまっていると考えられる。

(4) 時際法の理論

(1) ナミビアに関する国際司法裁判所の勧告的意見においては，多数意見とフィッツモーリス判事との対立の根本に，時際法の問題があった。すなわち，多数意見は，連盟規約第22条及び委任状を，その後の発展を考慮に入れて，現在の法体系の枠内において解釈・適用されるべきと主張したのに対して，フ

ィッツモーリス判事は，規約及び委任状の締結時における当事国の意図を探究すべきと主張した。ここには，規約第22条及び委任状の法的性質を如何に理解するかという争点が存在する。同判事が委任状の条約（契約）的側面に依拠するのに対して，多数意見は，そこに具体化された観念自体が静態的ではなくて定義上発展的なものであったとして，その制度的側面に依拠したと考えられる。

(2) 国際法委員会及び国際法学会における審議の検討から，次の諸点を指摘することができる。第1に，時際法の理論の基本原則は，法的事実はそれと同時代の法に照らして評価されなくてはならないというものである。第2に，前記基本原則にもかかわらず，関係当事国は，合意により，関連事実に対する適用法規を決定する権能を有している。従って，問題は，結局のところ，関係当事国の意図を探究する解釈の作業の対象となるのである。

(3) 本章の問題意識の観点から以上の諸点を評価したときに，次の点を指摘することができる。すなわち，設立文書の諸規定について個別具体的に当事国の意図が検討されなくてはならないとしても，設立文書は，一般に，時間的要因を考慮し，それ自体時と共に変化していくことを考慮に入れた変動的指示（renvoi mobile）の諸概念・諸規定を多く含んでいると考えられる。当事国の意図が固定的指示（renvoi à contenu fixe）であったことが明確でない限り，関係規定は変動的指示に基づいているものと見なされ，そのように解釈されることになるであろう。その限りにおいて，国際組織の機関の実行が設立文書の規定の内容の確定に影響を及ぼすという設立文書の発展的性格は，時際法の理論の基礎付けを有することになり，発展的目的的観点からの解釈が正当性を有することになる。

2　組織法としての解釈枠組みの確定に向けて

(1) 以上のような理論的基礎をめぐる考察の結果は，それぞれ何らかの有益な示唆を含んでいる一方，必ずしも満足しうるものではない。しかし，それらは，集合的実体の法的枠付けにおいては，その内在的なダイナミズムに適切な場を与え，理論の中に取り込むことが，時代と場所を問わず，常に最重要の問題であったことを示している。

(2) 組織法としての解釈枠組みの確定に向けて重要な要素と考えられる諸点を、以下に指摘しよう。第1の点は、国際司法裁判所の示した「黙示的権限の法理」に内在する「必要性」の判断基準を明確化することである。①「必然的，必要な（necessary）」という基準は，単にそのようなものが機構に認められることを意味するのみならず，機構に認められるものがそのようなものに限られることをも意味している。すなわち，国際組織は，明示的規定のない限り，任務の遂行に必要・不可欠な権限のみを認められるにすぎないのである。②「必要」であることは，「重要（important）」でなくてはならないとしても，「絶対に不可欠（absolutely necessary, indispensable）」であるのではない。何らかの別の代替的な手段を取る権限を有しているからといって，当該黙示的権限が「必要」ではないということにはならない。また，必ずしも，他の機関の明示的権限を制限するような形で行使することが禁止されているのでもない。③設立文書中の明示的規定の存在の持つ意義が考慮されるべきである。明示的規定の内容と矛盾することは，たとえ必要であると判断されても，認められない。そうでなければ，設立文書の存在意義が疑われよう。

(3) 第2の点は，規定の個別的性格の検討が不可欠なことである。例えば，シャクターは，諸規定の間に存在する一般性の程度における大きな相異と，その相異が要請する選択の性質という観点から，四つのカテゴリー（「規則（rules）」，「原則（principles）」，「標準（standards）」，「一般理論（doctrine or general theory）」）を導入する。具体的問題における解釈プロセスの解明には，このような検討が必要であろう。

(4) 第3の点は，国際組織の発展可能性と少数派の国々を保護する必要性との間のバランスである。確かに，組織法としての側面が広く承認されてきているように，国際組織が新しい状況に適応し，発展していく必要性を否定することは望ましくないと考えられる。しかし，多数派の国々が表決にまかせて「解釈」の名のもとに当該組織を意のままに扱い，少数派の国々の基本的な利益を恣意的に害することも許されない。設立文書の存在意義は，単に国際組織を設立するにあるのではなくて，その活動を法的に基礎付け，枠付けることによって，その運営を適正なコントロールの下におき，ひいては少数派の国々の設立文書によって留保された権利・利益を保護することにもある。関連規定が加盟

国の国家主権の制限を直接伴う限り，その解釈は慎重であることを要請される。設立文書が法として一般的適用可能性を有する故に，そのような解釈は，単に当該事例においてのみではなく，多数派と少数派とが入れ替わった事例においても，同様に適用されうるものであることが前提として確認される必要があろう。この要請を満たす形で設立文書・国際組織の運営が適正になされていくためには，主要な解釈機関である政治的機関において，国際組織の発展の長期的な展望を踏まえた高度に政治的な手腕（statesmanship）が不可欠であろう。

(5) 第4の点は，国際社会における国際組織の固有な脆弱性の考慮である。国際組織の決議や任務の遂行が加盟国の協力なしには基本的に不可能でありうるという国際社会の事実上の状況が存在する。この事実の次元の考慮は，設立文書の解釈という規範の次元の考慮からは切り離されるべきだと主張することも可能である。しかしながら，設立文書の解釈プロセスの中において一定の制約下ではあるとしても依然として裁量が行使される余地がある状況においては，国際組織がその現実の実効性を確保しうるか否かという実効性の次元の要因が，法的に関連性を有するものとして考慮されることには十分な正当性がある。

第6節　結　び——残された問題——

　本章は，設立文書の解釈プロセスという観点から，主に国際連合を検討素材として分析し，「組織法としての理論」の概略を提示したにすぎず，残された問題は多い。特に，「組織法としての理論」は，個々の国際組織の具体的な構造と活動の分析の中に検証される必要がある。そのような作業を通じて，当該理論を修正し，改善していくことが求められる。第1に，「組織法としての理論」がどこまで現実に国々によって受け入れられてきているかが，第2に，各設立文書の解釈枠組み及びそこでの判断基準が，そして第3に，設立文書の諸規定の中で組織法の理論の適用対象となりうる規定を区別する基準が，各国際組織のそれぞれの多様な活動領域において，具体的に検討・考察されなくてはならない。

第2章　国連安全保障理事会機能の創造的展開
——湾岸戦争から9・11テロまでを中心として——

第1節　はじめに

　国際テロリズムに対しては，従来から国際連合を中心とする国際社会は様々な対応をとってきた。第1に，個別の問題に関して13の多数国間条約が作成され，発効している[1]。第2に，最近の事例に限っても，ロッカビー事件をめぐるリビアへの強制措置，スーダンへの強制措置，アフガニスタンへの強制措置に示されるように，安全保障理事会（以下，安保理）は個別の事例で憲章第7章に基づく強制措置を発動してきている。2001年9月11日の同時多発テロに対しては，アメリカが自衛権の行使を主張してテロ組織であるアルカイダおよび同組織を援助するタリバーン政権に武力侵攻する一方で，安保理は国際テロリズムの鎮圧に向けて一連の非軍事的強制措置を執ってきている。

　「湾岸戦争から9・11テロまでを中心として」と副題を付した本章は，その考察の最終段階で，国際テロリズムに対して国際連合の集団安全保障制度を担う安保理がどのような役割を果たしうるのかを，特に9・11テロに対するアメリカや安保理などの対応を主な素材として検討する。そしてこの検討をするに際しては，冷戦解消後における安保理機能の創造的展開という大きな枠組みの分析を踏まえ，その視点から行うのが有益であるし，不可欠でもあると思われる。何故ならば，安保理は発足後特に冷戦解消後において，ダイナミックな展開を遂げてきているからである。

　著者は，国際組織の創造的展開を基礎づける解釈理論の研究をまとめた[2]後，

---

1)　松井芳郎『テロ，戦争，自衛』（東信堂，2002年）5-19頁。
2)　『国際組織の創造的展開』（勁草書房，1993年）。*Evolving Constitutions of International Organizations, A Critical Analysis of the Interpretative Framework of the Constituent Instruments of International Organizations*（Kluwer Law International, 1996）（上記書物の翻訳）を参照。

90年代に入って安保理が活性化したことを踏まえて，憲章第7章に基づく安保理の活動を先の解釈理論の適用事例として検討する作業を続けてきた。冷戦後の1990年代に入ってからの国連安保理の憲章第7章に基づく多様な活動も一区切りついたかにみえる今日，全体的な展望という観点から若干の総括を試みる時期でもあろう[3]。

最初に，本章の分析の視角について触れておく。第1は，安保理の多様な活動が国際法に合致したという意味での合法性，憲章に合致したという意味での合憲性を有するか，を対象とする。決議678の法的意義に関する世界的な論争は，いまだ記憶に新しい。第7章下の安保理の諸活動を整理し，それらの主要なものについて若干の検討を加える。国際組織の創造的展開の事例として，それらの合法性・合憲性を検討する[4]。

大事な点は，安保理の多様な活動に対して，一方で安保理の実行があればすぐに憲章規定が修正されたとか，慣行が成立したと安易に仮定して，何でも法的に正当化するという規範的追従に陥らないこと，しかし他方で，憲章の文言的解釈や起草者意思に固執するのではなく，国際社会における大多数の国々の支持を得た動態的な展開に十分に対応することである。

---

3) 冷戦後における憲章第7章に基づく安保理の活動の活性化について，鳥瞰図的に把握するには，S. Chesterman, *Just War or Just Peace?* (Oxford University Press, 2001), Appendices を参照。憲章第7章に基づいて採択された安保理決議を，1989年までと，1990年以降に分けた上で，事例ごとに分類しており，冷戦解消後における安保理の活性化が確認できる。但し，どの決議が憲章第7章に基づいて採択されたのか自体が論争の対象となりうるわけであり，一応の目安程度に考えるべきであろう。
4) 残念ながら紙幅の制約のために，個々の事例に関する検討はほとんど行うことができないので，以下に示す著者の研究成果をご参照いただければ幸いである。
　(1)「冷戦後の国際連合憲章第7章に基づく安全保障理事会の活動——武力の行使に関わる二つの事例をめぐって——」『法学研究（一橋大学研究年報）』26号（1994年）53-167頁（本書75-167頁）。
　(2)「冷戦解消後における国連平和維持活動」杉原高嶺編『紛争解決の国際法』（三省堂，1997年）323-353頁（本書168-195頁）。
　(3) "The Legitimacy of Security Council Activities under Chapter VII of the UN Charter since the End of the Cold War," in J.-M. Coicaud and V. Heiskanen (eds.), *The Legitimacy of International Organizations* (UNU Press, 2001), pp. 309-352.
　(4)「国際連合憲章第7章に基づく安全保障理事会の活動の正当性」『法学研究（一橋大学研究年報）』34号（2000年）175-242頁（本書245-297頁）。（上記(3)論文の翻訳）

安保理の多様な活動の合法性・合憲性を一応前提とした上で，第2の分析視角は，安保理の憲章第7章に基づく多様な活動を全体としてみたときに，国際法秩序における合法性確保機能を安保理が果たすようになってきているという問題意識に関わる。国際法の執行，国際法における合法性確保機能という視角である[5]。

確かに安保理は，平和維持機能を有するのであって，国際法の執行の機能を付与されているのではない。しかし事実上，安保理の活動はこのような機能に踏み込んできている。国際法の執行は，2国間では伝統的な復仇，相互主義によってある程度確保されるが，多数国間特に人権を典型例とする1加害国対1被害国の対応関係の当てはまらない国際社会の共通利益の保護については，国際社会を代表する機関の関与が不可欠である。安保理の諸活動を踏まえた上で若干の検討を加えたい。

なお「合法性確保機能」という用語であるが，国家責任法の機能の文脈で損害の救済と区別される合法性の担保という厳密な意味で使用するものではない。国際社会の共通利益を保護する対世的義務の履行確保を中核としているが，一般に国際法の履行確保あるいは国際法違反によって発生した国家責任の解除を強制することによって合法性の回復を確保する機能，というような広い意味で使用する。

最後に問題の限定であるが，本稿は安保理の権限・機能の展開の側面に焦点を定め，その限界・コントロールの側面に重点を置くものではない。これら二つの側面は確かに密接に関わるものではあるが，紙幅の制約から安保理権限・機能の限界・コントロール，特に司法審査の問題は除外する[6]。また合法性確保の問題を扱うとしても，国家責任プロパーの問題には踏み込まず，安保理の活動との関わりにとどめる。

---

[5] もっとも，これら二つの分析視角は相互に密接にかかわり，以下の論述の構成はある程度便宜上のものでもある。いずれも，広い意味での安保理機能の創造的展開の一側面をなす。

[6] この点については，拙稿「国際連合憲章第7章に基づく安全保障理事会の活動の正当性」(前掲注4) 216-222頁 (本書289-295頁) を参照。

第2節　国際組織の創造的展開

1　国際組織設立文書の意義と機能

　最初に，国際組織の創造的展開を基礎づける設立文書の解釈理論について，若干確認しておこう。設立文書は多くの場合は条約であるが，設立を予定する国際組織の設計図として起草され，発足後は当該国際組織の任務や権限などを規律することになる。こうして，国際組織の活動は設立文書によって基礎づけられる必要があり，当該活動をめぐる国家間あるいは国際組織と国家の間の紛争は，設立文書の関係規定の解釈をめぐって展開する。

　他方設立文書は，形式的には条約として他の一般の条約と区別されないが，実質的には設立される国際組織を規律する Constitution としての特徴を有するといわれる。すなわち通常の条約が国家間関係における主権国家の行為規範を設定するのに対して，設立文書は国際組織の目的，任務，権限，組織構造，活動形態などを規定することによって当該組織を法的に基礎付け，その構造と活動の法的枠組みとなるのであって，国家における Constitution と類似の機能を果たすといわれる[7]。国際組織は，多数国間立法条約を含めて条約による単なる行為規範の設定では不十分であり，国際組織という組織的な実体の恒久的な運用によってのみ遂行可能な任務を達成するものとして設立される。

　こうして，国際組織の概念自体が一定の恒久性を前提としているのであり，当該組織の実効的な機能・活動のために設立文書は国際社会の変化に対して柔軟に適応していくべきという要請は，国際組織に内在する論理であると考えられる。この意味で，設立文書は国際組織の活動の序章をなすにすぎないとさえ

---

[7]　もっとも，国家という社会的組織と国際組織という機能的組織との間には基本的な相異のあることも事実であり，国家の Constitution が憲法と訳されるのと区別して，国際組織の Constitution については，組織法と訳すのが良いと，著者は考えている。この点については，拙稿「国際社会における "Constitution" の概念——国際連合憲章は国際社会の憲法か？——」一橋大学法学部創立50周年記念論文集刊行会『変動期における法と国際関係』（有斐閣，2001年）503-507頁を参照。See also C. Chevallier-Govers, "Actes constitutifs des organisations internationales et constitutions nationals," 105 *RGDIP* (2001), pp. 373-412.

いえよう。この国際社会の変化に対する設立文書の柔軟な適応は，国際組織の各機関による設立文書の目的論的発展的な解釈によりなされ，ここに国際組織のダイナミックな性格を見いだすことができる[8]。

2 WHO要請に基づく「核兵器使用の合法性」に関する勧告的意見

著者は1980年代までの理論状況を基礎に，国際組織設立文書の解釈理論を注1）の書物にまとめたわけであるが，その後の展開，特にICJに関して触れるべき事例として，WHOの要請に基づく「核兵器使用の合法性」に関する勧告的意見に簡単に触れておきたい。

結論的に言えば，この勧告的意見の評価はなかなかデリケートである。11対3で支持されたこの意見は，一方で，設立文書の特殊性をかつてない程度までに明確に承認している。すなわちパラ19の関連部分で，裁判所は次のように述べた。

>「国際組織設立文書は，特殊なタイプの条約でもある。その目的は，締約国が共通の目標を実現するという任務をゆだね，一定の自律性を付与された新しい法主体を創造することである。これらの条約は，なかんずく，合意協定的であると同時に制度的でもあるという性格のために，それ特有の解釈上の問題を引き起こしうる。設立される組織の性質，創設者によって与えられた目的，任務の実効的遂行と結びついた諸要請，そしてそれ自身の実行，これらのものがすべて，これら設立条約の解釈の際に特別の注意に値しうる要素なのである[9]。」

他方で裁判所は，このような解釈理論を適用すると称しながらも[10]，国際

---

8) 以上の点については，拙稿「第6章　国際組織の設立，創造的展開および解散」横田洋三編『国際組織法』（有斐閣，1999年）57-69頁を参照。

9) *Legality of the Use by a State of Nuclear Weapons in Armed Conflict, Advisory Opinion, ICJ Reports 1996*, p.75.

10) 具体的には，条約適用における事後の実行に重点を置くとして，条約法に関するウィーン条約第31条3項(b)を引く。しかし，この規定は「条約の適用につき後に生じた慣行であって，条約の解釈についての当事国の合意を確立するもの」とされているように，「当事国の慣行」であり，「当事国の同意」を形成するものを意味する。その意味で，国際組織の設立文書に特有の解釈枠組みを具体化したものではない。設立文書に特有の解釈枠組みは，一方で目的論的解釈がなされると同時に，他方で機関の実行が，必ずしも全加盟

組織は目的遂行のために付与された任務・権限のみを有するという「専門性の原則」に大きく依拠するとともに，憲章によって予想されたシステム全体の論理にも依拠することによって，「核兵器使用の合法性」を扱うことは WHO の任務・権限外であるとした。

　結果から判断すれば，国際組織の実効性確保に好意的な立場から一歩退いたと評価することも可能かもしれない。しかし一方で，WHO の「活動の範囲内」において生じた問題か否かが，裁判所の勧告的意見を要請する要件という文脈において判断されたにすぎないという点に留意する必要がある。また他方で，「核兵器使用の合法性」の問題については，国際連合がそれを扱う本来的な権限を有する機関として存在・対峙していることにも留意する必要がある。言い換えれば，本件のような具体的事件性を欠く抽象的問題については，国連システム全体の整合性・調整（co-ordination）に鑑みて，勧告的意見の要請は当該問題について本来的な権限を有する機関によってなされるべきだという判断が基礎にあったように思われる。少なくとも，「核兵器使用の合法性」に関わる WHO の活動が，このような裁判所の判断を覆す程度まで確立していたのではなかったためと考えられよう[11]。

　　国の黙示的合意の存在を示すものではないにもかかわらず，解釈における単なる補助的手段（第32条）以上の法的意義を有するものとして考慮される点にある。同様の指摘については，N. Blokker, "Beyond 'Dili': On the Powers and Practice of International Organizations," in G. Kreijen et al. (eds.), *State, Sovereignty, and International Governance* (Oxford University Press, 2002), p. 317.
11) 従来の事例では，黙示的権限が問題となる場合は，損害賠償事件や行政裁判所の補償裁定事件など，国際組織の実効的な活動を単純に支持したり，せいぜい，憲章第2条7項の国内管轄権規定の浸食・形骸化のような国家主権との対抗関係で国際組織の実効的な活動を支持するものであったと思われる。しかし，「核兵器使用の合法性」に関するこの事例では，本来的な権限を有する組織として国際連合が存在する。裁判所の勧告的意見の要請という限られた文脈ではあるが，「核兵器使用の合法性」の問題が WHO の「活動の範囲内」において生じた問題だと認めることは，見方によっては，総会の権限・任務と重複し，侵害するものと見なしうる，少なくとも，国連システム全体の論理・体系的な展開という観点からは，望ましくないと判断されたのではないか，と思われる。
　　蛇足的に一言付け加えるならば，この否定的結論の理由は，ある判例解説の中で指摘されていたように，意外と，次のような事情にあるのかもしれない。すなわち，国際司法裁判所がこのような実質的に立場がきびしく対立し，しかも具体的な紛争とは無関係な質問に回答すべきか否かについて，判事間に基本的な対立が存在した。一方で，総会からの質問については，回答することにした（回答せざるを得なかった）。他方で，WHO からの

こうして，裁判所に対する勧告的意見の要請という文脈を離れて，国際組織の活動自体について考えれば，基本的な姿勢としては，国際組織の各機関による設立文書の目的論的発展的な解釈の考え方はこの勧告的意見においても維持されていると評価してよいと思われる。

第3節　国連安全保障理事会機能の創造的展開
——憲章第7章の深化——

　国際組織設立文書の解釈理論に関する以上の検討を踏まえた上で，安保理機能の創造的展開の検討に入ろう。憲章規定を前提とすれば，安保理は「国際の平和と安全の維持」を任務とする基本的に警察的・執行的機関として設立された機関である。言い換えれば，安保理は立法機関でもなければ司法機関でもない。また紛争の実質的解決内容をそれ自体として強制できる権限も有さない。強制権限の行使は国際の平和と安全を維持・回復するためだけに限定されていると考えられよう。実際，フィッツモーリスは「ナミビア」事件の反対意見で次のように述べた。

　　「まさに憲章第7章に基づいて行動しているときですら，安全保障理事会は主権的権利であろうと行政的権利であろうと，領域的な権利を破棄したり変更したりする権能を有してはいない。……安全保障理事会が設立されたのは平和を維持するためであり，世界秩序を変えるためではないのである。……これらの制限がなくては，安全保障理事会の機能が本来意図されていない目的のために使用されうることになろう……。」[12]

　　質問については，それを拒否することによって，複雑に対立する判事間に，ある種の結果的なバランスを維持した平等な成果を確保したのではないか。*See* L. Boisson de Chazournes and P. Sands, "Introduction," in L. Boisson de Chazournes and P. Sands (eds.), *International Law, The International Court of Justice and Nuclear Weapons* (Cambridge University Press, 1999), p. 12.

12)　*Legal Consequences for States of the Continued Presence of South Africa in Namibia (South West Africa) notwithstanding Security Council Resolution 276 (1970), Advisory Opinion, ICJ Reports 1971*, p. 294, paras. 115-116. *See also* G. Arangio-Ruiz, "On the Security Council's «Law-Making»," 83 *Rivista de Diritto Internazionale* (2000), pp. 619, 627-628, 640-641.

1 冷戦下の実行

　冷戦下において強制措置の発動は，朝鮮国連軍，南ローデシア制裁，南アフリカ制裁の3件がある。これらについては，数多くの研究が存在し，注4)の拙稿でも扱っているので，ここでは結論のみ指摘しよう。

　第1に，南ローデシアにおける黒人多数派の自決権の侵害や南アフリカにおけるアパルトヘイト，基本的人権の大規模組織的侵害が「平和に対する脅威」と認定されている。第2に，朝鮮国連軍や南ローデシアにおけるイギリスの行動に示されるように，第39条に基づくと考えられる勧告による軍事的強制措置が適用された。

　こうして，限られた事例の中ではあるが，冷戦下においても憲章第7章は既に創造的展開を開始していたといえる。すなわち「平和に対する脅威」概念を拡大することによって，自決権の実現やアパルトヘイトの廃止という目的を介して，紛争の実質的解決を強制することに踏み込み始めていたわけである。もっとも，いずれの事例でも，国際社会を実質的に代表する機関としての国連総会による強い支持・要求が存在していたことにも留意する必要があろう[13]。

2 冷戦解消後の実行

　冷戦解消後においては，このような実行は一層活発になる[14]。

(1) 第39条：「平和に対する脅威」概念の展開

　最初に，第39条の「平和に対する脅威」概念の展開を見てみよう[15]。

　第1のカテゴリーは，決議688のクルド人保護を始めとして，旧ユーゴ関連の事例，リベリア，アンゴラなどの「国内的武力紛争」の事例である。そして，実際には国内的武力紛争と不可分なのが「人道的危機」であり，ソマリア，ルワンダ，東部ザイール，アルバニア，東チモールなどに，この側面が顕著に出

---

13)　森川幸一「国際連合の強制措置と法の支配（一）——安保理の裁量権の限界をめぐって——」『国際法外交雑誌』第93巻2号（1994年）27頁。

14)　See in general Chesterman, *supra* note 3; D. Schweigman, *The Authority of the Security Council under Chapter VII of the UN Charter* (Kluwer Law International, 2001).

15)　See in general I. Österdahl, *Threat to the Peace, The interpretation by the Security Council of Article 39 of the UN Charter* (Iustus Förlag, 1998).

ている。人道的危機は，多くの場合，国際人道法の広範かつ重大な侵害によって引き起こされ，大量の難民の流出を伴い，深刻な対外的な影響をもたらす。これが「平和に対する脅威」を正当化する事由といえよう。

旧ユーゴ国際刑事裁判所の上訴部は，「タディッチ」事件において，この点に関する安保理の慣行の存在を認めて，次のように指摘した。

「[旧ユーゴスラビア領域における武力紛争が] たとえ単なる『国内的武力紛争（internal armed conflict）』と考えられるとしても，それでもなお，安全保障理事会の確立した実行と国際連合加盟国一般の共通の理解に従って『平和に対する脅威』を構成するであろう。実際，安全保障理事会の実行には，『平和に対する脅威』と分類し第7章の下で扱われた内戦や国内紛争（internal strife）の事例が豊富であるし，しかも，1960年代初期のコンゴ危機や，最近ではリベリアやソマリアのように，総会の奨励さらには要請の下にである。こうして，第39条の『平和に対する脅威』は，その一つの種類として，国内的武力紛争を含みうる旨の，国際連合加盟国全般の『事後の実行』により示される共通の理解があると言うことができる。」[16]

第2のカテゴリーとして「民主制の崩壊」を挙げる論者がいるが，「平和に対する脅威」概念の展開の事例としては不明確なものと思われる。すなわち，ハイチやシエラ・レオーネにおいては，民主的選挙によって選出された大統領が，クーデターによって追われたときに，大統領復帰のための武力介入に対して，安保理は事前あるいは事後の承認を与えたのであるが，かなり議論の余地のある事例であるとのみ指摘しておこう[17]。

---

[16] The Prosecutor v. Dusko Tadić a/k/a/"Dule," Case No. IT-94-1-AR72, decision of 2 October 1995, 35 *ILM* (1996), p. 43. この点についてのコメントとしては，第1に，アルヴァレスが上訴部による通り一遍の扱い方は循環論との批判をしている (J. E. Alvarez, "Nuremberg Revisited: The Tadić Case," 7 *EJIL* (1996), p. 256)。

第2に，先に触れた「事後の実行」の意義については，一方で「安全保障理事会の確立した実行」としながらも，他方で「国際連合加盟国一般の共通の理解」や「国際連合加盟国全般の『事後の実行』」の表現に見られるように，「機関の実行」に加えて「加盟国の実行」によっても（少なくとも「加盟国の実行」も引用しうる場合には）補強するという配慮が見られる。See also Blokker, *supra* note 10, p. 318.

[17] 民主的選挙によって選出された大統領がクーデターによって追われたという「民主制の崩壊」という問題には，この事態が第39条の「平和に対する脅威」を構成するかという問題と，大統領の復帰のための武力介入に対して安保理は承認を与えて合法化・正当化

第3のカテゴリーは,「テロリストの引渡し」であるが,後に触れる。

(2) 第41条:非軍事的措置

次に,非軍事的措置の適用に関しては,制裁措置の適用と補助機関の設立の二つの側面を区別して分析できる。

第1は制裁措置の適用であるが,何点か指摘すべきことがある[18]。まず,制裁措置としての非軍事的措置,特に経済制裁の実効性についてであるが,被制裁国における政策決定担当の支配層ではなく,無関係の一般民衆にのみ制裁が影響しているという批判が強くなされるようになってきた。国際の平和と安全の維持・回復のための措置として実効的なのかという問題でもある。特にイラクの事例がそうであるが,それに限られない。また,そもそも経済制裁決議を加盟国が十分に遵守していないという意味での実効性の欠如も指摘される[19]。安保理として一応それなりに対応しているというポーズを示すという意味で口実としての制裁にすぎず,制裁の頻度と実効性との間には負の相関性があると言われることもある[20]。このような状況に対応して,安保理側も

できるか,という二つの側面がある。いずれについても安保理の広範な裁量権を前提としてのみ可能と思われる。「民主制の崩壊」が第2のカテゴリーとして確立しつつあるのかについては,否定的な理由として,第1に,事例が限られ確立した事例というには不十分であるし,従来,そのような事態でも不介入であったのが,むしろ原則であったと思われる。第2に,「民主制の崩壊」という側面は39条の「平和に対する脅威」を構成する諸要因の一つにすぎないと考えることも可能のように思われる。実際,国内武力紛争,人道的危機,難民の発生などの要素も,多かれ少なかれ存在していたのではないかと思われる。

18) 最近の文献として,次のものがある。P. Conlon, *United Nations Sanctions Management: A Case Study of the Iraq Sanctions Committee, 1990-1994* (Transnational Publishers, 2000); D. Cortright and G. A. Lopez, *The Sanctions Decade, Assessing UN Strategies in the 1990s* (Lynne Rienner Publishers, 2000); D. Cortright and G. A. Lopez, *Sanctions and the Search for Security, Challenges to UN Action* (Lynne Rienner Publishers, 2002).

19) T. Eitel, "The UN Security Council and its Future Contribution in the Field of International Law," 4 *Maxplanck Yearbook of United Nations Law* (2000), p. 66; H. Neuhold, "Collective Security After 'Operation Allied Force'," *ibid.*, p. 86; A. Reinisch, "Developing Human Rights and Humanitarian Law Accountability of the Security Council for the Imposition of Economic Sanctions," 95 *AJIL* (2001), p. 871.

20) H. Freudenschuß, "Collective Security," in F. Cede and L. Sucharipa-Behrmann (eds.), *The United Nations, Law and Practice* (Kluwer Law International, 2001), pp. 80-81.

様々な工夫をしている。例えば，最近の非軍事的措置を課する決議では，期間を限定し，その終了時に再評価する。事務総長に事態の定期的報告を依頼する。しかも，内容を詳細に指示している。制裁違反者の国内法による処罰を各国に依頼する，などが観察できる。

また，非軍事的措置の中には，準立法的権限の行使と性格づけることが可能なものがある。従来，非軍事的強制措置は個別的な執行措置であると理解されてきたが，例えば決議661の中に示された行為規範は，個別事件の文脈としてイラクまたはクウェートとの関係に限定しているのではあるが，すべての国を名宛人とする一般的なものである。国連憲章の課す法的枠組み，特に国際の平和と安全維持・回復という目的の制約下にあるとはいえ，安保理には広範な裁量が認められている。安保理の権限の文脈で，執行と立法の概念がそれぞれ厳密に定義されているわけでもなければ，それらの区別・分離の結果が法的な意味で規範的効果を持つわけではない以上，準立法的権限と形容することも可能であろうし，むしろ実体に即した説明とも思われる[21]。

第2は補助機関の設立である。多様な補助機関が設立されてきた。例えば，制裁委員会がある。安保理は制裁決議を採択したとき，多くの場合に，制裁の実施状況の監視などのための安保理構成国による政治的委員会を設立してきた。また，旧ユーゴおよびルワンダ国際刑事裁判所がある。司法裁判所を設立したわけである。これについては，個人の処罰は領域国政府によるべきであり，国連憲章の採択は強制的刑事管轄権を伴う裁判所の設立を予想していなかった旨の批判がなされた。しかし「タディッチ」事件判決は，安保理による国際裁判所の設立は安保理が自らの機能・権限の行使を同裁判所に委任したことを意味するものではないし，安保理が司法的機能を不法に行使していることを意味するものでもない。安保理は国際の平和と安全の維持という自らの主要な任務の遂行のための手段として，すなわち旧ユーゴにおける平和の回復と維持に貢献する措置として国際刑事裁判所の形式での司法的機関の設立に訴えたのである，と指摘した。実際，ICJも行政裁判所の補償裁定の効果事件において，親機関が，それ自身の任務の遂行に必要であるとして，それ自身は有していない司法

---

21) 拙稿「国際連合憲章第7章に基づく安全保障理事会の活動の正当性」（前掲注4）214-216頁（本書286-289頁）参照。

的機能・権限を行使する補助機関を設立し，親機関の任務遂行の一助とすることを，黙示的権限の法理の適用によって承認している[22]。さらに国際連合補償委員会および国際連合イラク・クウェート国境画定委員会があるが，後に触れる。

(3) 第42条：軍事的措置

第1に，第42条の軍事的措置については許可方式が確立した[23]。安保理は湾岸戦争における決議678において，一定の加盟国に対して，安保理の統制を十分に受けることなく武力行使を含む必要な行動をとることを許可した。この決議に対しては次のような批判がなされた。すなわち，ある行為が第42条に基づきなされたとの性格づけは，とられる措置に対する統制と指導をなすための手段を安保理が自らに留保しているか否かに依存すべきであるが，問題の決議は許可する行為に対する安保理の指導と統制が全く欠けているという点で第42条の基本前提に反する，というものである。この点に関する議論は日本の学界においてもなされてきており，詳細については，注4)の拙稿(1)(本書第4章)をご参照頂きたい。

ここで付け加える点としては，第1に決議678の後も数多くの類似決議が採択されてきたことである。決議678の場合より小規模であるが別の事態において，例えばソマリア，ボスニア・ヘルツェゴビナ，ルワンダ，ハイチ，東部ザイール，アルバニアなど多数の例がある。第2に最近の決議においては，先の批判に対する安保理の側での三つの対応を指摘できる。すなわち，① 任務の定義が詳細化してきた，② 許可の時間的期限をより短くする，③ 安保理への詳細かつ頻繁な報告を義務づける，である[24]。

---

22) 同上，190-191, 209-210頁（本書257-258, 280-281頁）参照。
23) *See, in general,* D. Sarooshi, *The United Nations and the Development of Collective Security, The Delegation by the UN Security Council of its Chapter VII Powers* (Oxford University Press, 1999); L.-A. Sicilianos, "L'autorisation par le Conseil de sécurité de recourir à la force: une tentative d'evaluation," 106 *RGDIP* (2002), pp. 5-50.
24) N. Blokker, "Is the Authorization Authorized? Powers and Practice of the UN Security Council to Authorize the Use of Force by 'Coalitions of the Able and Willing'," 11 *EJIL* (2000), pp. 561-566. *See also* Chesterman, *supra* note 3, pp. 185-195.

これらの仕組みによって安保理のコントロールは高まり，また本来の国連軍に類似するものになってくるといえる。しかしながら，国連特に安保理によるコントロールという観点からは望ましいとしても，実際には軍隊提供国によっては受け入れられない側面がある。というのも，根底にある問題は，第43条の特別協定が未締結なのは，国々（特に常任理事国）が自国の死活的利益の関わらない地域・事態に対して，自国の国民からなる軍隊を，自国が十分にコントロールできないような国連の指揮下で派遣することに消極的である故だからである[25]。

従って多くの場合，問題は軍隊提供国を如何に確保するかなのである。安保理によるコントロールという憲章下における法的要請と，軍隊提供国のフリーハンドへの実際上の要請との間のバランスをとる必要があるわけである。許可方式が一般化してきた理由は，安保理による完全なコントロール，指揮統制の詳細な次元までの関与が欠如しているからだと思われる[26]。ゆえに，許可決議の定式は二つの要請の間で事例ごとに揺れ動きつづけると考えられる。この点での現実的な指針としては，現地での軍事的オペレーショナルな指揮統制は軍隊提供国に，全体的な政治的コントロールは安保理によるという，役割分担の方式と思われる[27]。

第2に，許可方式が90年代の数多くの事例を通して一般化・確立してきた一方で，安保理の許可決議なしの一方的な武力行使の事例も顕著になってきた。決議687の実施をめぐる特に英米による対イラク攻撃[28]であり，NATOによるコソボ空爆であり，9・11テロ後におけるアメリカによるアフガニスタン侵攻である。ここでは後の二つについて触れる。

---

25) Eitel, *supra* note 19, p. 62.
26) Blokker, *supra* note 24, p. 565; Eitel, *supra* note 19, p. 64; Chesterman, *supra* note 3, pp. 180-182.
27) Blokker, *supra* note 24, pp. 566-567; Sarooshi, *supra* note 23, pp. 144-145.
28) 拙稿「国際連合憲章第7章に基づく安全保障理事会の活動の正当性」（注4）193-195頁（本書260-263頁）参照。*See also* C. Gray, "From Unity to Polarization: International Law and the Use of Force against Iraq," 13 *EJIL* (2002), pp. 1-19; Neuhold, *supra* note 19, pp. 92-95.
29) NATOによるコソボ空爆については膨大な文献がある。さしあたり，*EJIL*, Vol. 10, No. 1 (1999); *EJIL*, Vol. 12, No. 3 (2001); *AJIL*, Vol. 93, No. 4 (1999); *ICLQ*, Vol. 49, No. 4

NATOによるコソボ空爆については[29]，第1に安保理決議による黙示的あるいは事後的な承認の有無について，第2に合法的な人道的干渉であるか否か，の2点から議論されたが，本章の文脈からは第1の点についてのみ触れる。安保理決議による黙示的あるいは事後的な承認の有無に関しては，まず事前の決議（1160, 1199, 1203）から武力行使の許可を引き出すことは，当時の中国・ロシアの強い反対に鑑みれば，決議中に関係する表現はなく，無理といわざるをえない。事後の決議（1244）についても同様である。確かに，国際的な軍事プレゼンス等を指示する決議1244は，安保理がNATOによる空爆を違法と考えていたという主張とは両立しないと指摘されたり[30]，干渉の結果・帰結を承認するものであると指摘されたりする[31]。しかし，英米が拒否権を有する安保理がNATOによる空爆を違法とする決議を採択することがないのは当然であるし，決議1244がNATOによる空爆の帰結を実際上前提とする内容のものであるからといって，NATOによる空爆自体の合法性の承認を当然に含むものでもなかろう[32]。

もっとも，NATOによる空爆が違法である場合，決議1244の法的意義にはデリケートな問題が伴う。国家責任条文第41条2項が規定する，重大な違法行為の結果を承認しない義務との関係である。確かに，「安保理は国際法の実施機関ではなく平和維持を任務とする政治的機関であるから，多くの場合違法行為に基づく事実または状況を受け入れ，またはそれに基づいて事を進めることを余儀なくされる[33]」のが現実であろう。しかし，「NATOによる空爆自体の合法性の承認」と「違法行為に基づく事実または状況を受け入れ，またはそれに基づいて事を進めること」とは，実際上限りなく接近することになろう。

9・11テロ後におけるアメリカによるアフガニスタン侵攻[34]にいたって，事

（2000）の特集を参照。
30) R. Wedgwood, "Unilateral Action in the UN System," 11 *EJIL*（2000），p. 358.
31) A. Pellet, "Brief Remarks on the Unilateral Use of Force," 11 *EJIL*（2000），p. 389.
32) Neuhold, *supra* note 19, pp. 95-103; Sicilianos, *supra* note 23, p. 46. 正当性の欠如を論じるものとして，F. Francioni, "Of War, Humanity and Justice: International Law and Kosovo," 4 *Max Planck Yearbook of United Nations Law*（2000），pp. 119-125.
33) B. Simma, "NATO, the UN and the Use of Force: Legal Aspects," 10 *EJIL*（1999），p. 11. この点を肯定的に引用するものとして，松井芳郎「NATOによるユーゴ空爆と国際法」『国際問題』No. 493（2001年）38頁。

態は一層深刻である。アメリカは安保理を中心とする多国間の枠組みを選ばず，個別的および集団的自衛権の主張に依拠して，一方的な武力行使に訴えた。ここでは，もはや安保理の許可やコントロールなどは全く問題とされていない。安保理決議1368（2001）は，前文でテロ行為によって引き起こされた「国際の平和と安全に対する脅威」にすべての手段で闘う決意と憲章に従って「個別的または集団的自衛権の固有の権利」を認めるが，本文でも武力行使の許可を認めるような表現はない。決議1373（2001）も同様であり，本文では多くの非軍事的措置を決定するが，武力行使の許可を認めるような表現はない[35]。

　アメリカのこの選択については，次のように評価できる。まず，アメリカにとって安保理を中心とする多国間の枠組みを選ぶことは十分に可能であった。アメリカによる適当な軍事行動に対する安保理の許可を得るための十分な時間的余裕が存在した上に，NATOによる空爆の場合にはロシアと中国の反対があったが，今回のアメリカによる武力行使を含む対応には強い反対はなかったと思われる[36]。確かに，安保理の許可決議を求めれば，安保理によるコントロールという意味でのアメリカによる軍事行動に対する一定の制約が課せられることになろう[37]。しかし，安保理を中心とする多国間の枠組みによる支持を得ることによって，アメリカの軍事的対応の正当性は飛躍的に高まる上に，

---

34) 9・11テロ後におけるアメリカによるアフガニスタン侵攻をめぐる諸問題については，松井『前掲書』（注 1）および同書巻末文献，さらに *AJIL*, Vol. 95, No. 4 の特集等を参照。

35) 決議1373をつまみ食いすれば，確かに次のような部分がある。

「安全保障理事会は，……国際連合憲章第7章に基づいて行動して，

2. また，すべての国が次のことを行うことを決定する。

(b) ……を含むテロ行為の実行を防止するための必要な措置をとること。」

しかし，文脈等から判断して，このような解釈はとりえないであろう。*See* M. Byers, "Terrorism, the Use of Force and International Law after 11 September," 51 *ICLQ* (2002), pp. 401-403.

36) A. Pellet, "No, This is not War!," at: http://www.EJIL.org/forum_WTC/ny-pellet.html (as of August 30, 2002); J. Charney, "The Use of Force Against Terrorism and International Law," 95 *AJIL* (2001), pp. 836-837; L. Condorelli, "Les attentats du 11 septembre et leurs suites: Où va le droit international?," 105 *RGDIP* (2001), p. 836. この意味で，自衛権発動の要件の一つである，それ以外にとるべき手段がないという必要性の要件を満たしていないことになる。O. Corten and F. Dubuisson, "Opération «Liberté immuable»: une extension abusive du concept de légitime défense," 106 *RGDIP* (2002), pp. 74-75.

37) Condorelli, *supra* note 36, p. 837.

第 2 章　国連安全保障理事会機能の創造的展開

安保理の拘束的決議による加盟国全般からの支援も期待できたであろう[38]。

さらに国際法秩序全体の観点からは一層重要かつ残念なことであるが，もしアメリカが安保理および総会の支持を事前に得て，（言い換えれば，安保理によるある程度のコントロールを受け入れて，）安保理の拘束的決議による加盟国全般からの支持を基礎に（後に触れる決議1373はその1例），タリバーン政権およびアルカイダに対する軍事的対応をとっていたならば，9・11テロのような重大な国際テロリズムに対する安保理を中心とする多国間の枠組みによる国際法の執行・強制の仕組み構築の動きにつながったかもしれない[39]。

また，NATOによる空爆の場合にも言えることであるが，アメリカ（およびイギリス）は，安保理の許可決議を得るための十分な努力を尽くすべきであった。これは，拒否権を有する常任理事国の当然の責任であるが，合理的な証拠，目的，方法を示した提案がロシアあるいは中国による反対のために採択されないということになれば，逆に反対した常任理事国の責任が問われ，そのような安保理の限界が指摘され，ひいては国連の枠外においてやむを得ず実施されるアメリカの一方的な軍事的行動の正当性を高めることにもなろう。いずれにせよ，アメリカは安保理を無視して一方的な軍事的行動をとることによって，武力行使を規制する憲章の枠組みに大きな打撃を与えた[40]。この最大の責任は

---

38) Charney, *supra* note 36, pp. 837-838.
39) 特に，国際司法裁判所がニカラグア事件で述べたように，一方で武力行使が原則として禁止され，他方で武力攻撃に至らない違法な武力行使に対しては，集団的対抗措置も武力行使に訴えることは許されないという憲章体制の下では，そのような場合における安保理の適切な対応は一層重要である。9・11テロに関する広瀬教授の次の指摘は大切である（広瀬善男「地域機構の人道的介入と国連の統制」大内和臣・西海真樹編『国連の紛争予防・解決機能』（日本比較法研究所，2002年）70-71頁）。
　「本件の同時多発テロに対する対処行動は，当初から重大国際犯罪の捜査と科罰を重点目標とし，方法としての軍事行動を含め，個別国家の自衛権行使ではなく，国連の主導による国際社会の集団的安全保障の見地から行われるべきものである。『人間の安全保障』は国家の自衛権ではなく，普遍的な集団安全保障の思想と理念によって支えられなければならないのである。」
40) NATOのコソボ空爆を踏まえて，アナン事務総長は既に次のように指摘していた（K. A. Anan, *1999 Annual Report on the Work of the Organization: Preventing War and Disaster. A Growing Global Challenge* (United Nations, 1999), p. 20, para. 66)。
　「安全保障理事会の許可なしの強制行動は，国際連合憲章の上に築かれた国際安全保障システムのまさに中核を脅かすものである。」

第1部　国際組織の創造的展開の理論と国連安全保障理事会

アメリカが負うとしても，アメリカを説得して安保理を中心とする多国間の枠組みを活用させなかった，残りの4常任理事国の責任も重いと言わなくてはならない。拒否権という特権は，国際の平和と安全の維持に主要責任を担う安保理にその任務を実効的に遂行させる責任を伴うのである。そのような責任を安易に放棄する常任理事国には，常任理事国として安保理の席を占め，拒否権という特権を行使する資格はない[41]。

3　評　価

紙幅の制約のために十分な個別的検討をすることはできなかったが，全般的にみて安保理機能の創造的展開を確認することができると思われる。「国際の平和と安全の維持」という国連の主要な目的の実効的遂行ということに大きく依拠した目的論的解釈がとられると同時に，そのような目的論的解釈に依拠した安保理等の国連機関の実行が蓄積して急速に慣行化していくという意味での創造的展開が確認できるということである。

他方で，このような創造的展開を遂げていく安保理の実行・機能が実効性を持つためには，これらの活動が広い意味での正当性を有することが必要でもある（正当性の概念自体については，ここで特に問題としない。合法性も一要素として含めた広い意味での常識的な意味で用いている）。すなわち創造的展開を遂げるということは，準備作業などに確認される起草者意思には必ずしも囚われず，起草

---

41)　*See also* S. R. Pemmaraju, "International Organizations and Use of Force," in N. Ando et al. (eds.), *Liber Amicorum Judge Shigeru Oda* (Kluwer Law International, 2002), Vol. 2, p. 1599.

　アメリカの軍事行動については，それが自衛権の行使として正当化できるか否かが中心的な論点として議論されてきたが，本文上記の評価については，たとえ自衛権の行使として正当化が可能であったとしても当てはまることに留意すべきである。すなわち，憲章第51条は，安保理が「国際の平和及び安全の維持に関する主要な責任」を負うことを前提として，安保理が「必要な措置をとるまでの間」に限って自衛権の行使が認められるにすぎないし，自衛権行使の措置は安保理が必要と認める行動をとる責任に影響を及ぼすものではないとも規定している。安保理の責任を担う中核たるべき常任理事国が，安保理の許可を得るなどして安保理にその任務を遂行させる十分な時間的その他の条件がそろっていたにもかかわらず，自らの自衛権行使のみを主張して，拒否権に伴う常任理事国としての責任を放棄するならば，国際連合憲章の上に築かれた国際安全保障システムは崩壊するであろう。

者が予想しなかった活動に踏み込むことを意味するのであり，また文言的解釈により確定される条約文言の枠組みを乗り越えて，新たな活動領域に踏み込んでいくことを意味することになる。

目的論的解釈によって合法的なものとして法的に基礎づけられ正当化されるとはいえ，見方によっては，例えば起草者意思を重視したり，条約文の文言的解釈を重視したりする立場からから見れば，違法・違憲な活動であったり，あるいは合法性・合憲性が不明確であるという意味で法的なグレー・ゾーンに踏み込んでいくのであるから，そのような新たな活動が実効性を有するためには，国際連合の現在の加盟国を中心とする国際社会の広範な支持を受けていることが不可欠であるといえよう[42]。

第4節　国連安全保障理事会による合法性確保機能の展開
――憲章第7章の進化――

1　従来の議論

簡潔にではあるが，以上のように合法性・合憲性の観点から安保理機能の創造的展開の検討を行ったことを前提として，次に合法性確保機能の展開の検討に入ろう。

最初に，この点での従来の議論を簡単に振り返ってみよう。この問題は，要するに国際法委員会の法典化作業を前提として，1996年に第一読が終了した国家責任に関する暫定条文草案の第19条に列挙された四つの犯罪――侵略，自決権，奴隷制度・ジェノサイド・アパルトヘイト，人間環境の保護・保全の4つの事項に関する重大な違反――を，安保理は国家責任の観点から扱う権限を有するのかが中心であったよう思われる[43]。言い換えれば，国家の国際犯

---

[42]　T. Farer, "Beyond the Charter Frame: Unilateralism or Condominium?," 96 *AJIL* (2002), p. 361.

[43]　この点については，森川幸一「国際連合の強制措置と法の支配（二・完）――安保理の裁量権の限界をめぐって――」『国際法外交雑誌』第94巻4号（1995年）52-67頁が，議論の状況を手際良く整理しており，参考になる。See also G. Golland-Debbas, "Introduction, UN Sanctions and International Law: An Overview," in G. Golland-Debbas (ed.), *United Nations Sanctions and International Law* (Kluwer Law International, 2001), pp. 5-12; G. Golland-Debbas, "The Functions of the United Nations Security Council in the International Legal System," in M. Byers (ed.), *The Role of Law in International Politics*

罪概念との関連で、憲章第7章に基づく安保理の強制措置がどのように位置付けられるのかという問題である。

議論の大勢は次のようであったと思われる。すなわち現行法の解釈としては、憲章第7章は安保理が侵略の禁止に関して侵略国を認定して国際平和の回復のために強制措置をとる権限を認めているが、侵略行為の存在と帰属の決定を除いて、責任の評価（特に責任の帰結）をカバーしているとは必ずしもいえない。侵略以外の国際犯罪についても、第39条の「平和に対する脅威」に該当する限りで安保理は強制措置を発動できるが、それは「国際の平和と安全の維持」という目的の範囲内に限定され、国際法の執行や立法的介入を行う権限を含まない。さらに通常の不法行為においても、その存在、帰属、帰結を法に基づいて決定するという司法的な任務もそのために必要な技術的な手段も、安保理は憲章上有していないということである。

2001年の夏に国際法委員会が最終的に採択した条文草案では、国際犯罪概念は放棄され、「一般国際法の強行規範に基づく義務の重大な違反」に関わる簡潔な2カ条が残されたのみであるが、ここでは以上のような従来の議論に留意しながら、安保理の実行の検討・評価を試みたい。

2 冷戦下の実行

まず冷戦下の実行について同様に結論のみ指摘する。黒人多数派の自決権を侵害した南ローデシアの事例において、安保理は南ローデシアの違法な当局による独立宣言を法的効果を有しないものと見なすとしたほか、すべての国に不承認と外交関係等を維持しないように要請している（決議217（1965））。ナミビアの自決権を侵害した南アフリカの事例でも、ナミビアにおける南アの居座りが違法であり、南アがナミビアに代わって取るすべての行為は違法かつ無効であると宣言したほか、その点と両立しない南ア政府とのいかなる関係をもやめることをすべての国に要請している（決議276（1970））。

この決議を受けて示されたナミビアに関するICJの勧告的意見は、「ある事態が違法であるという国際連合の権限ある機関が行った拘束的決定が、結果を

(Oxford University Press, 2000), pp. 288-294; G. Golland-Debbas, "Security Council Enforcement Action and Issues of State Responsibility," 43 *ICLQ* (1994), pp. 63-90.

伴わずにそのままということはありえない」つまり「この決定は，法的結果，すなわち，違法な事態を終止させる結果を伴う」と指摘した[44]。そして加盟国に対しては，不承認，不支持・不援助，関係断絶の義務を認めた[45]ほか，非加盟国についても，違法性の宣言は，国際法に違反して維持されている事態の適法性を対世的に阻止するという意味で，すべての国に対抗できる[46]と指摘したのである。

以上をまとめると，冷戦下においても，自決権の侵害に関して，安保理によって違法行為の存在と帰属が認定されたほか，その帰結の一部としての不承認の義務等も確認された。また，非軍事的制裁は自決権侵害を矯正する，正す機能，すなわち合法性確保機能の行使と見なすことも可能であろう。しかもこれらの行為の合法性・合憲性は，ICJにより承認されたといえる。しかしこれらの事例は，第三世界の国々を中心とする国際社会の広範な支持を受けた例外的な事例にすぎないし，選択的に適用されたにすぎない[47]ことにも留意すべきであろう。

3 冷戦解消後の実行

冷戦解消後における憲章第7章に基づく活動は数多くあるが，合法性確保機能の観点から見て，対象となる国際法規則に照らした場合，いくつかのカテゴリーに収斂するように思われる。

(1) 侵 略

その第1のカテゴリーは侵略である。イラクによるクウェート侵攻・併合について，安保理は違法行為の存在と帰属さらにはその帰結についても決定してきた。決議660以下の決議では，661が包括的な経済制裁を決定し，662はク

---

[44] Namibia case, *supra* note 12, p. 54, para. 117.
[45] *Ibid.*, pp. 54-55, paras. 119-123.
[46] *Ibid.*, p. 56, para. 126.
[47] イスラエルに関して，決議446 (1979) は，1967年以降占領されているパレスチナおよび他のアラブ領土におけるイスラエルの入植地確立における政策と実行が法的効果を持たない (have no legal validity) 旨，決定した。しかし，制裁の実施には踏み込んでいない。

ウェート併合の無効と不承認の義務を確認し，674 はイラクの損害賠償責任を確認し，686 はイラクによる国際責任の受諾を要求した。687 はイラクが国際法上責任を負うことを再確認するとともに，広い意味で違法行為の帰結と考えられる様々な措置をとった[48]。これらの措置が違法行為の帰結あるいは合法性確保としての客観性を有しているかという観点から若干のコメントをする[49]。

第1にイラク・クウェート間の国境線の画定についてみれば，委員会はイラクおよびクウェートの各1名の代表並びに事務総長が指名する3名の，合計5名の独立した専門家から構成されたわけであるが，安保理は委員会の報告書を是認し，国境画定についての委員会の諸決定が最終的であることを確認した。安保理によれば，委員会の作業はイラクとクウェートの間で領土を再配分するという意味での国境の画定ではなくて，1963年のイラク・クウェート間の合意議事録で確定された既存の国境の正確な位置を画定させる技術的作業であるということであったが，イラクとクウェート間の国境確定が国際の平和と安全の回復と維持に必要であるとしても，この合意議事録には不明確な部分もかなりあったように言われており，独立した司法的機関によって両国の主張を十分に聞いた上で遂行されるべきであった，といえよう。また安保理も，このような場合にはこの問題を ICJ に付託させるか司法的機関を設立することによって，当事者間において法の適正な運用がなされたと見えるように確保するという責任を有しているともいえる。

第2にイラクに課された化学兵器・生物兵器等の破壊・開発禁止の義務は，イラクに対して新たな義務を課すものといえる。イラクが過去に化学兵器を使用したことを十分に踏まえて侵略の再発防止の手段として正当化することも可能とは思われるが，安保理による準立法的権限の行使としてデリケートな問題を含んでもいる[50]。

---

48) この点については，松井芳郎『湾岸戦争と国際連合』（日本評論社，1993年）147-200頁，中谷和弘「国際機構による国際法上の義務履行確保のメカニズム――湾岸危機における国連安保理諸決議の履行確保を主たる素材として」国際法学会編『日本と国際法の100年 第8巻 国際機構と国際協力』（三省堂，2001年）103-132頁等を参照。

49) 詳しくは，拙稿「国際連合憲章第7章に基づく安全保障理事会の活動の正当性」（注4) 206-216頁（本書278-289頁）およびそこに引かれた文献を参照。

第3に損害賠償実施に関する国連補償基金と国連補償委員会の設置であるが，イラクのクウェート侵略の結果として被った損害を評価し，それらの損害に対するイラクの賠償責任についての請求を処理するものである。個人的資格の専門家である委員3名によるパネルが個々の請求を審査・査定したのち，安保理構成国による管理理事会に勧告し，この管理理事会が最終決定するわけである。合法性・合憲性の点では，安保理は第7章に基づいて賠償責任処理のための補償委員会を設置することができると思われるし，数百万件という膨大な請求を迅速に処理するためには，伝統的な仲裁裁判手続きを採用するのは適切でないともいえる。しかし，この賠償責任処理が個々の損害賠償請求を審査し，その適否の認定と補償額の査定を行うという基本的に司法的な機能である以上，政府代表の資格で行動する管理理事会がこのような司法的機能の遂行に関わるというのは望ましくないと言わなくてはならない。

(2) 人権の大規模侵害・人道法の重大な違反

　第2のカテゴリーは人権の大規模侵害・人道法の重大な違反である。第39条の「平和に対する脅威」を認定する際に，「国内的武力紛争」や「人道的危機」がその対象となっていた事例では，人権の大規模侵害・人道法の重大な違反が問題となっていた。安保理は武器や経済的な制裁を課したり平和維持軍を

---

50)　安保理は立法機関ではなく，立法行為をなす権限を付与されてはいないが，安保理が憲章第7章に基づいて強制措置をとる場合には，加盟国の法的権利を侵害・制約・停止することが可能である。憲章第1条1項の規定が国際の平和と安全を維持する手段を集団的措置と平和解決の二つに分けており，安保理が国際法と正義の制約に服するのは平和的解決の場合にすぎないとしているのは，この点に対応するものである。
　　この点を言い換えると，国連の設立諸国がこのような特別の権限，つまり国々が慣習および条約国際法の下で通常行使することができる権利を侵害・制約・停止するという権限を安保理に付与したのは，憲章第1条1項の構造に示されるように，この権限の範囲が国際的な紛争や事態の調整または解決を含むものではなく，平和に対する脅威の防止・除去あるいは侵略行為の鎮圧という緊急・重大な事態に直接に必要な強制活動に限定されるという条件の下においてにすぎないと考えるのが合理的であろう。
　　そうであるとすれば，このような準立法権限の行使が侵略行為の鎮圧などという目的に直接必要な強制活動から離れたものになるほど，正義と国際法の原則の考慮さらには人道の基本的考慮等に注意が払われるべきと言える。これは国連加盟国が安保理による準立法的権限の行使に対する期待または懸念にも合致するものと考えられる。同上，195-198頁（本書263-266頁）参照。

派遣したりすることによって,人権の大規模侵害・人道法の重大な違反の発生を防止しようとしてきたということはできるが,国際人道法の違反に言及することはあっても,その処罰にまで踏み込むことは旧ユーゴとルワンダの二つの例にとどまっている。いずれの場合も,安保理は国際人道法の遵守に一貫して留意し,その大量重大な違反を「国際の平和と安全に対する脅威」を構成すると決定し,違反の法的帰結として容疑者処罰のための刑事裁判所設立に踏み切ったのである(旧ユーゴについては,決議764, 808, 827。ルワンダについては,決議918, 935, 955)。

これらの裁判所は,それらの規程から明らかなように,司法裁判所として設立されており,容疑者の人権にも十分配慮した独立した司法裁判所としての内実を持った機関といえる。この点では,「タディッチ」事件において提起された抗弁,すなわち人権条約によって一般に承認された,刑事裁判における個人の適正手続きの権利を前提とした,「刑事裁判所は法によって設立されなくてはならない」という抗弁が重要である。上訴裁判部は,「法による設立」の意義は,第1に権限ある機関がその法的手続に従って設立したこと,そして第2に手続上の公正性(fairness)の諸要件を遵守していることと捉えて,この抗弁を棄却した[51]。このように,安保理が個人の処罰の領域に踏み込む場合には,人権保障の要件に配慮して政治の恣意的な介入を排除し,司法的機能は司法的機関に委ねることが要求されているといえる。

これら二つの国際刑事裁判所の設立によって,安保理は「国際の平和と安全に対する脅威」と個人の刑事責任を発生させる国際犯罪とを結びつけたといえる。タディッチ事件判決が指摘するように[52],司法裁判所による訴追が平和の回復と維持に貢献する一つの措置として見なされるようになったということである。

(3) 国際テロリズム

第3のカテゴリーは国際テロリズムである。他の関係国に引き渡すか自国で

---

51) The Prosecutor v. Dusko Tadić a/k/a/"Dule", Case No. IT-94-1-AR72, decision of 2 October 1995, *supra* note 16, pp. 46-48, paras. 41-48.
52) *Ibid.*, p. 45, para. 38.

訴追・処罰するかという aut dedere aut judicare の原則は，最近の国際テロリズム関係の多数国間条約で広く採用されてきている。しかしリビアに関しては[53]，1988 年 9 月にロッカビー上空で起きた航空機爆破事件から 3 年半後において，容疑者の引渡要請に応じないことを中核的な理由として「平和に対する脅威」を認定し非軍事的強制措置を課した。この点については議論の余地があったと思われるが，安保理はその後もスーダン[54]，アフガニスタン[55]という類似の事例において，容疑者の引渡要請に応じない場合に「平和に対する脅

---

53) リビアに関しては，リビアが航空機不法奪取防止条約であるハーグ条約と民間航空安全条約であるモントリオール条約の締約国であるにもかかわらず，決議 731 が容疑者の引渡しを中心とする英米仏の要求に対してリビアが応えることを要求し，この決議の不履行に鑑みて決議 748 はリビアへの非軍事的制裁を決定し，後に措置は強化された。その後の数年間の交渉を経てリビア・英米間に妥協が成立し，容疑者はオランダに設置されたスコットランド裁判所においてスコットランド刑事法の下で裁判されるために，99 年 4 月にオランダに移送され，2001 年の 1 月に一審の判決が下され，2 名のうち 1 名無罪 1 名有罪となり，2002 年 3 月に上訴が棄却された。また容疑者の移送完了とともに制裁は解除された。See, for details, J. P. Grant, *The Lockerbie Trial: A Documentary History* (Oceana Publications, Inc., 2004), pp. xvii-xxiii. 次も参照せよ。川西晶大「リビアに対する経済制裁とその帰結」『レファレンス』No. 682（2007 年）。

54) スーダンの場合では，1995 年にエジプトのムバラク大統領がエチオピアを訪問した際にエジプトに本拠を置く組織のテロリストによる暗殺が試みられ，しかもスーダンの国家機関の支援を得ていたとも言われた。エチオピアはスーダンに対して 3 人のエジプト人容疑者の引渡しを要請したのだが，スーダンは応じなかった。6 か月後に採択された決議 1044 は国家代表等に対する犯罪防止条約を想起した上で，スーダンに対して容疑者を直ちにエチオピアに引き渡すとともに，憲章に従ってテロ支援活動をやめるように要請した。スーダンは同条約の締約国である。スーダンが応じないことに鑑みて，決議 1054 はスーダンによる決議不遵守が「国際の平和と安全に対する脅威」を構成すると決定し，第 7 章に基づいて行動し要請を繰り返すとともに，不遵守を前提として各国内のスーダン外交職員の削減などの非軍事的措置を決定した。さらに決議 1070 は航空機の乗り入れ禁止などの非軍事的措置の強化を予定した。同決議は 90 日後に実施日などの決定をするとしながらも実施していなかったようであるが，先の決議に基づく制裁もスーダンによるテロ関連条約への加入に応じて 2001 年 9 月の末に決議 1372 により解除された。

55) アフガニスタンでは，1998 年，ケニアとタンザニアにおけるアメリカ大使館が爆破された際に，アメリカは容疑者としてオサマ・ビン・ラーデンを国内裁判所に訴追したほか，同容疑者がアフガニスタンにいるとして，その引渡しを領土の 9 割を支配するタリバーンに要請した。また安保理もテロリストの訴追・処罰を呼びかけた（決議 1189・1214）。アフガニスタンの不遵守に鑑みて，安保理はタリバーンによる要請不遵守が「国際の平和と安全に対する脅威」を構成すると決定し，第 7 章に基づいて航空機の乗り入れ禁止や資産凍結などの非軍事的制裁措置を決定し（決議 1267），後には，制裁措置を強化した（決議 1333，1363）。

威」を認定し非軍事的強制措置を課した。

　テロ行為は国際法特に数多くの多数国間条約によって禁止されており，容疑者の訴追・処罰か容疑者の関係国への引渡しの原則は，テロ行為を禁止する国際法からの論理的帰結の観を呈するようになってきた。しかし安保理は，aut dedere aut judicare の原則を前提としながらも，リビア，スーダン，アフガニスタンなどの国際テロ支援国家については国内での訴追・処罰が信頼に値しないという現実的な立場に立って，いわばこれら多数国間条約の枠外の問題である[56]として，容疑者の不引渡しが「国際の平和と安全に対する脅威」に該当するとの決定を行い，さらに引渡しの強制的な実施という新たな役割を果たすようになってきたと考えられる。

　この動きは，9・11テロ後においては一層加速された。安保理決議1368 (2001) は，本文で9・11テロの責任者を裁判にかけるために協力するように国々に要請するとともに，責任者はその責任を問われることになると強調するにとどまった。しかし約2週間後に全会一致で採択された決議1373 (2001) は，従来のテロ関係の多数国条約の不十分な点を補うことを目指した包括的な内容を，憲章第7章に基づく拘束的な決議によって加盟国のみならず，すべての国家に対して義務付けるものである。同決議は，「憲章第7章に基づいて行動し」，「すべての国」に対して「決定」した第1項において，当時未発効の「テロリズムに対する資金供与の防止に関する条約[57]」の内容の中核を含み，同様の第2項においては，現在総会の下で起草中のテロリズムに関する包括的条約[58]を先取りするような内容を含んでいる。また「すべての国」に対して「要請」した第3項においては，種々の情報交換と協力に加えてテロリズム関係の条約および議定書への参加，さらには政治的動機の主張はテロリスト容疑

---

56) R. Higgins, "The General International Law of Terrorism," in R. Higgins and M. Flory (eds.), *Terrorism and International Law* (Routledge, 1997), pp. 22-23.

57) "International Convention for the Suppression of the Financing of Terrorism," at: http://www.un.org/terrorism/ga.htm (as of August 30, 2002).

58) *See* "Report of the Ad Hoc Committee established by General Assembly resolution 51/210 of 17 December 1996," U.N. Doc. A/57/37, 11 February 2002 and "Measures to eliminate international terrorism: Report of the Working Group," U. N. Doc. A/C.6/56/L.9, 29 October 2001, at: http://www.un.org/law/terrorism/index.html (as of August 30, 2002).

者の犯罪人引渡し請求を拒否する理由とは認められないことの確保などを列挙している。さらに第6項は，安保理のすべての理事国からなる同決議実施の監視のための委員会（テロリズム対策委員会 Counter-Terrorism Committee）を設置し，すべての国に対して実施のために執った措置を90日以内に同委員会に対して報告するように要請している。決議1377が同委員会に対して決議実施のための国々への支援を要請したこともあり，同委員会は活発に活動しており，報告書のガイダンスを示し国内立法の支援にも積極的に踏み込んできている。人権や環境の領域で発展してきた国際的コントロールが，今や国際テロリズムの鎮圧に向けて強力に実施されているのである[59]。

決議1373（2001）で問題とされるべきは，このような立法の領域に踏み込むと考えられるような内容が非軍事的強制措置として憲章第41条によって課されうるのかである。既に触れたように，安保理は90年代に入って準立法的権限や準司法的権限の行使に大胆に踏み込むようになってきており[60]，その流れの中に位置づけることのできる実行である。実際に類似の議論が安保理による旧ユーゴ刑事裁判所設立に際してなされた。すなわち，国際裁判所設立は通常は条約によるが，条約の起草・批准にはかなりの期間がかかるうえに，条約の実効性のために必要とされる肝心の国々の批准が確保できる保証はないという事情である。安保理による第7章に基づく法的拘束力を有する決議によれば，この両方の問題を解決することができる[61]。

著者の考えでは，決議1373の合法性判断基準としては，第1に「国際の平和及び安全の維持」（憲章24条1項）という目的の下において特定の紛争や事態に対してとられる「平和に対する脅威，平和の破壊及び侵略行為に関する行動」（第7章の表題）とどの程度密接に結びついた強制措置であるか（憲章第6章

---

59) 安保理は，その後決議1390（2002）を採択し，「すべての国」に対する「決定」として，「オサマ・ビン・ラーデン，アルカイダ組織およびタリバーンの構成員ならびにそれらと関係を有するその他の個人，集団，企業および団体」に対して，資金の凍結，入国・通過の防止，武器等の禁輸などの措置を執るように指示した。
60) この点については，拙稿「国際連合憲章第7章に基づく安全保障理事会の活動の正当性」（注4）206-216頁（本書278-289頁）およびそこに引かれた文献を参照。
61) "Report of the Secretary-General Pursuant to Paragraph 2 of Security Council Resolution 808 (1993)," U. N. Doc. S/25704, 3 May 1993, paras. 19-23.

および第7章の規定は特定の紛争や事態の存在を当然の前提としていると理解される)，第2に立法としての内容的な妥当性，すなわち正義と国際法の原則の考慮，人道の基本的考慮等への十分な配慮の有無，そして第3に国々の対応，すなわちどの程度受け入れの姿勢を示しているか，などを指摘できよう。これらを総合的に評価する必要がある。

第1の点については，従来，非軍事的強制措置は個別的な執行措置であると理解されてきた[62]のであり，前記の決議661もすべての国を名宛人とする一般的なものであるが個別事件の文脈としてイラクまたはクウェートとの関係に限定されている。しかし，決議1373は前文3項で「これらの行為が，<u>あらゆる国際テロリズムの行為</u> (any act of international terrorism) と同様に，国際の平和と安全に対する脅威を構成することを再確認し」(下線は佐藤。決議1368の本文1項とほぼ同一の表現)ており，国際テロリズム一般を対象としている。そしてこれに対応するように，本文では上記のように9・11テロおよびアルカイダを対象とする個別的なものではなく，国際テロリズム一般を対象とした規制がなされている[63]。テロは本来の意味での「国際犯罪」ではなく，条約締約国が自国の刑事法上で当該条約の定めるテロ行為を犯罪として処罰する仕組みではあるが，国際社会はテロの個別の問題に関して13の多数国間条約を作成し，その鎮圧に努めてきた。決議1373はこのような国際社会の長期間にわたる広範な動きの延長上に位置づけられることに鑑みるならば，国際テロリズムに対する一般的規制を非軍事的強制措置として課すことに一定の合理性を認めることもできる。しかし，従来の措置が個別的な事例・事態の文脈に限定されていたことからは，一歩踏み出ていることは事実であろう[64]。

第2は立法としての内容的妥当性であるが，既存の多数国間条約の内容と部

---

62) See, e.g., G. Nolte, "The Limits of the Security Council's Powers and its Functions in the International Legal System: Some Reflections," in M. Byers (ed.), *supra* note 43, p. 324.

63) Condorelli, *supra* note 36, p. 835.

64) 決議1373が9・11テロの背後にあるテロ組織に関してのみ国々を拘束するという立場に立って，将来の他の事態との関係では安保理が新たに平和に対する脅威を認定して初めて決議1373の定める措置が当該事態にも適用可能となる考え方 (*Ibid.*) は，条約による規律という国家主権を尊重するものであるが，1373の措置の性質や1373実施に向けた国々の動きにはそぐわないように思われる。

分的に重なると同時にそれらの延長上に位置づけられるものであり,全般的には妥当なものと思われ,少なくとも重大な欠陥を含むものとは言えないであろう。第3は国々の対応であるが,反テロリズム委員会の活発な活動に示されるように,大きな反対はなく,かなりの程度受け入れの姿勢を示していると判断される[65]。以上を全体として評価すれば,国際テロリズムの鎮圧に向けた国際社会の動きを背景とした例外的な措置ではあるが,安保理機能の新たな展開として国際社会は受け入れつつあると思われる。

4 評 価

合法性確保機能に関する以上の検討をまとめると,第1に,安保理による合法性確保機能への関与が確認できる。国際社会が二国間の契約的関係の総和から,国際社会の共通利益を発展させるようになってきた現在,国際社会の基本的利益を保護する規範の尊重と遵守を確保する仕組みが必要であることに疑いはない。安保理による合法性確保機能の強化は,それ自体としては望ましいのであるが,安保理が本質的に政治的機関であり,政治的考慮によって行動することに鑑みれば[66],国家責任の帰結のような領域に具体的に関与する場合には,司法的機関の設置・協力という形態をとるなどの注意が不可欠と考えられるし,国際テロリズムの鎮圧のような準立法的な領域に踏み込む場合には,特定の事態との結びつきや内容の妥当性さらには国々の受け入れ姿勢などに十分な配慮が必要である。

第2に,しかしながら,従来の議論において指摘されてきたように,安保理は事実として合法性確保機能を果たすようになってきているにすぎないと思われる。従って,安保理の様々な活動の合法性・合憲性は憲章の解釈を中心とし

---

65) 安保理の第4413回会合（2001年11月12日）や第4453回会合（2002年1月18日）における国々の発言を見る限り,決議1373を批判する意見はなく,むしろ国際テロリズムの鎮圧を目指した歴史的意義のある重要な決議という評価が強いという印象を受ける。*Available at*: http://www.un.org/terrorism/sc.htm (as of August 30, 2002). 実際,2002年8月の段階で約170か国が報告書を提出している。*Available at*: http://www.un.org/Docs/sc/committees/1373/ (as of August 30, 2002).

66) Eitel, *supra* note 19, p. 60; M. Koskenniemi, "The Police in the Temple. Order, Justice and the UN: A Dialectical View," 6 *EJIL* (1995), pp. 344-348; M. Koskenniemi, "The Place of Law in Collective Security," 17 *MJIL* (1996), pp. 481-488.

て判断するほかないことになる。しかし安保理の活動は，その創造的展開が示すように，国際社会の広範な支持の下に多様な展開を遂げてきていることは十分に評価する必要があろう。

第3に，個人や武装勢力，テロ組織という国家以外の主体にも関わるようになっている。直接的には冷戦解消後における国内紛争の急増と激化への対応といえるが，大きく見れば相互依存の深化，グローバリゼーションを背景とする国家主権の機能の低下と関わるのかもしれない。

第5節　おわりに

　安保理の機能の展開は，既に冷戦下において始まっていたわけであるが，冷戦解消後における安保理の活性化の中で，ダイナミックな創造的展開を遂げてきた。このような展開は，憲章第7章の起草者意思や条約文言の枠組みを乗り越えて，目的論的発展的な解釈に基づいてなされてきたと理解せざるを得ない。また安保理が合法性確保機能に踏み込むようになってきたことも確認できる。本質的に政治的機関である安保理が準司法的権限および準立法的権限を行使して合法性確保機能に踏み込むときには，慎重な考慮と注意深い配慮が不可欠である。

　目的論的発展的な解釈に基づく安保理機能の展開は，一方で国際組織に特有・不可避なものともいえるが，他方でそのような活動が国際組織の健全な発展としての実効性をもち，国際社会の広範な支持を確保するためには，安保理が内在的にもつ問題点を克服して，自らの活動の正当性を高めていくことが不可欠でもある[67]。

---

67) *See, e.g.*, P. Lyman, "Saving the UN Security Council – A Challenge for the United States –," 4 *Maxplanck Yearbook of United Nations Law* (2000), pp. 127-146.

第 2 部

国連憲章第 7 章と国連安全保障理事会の活動

第3章 国連安全保障理事会決議による経済制裁の概略と課題

第1節 はじめに

　経済制裁には，国家が国連決議に基づくことなく一方的に行う場合と，国連決議に基づいて行う場合とがある。後者においては被制裁国が一般に国連加盟国であるために国連憲章，特に集団安全保障制度を規定する憲章第7章に基づくことになる。他方，前者においては，憲章上の基礎がないために，一般国際法上の復仇という法的基礎の有無が問題となる。本章においては，最初に前者について検討した後に，後者における発動から履行に至るまでのメカニズムの概略を検討するとともに，必要に応じて課題を指摘する。

第2節 経済制裁の国際法上の位置づけ

　「制裁」とは，一般に，「法令，規則その他の定めに違反する行為をした者等に対して，不利益や苦痛を与えること」[1]と理解される。他方，「経済」制裁という用語・概念はその内包の点で厳密には用いられておらず，憲章第41条に列挙された「経済関係及び鉄道，航海，航空，郵便，電信，無線通信その他の運輸通信の手段」などの経済的側面が関わる多様な措置を総称して使用されている。従って，国際法上，経済制裁とは，国際法違反の行為をなした国家に対してなされる，主に被害国による武力行使を伴わない経済的側面が関わる対抗措置を意味する。輸出入禁止，航空機乗り入れ禁止，資産凍結などが主要な措置であり，それらの措置の違法性が復仇として阻却されるかが中心的な論点である。また，経済制裁が被害国のみならず，第三国によってもなされうるか否

---

1) 内閣法制局法令用語研究会『有斐閣　法律用語辞典』（有斐閣，1993年）776頁。

かも，現代的な論点となっている。

1 復仇措置としての経済制裁

　国際法違反の行為をなした国家に対してなされる被害国による対抗措置には，当該措置自体が合法な場合と違法な場合とがある。それ自体として合法な対抗措置は報復（retortion）とされるが，問題は，それ自体として違法な対抗措置が復仇（reprisal）としてその違法性が阻却されるかである。

　国際法上，それ自体として違法な経済制裁措置も，復仇として許容される限りで，その違法性は阻却される。この点は，ナウリラ事件仲裁判決，米仏航空業務協定仲裁判決，ガブチコボ・ナジマロシュ計画事件国際司法裁判所判決などにより繰り返し確認されてきている[2]。一般論として言うならば，特別の禁止規則がない限り，被害国は，責任国との法的関係において，均衡性等の要件を満たす限り，国際法上，任意の規範が課す義務の履行を停止することができる。また，一般国際法上，違法な措置（例えば，資産凍結や資産没収）のみならず，一般国際法上は合法であるが通商条約等の条約に違反する措置（例えば，輸入禁止）をとることも可能である。

　特別の禁止規則の事例を挙げれば[3]，「条約法に関するウィーン条約」60条5項における人道的性質の条約に定める身体の保護に関する規定，「戦地にある軍隊の傷者及び病者の状態の改善に関するジュネーブ条約」（第1条約）46条における，この条約によって保護される傷者，病者，要員，建物または材料に対する報復的措置の禁止，「戦時における文民の保護に関するジュネーブ条約」（第4条約）33条における被保護者およびその財産に対する報復の禁止などがある。また対抗措置の限定としては，条約上の制度として，ある違法行為に対する対抗措置が，特定の措置に限定されている場合がある。例えば，関税及び貿易に関する一般協定（ガット）6条においては，ダンピング防止税・相殺関税が一定の原因行為に対する対抗措置に限定されている。また国際司法裁

---

[2]　これら三つの判決については，さしあたり，そして出典と参考文献についても，次を参照せよ。松井芳郎編集代表『判例国際法〔第2版〕』（東信堂，2006年）417-422, 432-437頁，山本草二他編『国際法判例百選』（有斐閣，2001年）140-141, 174-175頁。

[3]　例えば，中谷和弘「経済制裁の国際法上の機能とその合法性（二）」『国家学会雑誌』第100巻7・8号（1987年）93-96頁を参照せよ。

判所は，外交関係・領事関係に関するウィーン条約が，外交特権・領事特権の乱用に対して接受国の取りうる対抗措置をペルソナ・ノン・グラータの通告，外交関係の断絶という（合法的な）報復措置に限定していると判断した[4]。

　以上のような諸点は，「国際違法行為に対する国の責任」に関する条文（2001年国際法委員会採択）の49～53条において，次のように規定されている[5]。まず22条が対抗措置の違法性阻却の原則を確認した後に，49条は対抗措置の目的と制限として責任解除義務（違法行為の中止と被害の回復）の履行を促すためにのみ，義務の一時的な不履行に限定され，さらに可能な限り，義務の履行の再開を可能にするような方法に限定されるとする。50条は対抗措置により影響されない義務として，(a)国際連合憲章に示された武力による威嚇または武力の行使を慎む義務，(b)基本的人権の保護に関する義務，(c)復仇を禁止する人道的性格の義務，(d)一般国際法の強行規範に基づくその他の義務を挙げると共に，(a)両当事国間のあらゆる紛争解決手続，(b)外交官もしくは領事官，またはそれらの公館，公文書もしくは書類の不可侵性の尊重の義務の履行を免れないとする。

　51条は均衡性について，問題となる国際違法行為および権利の重大性を考慮しつつ，被った被害と均衡するものでなければならないとする。52条は，対抗措置に訴えるための条件として，措置をとる前に，(a)責任解除義務の履行を要求すること，(b)対抗措置決定の通告と交渉の申し出をすることなどを規定する。53条は対抗措置の終了として，違法行為の責任解除義務（違法行為の中止と被害の回復）を責任国が履行した場合には，直ちに終了しなければならないとする。

2　第三国による対抗措置の許容性

直接の被害国でない第三国による対抗措置の許容性が，近年，問題となって

---

4)　この点については，さしあたり，松井編集代表『判例国際法〔第2版〕』（前掲注2）427-431頁，山本他編『国際法判例百選』（前掲注2）126-127頁を参照せよ。
5)　同条文は，有斐閣『国際条約集』，三省堂『解説条約集』，東信堂『ベーシック条約集』のいずれの条約集にも収録されている。英文については，J. Crawford, *The International Law Commission's Articles on State Responsibility* (Cambridge University Press, 2002) を参照せよ。

きている。事例としては[6]，1981年に，ポーランド政府による戒厳令および反政府運動の弾圧に際して，欧米諸国は，ポーランド・ソ連に対して，航空機の乗り入れを規定する条約を即時停止した。1982年には，アルゼンチンによるフォークランド諸島の占拠に対して安保理は撤兵を勧告したが，欧米諸国は，ガット（関税及び貿易に関する一般協定）11条1項（数量制限の一般的禁止）に違反する全面的輸入禁止措置をとった。1990年のイラクのクウェイト侵攻・占領に際して，安保理は8月2日に非難決議を採択したが，経済制裁を決定する決議661採択前に，欧米諸国は，輸出入禁止・イラク資産凍結を決定した。1998年のコソボにおける人道危機に際して，EC（欧州共同体）諸国はユーゴスラビア資金の凍結と即時の飛行禁止を規定する立法を採択した。後者は，多くの国にとって二国間航空協定の違反となる。

以上のような事例を踏まえて，直接の被害国でない第三国による対抗措置については，強行規範または普遍的義務との関連から議論されている。この種の対抗措置の違法性を阻却することにつながりうる動きとしては，次のものがある。第一に，条約法に関するウィーン条約の53条（一般国際法の強行規範に抵触する条約）であり，一般国際法の強行規範に抵触する条約は無効であるとし，「一般国際法の強行規範とは，いかなる逸脱も許されない規範として……国際社会全体が受け入れ，かつ認める規範」をいうとする。第二は，国際司法裁判所の「バルセロナ・トラクション事件」判決（1970年）であり，侵略，集団殺害，奴隷売買などの禁止は，「国家が国際社会全体に負う義務」であって，「すべての国はその保護について法的利益をもつとみなされる」とされた[7]。第三は，「国際違法行為に対する国の責任」に関する暫定条文草案（1980年に暫定採択）であり，19条（国際犯罪および国際不法行為）の2項は，国際共同体の根本利益の保護のために不可欠であるので，その違反が国際共同体全体により犯罪と認められるような国際義務に対する国の違反から生じる国際違法行為は，国際犯罪を構成するとしたうえで，3項が，国際犯罪は，特に次のものから生じるとして，(a)侵略の禁止，(b)人民自決権，(c)奴隷，集団殺害，アパルトヘイト

---

6) *See ibid.,* pp. 302-305.
7) この判例については，さしあたり，松井編集代表『判例国際法〔第2版〕』（前掲注 *2*）469-474頁，山本他編『国際法判例百選』（前掲注 *2*）130-131頁を参照せよ。

の禁止，(d)人間環境の重大な汚染を挙げている[8]。もっとも，「国際違法行為に対する国の責任」に関する条文（2001年国際法委員会採択）においては，上記の19条は削除され，54条が被害国以外の一定の国がとる措置について，「違反の中止，および，被害国または違反された義務の受益国の利益のための賠償を確保するために，責任国に対してとる合法的な措置を妨げるものではない」との規定にとどまっている。国連安全保障理事会決議に基づく経済制裁においては，以下に述べるように，憲章上の基礎に基づき被害国以外の加盟国も一定の措置をとることを義務づけられることもありうる。

3 様々な具体的手段

経済制裁においてとられる主要な措置としては，次のようなものがある[9]。

資産凍結・資産没収。これらは，一般国際法上，違法な措置である。特に，資産の没収については，直接の被害国はとりうるが，なんら直接の被害を被っていない第三国が，違法行為国の資産の没収を行うことは，不当利得を発生させることになり，とりえない，と言われる[10]。

以下のものは，非友好的な措置と扱われるとしても，一般国際法上，合法な措置であるが，多くの場合に，関連する条約の違反になる。まず，輸出入の制限・禁止は，経済制裁措置のなかで最も代表的な措置である。国としての輸出入の制限・禁止，および，国内の私人による輸出入の制限・禁止とがある。ほとんどの場合に，貿易関係は通商航海条約やガット・WTO（世界貿易機関）などの条約上の規定により規律されており，輸出入の制限・禁止は，これらの規定に抵触し，条約違反となる。

次に，信用供与・経済援助の停止も，一般国際法上，資金や物資を他国に無償または有償で供与する義務はないため，違法ではないが，ほとんどの場合に政府間協定が締結されているために，信用供与・経済援助の停止は，これらの規定に抵触し，条約違反となる可能性がある。さらに，運輸・通信関係の制

---

8) *See* Crawford, *supra* note 5, pp. 352-353.
9) 例えば，中谷「前掲論文」（注3) 109-112頁を参照せよ。
10) 例えば，中谷和弘他『国際法』（有斐閣，2006年) 323頁，中谷「前掲論文」（注3）112-113頁を参照せよ。

限・断絶についても同様である。

その他の措置としては，領海・排他的経済水域内での他国の漁獲の制限・禁止，最恵国待遇の停止，報復関税，人的交流の制限・禁止（公務員同士の接見禁止，被制裁国チームのスポーツ大会からの締め出しなど）などがあるが，これらについても条約により規律されていることが多い。

第3節　国連安全保障理事会決議による経済制裁の発動から履行に至るまでのメカニズム

以上の一般国際法上の復仇という法的基礎に基づく経済制裁の検討を踏まえた上で，次に，国連憲章の集団安全保障制度を規定する憲章第7章[11]に基づく経済制裁を検討する。

1　国連安全保障理事会決議による経済制裁の法的枠組み

憲章第7章は，安全保障理事会による強制措置発動の権限と手続を規定する。冒頭の規定である39条は，安保理が強制措置という強力な権限を発動する前提条件として，「平和に対する脅威，平和の破壊又は侵略行為」の有無を決定することを要求する。しかし，これら3つの概念については具体的な要件等の規定はなく，基本的に安保理の認定に委ねられている。40条は暫定措置を規定する。暫定措置は強制措置ではなく，事態の悪化を防ぐために，39条の勧告・決定の前にとりうる措置であり，「平和に対する脅威，平和の破壊又は侵略行為」の有無を決定する必要もない。

41条は非軍事的強制措置を規定する。いかなる措置をとるかは安保理が決定する。41条が挙げる経済関係等は単なる例示であり，実際，冷戦解消後においては，多様な措置が決定された。措置は加盟国の全部または一部により，直接にまたは加盟国が属する国際組織により履行される（48条）。また，措置の履行に際して，加盟国は相互に援助しなければならない（49条）し，特別の経済問題に直面する国は安保理と協議する権利を有する（50条）。42条は軍事

---

11)　国連の集団安全保障制度については，拙著『国際組織法』（有斐閣，2005年）281-283頁等を参照せよ。

的強制措置を規定する。非軍事的強制措置が不充分な場合に適用される。しかし，軍事的強制措置の実施には兵力の組織が前提条件となり，43条に基づく特別協定が未締結の間は42条に基づく軍事的強制措置の決定は不可能であると考えられる。憲章上予定された軍事的強制措置では，必要な「兵力」と通過権を含む「援助及び便益」等は特別協定により事前に約束される（43条）。

ここでは，安全保障理事会決議に基づく経済制裁を対象としているので，総会による強制措置の適用に関わる問題は扱わない。

2 国連安全保障理事会決議による経済制裁の発動

以上のような国際連合憲章と第7章の法的枠組みの中で，次に，経済制裁が発動される手続と事例を見る。

(1) 憲章第39条に基づく認定

一般的にそして原則として「平和に対する脅威等」を認定した後に強制措置を発動することになる。「平和に対する脅威」の事例としては，南ローデシアに関する安保理決議232，253，277，南アフリカに関する安保理決議418，421が冷戦下における著名なものであるが，冷戦解消後においては多数の例（国内紛争，国際テロリズム関連）が存在する。

「平和の破壊」の事例としては，朝鮮戦争における安保理決議82（北朝鮮への援助停止を求めるcall upon），フォークランド紛争における安保理決議502（強制措置発動には至らず），湾岸戦争における安保理決議660（包括的経済制裁の661など一連の決議へ）がある。

留意すべき点として，初期の実行においては，「平和に対する脅威等」の認定なしに強制措置を発動した例がある。ポルトガルに関する安保理決議180（武器禁輸等を要請するrequest），南アフリカに関する安保理決議181，182（武器禁輸等を求めるcall upon），南ローデシアに関する安保理決議217（武器禁輸等を求めるcall upon）である。

(2) 憲章第41条に基づく決定と勧告

国連加盟国である第三国も，国連決議に基づけば，被制裁国が加盟国である

限り，一般国際法上，直接の被害国以外の国がとりえない措置についてもとりうる。特別法（条約）は一般国際法に優位するため，特定の国際組織の組織法（国際連合では国連憲章）に基づいて，一般国際法上の合法性の要件を逸脱する形で措置をとりうる。

　安全保障理事会の拘束的決定をなす権限として，憲章 25 条は「国際連合加盟国は，安全保障理事会の決定をこの憲章に従って受諾し且つ履行することに同意する。」と定める。この規定はあまりに簡潔であり，拘束的決定の範囲について何らの制限もない。従来，憲章第 7 章 41・42 条に基づく強制措置が法的拘束力を有することは一般に承認されてきた（もっとも，43 条に規定された特別協定が締結されていないために，決定による軍事的強制措置は実施することができない。）が，国際司法裁判所は，1971 年ナミビア問題の勧告的意見において，強制措置に限られないという立場を取った。しかし，この問題は，その影響力の大きさもあり，学説上も国家実行上も一致を見ていない。他方で，第 7 章に基づく決議がすべて法的拘束力を有するわけでもない。実際，39 条は安保理による勧告の存在に触れている。また，第 7 章に基づく法的拘束力のある決議についても，すべての項（パラグラフ）が法的拘束力を有するのではない。今までの実行における一般的なパターンでは，前文において「…が国際の平和と安全に対する脅威を構成すると決定し」た後に，「国際連合憲章第 7 章に基づいて行動して」とすることが多く，そのような場合に，本文において，decide（決定する）という文言で始まる項が法的拘束力を有するのに対して，call upon（求める），request（要請する）や demand（要求する）という文言で始まる項は勧告的効力にとどまると理解されている。

　安保理決議において決定では法的拘束力が伴うが，勧告では適用が任意となる。例えば，湾岸戦争における決議 661（1990）は，「イラクのクウェイト侵攻につき国際の平和と安全の破壊が存在するとの決定を行」った決議 660（1990）を再確認したうえで，「国際連合憲章第 7 章に基づいて行動して」と述べた後に，主文の 2 項は「以下の措置をとることを決定する」とし，3 項は「すべての国は次のことを防止しなければならない」と述べて，非軍事的措置を列挙した。他方で，5 項は，「国際連合非加盟国を含むすべての国に対し，この決議の日の前に締結された契約又は与えられた許可にかかわらず，厳格にこの決議

に従って行動するよう求める」とした。

決定された措置は法的拘束力のあるものと理解され，国々はそれらの措置の実施を義務づけられる。この結果，それらの措置を実施しない加盟国は，決議および憲章に違反し，国際法上の違法行為責任を問われることになる。この点で，国内法上の理由（国内法令との抵触など）は，国際法上，決議不履行の抗弁としては認められないし，貿易停止がイラクとの通商協定に違反するなど，他の条約上の義務と抵触するとしても，憲章に基づく義務が優先する（憲章103条）ために，当該条約義務違反の責任は問われないと考えられる。

安保理決議において勧告には違法性阻却の効果が伴わないのかは，未確定であるが重要な問題である。論理的整合性・説得力の観点からは否定的見解に理由がある。つまり，憲章に基づく義務が他の条約上の義務に優先することを規定する憲章103条は，憲章に基づく法的義務を対象としている一方で，勧告に従うか否かは任意であり，法的義務を課すものではないからである。しかし，国際連合における肯定的な実行の蓄積に留意する必要がある。武力行使禁止原則に対して，安保理は特定の文脈において武力に訴えることを許可する決議を採択してきた。朝鮮戦争における安保理決議83，湾岸戦争における安保理決議678，その後の数多くの類似決議（「必要なあらゆる手段をとることを許可する」）により，許可方式が確立した。こうして，国際連合発足後の実行上は，安保理が軍事的および非軍事的強制措置を勧告する場合には，当該勧告に従う加盟国行動の違法性を阻却するという許可決議としての法的効果を有するものとして扱われてきていると考えられる[12]。

3 国連安全保障理事会決議による経済制裁の履行に伴う法的諸問題(1)――主に国際的次元で――

以上のような手続に従って発動される経済制裁を履行するにあたって，様々な法的諸問題が発生するが，次に，それらを便宜上，国際的次元と国内的次元

---

12) この点については，B. Simma (ed.), *The Charter of the United Nations: A Commentary* (Oxford University Press, 2002), Vol. 2, p. 1300 を参照せよ。既契約との抵触にも関する事例として，上記決議661の5項のほか，リビアに関する安保理決議748（1992）の7項，新ユーゴ（FRY）に関する安保理決議1160（1998）の10項がある。

に分けて検討する。

(1) 通商関係条約との抵触[13]

　被制裁国が加盟国である場合には, 安保理決議に基づく経済制裁である限りにおいて, 条約の諸規定との抵触から生じる違法性は阻却される。他方, 被制裁国が非加盟国である場合には, 制裁国と被制裁国との間の関係は原則として一般国際法により規律されるために, 制裁国は一般国際法上の基準を逸脱する場合には責任を負うことになる。

　輸出入の停止および最恵国待遇の停止についての関連条約の例をみると, 日米通商航海条約は, 前文で「無条件に与えられる最恵国待遇及び内国民待遇の原則を一般的に基礎とする」とするほか, 多くの条項で, 最恵国待遇または内国民待遇の原則を保証するが, 14条（輸出入に対する関税・課徴金および禁止制限) 2項によると, いずれの一方の締約国も, 他方の締約国の産品の輸入または他方の締約国の領域への産品の輸出について制限または禁止をしてはならない。ガットでは, 1条（一般的最恵国待遇) 1項で, 即時かつ無条件の最恵国待遇の付与を規定し, 11条（数量制限の一般的廃止) 1項で, 輸出入に関して関税その他の課徴金以外のいかなる禁止または制限も新設・維持してはならない旨（ただし, 同条2項（食糧等の不可欠の産品の危機的な不足の防止, その他の場合), 12条（国際収支の擁護ための制限）などに該当する場合は除く）規定する他, 13条（数量制限の無差別適用) 1項は, 輸出入数量制限の差別的適用を禁止する。しかし他方で, 21条（安全保障のための例外）では,「締約国が国際の平和及び安全の維持のため国際連合憲章に基づく義務に従う措置を執る」場合の適用除外を規定する。

　航空機乗り入れの停止についての関連条約の例としては, 日米航空協定の5条（指定航空企業の特権）と9条（特権の停止等）がある他, 国際民間航空条約（シカゴ条約）の9条（禁止区域)(b)は, 一時的な制限・禁止の場合における差別的な制限・禁止を除外する。

---

13) 例えば, 中谷和弘「経済制裁の国際法上の機能とその合法性（五)」『国家学会雑誌』第101巻3・4号（1988年) 76-78頁を参照せよ。

(2) 不参加の可能性と負担不均衡の是正

この点についての関連する憲章規定としては,49条が相互的援助について,「国際連合加盟国は,安全保障理事会が決定した措置を履行するに当って,共同して相互援助を与えなければならない。」と定め,50条が経済的困難についての協議について,「特別の経済問題に自国が当面したと認めるものは,……この問題の解決について安全保障理事会と協議する権利を有する。」と定める。

特別の経済的困難に陥った国は援助を受ける権利を有するかが問題となる。国連の実行においては,不明確であり,この点が問題となった事例としては南ローデシア,イラク,旧ユーゴスラビア,リビアなどがある。南ローデシアでは,安保理は支援要請決議を採択したが,その他では,制裁委員会による支援要請決議はあるが,安保理は不採択であった。こうして,課題として,特別の経済的困難に陥った国に対する支援の態勢の問題が残る[14]。

(3) 履行確保の仕組み:制裁委員会

経済制裁の履行においては,暗黙裏になされる不遵守が問題となる。私企業による「ぬけがけ」のテクニックとしては,原産地証明書において原産地を虚偽表示すること,最終仕向地をごまかして第三国から被制裁国に再輸出することなどがある。

履行確保に向けて憲章29条に基づく安保理の補助機関として制裁委員会が設置されてきている。制裁委員会の機能には,決議の履行監視の他,人道を目的とする制裁措置の適用除外,憲章50条に基づく国家の認定,安保理への勧告などがある。しかしながら,制裁委員会の限界・課題として,専門性・透明性・実効性の点での不十分性,検証・査察権限の欠如(主に各国から提供される情報に依存),迅速性の欠如などが指摘されてきている。

(4) 禁輸の執行

禁輸の実効性確保においては,特に海上輸送における執行[15]が問題となる。

---

14) 吉村祥子「国連の非軍事的制裁における『制裁委員会』の機能と役割」『修道法学』第22巻1・2合併号(2000年)197-202頁を参照せよ。

15) 安保公人「国連禁輸の執行と国際法 ── 海上阻止行動の実像 ── 」『新防衛論集』第

この点では，憲章第7章に基づく武力行使の許可という方式が用いられてきた。この方式は，イラクにおける決議 678（1991）が「必要なあらゆる手段をとることを許可する」としたことに倣って，小規模であるが多数の事例（ソマリア，ボスニア・ヘルツェゴビナ，ルワンダ等）が続き，方式としては確立したと考えられる。禁輸執行を目的とする具体的な事例としては，次のものがある。南ローデシアについての決議 221（1966）5 項は，「イギリス政府に対して，もし必要なら武力を行使して，……船舶の入港を阻止するように求め」た。イラクについての決議 665（1991）は，経済制裁を決定する決議 661 の実施のために「各個別の状況にふさわしい必要な措置」をとることを求めた。新ユーゴ（FRY）についての決議 787（1992）は，経済制裁を実施するために「各個別の状況にふさわしい必要な措置」をとることを求めた。ハイチについての決議 875（1993）は，経済制裁を実施するために「各個別の状況にふさわしい必要な措置」をとることを求めた。

以上の諸事例における行動内容としては，次のような諸段階がある。① 軍艦，哨戒機，ヘリコプター等が，商船に対して，無線通信等により，船名，船籍，目的地，出港地，貨物等を質問する。② 禁輸違反の疑いある商船に，検査を行うことを伝えて，停船を指示する。警告射撃も。③ 軍艦から乗船チームを派遣する。④ 船舶書類と積載貨物の検査を実施する。⑤ 検査の結果に応じて，商船の行き先変更，引き返し，継続の容認を指示する。

4 国連安全保障理事会決議による経済制裁の履行に伴う法的諸問題(2)——主に国内的次元で[16]——

(1) 国連安保理決議の国内的な実施

条約の国内的実施においては，原則として国際法の国内的実施は各国の国内法秩序（憲法体制）の問題であると理解される。具体的な論点としては，① 国内的効力の有無，② 国内的序列，③ self-executing（自動執行的，直接適用可能）か否かがある。

---

22 巻 1 号（1994 年）43-64 頁，同「国連決議に基づく禁輸執行——船舶検査活動に関する国際法と国家実行——」『防衛法研究』22 号（1998 年）107 頁を参照せよ。

16) 全般的に，吉村祥子『国連非軍事的制裁の法的問題』（国際書院，2003 年）に詳しい。

経済制裁実施において各国が負う義務は，一般に「結果の義務」であり，決議に規定された状態が確保される限り，その方法は各国に任されている。もっとも，国際連合憲章を日本が国内的に公布しているからといって，憲章第7章に基づく決定が日本の国内法上，一般の条約と同じ国内的効力を持つとはいえない。国民や域内外国人の権利義務に直接関係するために，国内的実施のための国内法令を制定するのが一般的である。

　従来にない新しい事例としては，国際組織の決定が，国内の私人の権利を侵害する可能性のある特殊な場合がある[17]。例えば，旧ユーゴ国際刑事裁判所による引き渡し請求においては，憲法の人身保護の保障との関係（引き渡し請求に無条件で応じる趣旨の国内立法は，罪刑法定主義原則に抵触する可能性）が問題となる。

(2) **制裁措置の域外適用**

　経済制裁の実効性確保のためには，領域外の私人・法人に対しても制裁措置の遵守を求めることが必要となりうる。その意味で，国家管轄権の域外適用が問題となりうる。

(3) **既契約との抵触**

　制裁措置が既契約と抵触する場合の扱いも問題となりうる。一方で，既契約への制裁措置の適用は，法の不遡及の原則に抵触する。他方で，既契約の履行をすべて認めると，制裁措置の実効的適用を遅らせ，特に，継続中の違法行為を停止させるという目的にとってはマイナスとなる。もっとも，安保理決議に基づく措置である限り，違法性は阻却される。

(4) **私人の権利保護や人道的配慮に基づく除外**

　私有財産の凍結・没収（十分な補償なき収用）が制裁措置として可能かも論点としてあるが，私有財産の凍結・送金停止などについては，安保理決議661の

---

17) 山本条太「国際の平和及び安全の維持と国家管轄権」村瀬信也／奥脇直也編集代表『山本草二先生古稀記念 国家管轄権――国際法と国内法――』（勁草書房，1998年）655-682頁，小和田恒「国際機構の規範定立行為と国内法制」同上，683-702頁を参照せよ。

4項などの実行が存在する。

　人道的配慮に基づく輸出入禁止措置の対象からの除外が，特に最近の問題となってきている。ここでは，国際連合および加盟国による人権尊重の法的義務が関わり，スマート・サンクションの動きが顕著になってきている。

5　国連安全保障理事会決議による経済制裁の解除

　安保理の拘束的決定に基づく経済制裁措置を一方的に解除することは憲章違反となる。他方で，安保理による経済制裁解除決定後における制裁維持については，経済制裁解除決定が安保理の拘束的決定に基づくものでない限り，一般国際法上の問題となる。

第4節　小　　括

　国連安全保障理事会決議に基づく経済制裁は，冷戦下においては基本的に南ローデシアと南アフリカの事例にとどまったが，冷戦解消後においては急増している。しかも一方で，経済制裁の実効性確保のために制裁委員会などの履行確保のメカニズムが整備されるとともに各国における国内的実施が強く求められるようになっている。また他方で，湾岸戦争後におけるイラクへの経済制裁においてイラクの政権担当支配層ではなくて，一般大衆に食糧・医薬品の欠乏を引き起こし，国連による人権侵害との批判がなされたこともあり，経済制裁のあり方も大きく変わりつつある[18]。

---

18)　経済制裁に限らず，一般に国際組織の決定が国内の私人や企業に対して直接に大きな影響を及ぼすようになってきたために，正当性が議論されるようになってきた。この点については，拙稿「国際組織およびその決定の正当性──21世紀における国際組織の課題──」『思想』No. 993（2007年）184-202頁を参照せよ。

第4章 冷戦後の国際連合憲章第7章に基づく安全保障理事会の活動
―― 武力の行使に関わる二つの事例をめぐって ――

第1節 問題の提起

(1) 第二次世界大戦後の国際政治を基本的に規定してきた東西の冷戦構造が解消するとともに、安全保障理事会は積極的に活動し始めた。例えば、デュピュイの分類に依拠すれば、次のように列挙できよう[1]。第1は、国連のオペレーションの増大と変容である。ナミビアやカンボジアのように、選挙支援等の国内的な援助に関わってきている。第2は、第7章に基づく制裁への依拠である。湾岸戦争に始まり、リビアや旧ユーゴスラビア等に展開している。第3は、安保理の決定したオペレーショナルな活動と大規模な人道援助活動との連携である。クルド人保護（決議688）、ボスニア・ヘルツェゴビナ、ソマリア等の事例があり、加盟国に対して必要ならば武力を持って介入する権限を与えているし、国連のオペレーショナルな活動を展開する機関自身に対しても武力の行使の権限を与えている。第4は、旧ユーゴスラビアにおいて犯された人道に対する罪を訴追するための国際裁判所の設置である。決議808によって、憲章第7章に基づいて決定された。

(2) 安保理の展開する以上のような多様な活動の多くは、その法的根拠を国際連合憲章第7章に置いている。その意味で、冷戦後の安保理の活動の特徴を検討するにあたっては、憲章第7章の構造とその運用・発展の分析が不可欠となろう。

憲章第7章は安保理による強制措置の発動を規定する章である。国際紛争の解決に関する憲章の構成をみれば、次のようである。第2条4項は武力行使の

---

[1] P.-M. Dupuy, "Editorial: Securité collective et organisation de la paix," 97 *RGDIP* (1993) pp. 617–627.

禁止を定め，第6章は紛争の平和的解決を，第7章は平和に対する脅威等に関する行動を，第8章は地域的取極を，第17章は安全保障の過渡的規定を定める。また第7章の諸規定をみれば，次のようである。第39条はまず平和に対する脅威等を認定する旨を規定し，第40条は暫定措置を，第41条は非軍事的措置を，第42条は軍事的措置をそれぞれ規定する。第43条から第47条は軍事的措置発動の基礎として特別協定等について，第48条から第50条は決定の履行・援助・協議についてそれぞれ定める。最後の第51条は武力行使禁止規定の例外として自衛権について規定する。

憲章第7章の冷戦下における展開を簡潔に記せば，以下のようになろう。まず，第43条の特別協定の未締結と拒否権の頻繁な使用により軍事的強制措置は基本的に適用不可能であった。一部加盟国への武力行使の許可という変則的な形態による例外的な適用として朝鮮戦争と南ローデシアの事例を指摘できるにとどまる。他方，非軍事的強制措置の適用はある程度なされたが，その過程では，憲章第7章が本来予定していた国家間の紛争とは異なる国内事態としての側面の強い事例（南アフリカ，南ローデシア等）に適用されることによって，第39条の要件である「脅威」概念の運用について議論されてきた。

(3) 本章においては，前記の諸事例の中から武力の行使に関わる二つの事例を取り上げて検討する。具体的には，第2節において湾岸戦争における武力行使の中心的決議である決議678の憲章上の位置付けについて，第3節においてクルド人保護・ソマリア・旧ユーゴスラビアの三つの事例を素材として国際連合による武力の行使を伴う人道的介入について検討する。以上の二つの事例の検討においては，それらの国際法上のおよび国連憲章上の合法性についての考察が重要である。この点で筆者は，「組織法としての解釈理論[2]」の観点から検討するように努めるとともに，第4節において，極めて簡潔ではあるが，「組織法としての解釈理論」の観点からの若干の結論を指摘する。

---

2) 拙著『国際組織の創造的展開——設立文書の解釈理論に関する一考察——』（勁草書房，1993年）。

第2節　湾岸戦争における武力の行使
——安全保障理事会決議678の国際連合憲章上の位置づけ——

1　事　実[3]

(1)　1990年8月2日，イラクはクウェートに軍事侵攻し，翌日にはクウェート全土を制圧した。これに対して安保理は，侵攻当日の8月2日に，決議660を全会一致（イエメンは投票不参加）で採択し，「イラクのクウェート侵攻につき国際の平和と安全の破壊が存在する」ことを「決定（decide）」し（前文2項），「国際連合憲章第39条および第40条に基づいて行動して」，イラクの即時無条件撤退を「要求（demand）」した（主文2項）。

8月6日，決議660を無視するイラクに対して安保理は，包括的な経済制裁を適用する決議661を賛成13，反対0，棄権2（キューバ，イエメン）で採択した。同決議は，一方で「イラクによるクウェートへの武力攻撃に対する憲章第51条の下での個別的又は集団的自衛の固有の権利を確認し」（前文6項），「国際連合憲章第7章に基づいて行動して」，すべての国が，イラクおよびクウェートからの産品や製品の輸入，同国への武器・軍事物資を含む産品や製品の輸出，資金の供給等を防止すべきことを「決定」した。

8月8日にイラクがクウェート併合を正式に宣言したことに対して，安保理は8月9日に決議662を全会一致で採択し，イラクによるクウェート併合は法的効力を有さず，無効と見なされることを「決定」し（主文1項），すべての国家，国際組織，専門機関に対して併合の間接的承認と解されることのある如何なる行為または関係をも慎むことを「要請（call upon）」した（同2項）。

その後安保理は，以上の措置およびその他の措置の実施のために，決議664（イラクおよびクウェートからの第三国国民の出国等を要求），665（経済制裁を決定する決議661の実施のために「状況が必要とする措置」をとることを要請），666（イラクおよびクウェートへの人道的食糧供給の指針），667（イラクの在クウェート外国公館攻

---

3)　事実関係については，次のものを参照せよ。E. Lauterpacht et al. (eds.), *The Kuwait Crisis: Basic Documents* (Grotius, 1991); D. L. Bethlehem (ed.), *The Kuwait Crisis: Sanctions and their Economic Consequences* (Grotius Publications, 1991).

撃を非難),669(制裁により経済的影響を受ける国への支援),670(イラクおよびクウェートへの空輸の禁止),674(第三国国民の解放とイラクの損害賠償責任(A)と事務総長による介入(B)),677(イラクによるクウェートの人口構成比の改ざんを非難)を順次採択した。

(2) 安保理は,以上のように,「平和の破壊」の存在を認定し,経済制裁措置を決定し,不承認主義を表明し,その他実施のために必要な措置をとってきたが,11月29日には武力行使を許可する決議678を賛成12,反対2(キューバ,イエメン),棄権1(中国)で採択した。同決議は,「国際連合憲章第7章に基づいて行動して」,イラクが決議660および関連諸決議を完全に遵守することを「要求」し,「善意の猶予として (as a pause of goodwill)」イラクに最後の機会を与えることを「決定」する(主文1項)。次いで第2項は次のように規定する。

「イラクが1991年1月15日以前に,前記主文1項に示されたように,前記の諸決議を完全に履行しない限り,クウェート政府に協力している加盟国に対し,安全保障理事会決議660(1990)およびそれに引き続くすべての関連決議を堅持かつ履行し,その地域における国際の平和と安全を回復するために,必要なあらゆる手段をとることを許可する (authorizes … to use all necessary means …)。」

さらに,すべての国に対して前記主文2項の履行のための行動に適切な支援を与えるように「要請 (request)」すると同時に,「関係諸国に対し,本決議主文2項および3項を履行するためにとられる行動の進捗状況について,安全保障理事会に定期的に報告するよう要請する。」(主文4項)

(3) この決議678の採択以後,戦争開始まで安保理においてはなんらの措置もとられなかった。1991年1月17日に一部加盟国から構成される多国籍軍は「砂漠の嵐」作戦を開始し,この武力行使が決議678に基づくことが事務総長に通告された。2月28日までの武力行使中において,軍事行動のコントロールに対する安保理の関与はなかったが,多国籍軍の構成国による決議678主文4項に基づく安保理への報告は定期的になされていた。

3月2日,安保理は湾岸戦争終結に関する決議686を賛成11,反対1(キューバ),棄権3(中国,インド,イエメン)で採択した。同決議は,決議660以下

の12の決議の実施等を「要求」する（主文2・3項）と同時に，イラクがこの主文2・3項を遵守するのに必要な期間内は，「必要なあらゆる手段をとる」ことを認める決議678の主文2項が有効であることを承認した（主文4項）。

4月3日，安保理は湾岸戦争の公式の停戦のための条件を定めた決議687を賛成12，反対1（キューバ），棄権2（エクアドル，イエメン）で採択した。

2　決議678の法的根拠に関する主要な論点の整理と検討[4]

決議678およびそれに基づく多国籍軍の行動の法的性格・根拠をどのように理解するかは困難な問題であり，学説も対立している。例えば，① 多国籍軍として結集した諸国の集団的自衛権の行使，② 憲章第39条の勧告に基づく行動，③ 憲章第42条の軍事的措置，④ 安保理決議678の「許可」は，集団的自衛権としての武力行使とも憲章第42条の「行動」とも両立する，⑤ 憲章上の根拠を欠く違法な行動，⑥ 国際連合の内在的権能に基づく限定的ではあるが公的な制裁活動，などが指摘できる[5]。

確かに，問題は憲章自身の不十分さにあり，最終的な解答は立法的解決によるしかないと言うこともできよう。しかし，一般に設立文書の，特に国際連合憲章の改正は困難であり，憲章第6章と第7章にまたがる紛争解決方式の類型を現在よりきめ細かに規定することは，望ましくはあるが，近い将来の実現可能性の点では定かではない。また，国際組織は，多数国間条約を含めて条約による単なる行為規範の設定では不十分であり，国際組織という組織的な実体の恒久的な運用によってのみ遂行可能な任務を達成するものとして，設立される。

---

4) 主な関係文献としては，松井芳郎『湾岸戦争と国際連合』（日本評論社，1993年），森川幸一「平和の実現と国際法」石村修他編『いま戦争と平和を考える』（国際書院，1993年）および同論文の92頁注（20）に掲げられた諸論文を参照せよ。なお，国際連合の強制行動の憲章上の位置付けに関しては，湾岸戦争以前からも多くの議論があるが，例えば，三好正弘「国連の強制行動——実行におけるその意味——」『法学研究（慶応大学）』第42巻1号（1969年）14-71頁を参照せよ。

5) これらの学説の分類については，松井『前掲書』（注4）69-93頁（*See also* Y. Matsui, "The Gulf War and the United Nations Security Council," in R. St. J. Macdonald (ed.), *Essays in Honour of Wang Tieya* (Martinus Nijhoff Publishers, 1994), pp. 511-532, 大沼保昭「『平和憲法』と集団安全保障（2・完）」『国際法外交雑誌』第92巻2号（1993年）44, 59頁注（54）を参照せよ。

その結果，設立文書は，当該組織の実効的な機能・活動のために，国際社会の変化に対する適応という要請の下に常に置かれているわけであり，憲章第7章に関しても国際連合の組織法という観点から，その解釈・発展の可能性を検討することが必要であろう[6]。以下の分析においては，主要な考え方（第39条説，第42条説，第51条の集団的自衛権説）の論点を整理・検討し，「3 決議678の国際連合憲章上の位置づけ」において，決議678の位置づけを試みることにする。

(1) 憲章第39条に基づく勧告説[7]

(1) 決議678の根拠として考えられるものの一つは，類似の事例である朝鮮戦争における国際連合軍とのアナロジーから，憲章第39条に基づく勧告による根拠づけである。

朝鮮国連軍において，安保理は「北朝鮮からの軍隊による大韓民国に対する武力攻撃」を「平和の破壊」と認定して，敵対行為の即時停止と軍隊の北緯38度線への撤退を要請する（1950年6月25日の決議82，賛成9，反対0，棄権1（ユーゴスラビア），欠席1（ソ連）で採択）とともに，武力攻撃を阻止し当該地域における国際の平和と安全を回復するために必要な援助を大韓民国に提供するように加盟国に勧告した（6月27日の決議83，賛成7，反対1（ユーゴスラビア），棄権2（エジプト，インド），欠席1（ソ連）で採択）。

これらの安保理決議および朝鮮国連軍を国連軍と理解していたことを示す主要関係国の認識とに基づき，バウエットは次のように結論する。

「より良い見解は，朝鮮の行動を第39条に基づく勧告によって許可（authorize）された強制行動と見なすことである。諸決議の実際の内容に関しては，それらの有効性は，加盟国のとった行動は憲章の目的および原則と完全に合致し，国際連合の権限ある機関の決議によって許可されたという，

---

6) 設立文書を国際組織の組織法として理解し解釈する考え方については，拙著『前掲書』（注2），特に363-376頁を参照せよ。

7) 高野雄一「『平和のための結集』決議」田畑茂二郎編『国際連合の研究　第1巻』（有斐閣，1962年）29，40-50頁。次のものも参照せよ。ジェラール・コーエン＝ジョナタン「第39条」アラン・プレ／ジャン＝ピエール・コット共編，中原喜一郎／斎藤惠彦監訳『コマンテール国際連合憲章　上』（東京書籍，1993年）797，816-817頁。D. W. Bowett, *United Nations Forces* (Stevens and Sons, 1964), pp. 34, 276.

より広い基礎に基づく。このアプローチこそが，結局のところ動態的な政治的組織であるものへの，唯一の現実的なアプローチとして勧められるのであり，個別の憲章規定との関連での各決議の各項の用語の些細な点（実際には政治的妥協の結果にすぎない）ではない。さらに，朝鮮の行動が国際の平和と安全の回復を目的としていたのであるから，安保理のとった行動はその権限内であると見なされなくてはならない。」[8]

(2) この考え方に対する批判は三つある。第1の批判は，憲章第39条がいう「勧告」とは，憲章第6章が規定する紛争の平和的解決に関する勧告を意味するものであり，強制行動の勧告は「憲章起草者たちが第39条を採択したときには，ほとんど予想していなかった種類の『勧告』であった」[9]という点である。

この起草者意思に基づく批判を評価するにあたっては，次の点に留意する必要がある。すなわち，そもそも第39条を解釈・運用するに際して，起草者意思はどのような価値を有するのかである。条約法条約の第31条と第32条の規定によれば，起草者意思は補足的な手段という地位を占めるにすぎない。第39条の「文脈によりかつその趣旨及び目的に照らして与えられる用語の通常の意味に従」った誠実な解釈は，強制措置の勧告を排除することになるか，さらに，第7章という組織法としての憲章の中心的な規定は，通常の条約のように文言主義的な観点からではなくて，国際連合という国際組織の実効的な機能・活動の観点から目的論的・発展的に解釈されるべきではないか，が検討されるべきであろう（本章105-108頁を参照せよ）。

第2の批判は，朝鮮国連軍の先例としての価値に関する問題である。グッドリッチは，その当時，安保理の勧告に基づく軍事的措置という考え方はソ連圏を除くほとんどの加盟国に受け入れられていたと指摘している[10]。この点で先例としての価値を否定する立場からは，主に次の2点が指摘される[11]。①

---

8) *Ibid.*
9) L. M. Goodrich et al., *Charter of the United Nations, Commentary and Documents* (Columbia University Press, Third Revised Ed., 1969) p. 301. 松井『前掲書』（注4）83頁。
10) *Ibid.*
11) 松井『前掲書』（注4）74-75頁。

指揮系統の問題（アメリカが任命する司令官のもとに統一司令部が置かれ，その行動はアメリカが安保理に報告するとされ，それを超える安保理による軍事行動の統括は規定されなかった），② 関係諸決議がソ連の欠席のもとに採択された（欠席と棄権を同一視できない，たとえ可能としても棄権が安保理決議の採択を妨げない旨の慣行がこの時点で成立していたかは疑問）である。

①の指摘に関する反論としては，湾岸戦争における同様の問題をめぐる第42条説の部分での検討（本章85-88頁）を参照されたい。②の指摘に関する反論[12]としては，第1に，ソ連は安保理を欠席することによって憲章第28条の義務（安保理が継続して任務遂行できるように組織されるのであり，各理事国は機構所在地に常に代表者をおく）に違反していたのであり，異議を提起する資格に欠けると主張される（もっとも，それ故に，違憲の（違憲であると仮定して）決議が合憲になるとはいえないのではないかという問題は残るが）。第2に，第27条3項の文字通りの表現には合致しないとしても，憲章の目的と原則には合致しうる。実際，ソ連復帰により安保理が決議を採択できなかったことをうけて採択された総会決議377(V)「平和のための結集」決議（1950年11月3日に賛成52，反対5，棄権2で採択）は，総会の勧告による強制措置を定めており，平和の回復が一大国の反対に優位すべきという圧倒的多数の加盟国の意思を示している[13]。もっとも，総会による軍事的強制措置の勧告は，この朝鮮戦争の事例（総会決議498(V)）以後に存在しないが，そのことはこの決議が無効になったことを必ずしも意味しないし，むしろ総会による軍事的強制措置の勧告が必要かつ適当であると政治的に決定されうるような事態が発生しなかった故であると推定すべきであろう。

(3) 第39条に基づく勧告という考え方に対する第3の批判は，被制裁国との関係での合法性という問題である[14]。すなわち，勧告は法的拘束力を有し

---

12) Bowett, *supra* note 7, p. 36.
13) 「平和のための結集」決議の検討を含めて，① 安保理による（軍事的）強制措置の勧告，② 総会による（軍事的）強制措置の勧告という慣行の成立に関する議論として，次のものを参照せよ。J. Castañeda, *Legal Effects of United Nations Resolutions* (Columbia University Press, 1969), pp. 70-116.
14) 尾崎重義「湾岸戦争と国連憲章」『筑波法政』15号（1992年）45，54-56，59，62-66頁等。

ないことを特徴とし，そのことはこれを実施する国についてはもちろん，その対象となった国についてもいえる。その結果，勧告による制裁の対象となる国にとっては勧告による，すなわち法的拘束力のない強制措置を受忍する義務はなく，従ってこのような強制措置によって対象国の法的権利を侵害することは国際法に違反することになる，と主張される。フローヴァインはこの論点を提起し，強制措置は勧告ではなくて決定によってのみなされ得るのであるとする[15]（もっとも，彼は朝鮮国連軍は加盟国の集団的自衛権の行使（憲章第51条）に基づくとする）。

しかしながら，朝鮮国連軍の根拠決議である安保理決議83は，現在まで多くの場合，憲章第39条にいう「国際の平和及び安全を維持し又は回復するために」行う「勧告」であると理解されてきた。その理由は，第1に，当時，第42条は第43条の特別協定が締結されていなければ働かないという見解が支配的であったことに，第2に，第42条の強制措置は「決定」によらなければならず，「勧告」の働く余地はないと考えられていたことにある，と推定されよう[16]。さらに，前記の「平和のための結集」決議の中心規定によれば，「総会は，国際の平和と安全を維持または回復するための**集団的措置**（平和の破壊または侵略行為の場合には必要に応じ**兵力を使用する**ことを含む。）をとるように加盟国に対し適当な**勧告**を行う」（強調は筆者）とされる。また，被制裁国に対する強制措置の合法性を，被制裁国に対して決定がもつ法的拘束性に求めようとするのであれば，朝鮮戦争の際には北朝鮮は国際連合非加盟国であったが故に，この正当化理由は適用できないことにもなろう。

(2) 憲章第42条に基づく決定（勧告）説[17]

(1) 前記の憲章第39条に基づく勧告という考え方では被制裁国に対する正

---

15) J. A. Frowein, Art. 39, in B. Simmda (ed.), *Charta der Vereinten Nationen, Kommentar* (C. H. Beck, 1991), pp. 569-570.
16) 尾崎「前掲論文」（注 *14*）63-64頁。
17) 尾崎「前掲論文」（注 *14*）50-53頁。次のものも参照せよ。広瀬善男『国連の平和維持活動』（信山社，1992年）61-71頁。ジョルジュ・フィシェール「第42条」アラン・プレ他共編，中原喜一郎他監訳『コマンテール国際連合憲章 上』（前掲注 *7*）865, 872-874頁。*See also* O. Schachter, "United Nations Law in the Gulf Conflict," 85 *AJIL* (1991),

当化の問題が解決できないと考える人々は，憲章第42条を根拠規定とする。

(2) もっとも，第42条に基づくとする説は，二つに分かれる。第1は，第39条説と同じ意味で，安保理は加盟国に対して一定目的のための軍事行動を許可あるいは勧告できるとし，その許可あるいは勧告を行う権限を第42条に基礎づける。この第1の考え方については，第42条がそのような権限を含んでいると解釈できるか否かのみが独自の論点となり，許可あるいは勧告が対象となる行動の違法性を阻却する効果をもつか否かの問題は，第39条説と同じ状況となる。第2は，以下に説明するように，被制裁国に対する正当化は勧告によってではなく，決定によってのみ可能であるとする。第39条説と区別して独自に検討する必要のあるのは，この第2の考え方である。以下，第42条説として，この第2の考え方を検討する[18]。

(3) この考え方によれば，第42条に基づく強制措置が安保理の強制措置として被制裁国に対しても合法的であるためには，この強制措置は，憲章第7章における「平和の脅威，平和の破壊又は侵略行為」の実行国に対して「拘束力ある決定」としてなされることが必要である。そしてこのためには，次の三つの要件が満たされなくてはならない。① 当該決議が拒否権の行使なく有効に成立していること，② 第42条の実体的要件を満たしていること，③ 決議の名宛人を拘束するという理事会の意思が決議の中に示されていることである。ま

---

pp. 452, 461–465; Ch. Dominicé, "La sécurité collective et la crise du golfe," 2 *EJIL* (1991), pp. 85, 98–100; K. Boustany, "La Guerre du Golfe et le systéme d'intervention armée de l'ONU," 28 *Annuaire canadien de Droit international* (1990), pp. 379, 399–400; L. C. Green, "Iraq, the U. N. and the Law," 29 *Alberta L Rev*, pp. 560, 575 (1991); A. Chayes, "The Use of Force in the Persian Gulf," in L. F. Damrosh and D. J. Scheffer (eds.), *Law and Force in the New International Order* (Westview Press, 1991), pp. 65, 67–69; M. Akehurst, *A Modern Introdution to International Law* (Allen and Unwin, Fourth Ed., 1982), p. 184, n. 1; F. Seyersted, "United Nations Forces, Some Legal Problems," 37 *BYIL* (1961) pp. 351, 438–440. ソ連も，1956年の中東危機において，このような立場を採用していた。United Nations, *Repertoire of the Practice of the Security Council Supplement* 1956-1958 172, U. N. Doc. ST/PSCA/1/Add. 2 (1959).

18) この第42条決定説は，比較的最近に主張されるようになってきたもののようで，フローヴァインと尾崎教授以外には見当たらないと思われる（もっとも，松井教授も，違法性阻却は法的拘束力ある決定によってのみ可能という点には同意している。松井『前掲書』（注4）83-84頁）。前記注（17）のその他の文献はすべて第42条勧告説にたつと考えられる。

た，②の実体的要件とは，第1に第39条に基づく「存在の決定」（不可欠な前提条件）であり，第2に暫定措置の適用（義務的ではないが要請されている）であり，第3に第41条の措置の適用（その不十分性の判断は安保理がする）である。そして，これらの実体的要件が満たされているのであれば，第42条に基づく強制措置の「手足」となる軍隊の調達に関しては，「命令」ではなくて任意的な「勧告」（強制措置という枠組みの中の手続・手段の部分での「勧告」）であっても差し支えない。安保理が専有しており，本来自らが行使すべき軍事力行使の権能を，事実として安保理が行使できないという事情の下に，加盟国に安保理に代わって行使することを「許可」できる。このような手順を踏んでいるのであれば，「勧告」に従った加盟国による武力行使は，措置の対象国との関係で，違法性を解除され，正当と見なされる，と主張する[19]。

(4) 第42条を援用する以上の立場に対しては，前記の第39条説に対する第3の批判への反論の部分で指摘したように，第1に，勧告の権能を有するにとどまる総会による集団的措置の勧告を規定する「平和のための結集」決議をどのように評価するかという問題がある。第2に，被制裁国に対する強制措置の合法性を，被制裁国に対して決定がもつ法的拘束性に求めようとするのであれば，朝鮮戦争の際には北朝鮮は国際連合非加盟国であったが故に，この正当化理由は適用できないことにもなろう。

(5) 憲章第42条に決議678の根拠を求める見解に対しては，さらに，次の点から批判が加えられた[20]。第1は，もしこの決議が第42条の軍事的強制措置を発動するものであるとすれば，それは国際連合の歴史上初めてのことであるが，第42条に基づく旨の指摘は討論における諸代表の発言にも聞かれなかったという点である。しかし，この点は，決議において根拠規定を明示しない安保理の傾向を前提とすれば，重要な批判ではない。

第2は，より決定的なこととして，この決議は第42条に基づく兵力の使用が従うべき条件と手続について定めていないという点である[21]。第43条の特

---

19) 尾崎「前掲論文」（注 *14*）44-66頁等。See also Schachter, *supra* note 17 pp. 462-463; O. Schachter, "Authorized Uses of Force by the United Nations and Regional Organizations," in Damrosch and Scheffer (eds.), *Law and Force in the New International Order*, *supra* note 17, pp. 65, 67-69.

20) 松井『前掲書』（注 *4*）72-76頁。

別協定が締結されていない現状では，確かに，加盟国が自発的に提供する軍隊をもって，例えば多国籍軍をこれに当てて，軍事的強制措置を発動することは不可能ではないと思われる。「しかし，第42条が国連の集団安全保障体制のもとにおける軍事的強制措置を規定するものである以上，このための兵力使用の計画を軍事参謀委員会の援助を得て安保理事会が作成し（第46条），また，軍事参謀委員会が理事会のもとで兵力の戦略的指導に責任を負う（第47条3）ことは，本質的な要件であるといわねばならないであろう」。この第2の批判点を補強するものとして，① 第42条に基づくが安保理の管理・指揮のもとにない軍事力の行使は，憲章起草者がまったく予想しないものであった，② 朝鮮国連軍には憲章上の多くの問題点が存在するうえに，第42条が援用されたわけでもないので，これを先例と考えることは困難である，③ 1966年の南ローデシアに関する決議221に関しても，別の理由から先例とはいえないと指摘される[22]。

---

21) この点が，決議678を憲章中の規定に基礎づけるうえでの最大の問題と考えられる。違憲説を主張する他の論文も，この点での批判を中心としている。*See* M.-C. D. Wembou, "Réflexions sur la validité et la portée de la résolution 678 du Conseil de Sécurité," 5 *Revue africaine de droit international et compartif* (1993), pp. 34, 44-49. *See also* Y. Bouthillier and M. Morin, "Réflexions sur la validité des opérations entreprises contre l' Iraq en regard de la Charte des Nations Unies et du droit canadien," 29 *Annuaire canadien de Droit international* (1991), pp. 142, 171-183.

22) 南ローデシア問題に関する安保理決議221は，経済制裁を勧告した決議216・217を想起し（前文1項），石油タンカーのベイラ港への到着による南ローデシアへの石油の供給の知らせに重大な関心を示し（同2項），そのような供給が南ローデシア違法政権への大きな援助・激励となりうることを考慮して（同3項），「結果として生じる事態が平和に対する脅威を構成すると決定し（determine）」（主文1項），さらに，「イギリス政府に対して，もし必要ならば武力を行使して，ローデシアに向けて石油を輸送していると合理的に信じられる船舶のベイラ港への入港を阻止するように要請し（call upon），また，イギリスに対して，ヨハンナⅤ号という船名のタンカーがベイラ港で石油の積荷を降ろした場合には，同船がベイラ港から出港したところを直ちに拿捕し抑留する権限を与え（empower）」た（同5項）。

松井教授の論拠は以下の通りである。第1に，この決議221は第7章の下で採択されたものではない。なぜなら，第39条が公式に援用されたのは後の決議232がはじめてであったから。第2に，国連にとっては南ローデシアの一方的独立は法的効果を有しないものであり，同地は依然としてイギリスの非自治地域であった。第3に，本件ではヨハンナⅤ号は船籍を剥奪されてもはやギリシア船ではなくなり，旗国の同意があったものとしうる。

(6) 加盟国による兵力の使用に対する安保理によるコントロールが本質的要件であるという主張に関して，第42条説もその重要性を否定するのではない。例えば，尾崎教授も次のように述べている。

「軍隊を提供する国家が自らの軍隊の行動についてフリー・ハンドを持ちたいと思うのは当然の欲求であろうが，そして，軍隊の提供が加盟国の自発的な『善意』に依存している以上，このことはそれなりに尊重されなければならないであろうが，しかし，安全保障理事会の授権の下に，国連に代わって行動する軍隊が，国連の『政策及び目標の枠組内で』行動し，安全保障理事会の大まかな統制に服することも当然の要請である。[決議678の]ケースでは，このような安全保障理事会と加盟国連合軍との間の権限関係はあまり明確ではなかったが，今後の問題として，この点がもっと明確にされる必要がある。」[23]

憲章第7章においては加盟国が自発的に提供する軍隊による軍事的強制措置に対しても安全保障理事会による実質的なコントロールが望ましいという点に関しては，あまり争いはないであろう。そして安保理に対する定期的な報告（決議678主文4項）のみでは，安保理による実質的なコントロールとしては不十分であるという点に関しても，争いは少ないであろう。問題は，一定レベル

　以上の論拠に対する反論としては，以下のものが考えられる。第1に，主文1項は第39条の「平和に対する脅威」の認定と考えられるのではないか。実際，安保理の内外でその旨の発言が存在した（V. Gowlland-Debbas, *Collective Responses to Illegal Acts in International Law*（M. Nijhoff, 1990），p. 414）（後掲注79）等も参照せよ）。第2に，問題はイギリスと南ローデシアとの間の関係ではなくて，公海上でイギリス海軍の武力行使の対象となる外国船舶の旗国との関係である。第3に，決議221の主文5項は，ヨハンナV号に限らず，すべての船舶を対象としている。実際，フランスタンカーのアルトワ号にも発砲したとされる（*Ibid.*, p. 406）。以上の反論に依拠して，決議221は，目的と対象等の点で極めて限定されてはいたが，安保理が加盟国に武力行使を許可した先例としての地位をもっていると考えるべきであろう（武力行使の規模の点で，朝鮮戦争や湾岸戦争の場合と同列に考えるべきではないと思われるが）。

　ただし，決議221が，第39条と区別した第42条固有の先例と考えるべきかについては疑問である。第1に，決議の主文5項の表現は，call upon と empower であり，第42条に直接関係づけるものは何もない。第2に，安保理構成国の意図は第42条への言及を拒否するものであったとされる（*Ibid.*, pp. 416-419）。従って，決議221は，前記の意味での先例としての地位にとどまると考えられる。

23) 尾崎「前掲論文」（注14）68-69頁。

の実質的なコントロールが，決議の合憲性の不可欠な要件とまでいえるか否か，それが不十分であれば決議自体の合憲性までもが失われるような意味での本質的な要件か否かである。

この問題は非常に困難な問題である。第1に，憲章自体は，本来，加盟国が自発的に提供する軍隊による軍事的強制措置を予定しておらず，直接に関係する明示的規定は存在しない。第2に，その結果として，合憲性の要件として要請される実質的なコントロールの程度に関する明確な基準を，十分な客観的説得力をもって，憲章から引き出すことは，不可能に近い。

こうして，この問題に対する解答は，憲章の規定を基礎としながらも，その後の国際社会の発展を背景として，国際連合および加盟国の実行の中に見い出されるべきものとして設定すべきであろう。憲章の発展可能性のグレー・ゾーンの中で，憲章解釈の実践的性格が顕著に現れ，問われる問題である。

(7) 憲章第42条に決議678の根拠を求める見解に対しては，さらに別の側面に関して，次の点から批判が加えられた。すなわち，第42条において行動をとることができるのは，「第41条に定める措置では不充分であろうと認め，又は不充分なことが判明したと認めるとき」という条件が満たされた場合に限られるのに対して，決議678の採択においては，この条件は満たされていなかったと主張されるのである[24]。第1に，決議678の採択された11月29日の1か月後の段階ですでに106か国が経済制裁の実施に関する報告を事務総長に提出しており，経済制裁が効果をあげつつあることは一般的に認められていた。第2に，南ローデシアや南アフリカの前例では，安保理は経済制裁の効果については十分に忍耐強かったのとは対照的に，イラクに対しては安保理は極めて性急であり，決議678の支持者たちは，この決議の採択時，あるいはそれが実施に移された時点で，経済制裁が不充分であると判明したことの証明に成功しなかった。こうして，決議678は第41条の経済制裁の効果を見極めることなく尚早に採択されたと指摘される。

第42条説の立場からのこの批判に対する反論としては，次の3点がありうる[25]。第1に，討議の示すところでは，安保理の大勢は，経済制裁ではイラ

---

24) 松井『前掲書』(注4) 104-107頁。
25) 尾崎「前掲論文」(注14) 48-49頁。

クの撤退を実現させるのに不充分なことが判明したと考えた。実際，決議678の採択の時点で，イラクの経済は崩壊の危機に追込まれていたのではなかった。第2に，第42条の規定はきわめて幅のある文言で作られており，平和の破壊や侵略の場合には，安保理が（非軍事的措置では不充分であろうと判断し，）最初から軍事的措置に訴えることもできる。第3に，第41条の不充分性は安保理が判断すべき事柄であり，決議678の採択は，安保理がその旨判断したことにあたる。

この対立点に関しては，まず第1に，その判断権限を安保理が有することは，第42条の文言から明確である。従って，第2に，問題は，本件における安保理の判断が適切であったか否か，言い換えると，安保理の裁量の範囲を逸脱しているか否かであると考えられる。このような問題設定に基づいて評価するならば，第42条説の反論に説得力があると思われる。すなわち，「第41条に定める措置では不充分であろうと認め，又は不充分なことが判明したと認めるとき」との条件にいう，「不充分」は，本件においてはイラクの撤退を実現させるのに不充分か否かであり，単に経済制裁が効果をあげるだけでは「充分」ではないのである。確かに南ローデシアや南アフリカの場合とは対照的に性急ではあるが，単に経済制裁が効果をあげたか否かとは区別された，イラクの撤退を実現させるのに不充分であるか否かという問題に対する判断としては，本件における安保理の判断は，政治的な意味で適切であったか否かについては議論の余地があるであろうけれども，その裁量の範囲内のものであり，決議の合憲性を失わせるという意味での法的裁量の限界を逸脱しているとまでいうことはできないであろう。

(3) 憲章第51条に基づく集団的自衛権説[26]
(1) 湾岸危機の初期の段階においてペルシャ湾やサウジアラビアに軍隊を派

---

26) *See, e. g.*, Schachter, "United Nations Law in the Gulf Conflict," *supra* note 17, pp. 457-461; Schachter, "Authorized Uses of Force by the United Nations and Regional Organizations," *supra* note 19, pp. 77-79; O. Schachter, "Legal Aspects of the Gulf War of 1991 and Its Aftermath," in W. Kaplan and D. McRae (eds.), *Law, Policy, and International Justice, Essays in Honour of Maxwell Cohen* (McGill-Queen's University Press, 1993), pp. 5, 12-17; E. V. Rostow, "Until What? Enforcement Action or Collective Self-Defense?," 85

遣する際などに,多国籍軍の主要構成国は,その根拠として,憲章第51条の集団的自衛権を援用していた。もし多国籍軍の武力行使がこの集団的自衛権に基づいて正当化できるとするならば,決議678は,多国籍軍の武力行使にとっては,政治的意味での正当性のお墨付きという機能を果たすとしても,少なくとも法的にはほとんど無意味のものとなろう。決議678の内容にそくしていえば,第1に,「善意の猶予」としてイラクに与えられた1991年1月15日以前の「最後の機会」を尊重すること(従って,当該期日以前に武力行使に訴えてはならない旨の制約を課したこと),および第2に,とられた行動について安保理に定期的に報告することという,二つの要件を多国籍軍の構成国に課したにとどまると考えられる。

(2) 多国籍軍の武力行使が,実際上,安保理のコントロールの下には置かれず,参加した加盟国の行動としてなされたこともあり,この集団的自衛権に基づく正当化はそれなりの説得性を持ってはいる[27]。しかし,この考え方に対しても,次のような批判あるいは争点がある。

第1の批判は,憲章第51条自体が,自衛権を行使できるのを「安全保障理事会が国際の平和及び安全の維持に必要な措置をとるまでの間」に限定していることに基づいて,本件の場合のように安保理が既に決議661等によって第41条に基づく経済制裁(包括的な非軍事的制裁であり,さらに決議665や670によって強化されている)を発動している状況の下では,個別国家の判断によって集団的自衛権を行使する余地はなくなるというものである[28]。

AJIL (1991), pp. 506-516; M. Hilaire, "Use of Force against Iraq: Collective Security or Collective Self-Defense under the United Nations Charter and Customary International Law?," 71 *Revue de droit international, de sciences diplomatiques et politiques* (1993), p. 71.

27) シャクターは,第51条の集団的自衛権説を支持する理由として,① 決議678は安保理が設定した目的達成に必要な手段をとることを特定の国々に許可した,② 安保理は協力する国々の軍隊を安保理のコントロールの下に置かなかった,③ 安保理は手段,時期,指揮,コントロールの選択を参加国に任せた,という3点を指摘する。また,集団的自衛権の行使にとって安保理の許可は必要ではないのにもかかわらず決議678が採択された理由として,① 軍事的手段に対する国連の一般的支持を強調するという政治的目的,② 集団的防衛行動の目的を明確にすること,という2点を指摘する。Schachter, "Legal Aspects of the Gulf War of 1991 and Its Aftermath," *supra* note 26, p. 15.

28) 松井『前掲書』(注4) 80-81頁。広瀬『前掲書』(注17) 81-90頁。

この批判の検討[29]においては,「国際の平和及び安全の維持に必要な措置」が具体的に何を意味するかという問題と,そうした措置がとられたか否かを誰が判断するかという判断権の所在の問題とに分けて考えることができよう。しかしながら,第1の「必要な措置」の内容に関しては,説得力の大小の相違はあるが,多様な解釈が主張されており,具体的な事件において一義的な結論に達するのは困難であろう。また第2の判断権の所在に関しても,いくつかの解釈が主張されており,憲章第51条の解釈上はいずれとも決め難く,後の実行に残されていると思われる。

(3) 第2の争点として指摘できるのは,決議678と集団的自衛権が,武力行使の範囲(および程度)として許容しうる範囲(および程度)の点でどのように相違し,実際の多国籍軍の武力行使の範囲(および程度)をカバーしているか否かという論点である[30]。

決議678は,多国籍軍の武力行使の目的・限界として,「安全保障理事会決議660(1990)及びそれに引き続くすべての関連決議を堅持かつ履行し,その地域における国際の平和と安全を回復する」ことを規定している。前半の関連決議の履行とは,具体的には,①イラクの即時かつ無条件撤退,②クウェートの主権,独立および領土保全の回復,③イラクによる損害の賠償等を含む。他方で,後者の「その地域における国際の平和と安全を回復する」ことという表現は,第7章の第39条や第42条に類似の表現があるほか,「国際の平和及び安全」の維持は国際連合の目的として第1条第1項に規定されているように,憲章において極めて広範な意味を与えられており,安保理は,その結果,非常に広い裁量を残していることになろう。

他方,集団的自衛権の要件には,「均衡性の原則」および「必要性の原則」が含まれる[31]。これらの原則によれば,自衛の目的は原状の保全・回復に限

---

29) この点については,森川「前掲論文」(注4) 77-79頁,同「学界展望〈国際法〉」『国家学会雑誌』第105巻11・12号(1992年) 130-132頁を参照せよ。See also D. W. Greig, Self-Defence and the Security Council: What does Article 51 Require?, 40 ICLQ (1991), pp. 366, 389-399.

30) Rostow, supra note 26, p. 514; D. J. Scheffer, "Commentary on Collective Security," in L. F. Damrosch & D. J. Scheffer (eds.), Law and Force in the New International Order (Westview Press, 1991), pp. 101, 102-103.

定され,使用される手段もその目的のために必要なものに限定される。もっとも,司法指向的な国内法秩序の場合と異なり,国際法秩序においては,合法性の判断は国際社会全体の反応に依存する側面が強く,均衡性の原則についてもその精確な定式化は不可能と思われる[32]。そうであるとしても,基本的には,集団的自衛権においては,武力行使の範囲(および程度)として許容しうる範囲(および程度)が比較的に限定されていると考えられる。

実際の多国籍軍の武力行使の範囲自体については,特に戦争被害の程度については,各人の立場によって様々な評価が可能であろうが,基本的には,多国籍軍はその任務を関連決議の履行に限定してクウェートからのイラク軍の排除に限定したように思われる。実際,多国籍軍は,フセイン大統領自身の責任の追及やフセイン政権の排除までは行わなかったのである。しかしながら,決議687に示された停戦の条件は,イラクの大量破壊兵器の廃棄等のイラクの主権の制約を含んでおり,単に関連決議の履行にとどまらず,「その地域における国際の平和と安全を回復する」ために,安保理が広い裁量権を行使したことを明らかにしている[33]。これらの諸条件が停戦の条件として提示されたことは,決議687等のその後の決議までを一つの流れ・まとまりとして見る限り,多国籍軍の武力行使の法的根拠は,集団的自衛権の範囲を越えており,決議678の履行・発展としてのみ正当化できるように思われる[34]。

---

31) B. O. Bryde, Self-Defence, in 4 *Encyclopedia of Public International Law* (North-Holland Publishing Company, 1982), pp. 212, 213-214; I. Brownlie, *International Law and the Use of Force by States* (Clarendon Press, 1963) pp. 261-264; K. H. Kaikobad, "Self-Defence, Enforcement Action and the Gulf Wars, 1980-88 and 1990-91," 63 *BYIL* (1992), pp. 299, 315.

32) D. W. Greig, *International Law* (Butterworths, Second Ed., 1976), pp. 886-887.

33) 停戦の諸条件とその実施については,松井『前掲書』(注4) 147-200頁が詳しい。

34) この点で,ロストウは,自衛権の概念を広く解して,被攻撃国が将来の安全の保障と処罰とを確保するところまでを含むとする。Rostow, *supra* note 26, p. 514. 筒井教授も「自衛をもってする反撃の必要な限度とは,危害と同等の程度をはるかに超えて,『救済』から処罰・賠償にまで広がることがある。」と述べる。筒井若水『国連体制と自衛権』(東京大学出版会,1992年) 149頁。しかしながら,自衛権の概念が,本文に述べたような安保理の広い裁量権を含むことができるとは言えないであろう。*See also* Kaikobad, *supra* note 31, p. 335; T. Yoxall, "Iraq and Article 51: A Correct Use of Limited Authority," 25 *International Lawyer* (1991), pp. 967, 986-987; R. Lavalle, "The Law of the United Nations and the Use of Force, under the Relevant Security Council Resolutions of 1990 and

(4) 第3の争点は，既に既成事実化した侵略の結果を排除して原状回復を実現するために，侵略の犠牲者である人民の抵抗運動は別として，第三国が集団的自衛権を行使することはできないことである[35]。実際，事務総長は，クウェートによる武力抵抗が終了して数か月後においては，クウェートの個別的および集団的自衛権は消滅したと指摘している[36]。

3 決議678の国際連合憲章上の位置づけ
(1) 明示的規定に基づく見解について
(a) 集団的自衛権説の却下

(1) 多国籍軍の法的根拠を憲章第51条の集団的自衛権に求める見解の主要な理由は，多国籍軍の実態を前提としたときに，それを国際連合憲章に基づく

1991, to Resolve the Persian Gulf Crisis," 23 *NYIL* (1992), pp. 3, 46-47; *Ch*. Greenwood, "New World Order or Old?, The Invasion of Kuwait and the Rule of Law," 55 *Modern L Rev* (1992), pp. 153, 167-171.

35) 松井『前掲書』(注4) 81頁。広瀬『前掲書』(注17) 90頁。Yoxall, *supra* note 34, pp. 988-989.

36) 広瀬，同上。*See also* B. H. Weston, "Security Council Resolution 678 and Persian Gulf Decision Making: Precarious Legitimacy," 85 *AJIL* (1991), pp. 516, 520-521. ロストウの反論については次を参照せよ。Rostow, *supra* note 26, pp. 511, 513.

　この論点における類似の事例に，フォークランド紛争がある。アルゼンチン軍によるフォークランド諸島への軍事侵攻の翌日の1982年4月3日に，安保理は決議502を賛成10，反対1（パナマ），棄権4（中国，ポーランド，スペイン，ソ連）で採択した。同決議は，フォークランド諸島地域に平和の破壊が存在することを決定した（前文3項）後に，敵対行為の即時停止を要求し（主文1項），フォークランド諸島からのすべてのアルゼンチン軍の即時撤退を要求し（同2項），さらに，イギリスとアルゼンチン両国に紛争の外交的解決と国連憲章の目的と原則の完全な尊重とを求めた（同3項）。アルゼンチン軍による占領は完了して敵対行為は終了したが，即時撤退要求は無視された。軍事侵攻の直後に派遣されたイギリスの艦隊は，4月下旬に事実上の停戦状態が3週間近く存続したフォークランド諸島を攻撃し奪還した。

　このフォークランド紛争におけるイギリスの武力行使は，自衛権の行使として正当化されうるか，それとも憲章によって禁止された武力復仇として違法なのかについては，様々な主張・議論がある。しかしながら，アルゼンチン軍の占領の故とはいえ，敵対行為は終了し，事実上の停戦状態に入っており，しかも安保理の憲章第7章下の停戦命令が存在する状況においては，まず，イギリスは，アルゼンチン軍が即時撤退を履行していないことに対する安保理の適切な対応を要求することが手続的に要請されよう。以上の点については，広瀬善男『力の行使と国際法』（信山社，1989年）331-353頁が詳しい。

国際連合軍として認めることに躊躇することにあると思われる。すなわち，安保理のコントロールが実質的に欠如しており，参加した加盟国の行動としてなされた。さらに，朝鮮国連軍の場合には決議84によってアメリカが任命する司令官の下に統一司令部が置かれたうえに，国連旗の使用も許可されていたが，多国籍軍の場合にはこれらの手続すらもとられなかったのである。

　しかしながら，逆に，国際連合憲章に基づく国際連合軍としては，少なくとも明文規定の上では，第43条の特別協定を基礎とする「まぼろしの」理想・理念型としての国際連合軍が規定されているにとどまる。このような事情の下で，どのような形態の武力行使を国連の集団安全保障機能の発現形態として見なすかは，多分に，用語の定義の問題と言えよう[37]。国連の集団安全保障体制の基本的特徴は，国際社会の分権制（さらには国際連盟における規約違反の決定と経済制裁の発動の決定が各連盟国によってなされるという分権的な集団安全保障体制）に対して，国際連合では，安保理の決議を中心とした組織的集権的な強制措置発動の体制がとられていることである[38]。そうとすれば，多国籍軍の武力行使が国連の集団安全保障機能の発現形態として理解するのが適切か否かは，この「安保理の決議を中心とした組織的集権的な強制措置の体制」という基準がどの程度満たされていたかによって判断すべきことになろう。この点で，多国籍軍の武力行使は，すでに指摘したように，第1に，武力行使に訴える時期に関しては，「善意の猶予」としてイラクに与えられた1991年1月15日以前の「最後の機会」を尊重する（従って，当該期日以前に武力行使に訴えてはならない）旨の制約が課されているのであって，安保理の集権的判定を経ている。第

---

[37]　森川助教授の次の指摘は適切である。森川「前掲論文」（注4）79-80頁。
　　「かかる性格を有する『多国籍軍』による武力行使を，国連の集団安全保障機能の発現とみなしうるかという問題は，結局は，国連の集団安全保障の本質を何に認めるかにかかっているように思われる。国連の集団安全保障の特徴の一つが，集団的措置の集権化にあったことは既に見た通りで，これを基準にすると，『多国籍軍』による武力行使は，一方で，軍事力の組織化や指揮権に関しては分権性を残存させており，上の条件を満たしていない。他方で，武力行使に訴える時期の問題に関しては，安保理による集権的判定を経ており，この点における分権的判断を前提とする集団的自衛権に基づくものとは明らかに異なっている。そうだとすれば，こうした限定的意味においてであるとはいえ，それが国連の集団安全保障機能の一面を備えていたことはやはり否定できないであろう。ただ，それを国連の集団的措置と呼ぶか否かは，結局，用語の定義の問題である。」
[38]　田畑茂二郎『国際法新講　下』（東信堂，1991年）213-217頁。

2に，安保理のコントロールに関しては，とられた行動について安保理に定期的に報告することという要件が多国籍軍の構成国に課されている。このような限定的意味において（のみ），多国籍軍の武力行使は，国連の集団安全保障機能の発現形態であったということができる（にすぎない）。

(2) 多国籍軍の武力行使は，以上のように，限定的意味においてのみ，国際連合の行動であったということができるにすぎない。他方で，それでは，憲章第51条の集団的自衛権の行使と考えるべきであろうか。この点については，すでに指摘したように，第1に，憲章第51条自体が，自衛権を行使できるのを「安全保障理事会が国際の平和及び安全の維持に必要な措置をとるまでの間」に限定していること，第2に，決議678と集団的自衛権は，武力行使の範囲（および程度）として許容しうる範囲（および程度）が相違すること，第3に，すでに既成事実化した侵略の結果を排除して原状回復を実現するために，第三国が集団的自衛権を行使することはできないこと，という争点あるいは批判がある。これらの点については，確かに論議のあるところであり，必ずしも十分に確定しているのではないかもしれないが，全体としては，集団的自衛権によって基礎づけるのは困難であるように思われる。

以上に加えて，決議678の主文第2項の「[一定の]加盟国に対し，……すべての関連決議を堅持かつ履行し，その地域における国際の平和と安全を回復するために，必要なあらゆる手段をとることを許可する（authorize）。」という表現は，集団的自衛権の行使とは両立が困難であると考えられる。後に述べるように，安保理は，本来違法である加盟国による武力行使の違法性を阻却するという意味で武力行使を「許可」する権限を有している。そのような権限を有する安保理が，この引用にあるように，誰に対して，何の目的で，何をすることを許可すると，決議主文において規定する以上，それは，法的な意味における「許可」であると考えざるをえない。実際，決議678は，「国際連合憲章の下での国際の平和と安全の維持と確保についてのその義務と責任を想起し」ているのであり，安保理は法的に有する自らの権限を行使していると考えるべきであろう。（集団的）自衛権の本質的特徴の一つは，（事後的にはともかく）事前の許可なしに発動しうることであり，事前の許可と考えられる決議678とは両立しないと思われる。また，決議678の「許可」が法的意味におけるものであ

る以上，多国籍軍の武力行使は，集団的自衛権の行使から安保理の「許可」に従って実施される行動に，その法的性格を変更することになると考えられる[39]。

(b) **第39条説と第42条説との相違**

(1) これら二つの説の間の主要な相違点は，被制裁国との関係での合法性の問題の処理の仕方である[40]。すなわち，第42条説によれば，被制裁国に対して加盟国が実施する強制措置は，一般国際法上違法であるが，安保理が第42条に基づいて法的拘束力のある決定を採択する場合にのみ，その違法性が阻却されるとするのである。

(2) しかしながら，第39条説においても，この違法性阻却の問題が看過されてきたのではない。事実，第39条説の中心である，勧告に基づくことによって本来違法である行為の違法性が阻却されるという論点に関しては，様々に議論されてきた。

一方で否定的な見解がある。例えばスュールは次のように述べる。

「[国家は]決議によって排除されることになる条約上の或は慣習法上の他の義務を無視することができるか。……次の二つの条件を両方とも満たす

---

[39] ロストウは，「許可」が名宛国に対して拘束的でないが故に，決議678は集団的自衛権の行使を強制行動に変容させると考えるべきではないとする（Rostow, *supra* note 26, p. 509）が，十分な説明がなく，説得力に欠ける。

[40] 第39条勧告説と第42条勧告説と第42条決定説の論点を比較整理すれば，以下のようになろう。

[第39条勧告説]
① 軍事的強制措置を第39条の規定に基礎づけうるか。
② 勧告に従う行動の違法性阻却を推定できるか。
③ 発動条件は，第39条の「脅威」等の認定と第41条の措置の不十分性を含むか。

[第42条勧告説]
① 軍事的強制措置を第42条の規定に基礎づけうるか。
② 勧告に従う行動の違法性阻却を推定できるか。（第39条説の②と同一の問題）
③ 発動条件は，第39条の「脅威」等の認定と第41条の措置の不十分性を含む。

[第42条決定説]
① 軍事的強制措置を第42条の規定に基礎づけうるか。
② 決定によらない限り，違法性の阻却はできないか。
③ 発動条件は，第39条の「脅威」等の認定と第41条の措置の不十分性を含む。

以上の比較整理から明らかなように，主要な相違点は，②の違法性阻却の問題の処理の仕方であるといってよい。

場合にのみできると思われる。第1に，設立文書が問題の規則の適用除外を予定していることであり，第103条によって憲章はそれに当たる。第2に，決議がそれ自体義務的であることである。そうでないとすると，国際連合加盟国の特定多数派の意図によって一時停止される結果として，効力ある規則の全体が不安定にさらされることになろう。何らかの決議が，条約との関係で，ユース・コーゲンスの持つ破壊的機能を果たすことになりうるであろうが，これは憲章の起草者の意図にも加盟国の実行にも対応しない。」[41]

同様に，フィッツモーリスも，憲章第103条に言及しながら，次のように述べる。

「安保理の決定に関しては――加盟国は憲章の下でそれらを実施する義務を有するから，このために既存の条約に違反することを正当化できるであろうし，実際，憲章に関する限りはそのように義務づけられるであろう。しかし，加盟国は，総会決議を実施する如何なる直接の法的義務の下にもないのであるから，義務の如何なる抵触をも抗弁とすることはできないであろう。抵触は既存の義務とこの勧告との間となるが，勧告は加盟国が実施を望むことがあるとしても義務づけられるのではない。従って，法律上は，既存の義務が優位するであろう。」[42]

他方で，肯定的な見解もある。例えば，ヴィラリーは次のように述べる。

「［禁止規範が存在する場合には］勧告は，権限ある機関によってなされるときには，［国家の］行動を基礎づけることができる。もっとも注目すべき例は，国家の武力行使が自衛権の場合を除いて憲章により完全に禁止されているにもかかわらず，国家が特定の状況においては武力に訴えることを許可する安保理の勧告である。……国際の平和と安全の維持の領域における安保理の権限と権能は十分に広範なものであり，そのような勧告の法的有効性（その結果として……第2条4項の適用除外の許可の法的有効性）は議論の余地がない。」[43]

---

41) H. Thierry et al., *Droit international public* (Montchrestien, Cinquième Éd., 1986).
42) G. Fitzmaurice, II *The Law and Procedure of the International Court of Justice* (Grotius Publications, 1986), p. 431.

また，国際法委員会も，国家責任の法典化の作業の過程において，次のような見解をコメンタリーの中で述べたことがある。

「憲章規定に合致して適用された制裁は，それらを適用する国家にかかる他の条約義務とたとえ抵触するとしても，国際連合の法体系においては確かに違法ではないであろう。……憲章に規定された規則の下では，そのような措置は，この体系の中で，特定の個別の違法行為の責任があると判断された国家に対する制裁の『正当な』適用である。この見解は，さらに，制裁の適用を許可する機構の適正に採択された決定が命令的である場合のみならず，そのような措置の履行が単に勧告されている場合においても有効であると思われる。」[44]

このような見解の対立の理由としては，第1に，勧告とも，また憲章第25条が対象とする決定とも異なり，一定行動を許可する（authorize）権能が，明示的には安保理に付与されていないことにある[45]。第2に，論理的整合性・説得力の観点からは，むしろ否定的見解に理由があると思われるにもかかわらず，国際連合においては肯定的な実行（特に，国際の平和と安全の維持または回復の領域における安保理または総会による非軍事的強制措置の勧告）が蓄積されてきているという事情にあると考えられる。

結局のところ，国際組織の機関の勧告の法的効果という形で一般的に解決することはできないのであり，機関の権限・権能および機関と加盟国の実行（黙示的合意の有無，慣習法の成立等）を考慮したうえで，ケース・バイ・ケースに考えていくほかないように思われる。

(3) 具体的に，第39条にいう勧告は，憲章の法秩序において，第2条4項の規定する武力行使の禁止を一時的に解除するという法的効果をもちうるのであろうか。この点で，武力行使の禁止というすべての加盟国を拘束する基本的

---

43) M. Virally, *L'organisation mondiale* (Colin, 1972), p. 188.
44) Report of the International Law Commission on the Work of its Thirty-First Session (14 May-3 August 1979), Doc. A/34/10, in 2-2 *YILC* (1979), p. 119, U. N. Doc. A/CN. 4/SER. A/1979/Add. 1 (Part 2).
45) J. E. S. Fawcett, "Security Council Resolutions on Rhodesia," 41 *BYIL* (1965-1966), pp. 103, 121; Gowlland-Debbas, *Collective Responses to Illegal Acts in International Law*, *supra* note 22, p. 421.

第4章　冷戦後の国際連合憲章第7章に基づく安全保障理事会の活動

な規範に違反することになるであろう行動を，国際連合において国際の平和と安全の維持において主要な役割を果たすと位置づけられている安保理が勧告するとすれば，この勧告については（憲章違反により無効であると考えない限りは），武力行使の禁止を一時的に解除するという法的効果を黙示的に包含するものとして当該行動を勧告していると考えざるをえないであろう。従って，従来の研究における，軍事的あるいは非軍事的な強制措置を勧告する安保理または総会の権限および実行の分析においては，そのような勧告の権限および実行は，勧告に従う行動の違法性を解除するという法的効果を当然に包含するものとして考えられていたといえよう[46]。

(4) 第39条に関する以上のような理解に対して，第42条説は，違法性阻却の効果を安保理の決定の法的拘束力に求めようとするものである。勧告による違法性の阻却に関して先に紹介した否定的な見解が，それ自体としては論理的整合性・説得力を持つように，違法性阻却の効果は決定の法的拘束力に基礎づけるほうがより安定しているといえよう。

しかしながら，第39条説との対比での第42条説の理由づけは，必ずしも十分ではないと思われる。第1に，第42条説が先例とする朝鮮戦争における決議83の事例において，北朝鮮は国際連合の非加盟国であり，安保理の決定の法的拘束力が及ばない国家であった。従って，ここでは第39条説と第42条説とを区別する実益はない。第2に，南ローデシア問題における決議221に関しても，決議221が第39条と区別した第42条固有の先例と考えるべきかについては，（注22で指摘したように）疑問である。第3に，違法性阻却の効果は勧告には基礎づけえないとするのであるから，「平和のための結集決議」やその他の総会の強制措置の実行，さらには安保理自身の勧告による強制措置の実施の実行をどのように説明するかという問題が残る。確かに，強制措置の内容が慣習法上の，あるいは条約上の違法行為となる行為の実施を要請するものでない限りは法的には問題はないといえるが，実際にはそれらの措置にとどまるものではない。第4に，決議83の場合では加盟国が援助を提供するように「勧告する」とされていたのであるし，決議221の場合ではイギリスに船舶の入港を

---

[46] 高野雄一『全訂新版　国際法概論　下』（弘文堂，1986年）374-377頁。See also Bowett, *supra* note 7, p. 32.

阻止するように「要請し (call upon)」, 拿捕・抑留の「権限を与える (empower)」とされていたのであって,「決定する」とされていたのではない。同様に, 決議678においても加盟国に対して必要なすべての措置をとることを「許可する (authorize)」とされていたのである。従って, 名宛国を拘束するという意味での「決定」ではない「許可」を名宛国の行動の対象である主体（被制裁国）に対する「決定」として見なすという人為的な操作（擬制）を必要とする。そのために, 強制措置の「手足」となる軍隊の調達に関する手続・手段の部分での「勧告」と法的拘束力をもつ強制措置という枠組みの部分での「決定」とを区別することになる。

(5) 結局のところ, 第39条説と第42条説の相違は, 被制裁国に対する武力行使の違法性の阻却を「勧告」に（黙示的に包含されているものとして）基礎づけるか「決定」に（枠組みとしての強制措置の法的拘束力として）基礎づけるかの違いにすぎない。いずれの場合も,「平和に対する脅威」等の認定を踏まえた第7章の枠内に位置づけられている。また, いずれの場合も, 加盟国に対して武力行使を「許可」する。唯一の相違は,「決定」の場合には, 枠組みとしての強制措置の法的拘束力を認定するために, 第40条の暫定措置, 第41条の拘束的な非軍事的措置の適用およびその不充分性の判断という実体的要件が, さらに加算されることになる。もっとも, 安保理の裁量によって第40条と第41条とを省略して一気に「許可」に進むことも可能とされる。また, いずれの場合にも, 表決は非手続事項として行われるのであるから, 加算された実体的要件は, 安保理が武力行使を「許可」しようと意図するときには, ほとんど障害にはならないといえよう。さらに, 決議678の採択の際に安保理において議論されたように, 実行上は, たとえ第39条の勧告によって強制措置が発動されるとしても, それが軍事的な強制措置である場合には, 第42条説と同様の発動条件（第39条の認定と第41条の措置の不充分性）が課されていると考えるべきであろう。

こうして, 第39条説と第42条説との相違は, かなりな程度, アカデミックなものにとどまると思われる。これらの「決定」「勧告」「許可」を多少の不正確さにもかかわらず簡潔に対比すれば, 次のようになると思われる。

［決定］:（形式）強制措置の枠組みの「決定」と軍隊の調達・手続の「勧告」。

（実体）被制裁国に対して，法的拘束力のある「決定」の受諾を「命令」。

　　　　　　加盟国に対して，法的拘束力のない「勧告」の受諾を「要請」。

　　　（結果）被制裁国に対する法的拘束力ある「決定」から，「勧告」に従う行動の違法性阻却が引き出される。

　［勧告］：（形式）強制措置の「勧告」。

　　　（実体）加盟国に対して，法的拘束力のない「勧告」の受諾を「要請」。

　　　（結果）権限ある機関が本来違法な行動を「勧告」するときは，その行動の違法性阻却は当然に黙示的に包含される。

　［許可］：（形式）強制措置の「許可」。

　　　（実体）加盟国に対する「許可」であり，機関の側の主体的な要請は欠如。

　　　（結果）定義上当然に，違法性阻却の効果を伴う。

(2)　黙示的権限に基づく見解について
(a)　そ の 主 張

(1)　決議 678 は，単に「国際連合憲章第 7 章に基づいて行動して」とするのみで，憲章上の具体的な根拠規定を示していない。そのために，その根拠を国際連合の黙示的権限に求める見解がある。例えば，田中教授は次のように述べていた。

　　「……少なくとも安保理は，憲章上与えられた権限・責任を行使したと判断していることは明白であり，明文［規］定に直接の根拠を見出せなくとも，とくに 24 条に基づくその内在的権限（implied power）の範囲内だと判断していることは確実である。」[47]

(2)　このような考え方は，孤立したものではなく，むしろ広く共有されているようにも思われる。実際，フランクとペイテルは，憲章の第 43 条協定の未

---

47)　田中忠「国連の平和維持活動と日本の参加・協力」『法学セミナー』No. 443（1991年）36, 37 頁。

締結は，第42条に規定された機構の一般的警察権能の消滅を意味するのではないと指摘するとともに，次のようにこの考え方を展開させている。

「むしろ，安全保障理事会の実行は，平和に対する特定の脅威に反応してアド・ホックに集められる警察軍の使用を含む，強制措置をとるための他の手段を発展させた。朝鮮とクウェートのいずれの事態もその例である。機構の停滞した長年の歴史から現れるものは，安保理の警察機能が失効してしまったのではなく，逆に，世界的に是認された警察行動というその中心理念は，けっして放棄されず，第43条の不履行は単に有機的な成長に導き，第42条の援用を通して，特別協定を必要としない警察行動という代替物の創設をもたらしたことを示している。

これは予想されることである。国連憲章は単なる条約ではなく，生きた世界組織の設立文書でもある。その諸機関は重要な任務を実施するとともに自らの権限を解釈するように設定されている。そのような有機的な成長は望ましいし，不可避である。」[48]

(b) 批　　判

(1) このような黙示的権限あるいは有機的成長の考え方に対して，決議678違憲説の立場は，次のように批判する[49]。第1に，国際司法裁判所の関係する勧告的意見を子細に検討すれば，裁判所は国際機構の権限を広く解釈するに当たっても，それを当該機構の設立文書の「解釈」の範囲内で行おうとしてきたのであり，国連の「内在的権限」あるいは「黙示的権限」の理由は，その根拠とされる勧告的意見の含意を越えて，一人歩きをしてきた。これらの意見は，その目的の実現に必要とされるすべての権限を国連に認めたわけではけっしてなく，それを，いかに広範なものではあっても，憲章の解釈によりあるいは国連の慣行によって導かれるものに限定していた。第2に，関係意見が扱った問題は，憲章に関連規定がまったく欠けているものであったが，決議678が扱う武力行使の問題については憲章第7章に明文の規定がおかれて，その条件や手続を定めている。「内在的権限」の理論が，憲章の明文の規定をいわば出し抜

---

48) Th. M. Franck and F. Patel, UN Police Action in Lieu of War: "The Old Changeth," 85 *AJIL* (1991), pp. 63, 66–67.

49) 松井『前掲書』(注4) 84–88頁。

くために援用できるとは考えられない。第3に，関係意見が扱った問題は，そこでいわれている権限を国連に認めるとしても，原則的には一般国際法上の問題を生じない性格のものであったが，武力の使用は，明確に認められる例外に該当するのでなければ，一般国際法上の武力行使禁止原則に違反することになる。

(2) この違憲説の立場は，単に黙示的権限の理論の適用を批判するのみならず，その基礎にある「慣行を通じた憲章の新しい解釈」という考え方をも批判する[50]。すなわち，国連憲章の解釈は，起草時の考え方・経緯のみならず，その後の加盟国による憲章の具体的な実施・運用を通じて確立する側面があることを，一般論としては認めるとしても，決議678の場合は，これまでに類似の先例はほとんどなく，この意味でナミビア事件の勧告的意見がいう加盟国の一般的受諾ないし機構の一般的慣行の証拠は存在しない。しかも，この決議の場合は，それを採択した安保理の会議において，少なくない代表がその合憲性を否定し，ないしそれに重大な疑問を提起していた。こうして，次のように結論される。

「たしかに，この決議と同様の決議が今後も繰り返され，そしてそれに対する加盟国の一般的受諾が証明されるような事態になれば，ことの政治的評価は別にして，安保理事会は憲章第7章のもとでその決議を実施するための武力行使を一部の加盟国に授権することができるという，新しい憲章解釈が成立することがあるかもしれない。しかし，15理事国中少なくとも3理事国がそのことの合憲性を否定し，ないしこれに重大な疑義を提起している一方，決議に賛成した諸国によってこれに対する有力な反論がなされていない現状では，このような新しい憲章解釈によって決議678を正当化することは不可能だといわねばなるまい。」

(3) **評　　価**
(a) **違憲説について**
(1) 決議678が憲章違反であるとする考え方の背後には，国際連合の権限に

---

50) 同上，76-79頁。

対する制限的な理解，憲章の厳格な解釈という考え方がある。松井教授はこの点を明らかにして[51]，「国連，とくに安保理事会の諸決議を評価するさいの基準である国連憲章の解釈に関して，……国連は，その設立文書である憲章によって加盟国が国連に付与した権限だけを有する」という基本的な立場をとるとしている。もちろん，「国連の権限には，憲章の明文の規定によって国連に与えられるもののほかに，憲章の解釈によって導かれるもの，さらには国連成立後の慣行を通じて加盟国が一致して国連に与えることに同意したものが含まれる」ことは認める。しかし，ここでは松井教授は，国際連合の設立文書としての憲章を通常の条約と同一の条約として，ウィーン条約法条約第31条（特に第1項）の文言主義的な条約解釈枠組みの下で解釈しようとしている。従って，慣行についても，同条第3項(b)の「条約の解釈についての当事国の合意を確立するもの」に限定している。ここには国際組織のダイナミックな，あるいは発展的な性格に対する十分な考慮がない。むしろ，それを抑えようとしているとすら思われる。

　しかし，次の二つの理由から，このような解釈方法をとるとする。第1に，国連，特に安保理の政策決定においては，アメリカを中心とする大国が，多くの場合，決定的な役割を果たし，しかもこのような傾向は，冷戦の終了後は目立って強まっている。従って，このような状況のもとで国連により広い権限を認める解釈は，国連を国際社会における大国支配のための機関としてしまう。第2に，現在の国際社会の権力構造においては，市民が議会を通じて，或は様々な形の運動を通じて，民主的にコントロールを及ぼすことができるものは，国家をおいてない。従って，加盟国の主権を重視して国連の権限を制約的に解そうとするとき，意図されているのは，けっして諸国家の個別的利益を優先することではなく，個々の加盟国を通じて一人ひとりの市民の声を国連活動に民主的に反映させる道を開いておくことなのである，と。

　(2)　決議678の違憲説は，以上のような憲章解釈の制限的立場の論理的帰結であると考えられる。

　一般に，「法の解釈」において，客観的に正しい唯一の解釈があるという前

---

51)　同上，19-20頁。

提は幻想であり,「法の解釈」の名の下に実際行われている活動は認識ではなく, 実践であるという理解は, 1950年代に日本の国内法学において展開された法解釈論争を通して, 広範に共有されるようになった。事情は「条約の解釈」においても基本的に同じであると考えられる[52]。さらに, 多様な条約の中で,「設立文書の解釈」においては, この実践的側面は一層顕著である。

この意味で, 決議678の違憲説は, なぜ憲章解釈の制限的立場を採用するのかという価値判断を明確にした, すぐれて実践的な解釈行為であると評価することができよう。実際, 違憲説の価値判断の根拠として指摘される二つの理由は, それ自体としてはいずれもそれなりの説得力をもつものである。また, 決議678が安保理の実質的なコントロールなく多国籍軍に武力行使を認めたという望ましくない(この価値判断は広範に共有されていると思われる。)側面を持ち, 将来においてはこのような形の決議採択を繰り返させたくないという判断から, あえて, 決議678は憲章違反であると主張するということも, 実践的活動としてはありうる[53]。

(3) 以上の理解を前提として違憲説を検討する場合には, 第1に, 一定の説得力を持つ憲章の解釈として(言い換えれば, 憲章の解釈枠組み内の選択肢として), 決議678を位置付けることが可能であるか否か, 第2に, 個人の価値判断に基づく解釈とは別に, 国際連合においてあるいは国際社会の大多数の国々によって, 決議678がどのように理解されているか(言い換えれば, 憲章の解釈枠組み内の複数の選択肢の中のいずれが採用されているか), 第3に, 違憲説の依拠する価値判断は正当なものであるか否か, 等の側面を区別して考察することが必要であろう。

(b) 第39条説について

(1) 国際連合(総会および安保理)による強制措置が勧告によって基礎づけられうるか否かという問題は,「平和のための結集」決議の検討に関連して, すでに30年以上も前に高野教授によって検討されており, その考察は現在でも

---

52) 拙著(注2) 9-18頁を参照せよ。

53) See, e. g., B. Graefrath and M. Mohr, "Legal Consequences of an Act of Aggression: The Case of the Iraqi Invasion and Occupation of Kuwait," 43 *Austrian J Public Int'l L* (1992), pp. 109, 118.

基本的に有効であると考えられる。その要点は以下のようになろう[54]。

　第39条の規定によれば，安保理は，「平和に対する脅威，平和の破壊又は侵略行為の存在」をまず「決定（determine）」し，そして「国際の平和及び安全を維持し又は回復する」ために，次のいずれかの行動をとる。第1は，前記目的のために「勧告」を行うことであり，第2は，同じ目的の下に非軍事的措置を定める第41条と軍事的措置を定める第42条に従ってとるべき措置の「決定（decide）」をすることである（この二つの他には第40条の暫定措置があるが，ここでは考慮する必要はない）。このように，侵略等に対して前記目的のために行う安保理の集団保障の行動は，「勧告」と「決定」の系列に分かれるが，実は，第7章の以下の規定は，（第50条と第51条を除いて）すべて，「決定」に基づく安保理の行動に充てられている。

　この安保理の「決定」権能は，国際組織としての国際連合の注目すべきかつ画期的といえる権能である。第7章の第41条以下は，この安保理の「決定」に基づく行動を規定しており，これらの行動はすべて第25条を背景としている。このように，国連においては「決定」による強力な，集権的な，集団保障の活動が安保理の下で行われる。それは国連の安保理によってのみ行われるものである。

　しかしながら，国連においては他の方式による集団保障の活動が憲章上排除されているかというと，これは疑問である。それは，第39条が「決定」をすることと選択的に「勧告」をすることができると規定しているからである。確かに，この安保理の「勧告」については，「決定」の場合のような具体的規定は他に一つもおかれてはいない。しかし，「国際の平和及び安全の維持又は回復」の目的の下に認められているのであって，法的に排斥されていると解することは困難である。

　この「勧告」について，第6章にいう紛争の平和的解決のための勧告が考えられていたということは確かであるし，安保理が侵略等の段階でも可能な限り紛争の平和的解決に努めるべきことも本筋ではある。しかし，第39条の「勧告」がもっぱらそのような勧告に限定されるという根拠はない。その旨の積極

---

[54] 高野「前掲論文」（注7）29, 40-50頁。同注の他の文献も参照せよ。

第4章　冷戦後の国際連合憲章第7章に基づく安全保障理事会の活動

かつ明確な意味の表示は見い出されない。第39条の「勧告」が主として紛争の平和的解決について考えられた成立時の経緯には他の事情も考えられる。つまり，安保理の「決定」による画期的に強力な集団保障体制（特に軍事的措置）を創設した当初には，平和の維持や回復については，それに最大の信頼がかけられていたのが事実であり，それが不可能あるいは不充分な場合という想定は集団保障の構想の表面に出ることはなかった。「勧告」による柔軟な力の弱い集団保障を具体的に考えることは，当時においては無用でもあり非実際的であった。第7章が「勧告」による集団保障の行動の具体的規定を全く欠くのには，そのような事情が考えられる。これは，およそ平和維持の活動が安保理事会中心に考えられ，平和維持に関する総会の規定が安保理事会のそれにくらべて極端に簡略であり，ほとんど具体的規定がないといってよい（第10条の包括的権限規定はサン・フランシスコ会議で新設された）のと軌を一にする。従って，当時の事情の下で第39条の「勧告」について集団保障のための勧告が実際にはほとんど考えられなかったことは理解できるが，そのことから，法的制度的に憲章がそのような勧告を排除し，紛争の平和的解決に限定する意味をもっていたとすることには，十分な理由がない。

(2)　以上の第39条の解釈は，同条の構造の正確な理解に基づくとともに，第39条を国際連合という国際組織の活動を規律する基本的な規定として（言い換えれば，組織法の規定として）検討していると言えよう。すなわち，同条の「勧告」の意味について，それを特定のものに限定する旨の明確な明示的指示がない限りは，起草時における起草者の特定の意図からは切り離して，その後の国際関係の変化に対応・適応する形で，国際連合がその主要な目的である集団保障体制を実効的に実施できるように，柔軟に解釈しているのである。実際，第39条は，そのような柔軟な解釈を可能とするほど（勧告の向けられる対象と内容を特定していない）一般的な規定なのである。

(3)　以上の第39条の解釈は，主に第39条の文言に依拠するものであるが，国際連合発足後の実行によっても一定程度支持される。第1は，すでに指摘した，1950年に採択された総会決議377(V)が，兵力の使用を含む集団的措置を勧告する旨，規定していることである。第2は，安保理が武力行使を勧告したと考えられる事例が，朝鮮戦争（決議83）および南ローデシア問題（決議221）

において存在することである。もっとも，これら二つの事例については様々な議論があることは周知の通りである。第3に，非軍事的強制措置に関しては，安保理および総会は，例えばポルトガルの植民地支配に関して（以下安保理決議・総会決議の順番で，180, 1807），南アフリカのアパルトヘイトに関して（181・182, 1761），南ローデシア問題に関して（217）等の文脈で，勧告によって一定の非軍事的強制措置を採択してきている。以上のように，安保理は（軍事的）強制措置を第39条に基づいて勧告しうるとする解釈には，必ずしも決定的ではないとしても，ある程度の説得力のある実行が存在すると考えられる。

(c) **第42条説について**

(1) 決議678を第42条に基礎付けることが可能であるという考え方の根拠は，次のように説明される[55]。

第43条の特別協定が締結されないと，国連は第42条に基づく軍事的措置をとりえないという考え方がある。確かに，憲章の起草者は，国連の軍事的措置のための軍隊は特別協定によって提供されるべきものと考えていた。第106条の規定は，明らかに，そのような第42条と第43条の結び付きを前提としてつくられている。さらに，サン・フランシスコ会議でも，特別協定が締結されるまでは加盟国は第42条に基づく軍事的行動に参加する義務を負わないというのが一般的な考え方であったし，国連が発足した当初もこの見解が支配的であった。

しかしながら，特別協定が締結されず，第43条が空文化している状況において，加盟国が自発的に提供する軍隊によって国連の軍事行動が実施されることを，第42条が排除すると解釈することはできない。第1に，第42条は一般的な文言によって規定されており，加盟国が自発的に提供する軍隊を利用することを排除する指示はない[56]。第43条にも言及していない。第2に，第7章の多くの規定（第43条から第47条）は第42条と第43条の結び付きを前提としてつくられていると考えられるが，それらの規定は，特別協定に基づく軍事行

---

55) 尾崎「前掲論文」（注14）50-53頁。前掲（注17）の文献も参照せよ。
56) 従って，安保理が，特別協定に基づく国連軍に対するコントロールと同程度に，加盟国が自発的に提供する軍隊の行動をも自らのコントロールの下に置かなければならないという要請は，第42条の解釈から必ずしも出てこない。Schachter, "United Nations Law in the Gulf Conflict," *supra* note 17, p. 462; Greenwood, *supra* note 34, pp. 167-168.

動が第42条に基づいて決定されることが予定されていたことを示すとしても，第42条に基づく軍事行動がそのような方式によってのみなされうることを意味するものではないし，加盟国が自発的に提供する軍隊を利用するという方式を禁止する指示はない。加盟国は事前に締結した第43条の特別協定の存在する場合にのみ安保理の決定する軍事行動を義務づけられるにすぎないのである。

(2) 以上の第42条説の解釈は，先に検討した第39条説の解釈と同様に，第42条を国際連合という国際組織の活動を規律する基本的な規定として（言い換えれば，組織法の規定として）検討していると言えよう。すなわち，同条の「安全保障理事会は，……行動をとることができる。」の部分を，その一般的文言に依拠することによって，起草者意図が考えていた，そして第7章の他の諸規定が前提としている第43条の特別協定に基づく軍事行動のみに限定することを拒否し，その後の国際関係の変化に対応・適応する形で，国際連合がその主要な目的である国際の平和と安全の維持または回復に必要な行動を実効的に実施できるように，柔軟に解釈しているのである。実際，第42条は，そのような柔軟な解釈を可能とするほど（行動を担う軍隊の法的基礎を特定していない）一般的な規定なのである。実際，尾崎教授は，以上の第42条説の基礎にある考え方として，先に引用したフランクとペイテルの有機的成長の考え方に依拠している。

(d) **黙示的権限説について**

黙示的権限説においては，国際組織の設立文書（ここでは国際連合憲章）は単なる国家間関係の権利義務関係や行為規範を規定する通常の条約ではなく，組織的実体の恒久的な運用を規律する組織法であるという考え方が主張される[57]。明示的規定に基づく見解である第39条説も第42条説も，いずれもその基礎には組織法としての有機的成長の考え方が存在するといってよいであろう。こうして，決議678の憲章上の根拠を検討するときには，まず，違憲説が実践的な解釈行為として（一定の理由に基づく価値判断として）選択した「憲章解釈の制限的立場」を採用すべきか否かが検討されなくてはならない。

この点で，以下の理由によって，このような立場は，政治的実践的活動とし

---

57) 拙著（注2）370頁。

てはともかく，法的選択としてはとりえないと考えられる[58]。第1に，以上に検討してきたように，決議678は，一定の説得力を持つ憲章の解釈として（言い換えれば，憲章の解釈枠組み内の選択肢として），少なくとも第39条や第42条に基礎づけることができると思われる。

実際，国際司法裁判所の一連の勧告的意見の検討は，判事間において，条約解釈の枠組み内に限定する制限的厳格な解釈の立場と設立文書を基礎としながらも国際組織の実効的な機能の確保を重視する組織法としての解釈の立場との対立が，大部分の判例において顕在化したと同時に，後者の組織法としての立場が多くの場合に勝利したことを示している[59]。特に，補償裁定の効果事件の反対意見において，ハックワース判事は，総会が行政裁判所を設立したとき，総会は補助機関の設立に関する憲章第22条に基づいていたのであり，この明示の規定を前にして，異なる種類とされる裁判所を設立するために黙示的権限の法理を援用することは許されない，と述べた。しかし多数意見は，この主張を却下し，事務局に関する憲章第15章から出てくる黙示的権限によって，司法裁判所を設立する総会の権限を承認したのである[60]。

第2に，決議678の採択の際には，「15理事国中少なくとも3理事国がそのことの合憲性を否定し，ないしこれに重大な疑義を提起してい」たのであるが，国際社会の大多数の国々および国際連合自身はこの決議を合憲なものとして扱ってきたと思われる[61]。確かに，政治的には望ましくない方式であった，そ

---

[58] 違憲説に立つ松井芳郎教授『湾岸戦争と国際連合』の著者（佐藤）による次の書評も参照せよ。『国際法外交雑誌』第92巻6号（1994年）113-119頁。
[59] 拙著（注2）252頁。
[60] 同上，127-34頁。
[61] 侵略の具体的な事態が発生してから，自発的に軍隊を提供する政治的意思のある国々に対して特定の目的のために武力を行使することを許可するという，安保理のとった現実的な選択肢を合憲なものとして扱ってきた国際社会の大多数の国々の判断の基礎には，憲章第43条の特別協定に基づく国連軍の設立は実現の可能性の少ない非現実的な方式であるという認識があるように思われる。この点で，例えば，ドミニセは，この方式が空想的なものであると指摘する。Dominicé, *supra* note 17, p. 101. 同様に，シャクターは「たいていの政府が，誰とどんな状況の下で戦うことを要求されることになるかを知らずして，安全保障理事会の命令に従って戦うために軍隊を委ねる用意があるかは，依然として疑問である。」と指摘する。Schachter, "Legal Aspects of the Gulf War 1991 and Its Aftermath," *supra* note 26, p. 22. ヴェルフーヴェンも同様の指摘をしている。J. Verhoeven, "États alliés ou Nations Unies?, L'O. N. U. face au conflit entre l'Irak et Koweit, 36 *An-*

の意味で正当性の程度は高くないと言うことができるであろうが，合憲性という点では，この決議を違憲であり無効であるという主張・行動はほとんどみられないといってよいであろう[62]。

確かに，違憲説が依拠する憲章解釈の制限的立場に立てば，ウィーン条約法条約第31条（特に1項）の文言主義的な条約解釈枠組みの下で解釈することになり，慣行についても同条第3項(b)の「条約の解釈についての当事国の合意を確立するもの」に限定されるのであり，決議678の採択の際における，「15理事国中少なくとも3理事国がそのことの合憲性を否定し，ないしこれに重大な疑義を提起してい」たという事情は，「慣行を通じた憲章の新しい解釈」の可能性を排除することになると言えよう。

しかしながら，大多数の国々および国際連合自身は，安保理において5常任理事国の積極的あるいは消極的な支持を含む多数により正規の手続に従って採択された決議678を少なくとも法的には合憲なものとして扱ってきているように思われる。このように，多数決制度の下で運営される国際連合等の国際組織においては，通常の条約の解釈枠組みを規律する条約法条約第31条の解釈枠組みの中には収まりきれない固有のダイナミズムが機能しており，設立文書に特有な動態的な解釈枠組みが生まれていると考えられる。このような，設立文書に特有な動態的な解釈枠組みの下では，黙示的権限理論の適用自体も，憲章解釈の制限的立場の下において認められる黙示的権限とは，名称こそ同一であれ，その適用範囲や性質の点で，大きく異なってくるといえよう[63]。

---

nuaire Français de Droit International（1990), pp. 145, 192. 同旨，広瀬『前掲書』（注17）72-73頁。

62) 広瀬『前掲書』（注17）104-106頁。B. H. Weston, *supra* note 36, p. 527. ウェストンは，「許可（authorization）」の概念が憲章第7章の条文，起草過程，関係する国家実行にないことを踏まえれば，安保理は，第42条2分の1と呼びうるような全く新しい先例をつくったと考えるほかないとする。*Ibid.*, p. 522.

63) 黙示的権限の法理に対する様々な考え方については，拙著（注2）64-98頁を参照せよ。

第3節　人道的介入と武力の行使
――国際連合による武力行使を伴う人道的介入――

1　概 念 規 定

(1)　**概念規定の必要性**：「第1章」において触れたように，クルド避難民の保護のために人道的介入が実施され，ソマリア・旧ユーゴスラビアに展開する平和維持活動が人道的救援を実施する際に武力行使を認められた。これらの国際連合による武力行使を伴う人道的救援の合法性を検討する文献の多くは，「人道的干渉」の観点から考察を加えている[64]。しかし，はたして国際法上の「人道的干渉」の理論の観点から国際連合による人道的救援の合法性を検討することは適切なのであろうか。国際法上の「人道的干渉」は国家間の行為規範として主張されてきたものであり，国際連合による人道的救援とはその成立基盤が異なるうえに，その規範としての存在すら確立しているとは言えない。

他方で，後に触れる人道的救援の調整に関する総会決議46／182の採択につながる総会での議論[65]は，「人道的干渉」に関する国々の間にある決定的な見解の相違を明らかにしている。すなわち，第三世界の国々の大部分は，如何なる形態であろうと，人道的関心に基づく強制的な干渉に対しては，強い拒否の

---

64)　See, e. g., K.-K. Pease and D. P. Forsythe, "Humanitarian Intervention and International Law," 45 *Austrian J Public Int'l L* (1993), pp. 1-20; D. Schweigman, "Humanitarian Intervention under International Law: the Strife for Humanity," 6 *LJIL* (1993), pp. 91-110; B. M. Benjamin, "Note, Unilateral Humanitarian Intervention: Legalizing the Use of Force to Prevent Human Rights Atrocities," 16 *Fordham Int'l L J* (1992-1993), pp. 120-158; J. Delbrück, "A Fresh Look at Humanitarian Intervention Under the Authority of the United Nations," 67 *Indiana L J* (1992), pp. 887-901; V. P. Nanda, "Tragedies in Northern Iraq, Liberia, Yugoslavia, and Haiti―Revisiting the Validity of Humanitarian Intervention Under International Law―Part I," 20 *Denver J Int'l L & Policy* (1992), pp. 305-334 .

65)　*See in general* Ph. Alston, "The Security Council and Human Rights: Lessons to be Learned from the Iraq-Kuwait Crisis and its Aftermath," 13 *AYIL* (1992), pp. 107, 162-164, and *in particular* U. N. Doc. A/46/PV. 8 (1991), pp. 29-30 (Germany); PV. 27, p. 52 (Belgium); PV. 39, p. 13 (Netherlands); *ibid.*, p. 27 (China); *ibid.*, p. 72 (France); PV 41, p. 13 (Canada); *ibid.*, p. 24 (Pakistan); *ibid.*, p. 28 (Tunisia); PV. 42, p. 33 (Cuba); *ibid.*, pp. 44-45 (Iraq).

姿勢を表明した。これに対して，一部の先進国（例えば，ベルギーやドイツ）は，人道的干渉を積極的に支持した。また，他の先進国（例えば，フランスやオランダ）は，人道的救援と国家主権との調整・両立が可能であるという立場をとっている。

以上のような状況では，解釈論としても立法政策論としても，国際法上の「人道的干渉」の理論からではなくて，それぞれの概念・用語を区別して考察することが必要と考えられる。

(2) **人道的干渉と自国民保護のための干渉**[66]：自国民保護のための干渉とは，ある国の国民が外国においてその生命（や財産）を侵害されようとするときに，彼の本国がその生命（や財産）を保護するために，当該外国に対して武力を行使することである。このような干渉が合法であるための要件については争いがあるであろうが，この干渉の適用例と考えられる事例は第二次世界大戦後においても数多くあり，現代においても生命の保護に関する限り，法規範としての存在（違法性阻却事由としての緊急状態）自体については比較的広く支持されていると思われる。

他方で，人道的干渉については事情は異なる。人道的干渉とは，ある国の政府がその国民に対して「かれらの基本的人権を否定し，人類の良心を驚愕させるような仕方で国民に対して残虐行為を行い，迫害するという罪を犯すときには」，それらをやめさせるために（人道的に）干渉することである。この人道的干渉は，その事例の大部分は第一次世界大戦以前におけるトルコ・シリア等の異なる宗教・民族の弱国に対するヨーロッパ列強の干渉であった。前記の意味での人道的干渉については，第二次世界大戦後においては，事例もほとんど存在せず，さらに国際連合憲章の下での武力行使・威嚇の違法化の結果，その法規範としての存在は強く争われている。

少なくとも伝統的国際法においては，二つの干渉理論は以上のような形で理論的にも歴史的にも別個のものとして概念的に区別されていたと思われる。そ

---

66) U. Beyerlin, Humanitarian Intervention, 3 *Encyclopedia of Public International Law* (North-Holland Publishing Company, 1982), pp. 211-215；松田竹男「いわゆる『人道的干渉』について」『国際法外交雑誌』第73巻6号（1975年）1-53頁，広瀬善男「人道的干渉と国際法」『明学論叢』251号（1977年）1-98頁等を参照せよ。

れが第二次世界大戦後の事例においては，保護される人々の内外国人の区別を超えて人命一般を問題にして，自国民保護のための干渉をも「人道的干渉」として主張されるようになってきた。しかしながら，伝統的な意味における人道的干渉の権利としての存在が争われていることは指摘した通りである。

(3) **「人道的干渉」と人道的救援**：「人道的干渉」は伝統的に国家間の関係において形成されてきたのであり，それぞれの特定の状況において，干渉国の在外自国民の保護のために（自国民保護のための干渉），あるいは被干渉国国民の保護のために（伝統的な人道的干渉），武力をもってする干渉（強制的な介入）を意味する。それに対して，人道的救援は，死の危険に直面する避難民に対して食糧・医薬品等を中立・無差別の原則の下で供与する活動であり，本来は干渉ではなく，干渉のもつ強制的な介入という側面を持たないといえよう。

冷戦後の国際連合による人道的介入においては，国際連合を中心として，あるいは国際連合の調整のもとで展開される人道的救援活動が問題となっているのであり，そこでは，まず国際連合等の人道的関心を有する政府間機関および国際赤十字委員会等の民間団体（NGO）の活動が念頭に置かれているといえよう（個別国家の人道的活動を排除する趣旨はないが）。また，武力行使がなされる場合においても，それは救援活動の妨害の排除，あるいは救援活動に従事する要員の安全の確保に限られた限定的なものと考えられる。

(4) **人道的救援における武力行使**：以上に指摘したような「人道的干渉」に関する国々の間にある見解の相違，および「人道的干渉」と人道的救援との間の相違を前提とすれば，「人道的干渉」とは区別して，別個の概念として人道的救援の概念を設定するのが適当であろう。そして，人道的救援活動の実施において，武力行使の許される余地があるのか否か，その限界は何か，あるいは国際連合によって武力行使が許可された場合はどうなるか等を検討すべきであろう。

2 国際連合による人道的介入[67]の合法性

(1) 不干渉原則と国際連合の活動

(1) **不干渉原則**：国際連合による人道的介入の合法性を検討するにあたっては，不干渉原則について簡単に触れておくことが必要であろう。不干渉の義務

とは，国家が一般国際法上の基本的義務として負うものであり，国家は他国の国内管轄権に属する事項に対して干渉してはならないというものである。この定義に明らかなように，不干渉原則は，本来，国家間における行動規範として成立したものであり，国際連合の権限・活動に対する制約としての不干渉原則は別個に検討する必要がある。

(2) **一般国際法上の，従って国家間関係における行動規範としての不干渉の義務**に関しては，他国の干渉から保護される「対象事項」が何かという問題と，違法なものとして禁止される「干渉」の方法・態様が何かという問題がある。

「対象事項」については，伝統的に，国々が慣習や条約に基づく法的拘束が存在しないために自由に行動しうる領域を意味し，「国内管轄事項」と呼ばれてきたものである。また，「干渉」については，伝統的に，他国を自分の意思に従わせるための命令的・威圧的な介入を意味してきた。国の法的自由の領域は，現に国際法によって規律されていない活動領域であり，国際法上，消極的にしか決定しえない歴史的かつ相対的な概念である。また，干渉は，それが命令的な形をとらなくとも，国家の国際的権利の侵害を伴うときは違法な行為となる。

(3) 国際社会の発展に伴って不干渉原則も変化をしてきた。まず，干渉の威圧性を支えてきた武力による威嚇および武力の行使が禁止された。さらに，国際連合の活動の中で国家の主権独立を重視する第三世界の国々を中心とする動きによって，不干渉原則を明確化する方向で，幾つかの総会決議が採択されてきた。例えば，「国家の国内事項に対する干渉の非許容性および国家の独立と主権に関する宣言」（1965年12月21日に総会決議2132（XX）として賛成109，反対0，棄権1で採択），「国際連合憲章に従った諸国間の友好関係および協力についての国際法の原則に関する宣言」（1970年10月24日に総会決議2625（XXV）としてコンセンサスで採択）（ただし「国家の国内事項に対する干渉および介入の非許容性に関する宣言」（1981年12月9日に総会決議36／103として賛成120，反対22，棄権

---

67) 本章における，国際連合による「人道的救援」・「人道的援助」・「人道的介入」の用語法について簡単に説明する。基本的に「人道的救援」と「人道的援助」は同じ意味として使用する。他方で，「人道的介入」は，「人道的救援」・「人道的援助」を実施する際に必要ならば限定的な武力行使を伴う形態をも含むものとして使用する。英語文献においても humanitarian assistance, humanitarian aid は特に区別して使用されてはいない。

6で採択）には欧米の多くの国々が反対した。），「国際関係において武力の脅威または行使を差し控えるという原則の実効性向上に関する宣言」（1988年11月18日に総会決議42／22として無投票で採択）である。これらの決議のつみ重ねの中から，国家の人格，国家の政治的経済的および文化的要素，国家制度，国家の政治的経済的社会的および文化的体制等が，保護されるべき対象として確認されてきた。さらに，禁止される干渉の方法・態様についても，武力干渉およびその他いかなる介入もしくは威嚇の試みも国際法に違反するとし，経済的政治的その他他の国を強制する措置，他の国の内戦への不介入等が確認されてきた。

(4) 以上のような不干渉原則の展開との関係で，一定の社会的目的のために，特に人権侵害の場合に他の国々がとりうる措置を社会的な干渉として位置付けうるかという問題がある。特に伝統的な意味における人道的干渉がそれである。これについては，すでに触れたが，国際司法裁判所が「コルフ海峡」事件（本案）において，主張された干渉権を「力の政策」，「国際法の中になんら座をみいだしえない政策の現れ」としたことが想起されなくてはならない。皆川教授が指摘するように，

「［これらの考え方が］干渉にたくするような社会的機能は，もちろん不用なものではない。しかし，それが，『国際法の中に座をみいだす』ためには，国際社会の中で濫用されないように制度化され，正常化されなければならない。それは，国際法秩序の管理にかかわる問題である。だから，これもまた，実効的に組織化された国際社会の建設という方向で解決されるべき問題である。」[68]

(5) 他方で，人道援助については，事情は全く異なる。人道的干渉と異なり，人道援助は国際法上合法と考えられているのである。ここでも，裁判所がニカラグア事件（本案）において次のように指摘したことが想起されるべきである。

「他の国家の人々あるいは軍隊に対する厳格に人道的な援助の供与は，かれらの政治的な所属あるいは目的が何であれ，違法な干渉あるいは他の如何なる仕方でも国際法に反するものとして見なされることはできない。……真に人道的な援助の本質的特徴は，それが如何なる種類の『差別もな

---

[68] 皆川洸「国際連合と国内管轄事項の原則」同『国際法研究』（有斐閣，1985年）122，132頁。

く』供与されるということである。」[69)]

　しかしながら，以上に考察してきたことからも，依然として不明確である問題が残っている。すなわち，人道的性格の援助の供与を，他国に受け入れの意思・同意がない場合にも，実施できるか，さらに人道援助活動の実施のために，およびその要員の安全を確保するために，必要であれば武力を行使することができるかという問題である。

　(6)　**国際連合の権限・活動に対する制約原則としての不干渉原則**に関しては，憲章第2条7項から出発することができよう。この規定の意義については，連盟規約第15条8項との比較を踏まえたうえで，次の点に留意する必要がある。第1に，規定は第2条の原則に位置し，国際連合のすべての機関のすべての活動に関わる。これは，国際連合の権限・活動が大幅に拡大したことに対応して加盟国の立場を保護するという考え方に基づくと理解されている。第2に，保護される対象事項である国内管轄事項の判断基準が，「国際法上専ら」から「本質上」に変更された。起草者の主観的意思としては，憲章を含む国際法の発展の結果，ある問題は国際法上専ら国内管轄事項であるわけではないが，しかし本質的には国内管轄事項であるという形で，留保領域の維持・拡大を意図したものと思われる。第3に，禁止される「干渉」は，学説上の争いがあるが，一般国際法における命令的・威圧的介入の意味の干渉にとどまらず，勧告等も含むと考えられるが，その正確な範囲は不明である。第4に，ある問題が一国の本質上国内管轄事項であるか否かを決定する権能は，関係機関にも関係加盟国にも与えられていない。

　(7)　国際連合の活動における憲章第2条7項の展開は次のように説明できよう。国際連合の各機関は，自らの活動に対する国内管轄事項である旨の異議を，自ら判断してきた。そして，平和の維持，人権侵害，自決権に関する問題においては，「国際関心事項」という新しい概念をつくりだすことによって積極的に関与してきた。特に人権侵害に関する国際連合の活動の展開は著しく，経済社会理事会の下の人権委員会（Commission on Human Rights）における決議1235（1967）や決議1503（1970）等の手続による調査・検討，あるいは種々の条約上

---

69)　*Case Concerning Military and Paramilitary Activities in and against Nicaragua* (*Merits*), *ICJ Reports 1986*, pp. 124-125 (paras. 242-243).

の機関による類似の活動がすすんできている。こうして現在では，少なくとも重大かつ一貫した人権侵害に関しては，国際連合の各機関の活動において，国内管轄事項であるという異議はもはや受け入れられていないといえる。また，植民地地域における人権侵害（ポルトガル植民地，南ローデシア，ナミビア）や人権侵害が国際の平和と安全を危うくする事態に結びつく場合（南アフリカ）には数多くの総会決議が採択されてきたし，後者に関しては制裁が勧告（後に安保理によって決定）されてもいる。

(8) 国内において大量に避難民が発生し，戦闘・飢餓・病気等によって死に直面している場合には，定義上当然に重大かつ大量の人権侵害が発生しているといえよう。このような事態は，明らかに，一国の国内管轄事項ということはできない。国際連合は，その活動の一環として，これらの避難民に対して人道的救援活動を展開する権限を有しているし，憲章第2条7項はもはや障害と考えられないであろう。

しかしながら，国際連合は，人道的性格の援助の供与を，他国に受け入れの意思・同意がない場合にも，実施できるか，さらに人道援助活動の実施のために，およびその要員の安全を確保するために，必要であれば武力を行使することができるかという問題は残っていると思われる。

(2) 国際連合総会の動き

(1) フランスのイニシアチブの下に1988年12月8日に総会本会議において無投票採択された**決議43/131**は，「自然災害および類似の緊急事態の被災者に対する人道的救援」と題されていた（以下，傍線は著者）。総会は，同決議の前文において，まず最初に，国際連合の目的の一つが<u>人道的性格</u>等の国際問題の解決および<u>人権</u>と<u>基本的自由</u>の尊重の促進にあたって国際協力を達成することという憲章第1条3項を想起する（1項）と同時に，「<u>国々の主権，領土保全および国の統一</u>」を確認し，「自国領土上で生じる自然災害および類似の緊急事態の被災者の救済は<u>第1次的には各国の責任</u>である」ことを承認している（2項）。次いで総会は，「自然災害および類似の緊急事態の被災者の苦しみ，人命の損失，財産の破壊およびそれらの結果としての大規模な避難民化」に対して重大な関心を表明し（3項），自然災害および類似の緊急事態は，すべての関

係国の経済社会計画に重大な影響を有すること（4項），特に事務総長を通じてなされる人道的緊急救援の訴えに対して，国際共同体が迅速かつ実効的に対応すべきこと（5項）および「自然災害および類似の緊急事態の被災者への<u>人道的救援の重要性</u>」（6項）を指摘する。

さらに総会は，「人道的救援なしに，自然災害および類似の緊急事態の被災者を放棄することは，人命への脅威と人間の尊厳の侵害とを構成する」（8項）ことに言及するとともに，「自然災害および類似の緊急事態の被災者が，人道的救援を受ける際に経験しうる困難」に対して関心を示し（9項），「人道的救援，特に食糧，医薬品等を提供するに際して，迅速な救済が被災者数の悲劇的な増大を防ぐであろうが，そのためには<u>被災者へのアクセスが不可欠</u>である」旨の確信を表明する（10項）。

そして総会は「政府および政府間機関の行動と並んで，この救援の迅速さと効率性は，しばしば，厳格に人道的な動機から活動する地域のそして非政府間組織の援助に依存する」（11項）ことを指摘し，さらに「自然災害および類似の緊急事態の際に，<u>人道，中立および公平の諸原則</u>に対して，人道的救援の提供に関わるすべての者によって最大の考慮が払われなくてはならない」ことを想起している（12項）。

以上のような構造の前文を基礎としたうえで，主文においても，総会は類似の構造を展開している。すなわち，まず最初に，総会は「自然災害および類似の緊急事態の被災者にとっての<u>人道的救援の重要性</u>」を確認する（1項）とともに，「<u>被災国の主権，そして各領土上での人道的救援の開始，組織，調整および実施における被災国の主要な役割</u>」も確認している（2項）。ついで総会は，「厳格に人道的な動機から活動する政府間および非政府間組織によって人道的救援の提供を通してなされた重要な貢献」を強調し（3項），「そのような救援を必要とするすべての国に対して，これらの組織が人道的救援，特に食糧，医薬品等の提供——そのためには<u>被災者へのアクセスが不可欠</u>である——を実施する際に，その活動を容易にするように」呼びかけている（4項）。最後に，総会は，すべての国，被災地域に近接する国々，人道的救援を扱うすべての政府間，政府，非政府間組織に対して，支持・参加および緊密な協力を要請している（5-7項）。

(2) 1990年12月14日には，同じ題名の**決議45／100**が総会本会議において無投票採択されている。内容は前記の決議43／131とほぼ同じである。すなわち，前文においては，一方で憲章の目的（第1条第3項）を想起するとともに領域国主権の尊重を確認し，他方で被災者の苦しみへの憂慮，被災者の放棄が人命への脅威と人間の尊厳への侵害であること，救援を受ける際に被災者が経験する困難，迅速な救済が被災者数を減らすが被災者へのアクセスが不可欠であること等に言及する。また救援の迅速さ・効率性がNGOにも依存することに言及すると同時に，人道，中立および公平の諸原則に最大の考慮が払われるべきことも指摘する。

さらに主文においても，一方では人道的救援の重要性と領域国の主権と主要な役割を確認し，他方では国際組織とNGOの重要な貢献を強調し，被災国の協力（被災者へのアクセスが不可欠なこと）を呼びかけ，すべての国，特に近接国の支持・参加・協力を要請している。前記決議との最大の相違は，この決議において総会が，「決議43／131の実施に関する事務総長の報告および人道的救援活動を容易にする手段，特に緊急の医薬品・食糧援助の配給のために，必要な場合には，被災国と関係国，関係政府間・政府・非政府間組織との間の協調した仕方で，暫定的に緊急回廊を設定する可能性に関する提案」に満足とともに留意している（6項）点である。また総会は，事務総長に対して，事務総長報告および本決議6項に基づく緊急回廊の設置を含む，被災者への人道的救援の配付を容易にする手段を決めるために，政府・国際組織・NGOと協議するように要請している（8項）。

(3) 以上に紹介した総会の二つの決議の無投票採択をどのように評価すればよいであろうか。第1に指摘されるべきことは，この二つの決議が，一方における人道の基本的考慮の必要性と他方における領域国の主権の尊重の必要性との間に何らかの均衡を設定している点であろう。すなわち，いずれの決議においても，前文と主文の両方において，人道的救援の重要性とならんで，領域国（被災国）の主権の尊重と救援における領域国の主要な役割が指摘されているのである。このことから，① 人道的救援活動は，原則として，領域国の事前の同意に服すること，② 人道的活動は，原則として，領域国の主要な役割を前提とした，補完的な役割（資格）を担う（補完性の原則），という二つの点が引

き出しうるであろう。

　第2に，人道の基本的考慮の必要性と領域国の主権の尊重の必要性との間に設定されていると考えられる均衡の性格・内容である。この点では，この決議が，確かに領域国主権の尊重という原則を確認してはいるが，全体としては圧倒的に<u>人道的目的</u>によって支配されている点も明らかである。

　この均衡の性格・内容に関する<u>最大の問題は，領域国（被災国）が，救援の主要な役割を果たすべきであるにもかかわらず，その能力を欠く場合，あるいは能力があるにもかかわらず意図的にこれを行わないとか，逆にこれを妨害する場合</u>である。決議中にはこの問題に対する明示的な規定はない。しかしながら，決議が全体として圧倒的に人道的目的によって支配されていること，特に，人道的救援の重要性を繰り返し指摘し，人命への脅威と人間の尊厳の侵害に言及し，さらに被災者へのアクセスが不可欠であることを繰り返し指摘して領域国に呼びかけていることを考慮するならば，次のように理解すべきであろう。すなわち，<u>領域国に救援の主要な役割を果たす能力がない場合には，国際連合を中心とする国際社会（共同体）による救援活動を受け入れるべきであるし，能力があるにもかかわらず意図的にこれを行わないとか，逆にこれを妨害することは，人道の基本的な考慮からけっして許されるものではない</u>。特に決議45／100が必要な場合には暫定的に緊急回廊を設定する可能性に言及しているのは，領域国の同意が得られない場合の<u>領域国主権と人道の基本的要請との間の調整</u>は，このような形で実現されるべきであるという国際社会の姿勢を示したものと考えられる。

　もっとも，人道的救援が干渉の口実とされる危険性を危惧する途上国にも理由はある。この点で決議は，厳格に人道的な動機から活動する政府間および非政府間組織による国際連合を中心とした人道的救援活動を優先的に対象としていること，また救援活動において人道，中立および公平の諸原則に最大の考慮が払われなくてはならない旨を指摘しているのであり，妥当なものと考えられる。

　(4)　1991年の前半においては，湾岸戦争後におけるクルド避難民の救援活動が展開された。それらの経験を踏まえたうえで，総会は，1991年12月19日に「国際連合の人道的緊急救援の調整強化」と題された**決議46／182**を無投

票で採択した。この決議の附属書は人道的救援活動の実施と調整の手続等に関して敷衍しているが，その最初の指導原則は，前記の二つの決議と基本的に同じ構造をとっている。すなわち，第1に<u>人道的救援の重要性</u>（1項）とそのあり方（人道，中立，公平の諸原則）（2項）を指摘する。第2に<u>領域国主権の尊重</u>（3項：国々の主権，領土保全，国の統一，被災国の同意）（4項：被災国の第一次的な責任と主要な役割）を確認する。そして第3に<u>政府間組織および非政府間組織による人道援助の必要性</u>（5項）と<u>国々の協力の責任</u>（6・7項）に言及する。特に被災国に対しては，人道援助にとっては<u>被災者へのアクセスが不可欠</u>であることを指摘したうえで，人道活動に従事する政府間組織および非政府間組織の活動を促進するように求めている。また，すべての当事者の同意に基づくとしながらも，<u>暫定救済回廊の設定</u>等による被災地域へのアクセスの促進にも言及されている（35項(d)）。

(5) 1992年12月22日に総会で無投票採択された同じ題名の**決議47/168**は，人道的救援の必要性・重要性を確認し，人道問題局（Department of Humanitarian Affairs）の設置を歓迎するほか，事務総長の指導的役割を強調している。

(3) 学説の状況

(1) 人道的介入の合法性に関する学説の状況を，国際法学会および国際法協会という二つの国際的な国際法研究者の集まりにおける決議を通して，簡単に検討してみよう[70]。

(2) **国際法学会**は，シンドラーを報告者として「**内戦における不干渉原則**」の問題を1971年以来検討してきたが，1975年に同題名の決議を賛成16，反対7，棄権16で採択した[71]。票数に示されるように，見解の分かれる問題であ

---

[70] 本章の執筆刊行された1994年以降の動きとしては，国際法協会が2000年に「国内避難民に関する国際法原則宣言」を採択した。これについては，島田征夫編著『国内避難民と国際法』（信山社，2005年）を参照せよ。また，国際法学会については，1999年に「非国家主体が当事者である武力紛争における国際人道法と基本的人権の適用」と題された決議が，2003年に「人道援助」と題された決議が採択された。いずれも，それぞれの分野の原則・規則を敷衍するが，本章における人道的介入の分析に修正を迫るものではない。

[71] See 55 AIDI (1973), pp. 416-544 (Rapport provisoire), pp. 545-608 (Rapport défini-

ったと言えよう。決議の内容は以下の通りである。

　国際法学会は，内戦の現象およびその引き起こす被害の重大性に留意し（前文1項），また内戦の際の他の国々の義務を明確にする必要性（同4項）に鑑みて，以下の決議を採択する。第1条「内戦の概念」は，この決議の適用上，「内戦」の用語は国際的性格でない如何なる武力紛争にも適用されるとする。第2条「援助の禁止」は，第三国は，他国の領土において戦われている内戦の当事者への援助をさしひかえなくてはならない，と規定する。第3条「例外」は，第2条の禁止規定にもかかわらず，第三国は，①第4条に従って人道援助を付与しうること，②内戦の結果に実質的な影響をもちそうにない技術・経済援助を継続して付与しうること，③国際連合が憲章および国際法の他の規則に従って指示，許可，あるいは勧告した援助を付与しうることを規定する。また，「人道援助」という第4条は次のように規定する。

　「1　内戦の犠牲者のための救援あるいは他の形態の純粋に人道的な援助の供与は，合法と考えられるべきである。

　2　一方当事者によって支配される領土が他方当事者の支配する領土あるいは第三国の領土を横切ってのみ到達しうる場合には，そのような領土上の自由通過は，少なくとも戦時における文民の保護に関する1949年8月12日のジュネーヴ条約の第23条において規定されている限り，如何なる救援送付品にも認められるべきである。」

最後に第5条は，前記の規定に違反して内戦への干渉がなされた場合に，第三国は憲章および他の国際法規則に従い，国際連合の指示，許可，あるいは勧告に服して，他方当事者に援助を与えることができるとする。

　(3)　**国際法協会**は，1976年8月29日から9月4日に開かれたマドリッド大会において，**国際医事人道法**に関する次のような決議を採択した[72]。まず，自然災害に対して国際救済行動を迅速かつ実効的に実施するうえで多くの組織が直面する困難に留意して，関係当事者（国家，政府間組織，非政府間組織）の

---

　　tif); 56 *AIDI* (1975), pp. 119-156 (Rapport supplémentaire), pp. 411-474 (Délibérations), pp. 544-549 (Résolution).

　72)　See 57 *ILA* (1976), xlvi-xlix (Resolution), pp. 296-320 (International Medical and Humanitarian Law).

間で締結される国際協定の基礎として次の提案を検討すべきであるとする。提案は，(1)救援使節団の設立，(2)使節団の規程，(3)使節団の終了の三部からなるが，(1)と(2)から関係する条項を若干紹介する。

救援使節団の設立においては，自然災害の場合において，救援の申し出とその受け入れは国際的連帯の基本的要請であり（1項），国家の国内事項への違法な干渉とも非友好的行為とも見なされてはならないし（2項），さらには当該二当事者間に政治的関係のつながりを設定するものとも解釈されてはならない（4項）。また，救援は無償かつ無差別に供与されるものとする（5項）。

使節団の規程においては，被災国は使節団のすべてのメンバーに任務遂行上必要なアクセスおよび移動の自由を確保する（1項）ほか，様々な便宜をはかるものとする。他方で，人道的使節団のメンバーは任務遂行において厳格に中立的精神を遵守する（6項）ほか，緊急救援使節団の活動は被災国の同意を必要とする（7項）。また，第三国は使節団のメンバーおよび施設にすべての通過便宜を認めるものとする（8項）。

(4) この決議の評価に際しては，被災国の同意を前提とする関係当事者間の国際協定の締結のための基礎という，この決議の性格を考慮しなくてはならない。実際，起草過程においては，ドゥ・ラ・プラデールの報告書に対してボーテが，救援物資の送付を受け入れる義務は戦時における文民の保護に関するジュネーヴ条約（第4条約）の占領地域に関する第59条以外には存在しないこと，および救援物資の送付に自由通過を認める義務は，前記第59条および限定条件のついた同第23条に見い出されるにすぎず，非国際的紛争においては存在しないことを指摘した。これに対してドゥ・ラ・プラデールは，被災国に救援の受け入れの義務を権威的な仕方で課することを問題とはしておらず，そのような義務は援助受け入れに関する国際協定に被災国が事前に与える同意から出てくる旨回答しているのである。そして，この決議を基礎としてボーテがモデル協定案を作成したときに，ボーテも，援助の前提として被災国からの要請や同意が必要か，援助の申し出を受け入れる義務があるかどうかといった本質的な問題には触れず，専ら，より実際的・技術的な問題だけを取り扱うにとどまった旨の説明をしている[73]。こうして，この決議は被災国が（事前に）自発的に援助の受け入れに同意していることを前提にしたもの，あるいはその同意を

促進するためのものであって，援助の受け入れの義務自体に関してはむしろ消極的に考えていたと理解すべきであろう。

(5) **国際法学会**は，1971年以来スペルドゥーティを報告者として「**人権の保護と国家の国内事項への不干渉の原則**」の問題について検討してきたが，1989年9月13日に同題名の決議を賛成31，反対0，棄権4で採択した[74]。決議の内容は次の通りである。

国際法学会は，民族的宗教的言語的少数者に対するものを含め，人権の重大かつ頻繁な違反は，世論の正当かつ増大する憤激を引き起こし，多くの国と国際組織に対して，人権の尊重を確保するために様々な手段をとらせてきたこと，そしてこのような対応は，人権が，今や国際的な保護を享受して，国家の国内管轄権に本質上属する事項のカテゴリーには帰属しないということを示していることに鑑みて，次のような決議を採択する。

第1条によれば，「人権は，人間の尊厳の直接の表明である。その尊重を確保すべき国々の義務は，すでに国際連合憲章と世界人権宣言が宣言しているこの尊厳の承認自体に由来する。この国際的義務は，国際司法裁判所の使用した定式によれば，erga omnes（対世的）な義務である。これは，国際共同体全体に対してのあらゆる国家に課されており，あらゆる国家は，人権の保護への法的利益を有する。この義務は，さらに，人権の普遍的かつ実効的な保護を可能な限り迅速に確保することを目指した，すべての国々の間の連帯の義務を含んでいる。」

第2条によれば，「第1条に宣明された義務に違反して行動する国家は，この事項が自国の国内管轄権に本質上属すると主張することによって，その国際責任から逃れることはできない。国際連合の加盟国が引き受けた義務の違反に際して，憲章が機構の機関に付与する任務と権能を妨げることなく，国々は，個別に或は集合的に行動して，国際連合憲章に違反する武力の使用を含まず，国際法により許容された外交的，経済的，その他の措置を，第1条に宣明され

---

73) See 55 *ILA* (1972), pp. 293-296 (Bothe), p. 301 (de La Pradelle); 58 *ibid.* (1978), pp. 461-466, 472; 59 *ibid.* (1980), pp. 520-527, 530.

74) See 63-I *AIDI* (1989), pp. 309-375 (Rapport provisoire), pp. 376-436 (Rapport définitif); 63-II *AIDI* (1989), pp. 223-291 (Délibérations), pp. 338-345 (Résolution).

た義務に違反する他のあらゆる国家に対して,とる権利を有する。これらの措置は,国家の対内的事項への違法な干渉と見なすことはできない」。もっとも,「上記に示された措置の使用を正当化する性質の違反は,非難される違反の重大性ならびに関連するすべての状況を考慮して評価されなくてはならない」。しかし,「人権の集合的保護の確保に固有な措置は,これらの権利の特別に重大な侵害,特に大量あるいは組織的な侵害に対して,ならびに如何なる状況においても逸脱することができない権利の侵害を伴うものに対してとられる場合には,特に正当化される」。また「人権のなんらかの侵害に関する懸念や非難の純粋に口頭の表明と同様に,外交上の手続は,如何なる状況においても合法である」(第3条)。

他方で,第4条によれば,「人権の保護の確保を目指した,個別的あるいは集合的な,あらゆる措置は,以下の条件を遵守するものとする。(1)特別の緊急時は別として,違反をなしている国家は,措置がとられる前に,違反を終了させるように要請される。(2)措置は,違反の重大性に対応(均衡)するものである。(3)措置は,違反をなしている国家に限定される。(4)措置をとる国家は,個人および第三国の利害,ならびに関係人民の生活水準への措置の影響を考慮する。」

人道的救援に関する第5条は次のように規定する。

>「国家,国家グループ,国際組織,あるいは国際赤十字委員会のような公平な人道的組織による,人民の生命や健康が重大に脅かされている国家に対する,食糧あるいは医薬品の申し出は,この国家の対内的事項への違法な干渉と見なすことはできない。しかしながら,そのような救援の申し出は,特にその実施のための手段によって,武力干渉の脅威の,あるいは他のあらゆる威嚇の措置の外観をとることができない。救援は,差別無く,付与され配付されるものとする。
>
>　このような緊急状態の領域国は,そのような人道的救援の提供を,恣意的に拒否すべきではない。」

第6条は,本決議の諸規定は,国際連合および専門機関あるいは地域的組織の設立文書および諸条約によって,人権の領域において設定された手続を妨げることなく適用される旨,また第7条は,国際的な方法および手続,特に人権

の侵害の予防，処罰そして除去を目指した，国際組織の諸方法と諸手続の強化は，非常に望ましい旨を規定する。

(6) この決議の評価に関しては，次の点に留意すべきであろう。

第1に，人権の尊重を確保すべき国々の義務は，erga omnes な義務であり，他の国々による，国際連合憲章に違反する武力の使用を含まず，国際法により許容された措置は，人権侵害国の国内事項への違法な干渉ではないと指摘されている。

第2に，人道的救援は被援助国の国内事項への違法な干渉ではないが，救援の申し出は武力干渉その他の脅威を伴う手段によってはならないし，また無差別の原則に服する。

第3に，しかしながら，前記のような救援の申し出に課せられた制限は，被災国の恣意的に拒否してはならない義務と対応していることが重要である。

第4に，こうして，被災国が，人道的救援を恣意的に拒否した場合に，他の国々がとりうる措置は何かという難しい問題が残されているといえよう。

(4) 人道的介入に関する若干の実定法

(1) 最後に，国際連合による人道的介入に関連する若干の実定法を検討する。国際連合による一国内の避難民への人道的救援の合法性に関しては，援助の申し出の権利，援助を受け入れる義務，援助に自由通過を認める義務といった点が重要である。また，ここでは，一国内の国際的性質を有しない武力紛争を対象とする。そのような事態に適用される法規としては，1949年ジュネーヴ4条約の共通第3条および同ジュネーヴ諸条約に追加される非国際的武力紛争の犠牲者の保護に関する議定書（第二議定書）がある。

(2) 援助の申し出の権利：共通第3条は「赤十字国際委員会のような公平な人道的機関は，その役務を紛争当事者に提供することができる」とするし，他の共通規定（第9・9・9・10条）も「この条約の規定は，赤十字国際委員会その他の公平な人道的団体が……関係紛争当事者の同意を得て行う人道的活動を妨げるものではない」としている。但し，第二議定書の救済団体・救済活動に関する第18条が規定するように，「救済の申し出は，武力紛争への介入又は非友好的行為とみなしてはならない」としても「救済活動は，関係締約国の同意を

条件とする」のである。

　(3)　**援助を受け入れる義務**：援助を受け入れる義務を明示的に規定した条項はない。戦時における文民の保護に関する第四条約においても，傷者等の避難・通過に関する第17条は「現地協定を締結するように努めなければならない」という努力義務規定である。また文民宛の送付品に関する第23条は，送付品の自由通過を許可する義務を負うのは「次のことをおそれる重大な理由がないと認めた場合に限り」として種々の条件を列挙する。さらに，無条件で送付品の自由通過を許可し，その保護を保障しなければならないとする第59条は，占領地域の住民の場合に限られる。

　しかしながら，人道的援助の受け入れに対する領域国の同意付与権限は，無制約のものでも，恣意的に拒否できるものでもないと考えられる。第二議定書の文民たる住民の生存に不可欠なものの保護に関する第14条は，「戦闘の方法として文民を餓死させることは禁止する」と規定する。また共通規定（第7・7・7・8条）は，傷者等はこの条約等により「保障される権利を部分的にも又は全面的にも放棄することができない」とする。

　(4)　**援助に自由通過を認める義務**：この点についても，関係規定は前記のものに限られるのであり，非国際的武力紛争において援助に自由通過を認める義務を設定する明示の規定はない。

　(5)　以上のように，特に非国際的武力紛争においては，援助を申し出ることはできるとしても，その援助を受け入れる義務あるいは援助に自由通過を認める義務は，領域国の同意に服する。しかしながらその同意は恣意的に拒否されるべきものではなく，国際司法裁判所がニカラグア事件（本案）において指摘したように，人道的援助は違法な干渉ではないと考えられる。

(5)　冷戦後における展開へのシナリオ：事務総長の「平和への課題」

　(1)　ガリ事務総長は1992年1月に就任したのであるが，国家元首・政府首脳レベルの安保理会議が1月31日に採択した声明に応じて，6月30日に「平和への課題——予防外交，平和創造，平和維持」と題する報告書を全加盟国に対して提出した。

　同報告書の内容は以下のような構成をしている。第1章「状況の変化」は，

冷戦の終結に伴って国際連合特に安全保障理事会に対して新しい機会が到来し，大きな役割が期待されていることを指摘する。第2章「定義」は，報告書の副題にも掲げられている三つの概念等の定義を行っている。それによれば，「予防外交」とは，当事者間の争いの発生や現に存在する争いの紛争への発展や紛争の拡大を防止するための行動，「平和創造」とは，主として国連憲章第6章で想定されている平和的手段を通じて敵対する当事者間に合意を取りつけること，「平和維持」とは，現地に国連の存在を確立すること，さらに，紛争後の「平和建設」とは，紛争の再開を防ぐため平和を強化・固定化するのに役立つ構造を確認・支援する行動である。

　第3章「予防外交」は，信頼醸成措置，事実調査，早期警報，予防展開，非武装地帯の項目からなっているが，特に予防展開は，従来の国連活動が概して紛争の発生後に開始されてきたのに対して，危機が発生した場合に当事者の要請・承諾に基づいて敵対行為発生を予防するための国連要員の派遣を意味する。さらにそこでは，人道援助に関する総会決議46／182に附属する指導原則が示す「交渉によって慎重に達成された均衡」に配慮すべきことを指摘している。第4章「平和創造」は，国際司法裁判所，援助を通じての改善，制裁と特別の経済問題，軍事力の行使，平和実施部隊の項目からなっている。前記の定義が「主として」平和的手段を通じてとされているように，平和的手段が失敗した場合の論理的帰結として，軍事力の行使にまで踏み込んでいることが注目される。第5章「平和維持」は，要望の増大，平和維持の新段階，要員，補給の項目からなっている。第6章「紛争後の平和建設」は，当事者の武装解除，秩序の回復，兵器の管理・破棄，難民の送還，要員の訓練，選挙の監視，人権擁護努力の強化，政府機関の改革・強化，政治参加過程の促進などに言及している。

　報告書は，さらに，「地域的な取極および機関との協力」（第7章），「要員の安全」（第8章），「財源」（第9章）を扱った後に，第10章「平和への課題」において，安保理が適切に機能するのに不可欠な団体性（collegiality）を維持するとともに，決定の実効性のために加盟国全体からの支持が必要であることを指摘している。

　(2)　平和の維持・回復の観点からこの報告書のもっとも興味深い点は，軍事力の行使に関する部分であると言ってよい。第1に，報告書は，冷戦の終結に

より，第43条の特別協定の締結を妨げてきた障害はもはやその力を失ったはずであるとして，交渉の開始を勧告している。

　第2に，平和維持活動とは区別された「平和強制部隊（Peace-Enforcement Units）」を提案している。停戦が合意されても守られないことがしばしばあることに鑑みて，停戦を回復し維持するために，安保理が明確に定義された状況において，その委任事項を事前に明記したうえで利用すべきとされる，この「平和強制部隊」は，平和維持軍よりも重装備であり，各国の軍隊で広範囲な準備訓練を受け，常時出動可能な態勢をとり，この種の任務に志願した部隊で構成される。そして部隊の展開と活動は安保理の権限に属し，事務総長の指揮下に入るとされる。この平和強制部隊は，憲章第40条の暫定措置として正当化されるのであり，侵略行為に対処するための第43条に基づく兵力とも，平和維持軍とも混同してはならないと指摘される。

　この平和強制部隊は，その名称，付与されるであろう役割，そして平和維持軍よりも重装備であり，広範囲の準備訓練を受ける旨の指摘から判断すれば，平和を「強制する（enforce）」ために武器を使用することができるのであり，平和維持軍の場合に適用される自衛の場合のみの武器使用という制約には服さないと考えられる。この自衛以外の状況で武器を使用しうるか否かが，平和強制部隊と平和維持軍との区別の基準といえよう。

　(3)　「平和への課題」と題されたこの報告書に対する国々の反応は，概して好意的であったといえるが，総会においても安保理においても，正式には採択されなかった。それは，第43条特別協定に基づく国連常設軍や平和強制部隊等の提案に対して常任理事国を含む多くの国々が慎重な態度をとったゆえと考えられる。しかし，その他の提案に関しては，安保理も総会も，その後の一連の決議の中で，報告書の多くの提案を承認してきている。

(6)　小　　括

　国際連合による人道的介入の合法性に関する以上の検討から，特にその武力行使との関わりについて，次のように要点をまとめることができよう。

　一般国際法上，国家の一方的武力行使としての伝統的な意味における人道的干渉の合法性は強く争われている。他方で，人道援助は合法と考えられている。

国際連合の活動は，人権保護の動きを大きく押し進め，今日，重大かつ一貫した人権侵害は「国際関心事項」とされ，もはや一国の国内管轄事項とは見なされていない。

　自然災害や内戦等における人道的救援の重要性・必要性は強く認識されている。しかし，そのような人道の基本的考慮は，常に，領域国（被災国）の主権の尊重との均衡の下に置かれる。具体的には，人道の救援活動は，原則として，領域国の事前の同意に服し，領域国の主要な役割を前提とする補完的な役割にとどまる（補完性の原則）。そして，被災国は人道的救援活動を受け入れるべきであり，恣意的に拒否することは，人道の基本的考慮から許されないと指摘するところまでは行くが，実際に恣意的に拒否された場合に，他の国々がどのような措置をとりうるか，武力行使に訴えうるか否かという問題については，未確定，不明確に残されていると考えられる。以上のような状況は，総会の一連の関係決議においても，主要な学説においても，さらには内戦に関する実定法においても確認することができる。

　他方，冷戦後における国際連合による平和の維持の領域では，武力行使に対して新たな取り組みが見られた。具体的には，第1に，侵略を撃退するための強制措置の復活への期待であり，第43条の特別協定の締結が勧告された。第2に，自衛の場合のみの武器使用という制約に服さない，一定限度の武力行使を許可された「平和強制部隊」が提案された。このような武力行使と人道的救援活動とがどのように結び付くかが問題である。

3　冷戦後における国際連合による人道的介入に関する事例の検討
(1)　クルド人保護のためのイラクへの介入[75]
(a)　事　実

(1)　イラクにおいては，湾岸戦争直後の1991年3月，南部でシーア派反体

---

75)　主要参考文献は以下の通り。斎藤惠彦「人道的緊急救援権と国家主権」『法学セミナー』No. 448（1992年）20-24頁，尾崎重義「国際連合による集団安全保障の新たな展開」『レファレンス』510号（1993年）74-94頁，藤井京子「クルド難民救援活動と人道的介入論」『名古屋商科大学論集』第37巻1号（1992年）169-181頁，同「イラク南部飛行禁止空域設定の違法性」『名古屋商科大学論集』第37巻2号（1993年）187-214頁。P. Malanczuk, "The Kurdish Crisis and Allied Intervention in the Aftermath of the Second

制組織が，北部でクルド人組織が蜂起し，それぞれ幾つかの都市を制圧した。しかし政府軍は圧倒的な軍事力で反攻に出て，4月3日までに主要都市を奪還した。イラク軍との戦闘やイラク政府の報復を恐れて，150万人ともいわれる数のクルド人が事実上難民化し，隣国のイラン，トルコに流入したほか，北部山岳地帯に逃げた。クルド人指導者はフランス，イギリス，アメリカ等に国際連合の即時の介入を求めるように訴えたが，中国，ソ連，アメリカは，国内問題に安保理が介入する先例をつくるとして反対した。しかしその後，マス・メディアの報告に基づく世論や他の国々の態度により状況は変わり，特にフランス，トルコ，イランの要請に基づいて，安保理は4月5日に**決議688**を賛成10，反対3（キューバ，イエメン，ジンバブエ），棄権2（中国，インド）で採択した。

(2) 安保理は，まず決議688の前文において，国際の平和と安全の維持に対する自らの義務と責任に留意し（1項），憲章第2条第7項を想起し（2項）たうえで，クルド人居住地域を含むイラクの多くの地域におけるイラク一般人民に対する抑圧が，国境を越えた難民の大量流出および越境襲撃を引き起こしていることに重大な関心を示すと同時に，それが「当該地域における国際の平和と安全に対する脅威となっている」と指摘する（3項）。また，そこでの人的被害の規模に重大な懸念を示す（4項）一方で，イラクおよび当該地域のすべての国々の主権，領土保全および政治的独立に対するすべての加盟国の義務を再確認している（7項）。

安保理は，次いで主文において，前文3項を繰り返す形でクルド人居住地域を含むイラクの多くの地域におけるイラク一般人民の抑圧を非難すると同時に，「その結果が当該地域における国際の平和と安全に対する脅威となっている」と指摘する（1項）。次いで，イラクがこの抑圧を直ちにやめるように要求し，すべてのイラク市民の人権と政治的権利の尊重を確保するために対話のなされることへの希望を表明する（2項）。さらに，イラクの全地域において援助を必要とするすべての人々に対する国際的人道組織による直接のアクセスをイラクが許容すべきであり，またその活動のために必要なあらゆる便宜を利用できる

Gulf War," 2 *EJIL* (1991), pp. 114-132; Delbrück, *supra* note 64, pp. 887-901; M. Bettati, "Un droit d'ingérence?," 95 *RGDIP* (1991), pp. 639-670.

ようにすべきであると主張する（3項）。最後に，事務総長に対して人道的努力を継続し，利用可能なすべての手段をとると同時に，イラク一般人民の窮状について報告するように要請する（4項・5項）とともに，すべての加盟国とすべての人道的組織に対してこれらの人道的救援努力に貢献するように訴えている（6項）。

(3) 決議採択後の4月7日，米軍はクルド避難民に対して食糧投下作戦を開始し，8日には欧州共同体臨時首脳会議は，イラク北部に国際連合監視下にクルド人のための安全地帯を設置することに合意した。10日にアメリカ政府はイラク北部の北緯36度線以北を飛行制限区域として，ヘリや飛行機を入れないようにイラクに通告した。16日にアメリカ・イギリス・フランスなどはクルド人避難民救済のために米欧軍をイラク北部に投入することを決定した。22日以降，同軍はクルド人避難民収容キャンプを設営した。最終的にアメリカ・イギリス・フランス・イタリア・オランダ軍の計1万7000人以上が設営に携わり，隣国に流出したクルド人難民の9割以上が5月末までにイラクに帰還したとされている。

(4) イラクは，米欧軍による救援活動はイラクに対する内政干渉であると非難した。国連は二つのミッションを派遣し，4月18日に事務総長執行代表アガ・カーンとイラク外相との間に合意（**了解覚書**[76]）が成立した。

この了解覚書によれば，イラクと国際連合の両者は，被災したイラク一般人民の被害緩和のために人道援助の供与を含む適切な措置の重要性と緊急性を認め（主文1項），またイラクは，イラク避難民の自発的な帰郷の促進と新たな避難民の発生を防止するための人道的措置とに向けた国際連合の努力を歓迎する（同2項）。この目的のために，イラクは国連と協力して，イラク国内に人道的プレゼンスを，必要であればどこにでも，設置することに，そして必要なあらゆる措置をとることによってそれを促進することに同意する（同4項）。そしてこれは，イラクの同意と協力のもとに，国連人道センター（UNHUCs：United Nations sub-offices and Humanitarian Centres）の設置を通して確保されるとしている。

---

[76] 30 *ILM* (1991), pp. 858-862.

同覚書はまた，一方で，迅速かつ実効的な仕方で援助を行うために必要な措置をイラクがとる旨を規定し（同8項），イラクの軍を含むすべての関係者が緊急救援物資の安全な通過を促進する旨を規定している（同12項）。また政府間国際組織，NGO および他の救援機関も人道救援計画の実施への参加を奨励されている（同16項）。しかし他方では，この国連の人道的活動の基本的枠組みは人道援助・救援活動の調整，実効的実施およびモニターの任務の促進を意図しており（同10項），人道援助は公平になされる（同11項）と同時に，イラクの主権，領土保全，政治的独立，安全および国内事項への不介入を侵害するものでないこと（同20項）が規定された。

(5) この了解覚書に基づいて，国際連合はイラク国内に国連警備官の派遣を開始した。また避難民救済活動の責任を米欧軍から UNHCR に移行させる合意が両者間で成立し，米欧軍は7月中旬にイラク北部から撤退した。もっとも，アメリカ，イギリス，フランス，イタリア等による緊急即応部隊が設立されて，トルコ南東部に配置された。

(6) その後，1992年8月26日，米・英・仏3国はシーア派イスラム教徒保護のため，イラク南部の北緯32度以南に飛行禁止空域を設定することをイラクに通告した。アメリカはこの措置が決議688に基づくとした。そして12月27日には，アメリカは同空域に侵入したイラクの戦闘機を撃墜した。さらに，1993年1月中旬には前記3国は，イラク南部の飛行禁止空域下にあるミサイル発射拠点を空爆し，北部の飛行禁止空域下の対空防衛施設にも攻撃を加えた。もっとも，この空爆は決議688というよりも，決議687等に基づくと考えられる。さきの北緯36度以北のクルド人保護のための，および北緯32度以南のシーア派イスラム教徒保護のための飛行禁止空域は，1994年に入っても維持されてきている。

(b) **国際法上の主要論点の考察**

(1) 安保理決議688を中心とするクルド人の保護をめぐる一連の事態における国際法上の諸論点は，相互に密接に関わるが，大きくは次の三つに分かれよう。第1は，決議688の憲章第7章上の位置付けに関わる問題であり，①決議688は安保理の権限内の活動か否か，②決議688は第7章の強制措置であるか否か，が論点として指摘できる。第2は，決議688の内容とその後の一連の措

置との関係という決議 688 の解釈に関わる問題である。第 3 は，決議 688 の意義および評価に関わる問題である。

(2) 第 1 の論点である**決議 688 の憲章第 7 章上の位置付け**に関しては，まず，決議 688 が安保理の権限内の活動であったか否か，が問題となろう。

実際，決議 688 の採択に際して，人権・人道問題はイラクの国内管轄事項であるという指摘がなされた[77]。すなわち，安保理は「国際の」平和と安全の維持に関してのみ任務を有しているのであり，国々の「国内」問題を扱う権限はない（イエメン）。重大な人道的事態が生じていることは認めるとしても，それは，本質的には「国内」問題である（ジンバブエ）。

決議 688 は，賛成 10，反対 3，棄権 2 で採択されたのであるが，この点については，事実の部分で説明したように，決議 688 は，前文 3 項において，イラク一般人民に対する抑圧が「国境を越えた難民の大量流出および越境襲撃」を引き起こしていることが，当該地域における国際の平和と安全に対する脅威となっていると指摘するほか，主文 1 項においても，イラク一般人民の抑圧の「結果」が当該地域における国際の平和と安全に対する脅威となっていると指摘する。

この表現に示されるように，安保理は，自らの行動の根拠を，イラク国内の人権侵害それ自体ではなく，その国際的（隣接国への）影響であると，注意深く限定している。実際，多くの国々は，人権侵害自体はイラクの国内問題であるとしても，その国際的影響の故に，「国際の平和に対する脅威」が存在し，安保理の行動が正当化されると指摘する（アメリカ，ソ連，イギリス，オーストリア，カナダ，エクアドル，ザイール等）。

(3) 次に，決議 688 は憲章第 7 章の下の強制措置を設定しているかを検討する。

まず，第 7 章の入り口である第 39 条の「平和に対する脅威」等の存在が決定されているかが問題となる。この点では，先に引用した前文 3 項と主文 1 項の表現の仕方が，安保理の決議における表現の仕方の慣行に照らして，第 39

---

77) U. N. Doc. S/PV. 2982 (5 April 1991), pp. 27-30 (Yemen), pp. 31-32 (Zimbabwe), p. 36 (Ecuador), p. 38 (Zaire), p. 56 (Austria), p. 58 (USA), p. 61 (USSR), p. 62 (India), pp. 64-66 (UK), p. 92 (Canada).

条の「存在の決定」として認定できるか否かが争点となる。

　否定的な要素がある[78]。すなわち，湾岸戦争における決議660に始まり687に至る一連の決議においては，安保理は常に第7章に基づいて行動することを明示してきたのであるが，決議688は第7章には言及せず，この点でこれらの決議とは対照的である。さらに，前文2項で憲章第2条第7項を想起し，同7項でイラクおよび当該地域のすべての国々の主権，領土保全および政治的独立に対するすべての加盟国の義務を再確認しているのであって，強制措置の適用を主要構成部分とする第7章にはそぐわない。

　しかしながら，決議688の前記引用部分は一般に第39条の「存在の決定」を認定したものと理解されている[79]。その根拠としては次の点を指摘できよう。「……が国際の平和と安全に対する脅威を構成すると決定する（Determines that…constitutes a threat to international peace and security)」という，いわば第39条に基づく正式の，「存在の決定」には至らない仕方で，一応第39条の認定をした後に，非軍事的強制措置を勧告した事例が既に存在していたし，決議688の以後においても存在する[80]。従って，安保理は，第39条の「存在の決定」の表現について，必ずしも画一的ではなく，柔軟に（あるいは十分な注意を払わずに）運用してきたと考えられる。実際，決議688の前記引用部分は，「決定する」という定式の有無を決定的な基準としなければ，「存在の決定」の意思を十分明確に表明していると言えよう。

　(4)　次に，決議688は第7章に基づいて何らかの強制措置を設定しているか否かが問題である。この点については，否定的に考えざるをえない。決議688

---

[78]　Alston, *supra* note 65, p. 146.
[79]　T. M. Franck, "The Security Council and 'Threats to the Peace': Some Remarks on Remarkable Recent Developments," in R.-J. Dupuy (ed.), *Le développement du rôle du Conseil de Sécurité* (Martinus Nijhoff Publishers, 1993), pp. 83, 103; P. H. Kooijmans, "The Enlargement of the Concept 'Threat to the Peace,'" *ibid.*, pp. 111, 114-115; Ph. Weckel, "Le chapitre VII de la Charte et son application par le Conseil de Sécurité," 37 *Annuaire Français de Droit International* (1991), pp. 165, 194.
[80]　例えば，コンゴに関する決議161，ポルトガルに関する決議180，南アフリカに関する決議181・182，南ローデシアに関する決議217, 221等である。この点については，中谷和弘「経済制裁の国際法上の機能とその合法性（3）」『国家学会雑誌』第100巻11・12号（1987年）1, 48-50頁を参照せよ。決議688以後については，本章のソマリアと旧ユーゴスラビアに関する事例の検討を参照せよ。

の規定していることは、イラクの抑圧を非難し（1項）、抑圧の即時停止を要求し、対話への希望を表明し（2項）、イラクが人道組織にアクセス・便宜を提供すべきと主張し（3項）、事務総長に努力の継続等を要請し（4・5項）、すべての加盟国と人道組織に対して貢献を訴える（6項）ことに尽きている。ここには、加盟国に対して何らかの強制措置をとることを勧告も許可もしていないし、国際連合自身がそれらの措置をとるともしてはいない。

もっとも、先に指摘したように、前文3項と主文1項を第39条の「平和に対する脅威の存在の決定」と認定できるとするならば、主文におけるイラクに対する要求（2項）と主張（3項）を、憲章第25条に基づく法的拘束力のある決定と解釈する余地はあると考えられる。

(5) 第2の論点は、**決議688の内容とその後の一連の措置との関係**という決議688の解釈に関わる問題である。

一連の措置の合法性に否定的な見解がある。例えばアルストンは次のように指摘する[81]。決議688は、イラクによる抑圧の即時停止を要求し、人道組織へのアクセス・便宜の提供を主張するにとどまっており、イラクが協力しない場合にとるべき個別の措置さらには強制措置を予定していたのではない（実際、決議688の採択の際に、多くの国々はその旨の発言をしていた）。同盟軍の北部イラク入りを国際法上基礎付けるような明示的あるいは黙示的な許可を決議688の諸規定から引き出すことは困難である。またそれらの国々は自らのイニシアチブで行動したのであって、事務総長の人道救援努力に貢献（主文6項）していたにすぎないのではない。もっとも、国際連合の人道救援活動は、了解覚書に基づいて合法と考えられよう。

合法性を肯定する立場から、例えば尾崎教授は次のように指摘する。先に指摘したように、決議688は拘束力ある決定であり、それがイラクによって無視される場合には、憲章第7章の「強制措置」による国連の介入が可能となる。米・英・仏はその現実にとった措置が緊急やむをえない行動であり、一時的行動であり合法的な行動であると、誠実に (bona fide) 考えた。しかも、この行動につき、他の安保理事国からチャレンジを受けることはなく、安保理は合法

---

81) Alston, *supra* note 65, pp. 148-153.

なものとして黙認した。こうして，次のように結論される。

　「かくして，決議 688 の文言では，イラクの決議不履行に対して安保理（又は，その授権に基づき，特定の加盟国）がどのような措置をとりうるのか必ずしも明らかではなかったが，決議採択後の安保理の実行（決議の起草者である米・英・仏などの常任理事国による決議の解釈，黙認と見なされうる安保理の実行など）を通じてその点が補完され，イラク領内での一時的な保護区や飛行禁止空域の設定，限定的な空爆が，決議 688 を根拠とする国連の行動として合法であることが明確にされたと解釈するのが妥当であろう。」[82]

(6)　一連の措置の合法性を検討するに当たっては，その性質によって，①一部加盟国（米・英・仏等）による安全地区の設定と難民救援活動，②国際連合の了解覚書に基づく難民救援活動，③一部加盟国（米・英・仏等）による飛行禁止空域の設定，侵入機の撃墜，空爆等，の三つのカテゴリーに分けて検討するのが適当と考えられる。

②の国際連合の難民救援活動については，了解覚書に基づく限り，その合法性に問題はない（当時の状況から，イラクにとっては強制された合意であったと主張する余地はなくもないが，相手側が国際連合であることや目的が難民救援活動であることから，そのような主張は一般に受け入れられないであろう）。

①の一部加盟国による安全地区の設定と難民救援活動については，イラクの抗議の存在や独自のイニシアチブに基づく点で議論の余地がある。しかし，これらの措置が難民の救援には有益な活動であり，しかも国連の監視団に引き継がれるまでの一時的な活動に限定されていたこと，さらに他の国々の黙認的な対応を考慮すれば，イラクによる決議 688 の無視に対応した，そして決議 688 の趣旨に合致した行動であったと解釈することは可能であろう。

③の一部加盟国による飛行禁止空域の設定，侵入機の撃墜，空爆等に関しては，議論の余地が大いにある。これらの措置は，①の難民救援活動の安全を確保するという理由に基づく限りでは，それなりの合理性を持っているといえる。しかしながら，このような武力の威嚇・行使までを，強制措置については何の

---

82)　尾崎「前掲論文」（注 75）90 頁。

規定も含んでいない決議688に基礎付けることは極めて困難であると考えられる。確かに、決議688はイラクに対して一定の要求を（法的な拘束力をもって）なしているのであって、③の措置は、当該要求のイラクによる無視に対する安保理の対応（決議の起草者である米・英・仏などの常任理事国による決議の解釈、黙認と見なされうる安保理の実行など）と見なす余地がないわけではない。しかしながら、武力の威嚇・行使を伴う行動（特に「空爆」）については、疑問が残る。その意味で、これらは、むしろ国々による黙認あるいは決議687等との関係から検討されるべきと思われる。

(7) 第3は、**決議688の意義および評価**に関わる問題である。人権侵害は一般的には必ずしも国際関心事項ではなく、安保理の管轄外と考えられるのであるが、重大で大規模人権侵害は「平和に対する脅威」を構成し、安保理の（必要ならば第7章に基づく強制措置による）介入が正当化されるという先例を、決議688は設定したと考えられるか。

否定的見解がある。アルストンは次のように指摘する[83]。決議688はイラクによる人権侵害を根拠としてではなく、難民の大量流出と越境襲撃という国境を越える脅威の存在を根拠として採択された。また、一部加盟国の難民救援活動は決議688に基づいてなされたものではないし、決議688は一部加盟国の軍事行動を許可してはいない。確かに、安保理は人権の大量・重大侵害を防止するように活動すべきであり、一部加盟国のとった措置を個別に許可すべきであった。しかし、大多数の国々は、そのような措置を受け入れる十分な用意が未だないのである。

肯定的見解もある。尾崎教授は、デルブリュックの見解に依拠して、次のように指摘する。

> 「［決議688］のもつ重大な意義は、一般的な文脈の中で、ジェノサイド的な組織的かつ重大な人権侵害のような、国内での人間の生命と自由に対する軍事力の行使が『国際の平和及び安全に対する脅威』（第39条）として認定され、そしてこのような犯罪的活動を終了させるために国連が、憲章第7章に基づく強制措置（軍事力の行使を含む）をとることを可能にしたこ

---

83) Alston, *supra* note 65, pp. 158-159.

とである。この点で，この決議は，今後，類似のケースにとって重大な先例となることはまちがいないであろう。この決議の拠って立つ認識は，ジェノサイド的次元をもつ一国内の大量で重大な人権侵犯は，遅かれ早かれ，このような状況にきわめて敏感に反応するようになった現代世界において，国際的軍事紛争にエスカレートしていくであろうという認識である。つまり，このような国内の状況が不可避的にもつ国際的影響によってその地域の国際の平和及び安全が脅威にさらされるという認識である。」[84]

(8) 決議688の評価に関する以上のような対立を前にして，どのように考えるべきであろうか。第1に，決議688自体の評価としては，否定的な見解のほうが正確であると考えられる。文言上明らかに，決議688は人権侵害自体を根拠とはしていない。決議688の採択の際にこの点は多くの国々によって指摘されているのであり，人権侵害に基づく介入という意味での先例の確立を避けようとする立場が圧倒的であったことを正当に評価すれば，否定的に考えざるをえないであろう。

第2に，しかしながら，肯定的見解の指摘するように，安保理の運用の中で，「平和と安全」の概念が拡大し，「人権・人道」とも結び付き始めていることも，事実の認識としては適切であると考えられる。実際，元首級の安保理会議声明は次の点を指摘している。

「国家間における戦争および軍事的紛争の不存在は，それ自身，国際の平和および安全を確保するものではない。経済的，社会的，人道的そして生態的領域における不安定の非軍事的な源泉は平和および安全に対する脅威となってきた。」[85]

第3に，他方で，「人権・人道」と結び付いた「平和と安全」に対する脅威に基づく安保理の介入が，実際には，欧米先進国に向けて発動されることは予想できず，多くの途上国が「人権・人道」を口実とした恣意的な介入を危惧することにも理由はある。その意味で，「脅威」の認定基準を明確化して恣意的

---

84) 尾崎「前掲論文」(注 75) 88 頁。Delbrück, *supra* note 64, p. 900.

85) Security Council Summit Statement concerning the Council's Responsibility in the Maintenance of International Peace and Security, U. N. Doc. S/23500 (January 31, 1992), *reproduced in* 31 *ILM* (1992), pp. 758, 761.

な適用を困難にすると同時に，客観的な適用を確保するために，安保理の介入の手続上の要件等が規定される必要があろう。

(2) ソマリアへの介入[86]
(a) 事　実
(1) ソマリアにおいては，1991年1月のバーレ独裁政権崩壊の後，激しい内戦が拡がった。その結果，戦闘と飢餓による死者は30万人以上に達し，100万人以上が難民として国外に避難し，150万人以上が飢餓に苦しむ状況となった。このようなソマリアの情勢に対して，安保理は，1992年1月23日に**決議733**を全会一致で採択した。この決議の中で安保理は，「この事態の継続が，……国際の平和と安全に対する脅威を構成する」ことに懸念した（前文4項）後に，人道援助を増大させるために必要な措置を直ちにとるように事務総長に要請した（主文2項）ほか，全紛争当事者に戦闘の停止・停戦への同意等を呼びかけ（同4項），さらに憲章第7章に基づいてすべての国がソマリアに対する武器・軍需品の供与に対して全面的な禁輸を実施することを決定した（同5項）。その後3月に停戦実施協定が成立し，安保理は4月24日に全会一致で採択された**決議751**により，停戦を監視し国連の人員・施設および人道援助物資の輸送の安全を確保するために，国連ソマリア活動（UNOSOM）の派遣を決定した。
(2) しかしその後も，UNOSOMの人員等が武装集団の襲撃を受け，人道援助物資の輸送・配付ができないという事態が続いた。7月27日と8月28日にいずれも全会一致で採択された決議767と775は，人道援助の供与が当該地域における国際の平和と安全の回復のための安保理の努力の重要な要素であることを指摘している（前文9項，同8項）。そこで，事務総長は安保理がとりうる措置として強制措置を含む選択肢を安保理に提示し，安保理は，1992年12月

---

86) 松田竹男「ソマリア武力行使決議の検討」『法政論集（名古屋大学）』149号（1993年）351-378頁，藤井京子「ソマリア問題と国連の強制措置」『名古屋商科大学論集』第38巻1号（1993年）211-253頁，則武輝幸「国連とソマリア内戦」『外交時報』No.1306（1994年）17-46頁．See also The United Nations Department of Public Information, *The United Nations and the Situation in Somalia, Reference Papep 30 April 1993*, DPI/1321/Rev. 1—93413—June 1993—4M; J.-M. Sorel, "La Somalie et les Nations Unies," 38 *Annuaire Français de Droit International* (1992), pp. 61-88.

3日に**決議794**を全会一致で採択した。同決議は、まず、ソマリアの事態が独自の性格をもつことを認め（前文2項）、その紛争が引き起こした人的悲劇の規模が、人道援助配付への障害により一層悪化して、国際の平和と安全に対する脅威を構成することを決定し（前文3項）、さらに人道状況の悪化と人道援助の迅速な配付の緊急の必要性とを強調している（前文4項）。次いで同決議は、人道的救済活動のための安全な環境を確立するために憲章第7章に基づく行動がとられるべき旨の事務総長の勧告を是認し（主文7項）、「国際連合憲章第7章に基づいて行動して、事務総長および［安全な環境をつくるための行動に軍隊・人員を提供する一部の］加盟国に対して、ソマリアにおける人道的救済活動のための安全な環境を可能な限りすみやかに確立するために、必要なあらゆる手段をとる権限を与える」（主文10項）とともに、武力行使を含むこの行動が国際連合の監督の下に行われることを確保するための種々の措置も併せて定めた（主文12項以下）。

(3) この決議に基づいて展開された **UNITAF** (United Task Force) による「希望の回復」作戦にはアメリカ合衆国を中心として24か国が参加し、その結果ソマリアの飢餓状態は急速に改善された。しかしながら、依然として不安定な事態が基本的に存続しているために、安保理が希望するように UNITAF の任務を UNOSOM に移行するのであれば、UNOSOM に憲章第7章に基づく強制権限を付与すべきであると、事務総長は安保理に提案した。1993年3月26日、安保理は**決議814**を全会一致で採択した。同決議は、憲章第7章に基づいて行動して、事務総長の勧告に従って UNOSOM の規模と任務を拡大することを決定した（主文5項）が、事務総長の同勧告によれば、新しい任務はソマリア全体を対象として強制的な武装解除を含むものであり、憲章第7章に基づく強制権限を付与するとしている。この拡大された任務の UNOSOM は、UNOSOM II として、UNITAF の活動をひきついだ。

(4) しかし、UNOSOM II の武装解除活動の展開に対して、力の喪失をおそれる一部の武装勢力は敵対し、6月5日のパキスタン部隊への襲撃の結果、UNOSOM II には25人の死者が発生した。事務総長はこの襲撃を強く非難し、安保理も6月6日に**決議837**を全会一致で採択した。同決議で安保理は、憲章第7章に基づいて行動して、まず UNOSOM II へのこの襲撃を強く非難し（主

文1項),次いで決議814の下で事務総長は,この襲撃のすべての責任者に対して「必要なあらゆる措置をとる」こと,ソマリア全体にUNOSOM IIの実効的な権威を確立する権限を与えられていることを再確認した(主文5項)。UNOSOM IIはこの決議の実施のために軍事行動を含む活動を展開し,若干の犠牲者をだしながらも,人道援助配付による飢餓・病気による死亡の減少等に示されるようにソマリアの事態はかなり改善されてきたと指摘される[87]。

(5) 他方,10月3日,UNOSOM IIの指揮下には置かれていないアメリカ合衆国のレンジャー部隊は,襲撃の責任者と考えられるアイディード将軍逮捕の活動を展開し,一定の成果を収めた。しかし同時に18人のアメリカ兵が死亡し,その死体が屈辱的な扱いをうけた様子がマスコミで広く報道されたこともあり,合衆国は自らの軍隊を1994年3月31日までに撤退させる意思を表明した。また,ソマリア市民に多数の死傷者がでてきたこともあって,UNOSOM IIは次第に現地での支持を失っていったとも指摘される[88]。さらにベルギー,フランス,スウェーデンも自国部隊を撤退させる決定を表明していたこともあり,安保理は,11月18日の決議886で,UNOSOM IIの任務の基本的な再検討を決定した。

(6) 1994年1月6日の報告書において事務総長は,4月以降UNOSOM IIの人員が大幅に減少せざるをえず,財政状況も悪化していることから,今後の方針として次の三つを提示した[89]。第1は,部隊を増強したうえで,必要ならば強制的な武装解除も含む現在の任務を継続することである。第2は,4月以降も人員確保が可能と思われる1万6000人の展開による自発的な武装解除の呼び掛けである。第3は,5000人の展開によるモガディシオ港・空港等のみに対する管理活動である。事務総長は,第1の選択肢を好むとしながらも,

---

[87] Further Report of the Secretary-General Submitted in Pursuance of Paragraph 18 of Resolution 814 (1993), U. N. Doc. S/26317 (17 August 1993) para. 70.

[88] 朝日新聞,1994年1月10日。

[89] Further Report of the Secretary-General Submitted in Pursuance of Paragraph 4 of Resolution 886 (1993), U. N. Doc. S/1994/12 (6 January 1994) paras. 55-57. See also Further Report of the Secretary-General Submitted in Pursuance of Paragraph 19 of Resolution 814 (1993) and Pagraph A 5 of Resolution 865 (1993), U. N. Doc. S/26738 (12 November 1993) paras. 88-97.

前記の理由からこの第1の選択肢は排除されなくてはならないと述べ，第2の選択肢を勧告した。2月4日，安保理は全会一致で**決議897**を採択した。同決議は，ソマリアにおける事態が国際の平和と安全に対する脅威となり続けていることを決定し，憲章第7章に基づいて行動してとしながらも，事務総長の前記第2の選択肢の勧告を承認し，UNOSOM IIの任務を港・空港・通信網等の警備，人道援助活動と援助要員の保護等に限定した（主文2項）。こうして，憲章第7章に基づいて強制行動も行うとするUNOSOM IIの任務は終了し，通常の平和維持活動の任務に戻ったと考えられる。

(b) 国際法上の主要論点の考察

(1) 安保理決議733に始まり，最近の決議897に至る一連の事態における国際法上の諸論点は，相互に密接に関わるが，大きくは次の三つに分けて検討することができよう。第1は，「平和に対する脅威」の概念に関わる問題であり，① 脅威の「存在の決定」の仕方，② 脅威の認定の根拠（一国内の問題が「国際の」平和に対する脅威となりうるか）が論点として指摘しうる。第2は，国際連合による武力行使（の許可）に関わる問題であり，①「必要なあらゆる手段」の定式，② 加盟国の武力行使に対する安保理のコントロール，③ 国際連合自身による武力行使が論点として指摘しうる。第3は，これらの諸決議の意義および評価に関わる問題である。

(2) 第1の「**平和に対する脅威**」の**概念**に関わる問題では，まず，脅威の「存在の決定」の仕方について注意する必要があろう。事実の説明の部分で指摘したように，決議733は，前文4項で「Concerned that … constitutes … a threat to international peace and security」（「……国際の平和と安全に対する脅威を構成することに懸念し」）とした後に，主文5項で「国際連合憲章第7章に基づいて」禁輸措置の実施を「決定（decide）」した。このように，主文の決定が第7章に基づく以上，安保理は実行上，前文4項の表現を第39条の「存在の決定」の一つの仕方として認めていると考えざるをえないであろう。この表現は，決議746，751，767，775においても採用されている。しかし，次の決議794においては，前文3項で「Determining that … constitutes a threat to international peace and security」（「……国際の平和と安全に対する脅威を構成すると決定し」）と正式の「存在の決定」の仕方をしている。この表現は，決議814，

837，897においても基本的に採用されている。いずれの表現においても第7章の強制措置を発動しうるという意味では，第39条の「存在の決定」の意義を持つものであり，その限りでは法的な相違はないと考えてよいであろう。もっとも，安保理の政治的な意識としては，「脅威」の重大性に二つの段階を区別しているのかもしれない。

　(3)　次に，脅威の認定の根拠（一国内の問題が「国際の」平和に対する脅威となりうるか）という一層重要な問題がある。脅威の認定の具体的な根拠は，「(ソマリアにおける) 事態の継続」(733)，「ソマリアにおける紛争が引き起こした人的悲劇の規模が，人道援助配付への障害により一層悪化して」(794) と指摘されるほか，「事態」の内容説明として，「紛争が引き起こした人的被害 (human suffering) の規模」(746, 751, 767, 775) に言及がなされた。これらの表現にも示されるように，脅威の認定の実質的な根拠は，政府機構の解体や強盗集団の横行を伴う大規模な内戦の展開，その結果として，200万人から300万人の人々が飢餓に苦しみ，死に直面しているという国内的な事態であるといえる。このように一国内の内戦とそれに伴う飢餓が「国際の」平和と安全に対する脅威となりうるかが問題となる。

　この問題に対する肯定的な立場を支持する要素として，松田教授は次の3点を指摘する[90]。第1は，国連の実行であり，白人少数支配に関する南ローデシア（決議232）とアパルトヘイト政策に関する南アフリカ（決議418）に示されるように，一国家または一地域内部の事態であっても，「国際の」平和と安全に対する脅威を認定したことがある。第2に，国連憲章の解釈論であり，「平和に対する脅威」の概念を定義することを避けて，この点に関する安保理の広範な裁量権を認めているし，国内管轄事項に関する第2条第7項にも明示的な但し書きをおいている。第3に，国際社会の法意識であり，自決権と人権に関する様々な国際文書と人権委員会の実行に鑑みれば，大規模で重大な人権侵害は国際社会全体の関心事項であり，とりわけジェノサイドやアパルトヘイトは国際犯罪を構成すると考えられている。こうして，「ソマリアにおける飢餓は，……明［ら］かにソマリア人民の生存の権利を否定するものであり，そ

---

　90)　松田「前掲論文」(注86) 368-370頁。

の規模と深刻さは国際社会の基本的価値を動揺させる程度のものだった」故に，ソマリアの事態を「国際の平和と安全に対する脅威」と認定することも許されないことではない，と結論された。

以上の評価は基本的には正当なものと考えられる。南ローデシアと南アフリカの2事例の評価については議論の余地があるかもしれないが，国際社会における基本的実質的な傾向・方向性としては，大規模・重大な人権侵害は，国際社会の基本的な価値に反するものとして不可避的に国際的影響をもつし，場合によっては「国際の」平和と安全に対する脅威と認定されうるような状況になってきていると考えられる。

もっとも，基本的に国内的な事態を「国際の」平和と安全に対する脅威と認定することには国々は慎重であることも指摘しなくてはならない。実際，ソマリアの諸決議においては，一方で第39条の認定をしながらも，他方で周辺地域への影響（決議733前文3項）やソマリアの事例の例外性・独自性（決議794前文2項）が指摘されていることに留意すべきである。実際，決議794の審議において，多くの途上国（ジンバブエ，エクアドル，中国，ベネズエラ，モロッコ，インド）がソマリアの事態およびそこへの介入の例外性を強調していたのである[91]。

(4) 第2の**国際連合による武力行使**（の許可）に関わる問題では，まず，「必要なあらゆる手段」の定式が使用された点に注目しなくてはならない。決議794は主文10項において，「国際連合憲章第7章に基づいて行動して，事務総長および［安全な環境をつくるための行動に軍隊・人員を提供する一部の］加盟国に対して，ソマリアにおける人道的救済活動のための安全な環境を可能な限りすみやかに確立するために，必要なあらゆる手段をとる権限を与える」とともに，武力行使を含むこの行動が国際連合の監督の下に行われることを確保するための種々の措置も併せて定めた。

これは，明らかに，決議678における「必要なあらゆる手段」と同じ表現であり，決議678の採択の際に一部の加盟国から武力行使の白紙委任として非難された定式である。決議678の経験（一部の加盟国からの批判，同決議に基づく多

---

91) U. N. Doc. S/PV. 3145, p. 7 (Zimbabwe), p. 12 (Ecuador), p. 17 (China), p. 41 (Venezuela), p. 46 (Morocco), p. 49 (India) (3 December 1992).

国籍軍の実行）を踏まえたうえで，再び，この定式が採用されたことに注意すべきである。

もっとも，決議678への批判は，この定式とともに設定された「安保理のコントロール」（の欠如）に対するものでもあったのであるから，後者の問題と併せて検討すべきであろう。

(5) 従って，次に，「必要なあらゆる手段」とともに設定された，加盟国の武力行使に対する安保理のコントロールの問題を検討する。決議794が安保理のコントロールのために設定した手続は次のようなものであった。

① 事務総長と関係加盟国との間において，軍隊の統一された指揮とコントロールのために必要な取極を作成する。［12項］

② 事務総長と軍隊派遣国との間において，国連と派遣軍との間の調整のために適当なメカニズムを設立する。［13項］

③ 本決議の実施状況について安保理に報告すべく，安保理構成国から構成されるアド・ホック委員会を指名する。［14項］

④ 小規模のUNOSOM連絡将校を統一司令部の現地本部に駐在させる。［15項］

⑤ 安保理が平和維持活動への迅速な移行に必要な決定を行えるように，事務総長および関係国は本決議の実施状況と安全な環境の達成状況について定期的に報告する。［18項］

これらのコントロールのための手続は，決議678の経験を踏まえてその改善として取り入れられたことは，決議794の採択の際の国々の発言に明らかである。もっとも，一部の加盟国に武力行使を許可するという方式自体に対する批判も存在した[92]。

しかしながら，この手続は必ずしも十分には機能しなかったようである。松田教授の指摘によれば，アメリカと事務総長の報告は定期的ではあるとしても，内容的には簡潔に過ぎ，不十分であったし，アド・ホック委員会の設置は不明であった。さらに，UNITAFの任務をめぐって事務総長とアメリカの間で重大な見解の対立が生じたことから，「加盟国に武力行使を委任した上での『調

---

[92] Ibid., pp. 7-10 (Zimbabwe), p. 17 (China), p. 24 (Belgium), pp. 50-51.

整』には限界がある」し,「国連の政治的コントロールを完全に実現するためには,国連自身が自己の指揮・統制の下で兵力を使用するほかはない」と結論される[93]。

(6) 次に,国際連合自身,具体的にはUNOSOM II による武力行使の問題がある。決議814によれば,UNOSOM II の新しい任務はソマリア全体を対象として強制的な武装解除を含むものであり,憲章第7章に基づく強制権限が付与されている。また,決議837は,決議814の下で事務総長は国連部隊への襲撃の責任者に対して「必要なあらゆる措置」をとる権限を与えられていることを確認した。

このUNOSOM II の活動は,ガリ事務総長が提案した「平和強制部隊」の事実上の初めての実施であるといってよいであろう。しかし,それと同時に,UNOSOM II に憲章第7章に基づいて強制行動を許可するのは,ソマリアにおける独自の事態の必要に基づくものであり,国連の平和維持活動にとっての先例となるべきでないという決議814の採択の際の指摘(中国[94])にも留意すべきであろう。

UNOSOM II は,安保理決議により設立されたものであり,事務総長の一般的な指揮・コントロールの下にあったと考えられる。しかしながら,個々の作戦における指揮,モガディシオに展開するアメリカの部隊との関係等,不明確な点もあった。また,UNOSOM II の目的が十分に達成できないうちに伝統的な平和維持活動に復帰したことに示されるように,寄り合い所帯の「平和強制部隊」に武装勢力の武装解除・停戦強制が可能であるか,どのような条件の満たされる場合に可能であるかといった,国際連合による強制行動の実効性に関する慎重・適切な検討・評価が不可欠であると考えられる。

(7) 第3は,これらの**諸決議の意義および評価**に関わる問題である。

まず,重大で大規模な人権侵害は「平和に対する脅威」を構成し,安保理の(必要ならば第7章に基づく強制措置による)介入が正当化されるという先例を,これらの諸決議は設定したと考えられるか。先の脅威の認定の根拠の部分で指

---

93) 松田「前掲論文」(注86) 371-374頁。
94) U. N. Doc. S/PV. 3188, p. 22 (China) (26 March 1993).

摘したように，国々はこの点での先例をつくることには慎重であり，ソマリアの事態の例外性・特殊性を強調していた。これはクルド人保護に関する決議 688 と同じ状況である。

他方で，諸決議に指摘された根拠には直接的な国際的影響への言及はなく，その点で，決議 688 よりも一歩踏み込んだものと評価できよう。もっとも，ソマリアの国内的事態の結果として，100 万人以上の人々が隣国のケニアとエチオピアに難民として流出したと報告されているのであって，重大で大規模な人権侵害は不可避的に国際的な影響をもつことを示す事例でもある。全体としては，安保理の運用における「平和と安全」の概念が拡大し，「人権・人道」とも結び付き始めていることを示す事例と考えられる。

(8) 次に，国際連合による武力行使（の許可）に関しては，国際連合にその点での権限があり，手続的にも適切になされたかという，法的次元の検討と，ソマリアにおける適用が軍事的・実際的に適切であり実効的であったかという，政治的次元の検討とを区別する必要があろう。

法的次元の評価としては，第 1 に，「必要なあらゆる手段」の定式については，この方式自体に対する批判は依然として一部存在していたのであるが，加盟国の武力行使に対する安保理の改善されたコントロールと組み合わせることによって，このような定式による方式も必要に応じて使用することができると，安保理および大多数の国々は考えていると思われる。第 2 に，国際連合自身による武力行使については，憲章第 7 章に基づく強制措置として武力行使は可能であり，UNOSOM II は一定の目的のためにそのような武力行使を許可されたといえる。

政治的次元の評価に関しては，国際連合による武力行使（の許可）に対する批判は強く，国連が紛争の一当事者になってしまう危険性が強調される。確かに，UNITAF から UNOSOM II に引き継がれた後の状況については，指揮権の問題，作戦行動の適切性と実効性，ソマリアの社会的部族的特徴への配慮等，政治的軍事的次元における未熟さ・不十分さが際立ったように思われる。その意味では，国際連合による武力行使（の許可）のソマリアへの適用は，基本的には失敗であったと評価することも可能であろう。しかしながら，国連のソマリアへの介入初期に比較すれば，主に UNITAF の活動によってソマリアの人

道的状況が大幅に改善されたことにも留意すべきである。国際連合による内戦への介入およびそれに伴う武力行使(の許可)は,政治的軍事的次元において,実際上排除されるべきものであるのか(同意原則に基づく伝統的な平和維持活動にのみ自己限定すべきであるのか),あるいはケース・バイ・ケースで判断されるべきものかについては,議論の余地のあるところと思われる。

(3) 旧ユーゴスラビアへの介入[95]

(a) 事　実

(1) ユーゴスラビア社会主義連邦共和国においては,1991年6月にクロアチア共和国とスロベニア共和国が一方的に独立宣言を行った。しかし連邦制の維持を主張するセルビアを中心とする連邦人民軍は両共和国への武力介入に踏み切り,内戦となった。特にクロアチアに対して連邦軍は9月から10月にかけて大攻勢をかけ,クロアチア領の3分の1を占領した。また,マケドニア共和国も11月に,ボスニア・ヘルツェゴビナ共和国も1992年3月に独立を宣言するにいたり,4月にセルビアとモンテネグロの両共和国は新ユーゴスラビア連邦共和国を樹立した。

(2) [旧ユーゴスラビア全体]:1991年9月25日,安保理は全会一致で**決議713**を採択して,安保理開催へのユーゴスラビアの歓迎に留意し(前文1項),ユーゴスラビアにおける戦闘が大量の死者と重大な被害を引き起こしていること,および地域の国々,特に隣国の国境地区へのその影響に深く懸念し(同3項),「この事態の継続が国際の平和と安全に対する脅威を構成する」ことに懸念した(同4項)。次いで同決議は,憲章第7章に基づいて,すべての国が,ユーゴスラビアへの武器および軍需品のすべての輸送に対して一般的かつ完全な禁輸を即時に実施することを決定した(主文6項)。その後も安保理は,11月27日に**決議721**を全会一致で採択し,ユーゴスラビアにおける事態の継続と悪化が国際の平和と安全に対する脅威を構成することに留意し(前文4項),12

---

95) 滝澤美佐子「旧ユーゴスラビアにおける国連の活動」『外交時報』No. 1306 (1994年) 60-75頁。See also The United Nations Department of Public Information, *The United Nations and the Situation in the Former Yugoslavia, Reference Paper 7 May 1993*, DPI/1312/Rev. 2-March 1994-5M; D. Petrovic and L. Condorelli, "L'ONU et la Crise Yougoslave," 38 *Annuaire Français de Droit International* (1992), pp. 32-60.

月15日に**決議724**を全会一致で採択し，武器禁輸実施のための安保理委員会の設置を決定した（主文5項）。

(3) ［クロアチア］：事務総長はクロアチアに国連平和維持活動を派遣する条件が整っているか否かについて検討を継続してきたが，1992年2月15日に安保理に対して国連保護軍（UNPROFOR：United Nations Protection Force）の設置を勧告した。安保理は，2月21日に**決議743**を全会一致で採択し，憲章第25条と第8章を想起した（前文7項）後に，自らの権威の下にUNPROFORを設置することを決定し，事務総長に必要な措置をとるように要請した（主文2項）。そして事務総長の報告に基づいて，安保理は，4月7日に**決議749**を全会一致で採択し，UNPROFORの全面的な展開を許可した（主文2項）。こうして，UNPROFORが連邦軍・セルビア武装勢力とクロアチア軍の戦闘が続くクロアチア南部地域に派遣され，その規模は計1万4000人ほどに及んだ。UNPROFORは当該地域に設定された幾つかの国連保護地区（United Nations Protected Areas）（多数のセルビア人が居住し，戦闘が継続している地区）に派遣されて，各地区の非武装化の確保を任務とした。このUNPROFORの任務は，その後，決議762（6月30日全会一致で採択），決議769（8月7日全会一致で採択），決議779（10月6日全会一致で採択）によって拡大されてきたが，質的な変更はない。1993年1月になって，クロアチア軍は国連保護地区に攻勢をかけ，1月25日に安保理は決議802を全会一致で採択し，クロアチア軍による敵対活動の即時停止とすべての当事者による停戦取極の遵守とを要求した（主文1・4項）。

(4) ［ボスニア・ヘルツェゴビナ］：ボスニア・ヘルツェゴビナ共和国が1992年3月に独立を宣言するとともに，イスラム系，セルビア人，クロアチア人の主要3民族の間において，支配地域拡張，エスニック・クレンジング（民族浄化：ethnic cleansing）を狙う三つどもえの武力抗争が激化した。

国連総会は，5月22日に，クロアチア，スロベニア，ボスニア・ヘルツェゴビナ各共和国の国連加盟を承認した。また，安保理は5月15日に**決議752**を全会一致で採択して，連邦軍（セルビア人を支持）とクロアチア軍等の外部勢力によるボスニア・ヘルツェゴビナへの如何なる形の介入も即時に中止されるように要求する（主文3項）とともに，居住地からの人々の強制的排除や人口の民族構成の変更の企ての即時中止を確保するようにすべての当事者に呼びか

け（同6項），大量の難民と避難民を考慮して人道援助が緊急に必要であることを強調した（同7項）。安保理は次いで5月30日に**決議757**を賛成13，反対0，棄権2（中国，ジンバブエ）で採択した。この決議757は，旧ユーゴスラビアにおける極めて複雑な状況においてすべての当事者が若干の責任を負っていることに留意（前文2項）しながらも，決議752の要求（特に連邦軍等の介入の中止）が満たされていないことに遺憾の意を示し（同4項），ボスニア・ヘルツェゴビナおよび旧ユーゴスラビアの他の地域における事態が国際の平和と安全に対する脅威を構成すると決定した（同17項）。そして憲章第7章に基づいて行動して，ユーゴスラビア連邦共和国（セルビアとモンテネグロ）当局が決議752の要求を満たすための実効的な措置をとらなかったことを非難する（主文1項）とともに，すべての国が，ユーゴスラビア連邦共和国に対して包括的な制裁を課することを決定した（同3項以下）。

(5) ［同前］：UNPROFORの最初の任務はクロアチアを対象としていたが，ボスニア・ヘルツェゴビナにおける事態の悪化に鑑みて，事務総長は1992年4月30日にその一部をボスニア・ヘルツェゴビナの南部のモスタルに派遣することを決定していた。しかしながら，それ以上の平和維持活動の派遣は適当ではないとも報告していた。また，前記の5月30日の**決議757**において，安保理は，ボスニア・ヘルツェゴビナのサラエボおよび他の送付先への人道物資の妨害を受けない輸送のために必要な状況を，すべての当事者が即時につくるように要求しており（主文17項），そこにはサラエボとその空港を含む安全地帯の設定が含まれていた。その後の6月6日，事務総長は人道的目的のためにサラエボ空港がUNPROFORに引き渡される旨の合意が成立したことを報告した。安保理は，6月8日に決議758を全会一致で採択し，UNPROFORの任務と規模の拡大を決定した（主文2項）ほか，6月29日に決議761を全会一致で採択し，サラエボおよびその周辺への人道援助の迅速な配付の緊急性を強調し（前文3項），UNPROFORの増強を許可した（主文1項）。その後も安保理は，決議762（6月30日），決議764（7月13日）をいずれも全会一致で採択して，UNPROFORの増強を許可した。

(6) ［同前］：サラエボ空港の引き渡しに関する合意の違反が続き，サラエボ空港の安全と機能および人道援助の輸送を確保するというUNPROFORの任

務に対する障害に鑑みて,安保理は,8月13日に**決議770**を賛成12,反対0,棄権3(中国,インド,ジンバブエ)で採択した。同決議において安保理は,ボスニア・ヘルツェゴビナの事態が国際の平和と安全に対する脅威を構成すること,および人道援助の提供が当該地域における国際の平和と安全の回復のための安保理の努力の重要な要素であることを認めた(前文5項)後に,憲章第7章に基づいて行動して,「国々に対して,サラエボおよびボスニア・ヘルツェゴビナにおいて援助を必要とするあらゆる地域への国際連合人道組織およびその他の組織による人道援助の輸送を,国際連合と調整しながら促進するために必要なあらゆる措置を,国内的にあるいは地域的機関または取極を通してとるように求め」た(主文2項)。そして**決議776**(9月14日に賛成12,反対0,棄権3(中国,インド,ジンバブエ)で採択)において,安保理は決議770の2項の実施のために,ボスニア・ヘルツェゴビナにおけるUNPROFORの任務と規模の拡大を許可した(主文2項)。

(7) [同前]:9月19日に安保理は**決議777**を賛成12,反対0,棄権3(中国,インド,ジンバブエ)で採択し,ユーゴスラビア連邦共和国(セルビアとモンテネグロ)は国際連合における旧ユーゴスラビア社会主義連邦共和国のメンバーシップを自動的に引き継ぐことはできないと考え,同国は新たに国際連合加盟の申請を行うべきであると決定した旨,および同国は総会の活動に参加すべきでない旨を総会に勧告した(主文1項)。

その後の展開の中で,10月9日に安保理は**決議781**を賛成14,反対0,棄権1(中国)で採択した。同決議において安保理は,「ボスニア・ヘルツェゴビナにおける人道援助の輸送の安全を確保することをめざす決議770(1992)の諸規定に従って行動して」(前文9項),「ボスニア・ヘルツェゴビナの上空における軍事飛行の禁止を設定する」(国連関係の飛行は除く)と決定した(主文1項)。そして,**決議786**(11月10日に全会一致で採択)により,上空監視のためにUNPROFORを増員した(主文5項)。さらに,11月16日に安保理は**決議787**を賛成13,反対0,棄権2(中国,ジンバブエ)で採択した。同決議で安保理は,ユーゴスラビア連邦共和国に対する包括的制裁措置を確認・強化するとともに,憲章第7章および第8章に基づいて行動して,国々に対して国内的にあるいは地域的機関または取極を通して,すべての出入りする船舶を,貨物の

検査および決議713, 757の実施のために停止させるため，安保理の権威の下で，各個別の状況にふさわしい必要な措置をとるように求めた（主文12項）。

(8) ［クロアチア］：クロアチアに派遣されているUNPROFORに関して，安保理は，1993年2月19日に**決議807**を全会一致で採択した。同決議で安保理は，当事者による最近の停戦義務違反に重大な関心を示して，こうして生み出された事態が当該地域における平和と安全に対する脅威を構成すると決定し（前文4・5項），UNPROFORの安全確保という目的のために憲章第7章に基づいて行動して，当事者の協力を要求するとともに，UNPROFORの任務を延長し，さらに事務総長に対してUNPROFORの安全強化のために，必要な武器の調達等の「あらゆる適切な手段」をとることを要請した（主文8項）。UNPROFORの任期は，決議815（3月30日に全会一致で採択）および決議847（6月30日に全会一致で採択）によってさらに延長された。その後も，政治的解決に向けた努力が継続される一方で，クロアチア軍を中心とした戦闘も継続されてきた。10月4日に安保理は，**決議871**を全会一致で採択した。同決議で安保理は，第7章に基づいて行動して，UNPROFORの任期を延長するとともに，「UNPROFORに対して，クロアチアにおける任務遂行に際して，自衛行動において，自らの安全と移動の自由を確保するために，武力の行使を含む必要な措置をとることを許可し」た（主文9項）。

(9) ［ボスニア・ヘルツェゴビナ］：ボスニア・ヘルツェゴビナ上空の軍事飛行の禁止に関して，1993年3月17日の安保理議長声明は465件の違反を指摘した。3月31日に安保理は**決議816**を賛成14，反対0，棄権1（中国）で採択した。同決議で安保理は，ボスニア・ヘルツェゴビナ共和国における重大な事態が国際の平和と安全の脅威でありつづけていると決定し（前文7項），憲章第7章に基づいて行動して，禁止される飛行の対象を拡大する（主文1項）とともに，「以後の違反に際して前記1項に言及された飛行禁止の遵守を確保するために，ボスニア・ヘルツェゴビナ上空において各個別の状況と飛行の性質に応じた必要なあらゆる措置を，安保理の権威の下でかつ事務総長およびUNPROFORとの緊密な調整に服して，加盟国が国内的にあるいは地域的機関または取極を通して，……とることを許可し」た（同4項）。これに対してNATO事務総長は，NATO理事会が飛行禁止の遵守確保のための必要な取極

を採択したことを通知した。

(10) ［同前］：3月に入ってボスニア・ヘルツェゴビナ東部において戦闘が激化し，人道救援活動は妨げられ，毎日30～40人のイスラム系人民が戦闘・飢餓・寒さ・病気のために死んでいるという状況がUNHCRから報告された。4月16日に安保理は**決議819**を全会一致で採択し，ボスニアのセルビア準軍事部隊の行動を強く非難した（前文8・9項）後に，憲章第7章に基づいて行動して，「すべての当事者および関係者が，スレブレニッツァおよびその周囲を如何なる武力攻撃あるいは他の敵対行為から免れた安全地区として扱うように要求」した（主文1項）。また，4月17日に安保理は**決議820**を賛成13，反対0，棄権2（中国，ロシア連邦）で採択し，憲章第7章に基づいて行動して，ボスニアのセルビア側が協力しない場合には制裁措置を一層強化することを決定した（主文10項）。さらに，5月6日に安保理は**決議824**を全会一致で採択し，サラエボおよび他の四つの街を安全地区として扱われるべきと宣言した（主文3項）。

さらに6月4日には，安保理は**決議836**を賛成13，反対0，棄権2（ベネズエラ，パキスタン）で採択した。同決議で安保理は，事態が国際の平和と安全に対する脅威となりつづけていると決定した（前文18項）うえで，憲章第7章に基づいて行動して，UNPROFORの任務を拡張して，決議824において言及された安全地区において，「安全地区に対する攻撃を抑止すること，……地上の幾つかのキー・ポイントを占拠すること」などを可能とした（主文5項）。またこの任務の遂行に際して，安全地区に対する砲撃，武力攻撃，移動の自由に対する妨害等に対して，「自衛行動によって，武力の行使を含む必要な措置をとることを，UNPROFORに許可し」た（同9項）。さらに，「加盟国に対して，前記5・9項の任務を遂行するUNPROFORを支持するために，ボスニア・ヘルツェゴビナ共和国における安全地区の内部および周囲において，空軍の使用を通して，安保理の権威の下にかつ事務総長とUNPROFORとの緊密な調整に服して，国内的にあるいは地域的組織または取極を通して，必要なあらゆる措置をとることができると決定」した（同10項）。安保理は，決議844（6月18日に全会一致で採択）において空軍の使用を確認するとともにUNPROFORを増強し，決議847（6月30日に全会一致で採択）においてその任務を延長した。

(11) ［同前］：その後も戦闘は続いてきたが，1994年2月に入って，サラエ

ボにおける砲撃事件を契機に国際世論が高まり，NATO は安保理決議 836 を援用して，セルビア人武装勢力に対して 10 日間の期限を切って，サラエボ周辺から重火器を撤去しなければ空爆を実施するという最後通告を出した。セルビア人側は期限直前になって重火器を撤去し，空爆の実施は回避された。しかしその後，2 月 28 日に，NATO の米空軍機がセルビア勢力機と見られる軍用機 4 機を撃墜した。これは決議 816 に基づくものとされた。また，4 月 10 日・11 日に，NATO はボスニア・ヘルツェゴビナ東部の都市ゴラズデを包囲するセルビア人武装勢力に対して空爆を行った。これは決議 836 に基づくものとされた。

(12) ［マケドニア］：1992 年 11 月マケドニア共和国大統領は，旧ユーゴスラビアの他の地域における戦闘が同国に及ぼしうる影響に鑑みて，国連の監視団を同国に派遣するように要請した。事務総長は同国内の状況を検討したうえで，UNPROFOR の任務を拡大してマケドニアのアルバニアおよび新ユーゴスラビア連邦共和国との国境地帯にも展開させることを安保理に勧告した。12 月 11 日に安保理は**決議 795** を全会一致で採択し，マケドニアへの UNPROFOR の展開を許可した（主文 2 項）。安保理は決議 842（1993 年 6 月 18 日全会一致で採択）により UNPROFOR を増強した。また 7 月 13 日の報告書において事務総長は，UNPROFOR が受入国と良好な協力関係を維持しているとともに予防的なその任務を順調に果たしてきている旨を述べている。

(b) **国際法上の主要論点の考察**

(1) 安保理決議 713 に始まり，最近の NATO の介入に至る一連の事態における国際法上の諸論点は，相互に密接に関わるが，大きくは次の三つに分けて検討することができよう。第 1 は，「平和に対する脅威」の概念に関わる問題であり，① 脅威の「存在の決定」の仕方，② 脅威の認定の根拠（一国内の問題が「国際の」平和に対する脅威となりうるか）が論点として指摘しうる。第 2 は，国際連合による武力行使（の許可）に関わる問題であり，①「必要なあらゆる手段」の定式，② 加盟国の武力行使に対する安保理のコントロール，③ 国際連合自身による武力行使が論点として指摘しうる。第 3 は，これらの諸決議の意義および評価に関わる問題である。

(2) 第 1 の「**平和に対する脅威**」の概念に関わる問題では，まず，脅威の

「存在の決定」の仕方について注意する必要があろう。ソマリアにおける決議733等と同様に（時期的にはそれよりも早く），旧ユーゴスラビア全体に対する決議713は，前文4項で「Concerned that … constitutes a threat to international peace and security」(「……国際の平和と安全に対する脅威を構成することに懸念し」)とした後に，主文6項で「国際連合憲章第7章に基づいて」禁輸措置の実施を「決定（decide）」した。このように，主文の決定が第7章に基づく以上，安保理は実行上，前文4項の表現を第39条の「存在の決定」の一つの仕方として認めていると考えざるをえないであろう。ちなみに，決議721では「Noting that …」(「……に留意し」)に，決議743では再び「Concernde that …」になった後，ボスニア・ヘルツェゴビナおよび旧ユーゴスラビアの他の地域における事態に対して決議757は，前文17項で「Determining that …」(……と決定し」)と正式の「存在の決定」の仕方をした。その後，ボスニア・ヘルツェゴビナにおける事態に対して決議770は，「Recognizing that …」(「……を認め」)と変わったが，決議816, 836では再び「Determining that …」に戻った。クロアチアにおける事態に対しては決議807が，前文5項で「Determining that …」としている。

　(3)　次は，脅威の認定の根拠（一国内の問題が「国際の」平和に対する脅威となりうるか）という一層重要な問題である。脅威の認定の具体的な根拠は，「(旧ユーゴスラビアにおける) 事態の継続（と悪化）」(713, 721)，「(ボスニア・ヘルツェゴビナ（と旧ユーゴスラビアの他の地域）における）(重大な) 事態」(757, 770, 816, 836) と指摘されるが，「事態」の内容としては，「大量の死者と重大な被害を引き起こしているユーゴスラビアにおける戦闘，および地域の国々，特に隣国の国境地区へのその影響」（決議713前文3項，決議721前文3項），居住地からの人々の強制的排除や人口の民族構成の変更の企て，人道援助の配付の条件の未確立，UNPROFOR要員への攻撃等（決議757前文5・6・7項），停戦義務の繰り返しの違反や当事者の協力の欠如（決議807前文3・4項）に言及がなされた。これらの表現にも示されるように，脅威の認定の実質的な根拠は，大規模な内戦，そこでの大量の人権・人道法の違反であると言える。

　この根拠自体は主に国内的な事態という印象を与える。しかし，決議713（1991年9月）・721（同11月）が隣国への影響に言及していたほか，クロアチア

共和国は1991年6月に独立宣言し,ボスニア・ヘルツェゴビナ共和国も1992年3月に独立を宣言し,4月にセルビアとモンテネグロの両共和国は新ユーゴスラビア連邦共和国を樹立し,前2共和国は5月に国際連合への加盟を承認されたのであって,旧ユーゴスラビアにおける事態というのは,外部勢力の軍事的介入という国際的な側面を伴う国内的な大規模な内戦であると考えられる。

こうして,脅威の認定の実質的な根拠は,外部勢力の軍事的介入という国際的な側面を伴う大規模な内戦,そこでの大量の人権・人道法の違反であると言える。ソマリアの際の脅威の認定の根拠と比較して,こちらの方が国際的な影響は強く,「国際の」平和と安全に対する脅威と認定することに問題はすくないと考えられる。

(4) 第2の**国際連合による武力行使**(の許可)に関わる問題では,まず,「必要なあらゆる手段」の定式が使用された点に注目しなくてはならない。決議770は(国々に対して)「必要なあらゆる措置」を,決議787は(国々に対して)「各個別の状況にふさわしい必要な措置」を,決議807は(事務総長に対して)「あらゆる適切な手段」を,決議816は(加盟国に対して)「各個別の状況と飛行の性質に応じた必要なあらゆる措置」を,決議836は(加盟国に対して)「必要なあらゆる措置」をとることを,それぞれ,「許可」あるいは「要請」したのである。

決議678において使用された「必要なあらゆる手段」の定式は,ソマリアにおける決議794,837とともに,旧ユーゴスラビアにおいても上記の諸決議に見られるように,国際連合の実行機関(UNOSOM ⅡあるいはUNPROFOR)による武力行使に対する安保理の「要請」の場合,あるいは加盟国による武力行使に対する安保理の「許可」の場合のいずれの場合においても,一つの方式として慣行化してきたと考えられる。

(5) 次に,「必要なあらゆる手段」とともに設定された,加盟国の武力行使に対する安保理のコントロールの問題を検討する。ソマリアにおける決議794が安保理のコントロールのために設定した手続のような詳細なものは設定されていない。

まず,関係決議の主要条項は次のように規定している。決議770は,人道組織による人道援助の輸送を,「国際連合と調整しながら促進するために必要な

あらゆる措置を，国内的にあるいは地域的機関または取極を通してとるように求め」る。決議787は，国内的にあるいは地域的機関または取極を通して，すべての出入りする船舶を，貨物の検査および決議713，757の実施のために停止させるため，安保理の権威の下で，各個別の状況にふさわしい必要な措置をとるように求める。決議816は，「飛行禁止の遵守を確保するために，ボスニア・ヘルツェゴビナ上空において各個別の状況と飛行の性質に応じた必要なあらゆる措置を，安保理の権威の下でかつ事務総長およびUNPROFORとの緊密な調整に服して，加盟国が国内的にあるいは地域的機関または取極を通して，……とることを許可し」ている。さらに，決議836は，「任務を遂行するUNPROFORを支持するために，ボスニア・ヘルツェゴビナ共和国における安全地区の内部および周囲において，空軍の使用を通して，安保理の権威の下にかつ事務総長とUNPROFORとの緊密な調整に服して，国内的にあるいは地域的組織または取極を通して，必要なあらゆる措置をとることができると決定」している。

そして，これらの決議において，さらに，コントロールのための手続として，①国々に対してそのとる措置について事務総長に報告するように求める，②事務総長に対して決議の実施状況について定期的に安保理に報告するように要請する旨が規定されているにとどまる（決議770主文4・7項，816主文7・8項，836主文11・13項）。（その他，決議816主文5項は実施の開始時期についての緊密な調整を，836主文12項は実施の態様についての事務総長の報告を求めている。）

これらの武力行使の許可における目的は，人道援助活動の促進・安全確保（決議770），船舶の停船と貨物の検査（決議787），飛行禁止の遵守確保（決議816），さらには，UNPROFORが，安全地区に対する攻撃を抑止し，地上の幾つかのキー・ポイントを占拠する，あるいは安全地区に対する砲撃，武力攻撃，移動の自由に対する妨害等に対して，自衛行動によって，武力の行使を含む必要な措置をとる等の任務を遂行するのを支持すること（決議836）というように，かなり広範であるといえる。

他方で，以上の引用に示されるように，設定された安保理のコントロールは必ずしも十分とは考えられず，「事務総長とUNPROFORとの緊密な調整に服して」，「国内的にあるいは地域的組織または取極を通して」，および国々また

は事務総長からの報告という間接的な程度にとどまっている。実際に，NATOによる空爆の最後通告後，空爆の最終決定権限や空爆作戦の指揮権等の問題（そのあいまいさ）が議論されており[96]，問題は残されている。

(6) 次に，国際連合自身，具体的にはUNPROFORによる武力行使の問題がある。決議807は，事務総長に対してUNPROFORの安全強化のために，必要な武器の調達等の「あらゆる適切な手段」をとることを要請した。さらに，決議836は，安全地区において，「安全地区に対する攻撃を抑止すること，……地上の幾つかのキー・ポイントを占拠すること」などを可能としたほか，この任務の遂行に際して，安全地区に対する砲撃，武力攻撃，移動の自由に対する妨害等に対して，「自衛行動によって，武力の行使を含む必要な措置をとることを，UNPROFORに許可し」た。また，決議871は，「任務遂行に際して，自衛行動において，自らの安全と移動の自由を確保するために，武力の行使を含む必要な措置をとることを許可し」た。

決議836と871に示されるように，「自衛行動」という言葉こそ入ってはいるが，武力行使の目的は，伝統的な平和維持活動における自衛にとどまらず，安全地区の安全確保や人道活動の安全確保などのUNPROFORに付与された任務の遂行を，必要であれば武力を行使してでも，実施することが予定されていると考えられる。これは，ソマリアの場合（UNOSOM IIはソマリア全体を対象とした強制的な武装解除を任務とした）ほどではないとしても，伝統的な平和維持活動における自衛の範囲を越えるものであり，ガリ事務総長が提案した「平和強制部隊」のカテゴリーに属するものと言える。もっとも，以上のように決議によって武力行使が一定の目的のために許可されているとしても，実際にはUNPROFORはこの種の武力行使を実施してはいないようである。

(7) 第3は，これらの**諸決議の意義および評価**に関わる問題である。

まず，重大で大規模な人権侵害は「平和に対する脅威」を構成し，安保理の（必要ならば第7章に基づく強制措置による）介入が正当化されるという先例を，これらの諸決議は設定したと考えられるか。先の脅威の認定の根拠の部分で指摘したように，脅威の認定の実質的な根拠は，外部勢力の軍事的介入という国

---

96) 朝日新聞，1994年2月11日，17日。

際的な側面を伴う大規模な内戦，そこでの大量の人権・人道法の違反であると言える。実際，決議770の採択の際に，多くの国々は旧ユーゴスラビアにおける事態の国際紛争としての性質を指摘していた。

他方で，強制措置を適用する際の目的として，戦闘の停止とならんで，常に人道援助活動の確保が指摘されていた。大量の人権・人道法の違反と人道援助活動の確保という考慮が，安保理の旧ユーゴスラビアにおける内戦への介入の実質的な理由であったと考えられる。こうして，「平和と安全」の概念は「人権・人道」と結び付き始めており，大量の人権・人道法の違反が発生している状況で人道援助活動が妨害されるという場合には，第7章に基づいて強制措置を適用してでも，人道援助活動の確保を実現するという安保理の実行として，旧ユーゴスラビアに関する一連の決議を評価することができよう。

(8) 次に，国際連合による武力行使（の許可）に関しては，憲章第43条協定の未締結の下における方式として，「必要なあらゆる手段」の定式に基づき，軍事力を提供する用意のある国々に一定の要件下で武力行使を許可するという方式が慣行化してきた。特に旧ユーゴスラビアに関してはNATOという（本来は憲章第51条の集団的自衛権に基づく）地域的な組織との連携というパターンがでてきた。国際社会の現状の下での現実的な方式ではあるが，安保理によるコントロールの問題は何ら解決されず，残っている。

また，国際連合自身（その実行機関としてのUNPROFOR）による武力行使についても，安保理の決議の上では伝統的な平和維持活動の自衛からは踏み出た，「平和強制部隊」のカテゴリーに属する活動が許可されてきた。もっとも，実際に武力行使をどの程度実施するかという軍事的政治的次元においては，ソマリアの経験も踏まえてであろうが，慎重に抑制されていると考えられる。

第4節　国際連合憲章第7章の動態的展開
―― 組織法としての解釈理論から ――

1　第39条における「脅威」概念の展開

(1)　「国際の平和及び安全の維持」を主要目的の一つとする国際連合（その

主要な責任を負う安全保障理事会）にとって，主要な関係権限は第6章（紛争の平和的解決）と第7章（平和に対する脅威，平和の破壊及び侵略行為に関する行動）に規定されている。国際組織の発展の歴史の中で，国際連合の特徴は第7章に基づく強制措置の発動権限にあると言ってよい。そして，安保理の活動が第6章から第7章に移行するに当たって，憲章は安保理が第7章の冒頭に位置する第39条に従って「平和に対する脅威，平和の破壊又は侵略行為の存在を決定」することを要件としている。さらに，これら三つの概念の中で，「平和の破壊又は侵略行為」は「平和に対する脅威」よりも一層重大かつ具体的な概念である。こうして，安保理の多様な活動にとって，第7章の入り口にある「平和の脅威」の概念は極めて重要な意義を有することになる。

憲章はこれら三つの概念を定義していない。もっとも具体的と考えられる「侵略」の概念が，1974年の総会決議3314（XXIX）によって定義されたにすぎない。さらに，いかなる事態が「平和に対する脅威」となるかは，基本的には安保理の政治的な裁量権に属するものと考えられる。こうして，安保理の活動の多様化とともに，「平和に対する脅威」の概念も変容と展開をせまられることになる。

(2) 冷戦下における「平和に対する脅威」概念の運用については様々な議論が存在する[97]。一方では，「平和に対する脅威」は「国際の」平和に対する脅威であり，外国に対する武力行使に関わる「現実的」な脅威であるとされる。また他方では，植民地主義に関してのポルトガル（決議180以下の一連の決議），アパルトヘイト政策に関しての南アフリカ（決議418を中心とする一連の決議），白人少数政権による自決権の侵害に関する南ローデシア（決議232を中心とする一連の決議）等に対する非軍事的強制措置の適用に鑑みて，植民地主義，アパルトヘイト政策，自決権の侵害等は，「平和に対する脅威」と考えられるとも主張される。もっとも，これらについても，関係決議がそれらのもつ国際的な影響に言及していることが指摘されてはいる。

---

[97] 例えば，森川幸一「国連の対南アフリカ・南ローデシア強制措置の性質（1）」（専修大学法学研究所紀要15『公法の諸問題III』1990年）83, 93-107頁，および同論文の注にある文献を参照せよ。See also H. Freudenschuß, "Article 39 of the UN Charter Revisited: Threats to the Peace and the the Recent Practice of the UN Security Council", 46 *Austrian J Pub Int'l L* (1993), pp. 1-39.

(3) 冷戦後における安保理による「平和に対する脅威」概念の運用は一層多様になった。前章の事例の検討から明らかなように，国内の少数民族の大規模な抑圧（クルド），内戦の結果としての飢餓および大規模な人的被害（ソマリア），内戦に伴う大量の人権・人道法の違反（旧ユーゴスラビア）が「平和に対する脅威」として認定された。これらの事例が示すように，一国内の重大で大規模な人権侵害・人道法違反は，今日の国際社会においては，不可避的に国際的な影響を持つものと，少なくとも安保理は考えている。

人道援助と武力行使との関係についても，次のように指摘できよう。前節2（本書114-131頁）の分析に示されるように，少なくとも一般的な次元においては，人道援助の妨害に対して武力で対応するということは認められてはこなかった。確かに，被災者へのアクセスが不可欠であること，人道援助の恣意的な拒否は許されないことなどは指摘されてきたが，恣意的な拒否に対して，他の国々がどのような仕方で対応できるかについては，十分に明確ではなかったと考えられる。

これに対して，安保理は具体的な事例において，［隣国への影響（クルド）］，例外的事態（ソマリア），外部勢力の軍事介入（旧ユーゴスラビア）を形式的な根拠として，人道援助活動の確保あるいは要員の安全の確保を，第7章に基づく軍事的な強制措置の適用によって実現することを決定した。それぞれの事例における「国際的」あるいは「例外的」な要素を強調することによって先例としての価値を避けようとしていると考えられるが，いずれの場合においても，実質的な根拠は大規模で重大な人権侵害・人道法違反という，直接的には必ずしも「国際的な」平和に対する脅威に結び付かない要素である。こうして，安保理は，冷戦下における「平和に対する脅威」概念の展開を一層押し進めたと評価できよう[98]。

(4) 以上のような「平和に対する脅威」概念の展開は，国際連合（安保理）の主要な任務である「国際の平和及び安全」が対象とする「武力行使」の性格

---

[98] D. Schindler, "Humanitarian Assistance, Humanitarian Interference and International Law," in R. St. J. Macdonald (ed.), *Essays in Honour of Wang Tieya, supra* note 5, pp. 689, 693; M. Bothe, "The Legitimacy of the Use or Force to Protect Peoples and Minorities," in C. Brölmann et al. (eds.), *Peoples and Minorities in International Law* (Martinus Nijhoff Publishers, 1993), pp. 289, 296.

の変容に対応したものである。国際連合は基本的には国家間の武力紛争を対象として設計されたと考えられる。それに対して第二次世界大戦後の国際社会においては武力紛争の中心は国家間の紛争からむしろ（国際的性格の）内戦に移ってきた。この傾向は冷戦の崩壊後においては一層顕著であり，ほとんどの武力紛争は国内的なものとなってきている。

　もう一つの関連要素として，人権保護の国際関心事項化という，武力行使の国内化とは対称的な現象を指摘できよう。人権保護は，憲章の規定が示すように国際連合の設立時においてはむしろマイナーな事項であった。それが，発足後の変化の中で国際連合の主要な関心の一つになり，少なくとも重大かつ一貫した人権侵害は国内管轄事項とは考えられなくなった。大規模で重大な人権侵害・人道法違反を根拠とする安保理の介入は，以上のような国際社会の変化およびそれに対する国際連合の適応という観点から評価されなくてはならない。

2　国際連合による武力行使（の許可）

(1)　国際連合の主要目的の一つである「国際の平和及び安全の維持」の主要な責任を負うのは安全保障理事会であり，武力行使に関わる権限は第7章に規定されている。憲章起草者の意思に基づく第7章の基本的な構成は比較的明確である。すなわち，第39条により「平和に対する脅威等」の存在を決定し，必要に応じて，非軍事的措置（第41条）および軍事的措置（第42条）をとるとされている。そして，軍事的措置は，事前の特別協定（第43条）を基礎として発動されるのであり，そのための手続等が第44条から第47条にまで規定されている。こうして，憲章起草者意思に基づく国連体制の下における合法的な武力行使は，第51条に基づく自衛権の行使と第43条の特別協定に基づく第42条の軍事的強制措置の二つのカテゴリーに限られていたと考えられる。

(2)　冷戦下においては，第43条の特別協定は締結されず，朝鮮戦争においては，安保理および総会の「勧告」（決議83，決議498（V））およびそれに応じる一部加盟国による武力行使という方式が用いられた。（ソ連の欠席に基づく決議83の合憲性に関する疑義があるが。）また，南ローデシアに関しても，武力行使の程度において大きく相違するが，一部の加盟国に対して武力行使を「要請」あるいは「許可」した（決議221）。こうして，第7章の軍事的強制措置の発動

方式については，事前の特別協定を基礎とする軍事的措置とは異なる「勧告」，「要請」あるいは「許可」とこれに応じる加盟国による武力行使という方式が例外的に用いられたのである。また，国際連合自身による活動については，平和維持活動に見られるように，厳格に自衛の範囲においてのみ武力の行使が認められていたにすぎない。

(3) 冷戦後においても，第43条の特別協定は依然として締結されていない。湾岸戦争においては，賛成12，反対2（キューバ，イエメン），棄権1（中国）で採択された決議678は，「必要なあらゆる手段」をとる「許可」とこれに応じる一部加盟国による武力行使という方式を用いた。ソマリアにおいても，全会一致で採択された決議794は，「必要なあらゆる手段」をとる「許可」（決議678と同一の表現）とこれに応じる一部加盟国による武力行使という方式を用いた。さらに，旧ユーゴスラビアにおいても，賛成14，反対0，棄権1（中国）で採択された決議816は，「必要なあらゆる措置」をとる「許可」（決議678と基本的に同一表現）とこれに応じる一部加盟国による武力行使という方式を用いた。また賛成13，反対0，棄権2（ベネズエラ，パキスタン）で採択された決議836も，「必要なあらゆる措置」をとる「許可」とこれに応じる一部加盟国による武力行使という方式を用いた。これらの決議の間の相異は，設定された安保理によるコントロールの程度の違い（それも，安保理による実効的なコントロールという観点からは，いずれも不十分とされよう）にすぎない。こうして，安保理による「必要なあらゆる手段」をとる「許可」とこれに応じる一部加盟国による武力行使という方式は，安保理の実行において慣行化してきたと考えられる。もっとも，この方式には，安保理によるコントロールの問題が，少なくとも政策論の問題としては，残っている。

また，国際連合自身による武力行使に関しても，ソマリアにおけるUNOSOM II（いずれも全会一致で採択された決議814，837），旧ユーゴスラビアにおけるUNPROFOR（決議836，全会一致で採択された決議871）のいずれに対しても，伝統的な平和維持活動における厳格な自衛の範囲を超える，武装解除あるいは他の任務遂行のための武力行使を許可している。このような武力行使の許可の方式についても，具体的な事例における適用の仕方という政治的軍事的な次元での問題はあるが，方式自体は慣行化し始めていると考えられる。

(4) 以上に示されるような，第43条の特別協定に基づく第42条の軍事的強制措置から，安保理による「必要なあらゆる手段」をとる「許可」とこれに応じる一部加盟国による武力行使という方式への移行の基礎には，憲章第43条の特別協定に基づく国連軍の設立は様々な理由から実現の可能性の少ない非現実的な方式であるという認識があると考えられる。こうして，本来の方式が政治的に不可能となった国際環境の下で，国際連合の主要目的である「国際の平和及び安全の維持」を不完全ながらも実施する現実的な方式として，安保理による「必要なあらゆる手段」をとる「許可」とこれに応じる一部加盟国による武力行使という方式が生み出されてきたといえよう。ここには，国際環境の変化の中で，任務の実効的な遂行を確保しようという有機的な成長・適応の理念が働いていると考えられる。

3 組織法としての国際連合憲章第7章

(1) 以上の検討から示されるように，国際連合憲章第7章は，国家間の権利義務関係を設定する通常の二国間あるいは多数国間条約と同一の解釈枠組みの下で解釈されるのではなく，組織的な実体の恒久的な運用によってのみ遂行可能な任務に向けられた国際組織の実効的な機能のために発展的かつ目的的に解釈される「組織法としての解釈枠組み」の下で運用されていると考えられる。

(2) 具体的には，決議678の検討から明らかになったように，第39条に依拠するにせよ，第42条に依拠するにせよ（あるいは黙示的権限の法理に依拠するにせよ），関係規定の解釈において，それを特定のものに限定する旨の明確な明示的指示がない限りは，起草時における起草者の特定の意図からは切り離して，その後の国際関係の変化に対応・適応する形で，国際連合がその主要な目的である集団保障体制を実効的に実施できるように，柔軟に解釈しているのである。実際，第39条も第42条も，そのような柔軟な解釈を可能とするほど一般的な規定なのである。そして，このような解釈は国際連合発足後の実行によっても一定程度支持されていると考えられる。

(3) また，人道的介入に関する検討から明らかになったように，第39条の「脅威」概念は国際社会の変化に対応して動態的に展開してきている。この「脅威」概念の動態的展開を「組織法としての解釈理論」から基礎付けるとす

れば,同理論の背後にある基礎理論の一つである「時際法の理論[99]」が有益であろう。この「時際法の理論」によれば,条約規定が定義することなしにある法的あるいは他の概念に言及するときは,当該概念が規定の作成時に有していた意味をとるか否かは,当該規定が固定した内容の指示を含むか,変動的指示を含むかに関わる。そして,設定された一定の目的を将来にわたって状況の変化に適応しつつ,実効的に遂行しつづけることを期待されていると推定される国際組織を設立する設立文書は,その性格上,静態的ではなくて定義上発展的な規定を多く含んでいるのであり,そのような性質を確保する仕方で解釈されるべきである。第39条の「脅威」概念は,憲章第7章の入り口の規定として,変動的な指示を含む規定の典型的な例として発展的に運用されてきたと考えられる。

(4) さらに,湾岸戦争以後においても,ソマリアや旧ユーゴスラビアの決議では,「必要なあらゆる手段」をとる「許可」とこれに応じる一部加盟国による武力行使という方式が用いられた。この第7章の強制措置の発動形態の変容は,やはり,「組織法としての解釈理論」から理解されるべきであろう。著者は同理論の背後にある基礎理論を検討した際に,そこから引き出される有益な示唆として,設立文書は組織法としてのダイナミズムの展開を担保するだけの目的論的性質を含んでいること,後の発展の予測が不可能な生命と成長の能力を有する有機的組織体を設立するものと考えられていること,制度的現象に内在的なダイナミズムと安定性とを含むと考えるべきこと,そして時間的要因を考慮した変動的指示の諸概念・諸規定を多く含んでいることを指摘するとともに,これらの示唆は,集合的実体の法的枠付けにおいては,その内在的なダイナミズムに適切な場を与え,理論の中に取り込むことが,時代と場所を問わず,常に最重要の問題であったことを示しているとも指摘した[100]。「国際の平和と安全の維持」を主要目的の一つとする国際連合における憲章第7章の動態的な展開は,国際連合の実態が「組織法としての解釈理論」に基づいて運用されていることを示していると考えられる。

---

99) 拙著『前掲書』(注2) 475-494頁を参照せよ。
100) 同上,428-484,485頁を参照せよ。

[補　足]

　本章第3節の国際連合による武力行使を伴う人道的介入との関連では，脱稿直前及び以後にも類似の事例が生じてきている。第1は，ルワンダ内戦であり，1994年6月22日に安保理はフランスの人道目的の軍事介入を承認する決議を賛成10，棄権5で採択した。同決議は，フランス軍に対して，市民保護など人道目的の達成のために，武力行使を含む「必要なあらゆる手段」の行使を認めたと報道されている（朝日新聞6月23日）。第2は，ハイチ問題であり，7月31日に安保理は，ハイチの軍事政権を追放し民主化を実現するために，米国主導の多国籍軍による軍事介入を承認する決議を賛成12，棄権2で採択した。同決議は，加盟国が多国籍軍を結成し，武力行使を含めた「必要なあらゆる手段」をとることを認めたと報道されている（朝日新聞8月1日）。

第5章　冷戦解消後における国連平和維持活動
——国内紛争に対する国際連合の適応——

第1節　問題の設定

(1) 本章は，紛争処理における平和維持活動（Peace-keeping Operations）の意義とその冷戦解消後における発展について若干の検討を加えることを目的とする。平和維持活動には，国際連合によるもののほか，地域的国際組織や一部の国々によるものがあるが，本章では国際連合による平和維持活動を対象とする。また，伝統的な平和維持活動は，小規模・非武装で停戦監視等を任務とする軍事監視団（Observer Missions）と中規模・軽武装で緩衝地帯への駐留による停戦の確保等を任務とする平和維持軍（Peace-keeping Forces）から構成される[1]。本章では，基本的に後者の平和維持軍を対象とするが，必要に応じて前者にも言及する。

国際連合による平和維持活動は，冷戦下における一般的な用法に従えば，「国際平和を脅かす地域的な紛争や事態に対して，国連が関係国の要請や同意の下に，国連の権威を象徴する一定の軍事組織を現地に駐留せしめ，これらの軍事機関による第三者的・中立的役割を通じて，地域的紛争や事態を平和的に収拾することを目的とした国連活動」[2]として，一応理解することができよう。この説明のポイントは，軍事組織ないし兵力を使用する国連介入の一方式であるが，非強制的かつ中立的な性格をもっていることである。また，平和維持活動は，理論的には紛争の平和的解決と区別され，「当事者の紛争それ自体の最終的決着をめざすものではなく，平和を脅かす局地的事態が悪化し，国際的に

---

1) See, e. g., United Nations, *United Nations Peace-keeping* (United Nations, Dept. of Public Information, 1993), pp. 12-13. 神余隆博編『国際平和協力入門』（有斐閣，1995年）12-13頁。
2) 香西茂『国連の平和維持活動』（有斐閣，1991年）2-3頁。

拡大するのを防止することにより，事態の鎮静化を通じて紛争の平和的解決への素地を作り出すことにより，間接的に紛争解決への道を開こうとするもの」[3]である。

(2) このような国際連合による平和維持活動の意義とその冷戦解消後における発展を検討する際の視点として，国際社会の変容に対する国際連合および平和維持活動の適応という側面を常に考慮することが大切であろう。一般に国際組織は，変わりゆく国際関係の中で，自らの効率的機能と任務の実効的遂行のために，適応の必要に常に迫られている[4]。国際組織の設立文書は，国際組織の目的，任務，権限，組織構造，活動形態等の重要事項の基本的部分を規定するが，起草者たちが将来の国際関係の展開を十分に予想することは不可能であり，事柄の性質上，一般的抽象的な表現で規定することによって，国際関係の変容に対する国際組織の適応をある程度まで可能にしているといえよう。国際連合憲章においては，平和維持活動は予想されていなかったといえる。平和維持活動は，冷戦状況に対する国際連合の適応として理解することが適切であろうし，冷戦解消後における平和維持活動の発展も，冷戦解消後の国際関係および紛争の変化に対する国際連合の適応として理解することが必要であろう。

第2節　冷戦下における平和維持活動の形成[5]

1　平和維持活動の基本原則の形成

(1)　平和維持軍としての平和維持活動は，1956年のスエズ動乱に派遣され

---

3) 同上，4頁。
4) この点については，拙著『国際組織の創造的展開——設立文書の解釈理論に関する一考察——』(勁草書房，1993年) を参照。
5) この「冷戦下における平和維持活動の形成」の部分に関しては，基本的に，香西『前掲書』(注2) に依拠している。その他，高野雄一「いわゆる"平和維持活動"について」『国家学会雑誌』第83巻11・12号 (1971年) 1-50頁，三好正弘「国際連合の平和維持活動」神谷龍男編『国際連合の基本問題』(酒井書店，1973年) 11-134頁も参照せよ。See also D. W. Bowett, *United Nations Forces* (Stevens and Sons, 1964); D. W. Wainhouse, *International Peace Observation* (Johns Hopkins Press, 1966); D. W. Wainhouse, *International Peacekeeping at the Crossroads* (Johns Hopkins University Press, 1973); A. Cassese (ed.), *United Nations Peace-Keeping* (Sijthoff and Noordhoff [International Publishers], 1978); I. J. Rikhye, *The Theory and Practice of Peacekeeping* (C. Hurst, 1984); UNITAR

第5章　冷戦解消後における国連平和維持活動

た第1次国連緊急軍（UNEF）に始まる。ハマーショルド事務総長が主要な役割を果たしたこの国連軍については，当時の冷戦下において同事務総長が「防止外交」として目指したものを理解することが不可欠である。朝鮮国連軍は例外として，冷戦下においては，両超大国の勢力陣営内での紛争や両超大国の利害が直接に関わる紛争に対して，国際連合はほとんど有効な役割を果たすことができなかった。しかしながら，同事務総長によれば，両陣営間の地域に発生した紛争については，国際連合が介入することによって，紛争を局地化し，冷戦の拡大・悪化を防ぐことができる。このような背景と目的の下に派遣されたのである。

　ハマーショルド事務総長は，UNEFの設立・活動に関する詳細な研究報告書である「UNEFの設置及び活動に基づく経験の研究摘要」を1958年に総会に提出した。総会は同報告書を特に承認はしなかったが，そこに列挙された諸原則の多くは，その後の平和維持活動においても依拠された。また，1965年に設置された平和維持活動特別委員会は，「国連平和維持活動のための合意ガイドライン」の作成を行い，一部対案併記のままの不十分な形ではあるが，一応の基本原則を条項案として1977年に総会に提出している。

(2)　これらの関係文書や実行から引き出される基本原則として，以下のものを指摘することができよう。

①　関係国の同意。国連活動に兵力や資材を提供する参加国および派遣先の領域国（受入れ国）の同意が不可欠なことは，実践上確立している。他方で，受入れ国政府以外の紛争当事者（内戦の場合には内戦の当事者）については，平和維持活動が非強制的及び中立的性格を維持し，その任務を効果的に遂行するためには，その同意・協力が不可欠であろうが，駐留のために必要な法的要件とはいえないと思われる。平和維持活動の撤退については，受入れ国と国際連合が平和維持活動の駐留の目的を誠実に解釈して決定する旨を宣言する「信義

(ed.), *The United Nations and the Maintenance of International Peace and Security* (Martinus Nijhoff, 1987); E. Suy, "Peacekeeping operations," in R.-J. Dupuy (ed.), *A Handbook on International Organizations* (M. Nijhoff, 1988); R. C. R. Siekmann, *Basic Documents on United Nations and Related Peace-Keeping Forces* (M. Nijhoff, Second Enl. ed., 1989); I. J. Rikhye and K. Skjelsbaek (eds.), *The United Nations and Peacekeeping* (Macmillan, 1990); N. D. White, *Keeping the Peace* (Manchester University Press, 1993).

則」宣言の方式が，スエズ，コンゴ，キプロスで採用されたが，以後は3か月ないし6か月ごとに小刻みに任期を更新する方法が採用されている。

② 平和維持活動の構成。平和維持活動の構成員の選定については，国際連合が決定権をもつが，受入れ国と協議をし，その意向に十分な考慮を払ってきた。選定基準としては，第1に安全保障理事会の常任理事国の排除，第2に当該紛争に対する特別の利害関係国の排除の2つの基準が採用されてきている。第1の基準は，ハマーショルド事務総長の防止外交の文脈で採用されてきているものであり，UNFICYPにおけるイギリスやUNIFILにおけるフランスのように，紛争地域との歴史的関係等の理由から障害とはならない場合もある。他方で，公平な地理的バランス・配分の原則は，UNEF, ONUC, UNEF IIでは採用されたが，他の例では様々な理由から必ずしも採用されてきてはいない。

③ 国際連合による指揮・統制。平和維持活動は国際連合の一機関として国連の目的に対する忠誠義務を負い，安全保障理事会（または総会）の授権をうけた事務総長の指揮・統制の下に置かれてきた。事務総長の権限を制限しようとする主張もあるが，事務総長が平和維持活動の日常的業務の指揮にあたり，軍司令官の任命や軍の編成等を行ってきている。

④ 国内問題不介入・公平性・中立性の厳守。平和維持活動は国内紛争の当事者となることは許されず，当面の問題に対して特定の政治的解決を強制したり，決定づけるような影響力を行使してはならない。また，平和維持活動は受入れ国政府の国家活動と分離して行われなければならず，紛争当事者に対して完全な公平性をもって行動すべきであるとされる。

⑤ 武器使用の制限。平和維持活動は自衛に必要な限りでのみ武器を使用することができるとされ，防衛的性格の軽火器のみを保持する。もっとも，自衛行為として許容される場合は，要員の生命及び身体の防護のため（狭義の自衛）に加えて，任務遂行の妨害排除のため（広義の自衛）も含まれている。

⑥ その他。平和維持活動は，国際連合の一機関として，受入れ国との間の地位協定に基づき一定の特権・免除を享有する。経費分担方式については，UNEFとONUCの経費が政治問題化したこともあって，その時々の政治的状況に影響されてきたが，UNEF II, UNDOF, UNIFILでは共同分担方式に戻っている。

2 内戦に派遣された平和維持活動の困難

(1) 冷戦下に派遣された13の平和維持活動に関わる主要な問題点として次のようなものを指摘することができよう。

第1に,当該紛争が未解決のために,派遣が半永久化してしまう。これは,UNTSO, UNMOGIP, UNFICYP, UNDOF, UNIFILにあてはまる。確かに,これは紛争の平和的解決の問題であり,それと区別された平和維持活動それ自体の問題ではないが,紛争の平和的解決と有機的に結び付いていない平和維持活動の限界ともいえよう。

第2に,内戦状況に派遣された平和維持活動の死者が多い[6]。これは,そこでの任務遂行が,軍事監視団や国際紛争の停戦監視的な任務の場合と比較して,特に大きな危険を伴っていることを示している。

(2) 内戦状況においては,平和維持活動がすべての紛争当事者の全面的な協力の下に中立的性格・公平性をもって非強制的に任務遂行することは,大変に困難である。任務遂行のために一部の基本原則を放棄するか,基本原則を維持し,その結果,任務遂行が不十分となるかのジレンマに直面しやすい[7]。ONUCの場合には,安保理は決議161によって,内戦の防止のために,最後の手段として武力の行使を含むあらゆる適切な措置を国際連合がとるように要請した。この結果,ONUCは限定的な武力行使を行うことになった。カタンガ州の分離運動が問題になった際においても,安保理は決議169によって,必

---

6) UNTSO (1948-:28人), UNMOGIP (1949-:6人), UNOGIL (1958:0人), UNSF (1962-63:0人), UNYOM (1963-64:0人), DOMREP (1956-66:0人), UNIPOM (1965-66:0人) は,軍事監視団であり,多くは派遣人数も少なく,比較の対象とはなりえないと言うこともできよう。しかし,平和維持軍の中においても,UNEF (1956-67:90人), UNEFII (1973-79:52人), UNDOF (1974-:37人) と比較して,ONUC (1960-64:234人), UNFICYP (1964-:163人), UNIFIL (1978-:200人) は,派遣人数の多さを考慮しても,死者の数が多いと言うことができよう。これらは,いずれも内戦状況に派遣された平和維持軍である。以上の数字は,1994年11月現在のものである。*See, e. g.,* United Nations, *United Nations Peace-keeping, supra* note 1; United Nations, *United Nations Peace-keeping, Information Notes, Update: December 1994* (United Nations, Dept. of Public Information, 1995).

7) G. Abi-Saab, "United Nations Peacekeeping Old and New: An Overview of the Issues," in D. Warner (ed.), *New Dimensions of Peacekeeping* (Martinus Nijhoff Publishers, 1995), pp. 1, 5.

要ならば武力の行使を含む積極的な行動をとることを事務総長に認めるとともに，中央政府の支持を宣言した。この結果，ONUC は限定的な武力行使を行ったが，これは移動の自由を確保するためであり，自衛権の行使として正当化された。UNIFIL の場合にも，レバノン国連暫定軍はその任務遂行にあたり，完全な中立性をもって行動するとされている。しかしレバノン紛争は大変に複雑な紛争であり，国内的にはキリスト教，イスラム教（スンニ派，シーア派，ドルーズ派）の宗教・宗派間の対立があるのに加えて，国際的にも PLO，シリア，イスラエルなどの外国軍隊が関わっていた。国連軍の実効性の基本的条件として，すべての関係当事者の全面的協力が前提とされ，国連の側で，その協力を得るための努力が払われたが，数多くの当事者（武装集団）の間の合意が得られなかった。その結果，すべての当事者と密接な関係を保つ努力により中立性の原則は遵守されたが，紛争当事者から妨害を受け，任務の遂行は不十分にとどまっている。

　他方で，UNFICYP に例示されるように，紛争の状況や国際連合の対応の仕方如何によっては，平和維持活動も一定の成果を上げることができると思われる。UNFICYP の場合には，安保理は決議 186 によって，UNFICYP の任務は，戦闘再発の防止，法と秩序の維持・回復，正常な状態への復帰とした。国連軍の構成員はギリシャ，トルコ両系住民に対して完全に公平な立場で行動するものとされていたが，内戦の当事者は，キプロス政府とトルコ系住民であり，紛争当事者の一方が受入れ国政府でもあることになり，国連軍の任務遂行において，中立性の点で政治的軍事的に微妙な問題に直面することになった。例えば，戦闘再発の防止措置としての武器・兵力の増強阻止に対しては，国家が外国の侵略に対する防衛のために武器を輸入するのは主権行為であると，政府側から主張された。また，同じ条件での非武装化は，兵力の劣勢の側に不利に作用する。このような事情にもかかわらず，国連軍は戦闘再発の防止の点で成果をあげた。

第3節　冷戦解消後における平和維持活動の発展[8]

1　冷戦解消後における紛争の特徴と問題

　冷戦解消後の国際社会において，国際連合が対応を迫られ，結果的に平和維持軍を派遣することになってきている紛争の特徴は，多くの場合，第1に国家間ではなくて国家内の紛争であること，第2に国家制度の崩壊を伴っていることである。1995年1月のガリ事務総長の「平和への課題─追補」は，これらの点を次のように述べている。

　「10　一つは，今日の紛争の極めて多くが国家間のものでなく，国家内のものであるという事実である。冷戦の終結は，旧ソ連と他の国々における紛争を抑えていた制約を取り除いた。その結果，新興独立諸国のなかで戦争が頻発しており，その多くは宗教的性格や民族的性格を帯び，例を見ないほどの暴力や残虐さを伴っている。冷戦の終結はアフリカにおける同様

---

[8]　冷戦解消後における平和維持活動一般に関係する文献として，他の注で引用したものの他，広瀬善男『国連の平和維持活動』(信山社，1992年)，香西茂「国際連合の紛争処理の動向」『国際問題』390号(1992年)2-17頁，大泉敬子「国際連合の平和機能の再検討」日本国際政治学会編『国際政治』100号(1992年)236-254頁，福田菊『国連とPKO〔第2版〕』(東信堂，1994年)，香西茂「国連と世界平和の維持」『国際問題』428号(1995年)15-30頁，志村尚子「冷戦後の安全保障と国連の役割」『国際問題』436号(1996年)45-59頁等を参照せよ。See also, e. g., W. J. Durch (ed.), *The Evolution of UN Peacekeeping* (St. Martin's Press, 1993); A. B. Fetherston, *Towards a Theory of United Nations Peacekeeping* (St. Martin's Press, 1994); N. D. White, 'U. N. Peacekeeping-Development or Destruction?,' 12 *Int'l Relations* (1994), pp. 129-158; D. C. F. Daniel and B. C. Hayes (eds.), *Beyond Traditional Peacekeeping* (Macmillan, 1995)。

　1990年代の経験を踏まえて，1994年・95年・96年と，平和維持活動に関する数多くの国際シンポジウムが開かれてきているが，それらの常連ともいえる小和田大使は，議論の中で明らかとなってきた改善点を次のようにまとめている。①各個別の紛争を事前に慎重に検討すべきこと，②目的・任務・期間を明確にすべきこと，③国際連合の指揮統制を強化すべきこと，④受入れ国人民の支持は不可欠であり，広報活動を重視すべきこと，⑤待機軍（文民）制度を確立すべきこと，⑥加盟国の支持・協力を確保するために国際連合と関係国の協議を定期・制度化すべきこと，⑦平和維持要員の訓練の必要性，⑧要員の安全の確保のために，事務局本部の強化および安保理決定における要員の安全への配慮の必要性。H. Owada, "Some Recent Development in UN Peacekeeping and Their Implications to Its Future," paper submitted to the Seminar on Legal Aspects of Peacekeeping Operations held in Tokyo on February 20-22, 1996.

の戦争の勃発にも寄与したように思われ，国内で冷戦によって煽られた代理戦争は依然として未解決である。対照的に，国家間の戦争は稀な出来事になっている。……

13 そのような紛争のもう一つの特色は，国家制度，特に警察と司法の崩壊であり，それは統治の停滞，法と秩序の崩壊，そして全般的な強奪行為や混乱をもたらす。政府の機能が停止するばかりか，その資産が破壊や略奪にあい，経験豊富な官僚が殺害されたり，国外脱出したりする。これは国家間戦争では稀な事態である。それは国際介入が軍事的・人道的任務を超えて拡大されなければならないことと，国民和解の促進と実効的な政府の再建を含まなければならないことを意味している。」[9]

以上のような紛争の性質の変化の結果として，一方で，事務総長の指摘にもあるように，停戦の監視等を主要な任務とする伝統的な平和維持活動ではなくて，包括的な和解計画に組み入れられた形での多様な任務を有する平和維持軍が派遣されるようになってきている。また他方で，紛争の激化・残虐化に伴い，人道援助活動が一層必要になってきていると同時に，一層困難にもなってきている[10]。

2 冷戦解消後における平和維持活動の類型

以上にまとめたような特徴をもつ冷戦解消後の紛争に対して，国際連合は様々な平和維持活動を派遣してきている[11]。筆者なりに平和維持活動を論理的に類型化するならば，次のようになるであろう。まず大きく，対象となる紛争が国家間紛争であるのか，国内的な紛争であるかの基本的区別が重要であ

---

9) Supplement to an Agenda for Peace: Position Paper of the Secretary-General on the Occasion of the Fiftieth Anniversary of the United Nations, A/50/60-S/1995/1, 3 January 1995, paras. 10, 13.

10) 国連難民高等弁務官事務所編（UNHCR 駐日事務所訳）『世界難民白書1993』（読売新聞社，1994年）iii頁。

11) グールディングによる任務を基準とする類型化の試みによれば，以下の六つのカテゴリーが区別される（M. Goulding, "The Evolution of United Nations Peacekeeping," 69 *Int'l Aff* (1993), pp. 451, 456-460）。①予防展開，②伝統的平和維持活動，③包括的和平計画の一部として，その実施を担うもの，④人道援助活動の保護，⑤国家機構が崩壊した国家に対して派遣される平和維持活動，⑥停戦の強制的な維持。

る[12]。

　国家間紛争への平和維持活動の派遣は，基本的に，受入れ国（領域国）の同意が前提される。第1に，平和維持活動は基本的に非強制的な活動として展開されてきた。武力紛争の発生前に（紛争当事国の一方の同意のみに基づいて同国の領域上に）展開する場合は，予防展開（マケドニアの例）となる。武力紛争の発生後に紛争当事国間の停戦等の合意を前提として停戦の監視等を任務とする場合には，伝統的平和維持活動となる。UNTSOなどの軍事監視団に加えて，平和維持軍であるUNDOFも依然として駐留を継続している。この点で，予防展開は伝統的な平和維持活動と同様な原則に基づくものであり，その一類型と考えることができよう。第2に，平和維持軍あるいはその他の軍事力を背景として，停戦の強制的な維持のために自衛権の行使を超える武力行使が予定される例外的な場合もありうる。UNIKOMはそれに類似した例といえるかもしれない。

　国内的な紛争への平和維持活動の派遣においては，すべての紛争当事者間に停戦等の合意が存在するか否かが重要な区別である。この相異は，平和維持活動の成功率や費用（要員，資材等）に加えて，平和維持活動の性格や構成にも影響しよう。第1に，そのような合意が存在する場合には，平和維持活動の活動は非強制的活動となりうる。包括的和平計画の実施のための平和維持活動がその典型例である。冷戦解消後に派遣された平和維持活動の主流を占める数多くのもの（ナミビア，エル・サルバドル，アンゴラ，カンボジア，モザンビーク等）は，この類型に属する。第2に，そのような合意が存在しない場合には，平和維持軍の活動は強制的活動に転化しやすく，遅かれ早かれ武力行使を余儀なくされる可能性が高いであろう。人道援助活動を保護する場合や国家機構の崩壊

---

[12]　確かに，これらの区別は理念的なものである。実際には，国内紛争の多くには，多かれ少なかれ外国の要素が含まれており，国際紛争としての性格をも有している。しかしながら，平和維持活動の性格を検討するに際しては，国家としてのまとまりと法的な資格をもつ実体間の国家間的な紛争が対象であるのか，一国家内における政権獲得をめざした武装集団的な実体間の，しかも多くの場合，宗教的・民族的な背景をもつ，錯綜した紛争が対象であるかの区別は重要である。See also M. J. Mattler, "The Distinction between Civil Wars and International Wars and its Legal Implications," 26 *N Y Univ J Int'l L & Pol* (1994), p. 655.

した国家に対して派遣される場合がそうであり，コンゴ，ソマリアがその典型例であるが，ボスニア・ヘルツェゴビナやルワンダなどの他の事例においても実質的にはこの側面が存在したと思われる。

3 基本原則の維持と変容

このような類型化を試みると，冷戦解消後の平和維持活動（冷戦下に派遣されて以来存続しているもの，および冷戦解消後に新たに派遣されたもの）は，極めて多様化していることが明らかとなる。特に，冷戦解消後に派遣された新しいタイプの平和維持活動は，基本的にすべて国内的な紛争に，それらの種々のタイプ・段階に，派遣されていることが確認できる。こうして，冷戦解消後の平和維持活動を規律する基本原則の検討は，この多様性を考慮することが，言い換えれば多様な類型毎になされることが，必要であろう[13]。

冷戦解消後の平和維持活動全体に共通して言えることとして，第1に，平和維持活動の構成に関する安全保障理事会の常任理事国の排除の基準が放棄されている。そもそもこの基準は，東西冷戦下における防止活動の文脈の中から形成されたものであり，冷戦解消後においては必ずしも必要とは考えられないであろう。他方で，特別の利害関係国の排除は，平和維持活動の非強制的活動としての基本的性質と密接に関わるものであり，基本的には依然として維持されていると思われる。第2に，国際連合による指揮・統制，および受入れ国との間の地位協定に基づく一定の特権・免除についても，国連の側は可能な限り確保しようと努めてきていると考えられる。もっとも，任務が危険になるに従って，関係国の側も平和維持活動に対するコントロールを強めようとしてきている[14]。第3に，経費分担方式についても，多くの場合，共同分担方式が採用

---

13) 冷戦解消後の平和維持活動を規律する基本原則の検討は，本来は，主要な諸事例の実証的な分析の上に総合的になされなくてはならない。ここでは，簡単な素描を暫定的に試みるにすぎない。冷戦解消後の平和維持活動における基本原則の検討については，とりあえず，次のものを参照せよ。I. C. Meijer, "UN Peace-Keeping Forces: the Conditions of Change," 7 *LJIL* (1994), p. 63; D. Brown, "The Role of the United Nations in Peacekeeping and Truce-Monitoring: What Are the Applicable Norms," 27 *Revue Belge de Droit International* (1994), p. 559; S. R. Ratner, *The New UN Peacekeeping* (St. Martins Press, 1995), pp. 25-54, 酒井啓亘「国連平和維持活動の今日的展開と原則の動揺」『国際法外交雑誌』第94巻5・6合併号（1996年）93頁。

されてきている。

　冷戦解消後の平和維持活動の中で，冷戦下に派遣されて以来存続しているもの，および冷戦解消後に新たに派遣されたが，伝統的平和維持活動として類型化されるものについては，冷戦下の平和維持活動において形成されてきた基本原則は，大きな変更なしに依然として適用されていると考えてよいであろう。特に，関係国の同意，国内問題不介入・公平性・中立性の厳守，武器使用の制限の基本原則である。

　他方，紛争当事者間の合意に基づく包括的和平計画の実施のための平和維持活動は，基本的に非強制的活動であり，伝統的平和維持活動の場合にある程度は類似していると考えられる。しかし，内戦に伴う固有な困難のために，およびその任務が複雑・多様なために，基本原則は多少とも修正・変容を余儀なくされる。特に，関係国の同意，国内問題不介入・公平性・中立性の厳守，武器使用の制限の基本原則は，相互に有機的に関連するために，それらのいずれもが，多少とも緩和されて適用されていると考えられる。

　限定的な武力行使も可能な平和維持軍の場合には，政治的政策として，伝統的平和維持活動の基本原則，特に，関係国の同意，国内問題不介入・公平性・中立性の厳守，武器使用の制限の基本原則に基づいて行動するように試みることもありうるが，基本的に武力行使に踏み出す場合には，これらの基本原則はいずれも放棄されることになるであろう。

　　　　　　　※　　※　　※

　後者の2つの場合（紛争当事者間の合意に基づく包括的和平計画の実施のための平和維持活動の場合および限定的な武力行使も可能な平和維持軍の場合）は，冷戦解消後に主流となってきた平和維持活動であり，未だ十分な検討がなされてきていない。以下では，主に国内的な紛争に派遣された平和維持活動に考察の対象を限定し，主に人道援助活動の保護の領域における武力行使との関係の問題と，和平計画の実施のための平和維持活動に関わる問題を分析する。

14）　D. Brown, *supra* note 13, pp. 594-599.

第4節 武力行使と平和維持活動
―― 人道援助活動の保護との関係で ――

1 平和強制の試みと失敗

(1) 冷戦解消後の湾岸戦争において，イラクに対する軍事的強制措置がその目的を達成し，国際連合，特に安全保障理事会を中心とする平和と安全の維持の動きが高揚した。1992年1月，国家元首・政府首脳レベルの安保理は，ガリ事務総長に対して，「国連の予防外交，平和創造，および平和維持に関する能力を国連憲章の枠組みと規定の範囲内で強化し，より有効にする方法についての分析と勧告」の作成を要請した。この要請に対して，事務総長は同年6月に「平和への課題」と題する報告書を提出し，平和維持活動とは区別された「平和強制部隊（Peace-Enforcement Units）」を提案した。これは，停戦が合意されても守られないことがしばしばあることに鑑みて，停戦を回復し維持するために，安保理が明確に定義された状況において，その委任事項を事前に明記したうえで利用すべきとされており，平和維持軍よりも重装備であり，各国の軍隊で広範囲な準備訓練を受けることが予定されていた。

ソマリアと旧ユーゴスラビアに発生した武力紛争は急速に悪化し，大量の難民・国内避難民を産み出した。安保理は，事務総長の提案した「平和強制部隊」という名称・概念は用いなかったが，派遣されたいずれの平和維持軍にも，憲章第7章の下で，伝統的な平和維持軍における厳格な自衛の範囲を越える，武装解除あるいは他の任務遂行のための武力行使の権限を与えた。事態は，しかしながら，いずれの場合にも残念な結果に終わった[15]。

これら2つの事例の評価については，様々な立場がありうるが，ガリ事務総長は，1995年1月に発表された「平和への課題―追補」の中で，次のように総括している。

「33 ……3つの特に重要な原則は，当事者の同意，公平性，そして自衛

---

15) 両問題の経緯については，拙稿「冷戦後の国際連合憲章第7章に基づく安全保障理事会の活動」『法学研究（一橋大学研究年報）』26号（1994年）53, 131-155頁（本書140-161頁）を参照。

以外の武力の非行使である。最近の成功と失敗についての分析は，成功した場合ではみなこれらの原則が尊重されており，あまり成功しなかった活動ではいくつかの原則が尊重されていなかったことを明らかにしている。……

35　［ソマリアとボスニア・ヘルツェゴビナの］いずれの事例でも，既存の平和維持活動は武力行使を要求する追加使命を与えられており，従って，当事者の同意，公平性および武力の非行使を要求する既存の使命と組み合わせることはできなかった。また旧ユーゴスラビアの事例のように，利用可能であったよりもはるかに強い軍事能力なしでは，それは遂行が不可能であった。現実には，平和維持活動にとって，既存の構成，軍備，兵站支援および配備が武力行使の可能性を否定する場合に，武力を行使するよう要請することほど危険なことはない。平和維持の論理は，強制の場合とはまったく異なる政治的軍事的前提から出ており，強制の力学は，平和維持が促進しようとする政治的過程とは両立しない。この2つの区別を曖昧にすることは，平和維持活動の実行可能性を損ない，その要員を危険にさらすことになる。

36　……平和維持と（自衛以外の）武力行使は，代替手法と見なされるべきで，あるものから別のものへの容易な移行を可能とする，一つの連続体の隣接点と見なしてはならない。」[16]

16)　*Supra* note 9, paras. 33-36. 同様の主張については，C. Peck, "Summary of Colloquium on New Dimensions of Peacekeeping," in D. Warner (ed.), *New Dimensions of Peacekeeping* (Brill Academic Pub, 1995), pp. 181, 186-189.
　もっとも，本文に引用した「平和への課題─追補」の中の総括の理解については，ソマリアとボスニア・ヘルツェゴビナにおける平和維持活動の失敗の原因に関する理解と同様に，2つの見方が可能である。第1は，平和維持活動と「平和強制部隊」（強制活動）との非両立性を強調する見方（R. Higgins, "The New United Nations and Former Yugoslavia," 69 *Int'l Aff* (1993), pp. 465, 468-470; Meijer, *supra* note 15, pp. 84-87）であり，第2は，関係主要国の側の十分な支持と協力の欠如を強調する見方（D. Brown, *supra* note 13, p. 602; C. Schreuer, "Regionalism v. Universalism," 6 *EJIL* (1995), pp. 477, 495; Chantal de Jonge Oudraat, "The United Nations and Internal Conflict," in M. E. Brown (ed.), *The International Dimensions of Internal Conflict* (MIT Press, 1996), pp. 489, 513-517）である。特にボスニア・ヘルツェゴビナの失敗については，現場の要請を無視した非現実的な任務を指示したという意味で，決議のレトリックと現場の現実との乖離，さらには安保理の権能に責任体制が欠如している旨が指摘されている（Lord Owen, "Limits of Enforce-

(2) 国際連合による武力行使は，憲章第7章に基づく軍事的強制措置として実施される。従来の国際連合による武力行使には，一部加盟国の多国籍軍に対する許可の方式による場合[17]と国際連合自身による場合とがある。これらの間の基本的な相異は，軍隊の指揮権の所在が加盟国に残されているのか，それとも国際連合に委譲されているのかである。多国籍軍に対する国際連合特に安保理のコントロールの程度は事例ごとに異なるが，一般に多かれ少なかれ不十分といわざるをえない。

許可方式においては，第1に大規模な場合として，湾岸戦争における決議678に基づき，1991年に設置されたアメリカ中心の多国籍軍がある。1950年の朝鮮戦争における国連軍も，その実質（特に指揮権）に着目すれば，授権方式によるものといえる。第2に中規模・小規模な場合として，冷戦下（1966年）における南ローデシア問題での決議221に基づくイギリスによる限定的な武力行使の許可のほか，冷戦後においては，湾岸危機（1990年）における決議665に基づくアメリカ等による禁輸執行活動，旧ユーゴスラビア問題における1992年の決議787に基づくNATOおよびWEUによる禁輸執行活動，ソマリア問題における1992年の決議794に基づき派遣されたアメリカ中心の人道目的のための多国籍軍（UNITAF），旧ユーゴスラビア問題における1993年の決議816に基づき軍事飛行禁止の遵守確保措置をとったNATOおよび決議836に基づき空爆を実施したNATO，ハイチ問題における1993年の決議875に基づくアメリカ等による禁輸執行活動，ルワンダ問題における1994年の決議929に基づき派遣されたフランス中心の人道目的のための多国籍軍，ハイチ問

---

ment," 42 *NILR* (1995), pp. 249, 251-256)。

17) 許可方式の合憲性については，拙稿「前掲論文」（注15）57-100, 162-164頁（本書77-111, 163-165頁）等において詳細に論じた。その他，次を参照せよ。O. Corten and P. Klein, "L'autorisation de recourir à la force à des fins humanitaires: droit d'ingérence ou retour aux sources?," 4 *EJIL* (1993), p. 506; H. Freudenschuß, "Between Unilateralism and Collective Security: Authorizations of the Use of Force by the UN Security Council," 5 *EJIL* (1994), p. 492; Y. Kerbrat, *La référence au Chapitre VII de la Charte des Nations Unies dans les résolutions à caractère humanitaire du Conseil de sécurité* (L. G. D. J., 1995), pp. 66-78; H. McCoubrey and N. D. White, *International Organizations and Civil Wars* (Dartmouth Pub. Co., 1995), pp. 235-247. *But see* R. Higgins, "Peace and Security, Achievements and Failures," 6 *EJIL* (1995), pp. 445, 459.

題における 1994 年の決議 940 に基づき派遣されたアメリカ中心の正統政府の回復のための多国籍軍，ボスニア・ヘルツェゴビナ和平協定の実施のために 1995 年の決議 1031 に基づき派遣されたアメリカ等を中心とする和平実施軍（IFOR），ザイールにおける人道援助活動に関して 1996 年の決議 1080 に基づき派遣が許可された多国籍軍，和平実施軍の任務を引き継ぐために 1996 年の決議 1088 に基づき派遣された和平安定化軍（SFOR）がある[18]。

他方で，国際連合自身による場合としては，ソマリア問題における 1993 年の決議 814, 837 に基づき実施された UNOSOM II，旧ユーゴスラビア問題における 1993 年の決議 836 に基づき，任務遂行に際して自衛行動において武力の行使を許可された UNPROFOR があるにとどまる。先の「平和への課題―追補」における事務総長の総括は，基本的にこれら 2 つの事例に対するものと考えられる。

国際連合自身による場合がいずれも失敗したのに対して，許可方式の場合では，派遣目的の達成という点においては比較的に実効的であったと考えられる。これは，国際連合による武力行使には国際連合によるものとしての正当性の要素が必要であることに加えて，武力行使としての軍事的効率性・実効性の要素が不可欠であることを示している[19]。この方式について，「平和への課題―追

---

[18] 本文に掲げた事例の中で，決議 221 については拙稿「前掲論文」（注 15）93-94 頁，注（20）（本書 86-87 頁，注 22）を参照せよ。決議 665, 787, 875 に基づく禁輸執行活動では，船体に向けた射撃等の攻撃行為は実施されていないといわれるが，禁輸執行のために「具体的な状況に即した必要な措置をとる」以上，状況次第では，限定的な武力行使も行われうると解される。なお，安保公人「国連禁輸と国際法」『新防衛論集』第 22 巻 1 号（1994 年）43-64 頁も参照せよ。また，アルバニアにおける人道援助活動に関して 1997 年の決議 1101 に基づいて派遣された多国籍保護軍の場合は，「必要なあらゆる手段（措置）」の定式が認められていない。地域的取極や地域的国際組織との関係については，次を参照せよ。C. Schreuer, "Regionalism v. Universalism," 6 *EJIL* (1995), pp. 477.

[19] これは，特に軍隊における実効的な指揮・統制の問題といえる。指揮・統制の仕方には 3 つが考えられる。第 1 は国連の外部（軍隊を派遣する一国あるいは複数国）に置く場合，第 2 は国連と軍隊派遣国との混合の場合，第 3 は国連に統合する場合である。第 1 は，正当性および国連によるコントロールの点で不充分であるが，実効的な軍事活動には最も適している。第 2 は，ソマリアにおける UNOSOM II と米軍部隊の例があるが，満足できる結果ではなかった。第 3 については，事務総長自身，「安全保障理事会も事務総長も現在は，おそらく非常に限られた規模のものを除いて，［軍事的強制］活動を展開・指示・指揮・統制する能力をもたない」と指摘している（*supra* note 9, para. 77）。さらに

補」は，次のような評価をしている。
> 「80　ここ数年間の経験は，安全保障理事会が強制任務を加盟国グループに委ねた場合に得られる価値と生じうる困難を明らかにしている。肯定的な面では，この取極は国連に対し，それ以外では得られない強制能力を与えるし，国連に無関係な加盟国による一方的な武力行使よりも望ましい。他方，この取極は，国連の威信と信頼性に否定的影響を及ぼしうる。また，安全保障理事会が関係国に許可するとき，安保理が実際には想定していなかった武力行動の国際的正当性と承認を関係国が主張する危険性もある。」[20]

2　人道援助活動の保護

(1)　国内的な紛争において，紛争当事者間の合意が欠如しているにもかかわらず，国際連合が，特に平和維持軍が介入する根本的な理由の一つは，人道援助活動の保護の必要性であると考えられる[21]。この点は，ソマリアに介入した安保理の初期の決議[22]および旧ユーゴスラビアに関係する一連の決議において，明らかである。

　人道的考慮に基づき，人道援助活動の保護を目的とする，国際連合による武

経費は派遣国が負担すること，負傷者がでたときの派遣国の国内政治への影響，軍事機密を守る必要性の要素を考慮すれば，近い将来，軍事的強制措置が許可方式以外に実施される可能性は少ないとも指摘される。See for these points W. Kühne, "The United Nations, Fragmentating States, and the Need for Enlarged Peacekeeping," in C. Tomuschat (ed.), *The United Nations at Age Fifty* (Kluwer Law International, 1995), pp. 91, 107-110; G. Gaja, "Use of Force Made or Authorized by the United Nations," *ibid.*, pp. 39, 43; C. Greenwood, "The United Nations as Guarantor of International Peace and Security: Past, Present and Future-A United Kingdom View-," *ibid.*, pp. 59, 74-75.

20)　Supplement to an Agenda for Peace, *supra* note 9, para. 80.
21)　人道援助活動の保護の必要性という理由は，活動内容からして自明であるともいえるが，紛争の解決とも関係がある。すなわち，人道援助活動は，内戦状況のような危険な環境の下では実施することができないが，人道援助活動の助けなしに安全な環境をつくることは不可能に近い。この悪循環を断ち切るために，人道的な危機における武力行使の可能性が検討されるべきとも主張される。Chantal de Jonge Oudraat, "The United Nations and Internal Conflict," *supra* note 16, p. 526.
22)　United Nations, *The United Nations and Somalia 1992-1996* (The United Nations Blue Books Series, Vol. VIII, United Nations, 1996).

力行使について，国際連合の政策指針の問題としてどのように考えるべきであろうか。ソマリアと旧ユーゴスラビアのいずれにおいても，伝統的な平和維持活動は混乱した状況をコントロールすることができず，人道援助活動は妨害・略奪・襲撃され，実効性を欠いた。さらに，大規模な人権侵害状況およびジェノサイド的状況すら存在した。平和強制部隊による試みを批判し，伝統的平和維持活動に回帰したところで，これらの事例において国際連合に武力行使を試みさせた事態に対する解決策とはならない。

一方で，国際連合による武力行使に否定的な見解がある。例えばアユーブは，第三世界における国内紛争の多くは国内的理由に起因し，国家形成の初期においては不可避であり，国連を含む外部からのコントロールにはあまりなじまず，その結果，国連の干渉はよくしても周辺的な影響しか与えず，悪くすれば逆効果となると指摘する[23]。同様に神余教授も次のように指摘した。すなわち，人権意識の希薄な地域で力によるヒューマニズムを実現しようとすることにそもそも限界があるうえに，長期的な姿勢で取り組むという忍耐力が介入者の側に欠如していることが多く，純粋の非軍事的な人道支援は別としても，強制行動を伴う人道的介入は憲章第7章の拡大PKOとしても，また，多国籍軍方式による加盟国の行動としても軽々に行うべきではない。特に内戦や民族紛争とともに生じている人道侵害行為は複雑な政治性を伴っており，一時的な暴力の排除では解決につながらないと考えられる。したがって，政治的・経済的な制裁か，もしくは軍事組織を活用する場合でもその予防的な展開が限界ではないかと思われる，[24]と。

これらの指摘には，確かに，一面の真理が含まれており，国際連合が限定的な武力行使をも伴う人道的介入を決定する際には，慎重な考慮・分析と用意がなされなければならないとの傾聴すべき意見と思われる。しかしながら，ソマリア等における大量殺害的な状況に対して，国際連合は介入すべきでないとす

---

[23] M. Ayoob, "The New-Old Disorder in the Third World," in T. G. Weiss (ed.), *The United Nations and Civil Wars* (L. Rienner Publishers, 1995), pp. 13, 23-24, 26. 松井芳郎「国際連合と人道的援助および人道的干渉・下」『法律時報』第68巻7号（1996年）66, 70頁。

[24] 神余隆博『新国連論　国際平和のための国連と日本の役割』（大阪大学出版会，1995年）202頁。

るならば，それは行き過ぎの議論であろう。

　発展途上国における人権・人道の問題と国際連合との関係については，中・長期的な問題と短期的な問題を区別して考えなくてはならない。発展途上国における人権・人道の問題の根底には，経済的な低開発や社会的な脆弱性などの問題が存在しており，これらは途上国の政治的経済的社会的な発展の中・長期的な展望の中ではじめて解決が可能であろう。その意味で，ガリ事務総長が「開発への課題」[25]において指摘したように，長期的な開発努力を強調する理由がある。しかしこのことは，途上国の緊急事態における人権・人道問題に対して，国際連合が短期的に適切に対応することを免除するものではない。途上国の緊急事態における人権・人道問題に対して，国際連合がなしうる短期的な対応には，その目的と形態に照らして，中立・無差別の原則の下での非強制的な人道援助活動とその実施・保護等のために限定的な武力行使をも伴う人道的介入とを区別することができよう[26]。

　これらの活動と強制との関係を類型化すれば，次のようになろう。第1は，平和維持活動の協力と保護の下で展開される人道援助活動である。自衛行為の範囲内で武力行使がなされるとはいえ，平和維持活動の中立・非強制的性格は，人道援助活動の中立・無差別の原則と両立しやすいと思われる。第2は，非軍事的な強制措置である。この措置が人道的介入の文脈の中でとられることもあろうし，この措置の下で人道援助活動が展開されることもあろう。第3は，軍事的な強制措置である。先に指摘したように，国際連合自身による場合と許可方式による場合がある。また，人道援助活動の保護のためになされる場合もあるし，ジェノサイドの防止等の文脈の中でなされる場合もあろう。特に内戦状況を背景として，「平和強制部隊」などによって，人道援助活動の妨害排除あるいは援助活動に従事する要員の安全確保のために，限定的な武力行使がなされる状況下における人道援助活動が実際に問題となろう。

　国際連合の対応に関して，第1に，人権の国際化が国際社会の大きな趨勢となってきている今日では，一国内の事態ではあっても，人権および人道法の大

---

25) B. Boutros-Ghali, *An Agenda for Development 1995* (United Nations, 1995).
26) 「人道的干渉」概念との区別については，拙稿「前掲論文」(注 *15*) 100-102 頁（本書 111-114 頁）を参照せよ。

規模な侵害やジェノサイドを国際連合が無視・放置しておくことは道義的, 政治的さらには法的にも許されないと考えられる[27]。非軍事的強制措置は中・長期的にのみ効果を発揮するにすぎないのであり, 真にジェノサイドの防止のためには, 国際連合の短期的な対応として, 軍事的な強制措置を排除すべきではない。長い間平和維持活動に携わってきたアークハートが, 伝統的平和維持活動と大規模な強制措置との間に, 第3の軍事活動を提案したのは, ソマリアやボスニア・ヘルツェゴビナにおける伝統的平和維持活動の限界を踏まえてであった[28]。実際, 先に指摘したように, 許可方式の場合には, 一定の問題を有しているが, 派遣目的の達成という点においては, 比較的に実効的であったのである[29]。また, 一時的な軍事的措置によって複雑な国内紛争を解決することはできないという指摘は正しいとしても, 紛争当事者を交渉のテーブルに引き戻し, 紛争の爆発を防ぎ, 基本的な人道援助を維持するために, 軍事的措置を柔軟・適切に使うべきであり, それによってのみ紛争の悪循環を断ち切ることができるという指摘には傾聴に値するものがある[30]。

---

27) 国際法委員会の国家責任草案における国家の国際犯罪の規定が, 侵略の禁止と並んでジェノサイドを列挙するのは, この点で象徴的である。類似の評価として, 大沼保昭「人権は主権を超えるか」山本武彦他編『国際化と人権』(国際書院, 1994年) 19, 35頁。*See also* V. Lowe, "The Principle of Non-Intervention: Use of Force," in V. Lowe and C. Warbrick (eds.), *The United Nations and the Principles of International Law* (Routledge, 1994), pp. 66, 81.

28) B. Urquhart, "The UN and International Security after the Cold War," in A. Roberts and B. Kingsbury (eds.), *United Nations, Divided World* (Oxford University Press, Second Ed., 1993), pp. 81, 93-94; B. Urquhart, "Introduction to Part I. Towards a new United Nations," in *SIPRI Yearbook 1995* (1995), pp. 13-20 (黒沢満監訳『SIPRI年鑑1995上巻』(メイナード出版株式会社, 1996年) 17-24頁). *See also* T. M. Franck, "The United Nations as Guarantor of International Peace and Security: Past, Present and Future," in Tomaschat (ed.), *The United Nations at Age Fifty*, *supra* note 19, pp. 25, 33-35.

29) この点で, 大沼教授は次のように述べる (大沼保昭「『平和憲法』と集団安全保障 (2・完)」『国際法外交雑誌』第92巻2号 (1993年) 44, 59頁, 注 (53))。
「平和維持活動と集団安全保障措置は果たし得る役割が異なっており, 前者をいくら発達させても後者に代替することはできない。現実の武力抗争がさまざまの型をもって存在する以上, いくつかの型の国際公共部隊によってその各々に対応する必要性は否定できないと思われる。」
See also the discussion on this point by M. E. Brown, "Internal Conflict and International Action," in Brown (ed.), *The International Dimensions of Internal Conflict*, *supra* note 16, pp. 603, 616-620.

第2に，人道援助活動の重要性が増していく現在，第1から第3までの国連のそれぞれの活動と人道援助活動との関係・両立性について，慎重な検討がなされなくてはならない。特に第3の場合について，先の「平和への課題―追補」の総括は，ソマリアとボスニア・ヘルツェゴビナにおける国際連合自身による限定的な武力行使と平和維持活動との両立性を否定的にとらえており，人道援助活動との両立性についても否定的な意味合いを示していると思われる。内戦における人道援助活動の保護と武力行使との関係は，慎重な検討が必要な問題として残されている。

　(2)　人道援助活動と軍隊・武力行使との関係は，ルワンダにおける人道援助活動においても浮き彫りにされた[31]。ツチ族とフツ族との間の部族対立が存続していたルワンダでは，1994年4月に大統領の搭乗した飛行機が撃墜された後に，主としてツチ族住民が大量に虐殺され，内戦が再び激化した。国々の反応は鈍く，決議918によって憲章第7章に基づいてルワンダに武器の禁輸を課したほか，フランスは一時的に多国籍軍を派遣することを提案し，安保理は決議929でこれを承認した。同決議は，憲章第7章に基づいて，関係加盟国に対して一定の人道目的を達成するために必要なあらゆる手段を利用することを許可した。この事例においては，第1に，多国籍軍による「トルコ石作戦」やその後の各国の軍隊の活動に示されるように，軍隊が人道援助活動に関わるようになった。少なくとも急激で大規模であったルワンダ危機の場合においては，救援活動に軍が参加しなければ，はるかに多くの死者をだしたにちがいないと評価されている[32]。第2に，難民キャンプにおける治安の維持の問題がある。内戦の場合にはルワンダと同様の事態が予想されるのであり，人道援助活動の実施のためには，難民キャンプ内における治安維持のために一定の武力行使が必要とされるのかもしれない。また，初期の段階で「平和強制部隊」的な部隊を派遣すれば，かなりの虐殺は防げたという指摘もある[33]。他方で，ソマリ

---

30)　この意味で，軍事的措置と非軍事的措置は，いずれか一方のみではなく，両者をどのように調整し，使い分けるかが重要であるとされる。Kühne, *supra* note 19, pp. 96-99.

31)　United Nations, *The United Nations and Rwanda 1993-1996* (The United Nations Blue Books Series, Vol. X, United Nations, 1996). *See also* J. Karhilo, "Case Study on Peacekeeping: Rwanda," in *SIPRI Yearbook 1995* (1995), pp. 100-116.

32)　国連難民高等弁務官事務所編『世界難民白書1995』(読売新聞社，1996年) 117頁。

アでの経験の後，アメリカをはじめとする国々は，多国籍軍や平和維持軍による強制行動には慎重になり，事務総長やUNHCRの要請に対して十分に対応する用意をもっていない[34]。

(3) 人道援助活動に軍隊が参加することに，援助機関の職員は当初いくらか懐疑的であったが，ここ数年間で，関係者の間では軍隊の貢献が高く評価され尊敬されるようになったと指摘される。イラク，ソマリア，旧ユーゴスラビアなどでの経験は，惨事が勃発した場合もっとも不足しがちな資材，例えば燃料，通信設備，建設機械，医薬品，大量の備蓄必需品，高度な訓練を受けた人材などを豊富にもっているのが軍隊であることを証明した。また，大量の住民をまきこむ惨事と難民発生という状況の下で，軍隊がもっとも威力を発揮したのが，迅速な援助物資の輸送・配給である。こうして，旧ユーゴスラビアやソマリアにおいて重要な役割を果たしたと評価される[35]。

他方で，このような展開が一定の問題を抱えていることも認識されている。1995年の『世界難民白書』は，軍隊が関わることで，本来は中立公正であるべき人道援助が誤解されるおそれがある点を指摘して，次のような評価をしている。

> 「問題は，人道援助と政治活動が両立するかどうかではなく，その関係をいかにうまく保つかである。最近の経験からいえるのは，カンボジアやモザンビーク型の和平計画活動のように，すでに停戦合意が成立しており，和平活動の目標がすでに決まっていて，国連の役割もはっきりしていれば，人道援助活動の独立と中立公正は維持しやすい。こうした条件が整わないソマリアや旧ユーゴスラビアでの長期にわたる平和維持および平和［強制］活動の場合は，さらに慎重を期する必要がある。
> 　……国際社会が武力行使によって平和を維持しようとする場合は，できるかぎり人道援助活動とは切りはなしたかたちで，行動をとらねばならな

---

33) Kühne, *supra* note 19, p. 94.
34) 特にアメリカは，1994年の大統領決定（Presidential Decision Directive: PDD）によって，平和維持活動の派遣および参加のいずれにおいても，アメリカの利益を促進することを考慮要因の一つとした（"United States: Administration Policy on Reforming Multi-lateral Peace Operations," 33 *ILM* (1994), p. 705)。
35) 国連難民高等弁務官事務所編『世界難民白書1995』（前掲注 *32*) 119, 121 頁。

い。これら2つの機能の区別がうやむやになり，人道主義の原則がなおざりにされるような状況では，救援活動を継続すべきかどうか見直す必要があろう。残念ながら，人道援助活動を中止せざるをえない状況もありうる。」[36]

第5節　包括的和平計画の実施のための平和維持活動[37]

1　内戦介入の困難とその帰結

(1)　今日では多くの紛争は国家内のものであり，そこでは国家の基本的な統治機構が崩壊している。その結果，派遣される平和維持活動も停戦の監視等を主要な任務とする伝統的なものではなく，国家再建のための包括的な和平計画を前提として，その実施に組み込まれた形で多様な任務を有するものになっている。しかしながら，このような内戦状況に平和維持活動を派遣することについては，様々な困難が存在する。その結果，第1にすべての当事者間に基本的な和平計画の合意を形成することが大変に困難である。さらに第2に，和平計

---

[36]　同上，133頁。See also S. Ogata, "The Interface between Peacekeeping and Humanitarian Action," in Warner (ed.), *New Dimensions of Peacekeeping, supra* note 16, pp. 119, 125-126; Report of the Joint Inspection Unit entitled 'Investigation of the Relationship between Humanitarian Assistance and Peace-keeping Operations' prepared by F. Mezzalama (JIU/REP/95/6), *reproduced in* A/50/572 (24 October 1995)；鈴木淳一「国連軍による人道的団体の保護」『筑波法政』20号 (1996年) 181頁。

[37]　包括的和平計画の実施のための平和維持活動を典型とする，冷戦解消後に増加した，国内紛争に派遣され，停戦の監視等の軍事的目的に加えて（あるいは，軍事的目的ではなくて）人権監視等の非軍事的な多様な任務を遂行する平和維持活動を，第二世代の平和維持活動と呼ぶことが一般化してきている。伝統的平和維持活動を第一世代とすれば，武力行使も伴いうる平和維持活動（「平和強制部隊」的なもの）は，一時期，第三世代の平和維持活動と呼ばれることもあった。もっとも，後者については，性質の異なる強制活動を平和維持活動と呼ぶことは，混乱を招き不適切であると批判された。
　　第二世代の平和維持活動の特徴として，一般に次のような点を指摘できよう。第二世代の平和維持活動は，主に国内的な紛争解決のための政治的な合意を紛争当事者が実施するのを援助することを主要な目的としており，そのためその実質的な部分は非軍事的な任務と構成を有する。関係する主体も，従来の平和維持軍と関係国に加えて，武装勢力やゲリラ，NGOなどの非国家的主体が含まれる。さらに，政治状況に対応して任務や構成が調整されていく点で，流動的でもある。See, e. g., Ratner, *The New UN Peacekeeping, supra* note 13, pp. 16-24。

画の実施において合意を維持することが一層困難である。指摘されてきている困難の主要なものとして次のものを挙げることができる[38]。

　第1に，紛争当事者の数が多いことである。国際的紛争においては，ほとんどの場合に紛争当事者は2国あるいは2グループ間であるのに対して，内戦における紛争当事者は，しばしば3以上のグループである。その結果，すべてのグループ間において詳細な合意を得ることは大変に困難となる。

　第2に，内戦においては，しばしば紛争当事者個々のグループとしての結束が弱いことである。リーダーの力が弱い，あるいは対立する派閥が存在するために，合意内容がグループ全体によって受諾・履行されないことがありうる。また状況の変化によって，合意の維持がたやすく困難になりやすい。

　第3に，平和維持活動の派遣は，派遣時における現状を維持するという側面を多かれ少なかれ持つことが多い。しかし紛争当事者間の力関係は変化しやすいし，そのような安定性や平和は政府による支配の継続を意味することになり，政治的変革の伴わない平和維持活動の派遣は武装反乱団体にとっては有害と考えられる。その結果，後者は政治的合意の締結・実施に真剣ではなく，反攻の準備のために戦術的に利用することになりがちである。

　第4に，任務が一層複雑・困難である。国家間紛争では停戦地帯も比較的明確であるほか，任務も比較的に単純・明確である。しかし内戦では，紛争当事者は国家のあちこちに複雑に入り乱れている結果，停戦地帯が不明確かつ広範囲に渡る。さらに任務も，単なる停戦監視ではなく，動員解除，武装解除，非軍事化に加えて，法と秩序の維持・回復，選挙の実施等の統治機構の再建に渡る広範囲のものであり，武装反乱団体の死活的利害に関わり，それらの団体の同意を維持することは大変に困難である。

---

38) *See, e. g.*, P. F. Diehl, *International Peacekeeping* (Johns Hopkins University Press, 1993), pp. 77-89, 151-154; E. Clemons, "No Peace to Keep: Six and Three-Quarters Peacekeepers," 26 *N Y Univ J Int'l L & Pol* (1993), pp. 107, 121-123; A. James, "Internal Peacekeeping, A Dead End for the UN?," 24 *Security Dialogue* (1993), pp. 359, 366-367；国境なき医師団編，鈴木主税訳『国境なき医師団は見た』（日本経済新聞社，1994年） 189-193頁；Chantal de Jonge Oudraat, "The United Nations and Internal Conflict," *supra* note 16, pp. 506-508; D. Lindley, "Collective Security Organizations and Internal Conflict," in Brown (ed.), *The International Dimensions of Internal Conflict, supra* note 16, pp. 537, 543-545.

(2) これらの結果，関係国の同意および武器使用の制限の基本原則は，多少とも緩和されて適用されていると考えられる。

第1に，政府の実効的支配が揺らぎ，国家を代表する資格が問われるような状況で，複数の内戦当事者が林立するような場合では，どの内戦当事者の合意が必要と考えられるべきか。現実的観点から，和平計画および平和維持活動の実効性を基準とすれば，主要な当事者の大部分が明確に反対していない限り，実施されていくことになろう。

第2に，当事者による協定違反と合意の破棄（同意の撤回）との関係をどのように考えるべきか。一方の極では，協定は取り消し不可能として，重大な違反に対しても平和維持活動は自衛権の行使の下に武力行使に進みうると主張しうる。他方の極では，些細な違反でも合意は破棄されたとして平和維持活動は撤退すべきと主張されうる。実際には，協定の内容，違反当事者の抵抗の程度，平和維持活動のとりうる選択肢，関係国の意向等の各事例における種々の要因を考慮して，これらの両極の間のどこかの選択をすることになる[39]。

第3に，遂行すべき任務が複雑・多様化し，従来の国家間紛争における停戦監視的なものから拡大するに従って，任務遂行の妨害排除のための広義の自衛権の行使として，武器の使用される範囲が多かれ少なかれ拡大していくことになる[40]。

このような事情は，さらに，国内問題不介入・公平性・中立性の厳守に関して，一層困難なジレンマを提起する。

---

39) S. R. Ratner, *The New UN Peacekeeping*, supra note 13, pp. 39-41.
40) 任務遂行と結び付いた広義の自衛権概念が含む，平和維持活動が強制行動化する危険性は，従来より指摘されてきている。例えば，M. von Grünigen, "Neutrality and Peacekeeping," in Cassese (ed.), *United Nations Peace-keeping*, supra not 5, pp. 125, 138-139, 最上敏樹「強制と戦闘のはざまに」『社会科学ジャーナル』第29巻3号（1991年）195, 207頁，O. Corten and P. Klein, "Action humanitaire et Chapitre VII: La redéfinition du mandat et des moyens d'action des forces des Nations Unies," 39 *Annuaire Français de Droit International*（1993), pp. 105, 120-125 (1993), 浅田正彦「国連における平和維持活動の概念と最近の動向」西原正／セリグ・S・ハリソン共編『国連PKOと日米安保』（亜紀書房，1995年）58-61頁, 酒井啓亘「国連平和維持活動における自衛原則の再検討」『国際協力論集（神戸大学）』第3巻2号（1995年）61頁。

2 岐路に立つ「公平性の原則」

　包括的な和平計画の実施のための平和維持活動[41]にとっての中核的な問題は，和平計画の実施過程における違反に対する対応である。紛争当事者の主張や立場は，和平計画のための事前の交渉の中において十分に考慮・調整され，和平計画の中に反映されているという立場に立つならば，そのような和平計画を実施するためにこそ平和維持活動が派遣されているのであって，一当事者が和平計画の中の義務に違反した場合に，当該当事者と他の当事者との間において，平和維持軍（そして国際連合）は依然として公平の立場に立つべきではないと考えられる。原則としては，違反当事者に対して，合意の遵守を説得し，必要ならば強制するべきとも考えられる。しかし，その場合には，当該当事者の協力を失い，和平計画全体が失敗する危険を招くことにもなりかねない[42]。実際には，和平協定は，協定の常として，（特に具体的な実施の段階での）意図的および非意図的な不明確性を含むのであり，当事者間の解釈・適用上の紛争は不可避的ですらある。これは，当初の和平計画を国連が有権的に解釈し，それに違反する当事者の意志に反しても強制的に（必要であれば武力行使によっても）実施する能力と意志を平和維持軍および国際連合が有していない限り，不可避的に生ずるジレンマということができる。

　アンゴラとカンボジアのいずれの事例においても，安保理は違反当事者に対して違反行為を非難して制裁を課した。その限りでは，紛争当事者間における公平性の原則を放棄したといえる[43]。しかしながら，安保理はその強制措置

---

41) 選挙支援については，次のものを参照せよ。Y. Beigbeder, *International Monitoring of Plebiscites, Referenda and National Elections* (Martinus Nijhoff Publishers, 1994)，大芝亮『国際組織の政治経済学』（有斐閣，1994年）39-130頁。

42) このジレンマに対して，グールディングは次のような慎重な姿勢を示している（Goulding, *supra* note 11, p. 458）。すなわち，そのようなジレンマは，任務の形式的な解釈によって解決することはできず，現地司令官と事務総長，そして時には安全保障理事会自身により注意深く判断された政治的な決定が要求されるのである，と。See also Ratner, *The New UN Peacekeeping, supra* note 13, pp. 52-53.

43) この点を，明石前カンボジア問題担当国連事務総長特別代表は，次のように端的に指摘している（明石康「国連平和維持活動の新局面」功刀達朗編『国際協力』（サイマル出版会，1995年）3，10頁）。すなわち，国と国との間の明確な停戦ラインを監視し，モニターすることを求められた場合に，公平に振る舞うのはむずかしいことではない。それよりずっとむずかしいのは，国連が国全体を統治するという広範な責任を委ねられ，自己の

を非軍事的制裁にとどめ，他方で和平プロセスの促進に努めた。アンゴラにおいては，和平合意の履行において，新国軍の創設，新国軍以外の兵士の動員解除が予定されていたが，動員解除は不十分なままに選挙が実施された。国連は選挙がおおむね自由かつ公正であったと発表したが，反政府側のアンゴラ全面独立民族同盟（UNITA）は，不利な選挙結果が明らかになった直後，選挙の不正を主張して，武力行使を再開し，内戦状態に逆戻りしてしまった。国際連合は，安保理決議864によってUNITAに対して経済制裁を課すとともに，アンゴラ政府とUNITAとの間の和平プロセスの促進を継続した。

カンボジアにおいては[44]，内戦の4当事者であるプノンペン政権，ポト派（クメール・ルージュ），フンシンペック党，ソン・サン派の間に，1991年10月パリ協定が締結された。同協定を実施するために，国連暫定統治機構（UNTAC）が設置され，制憲議会のための自由選挙の準備にとりかかったが，ポト派は，他の3当事者とは異なり，種々の理由をつけて，武装解除・動員解除の段階に入ることを拒否した。日本，タイ，中国等の諸国による外交的な協議・説得が続けられたが，結局ポト派は拒否し続けた。この段階で，国連（安保理）は2つの問題を抱えることになった。第1は，ポト派の態度を変更させるために，どのような措置をとるべきか，外交的努力の継続か，それとも軍事的な措置をとるべきかの問題である。第2は，UNTACは，ポト派の非協力にもかかわらず，パリ協定の実施を推し進めるべきか否かの問題である。安保理は，決議792を採択して，一方で制憲議会選挙を予定通り実施することを確認し，他方でポト派の協定不履行を非難するとともに，同派の支配地域への石油製品の供給停止を関係国に要請した。ポト派の協力拒否のために，武装解除は結局不十分なままに残された。選挙予定日が近づくにつれて，ポト派の暴

決定の結果を受け入れさせなければならないような場合に，その信頼性を保つことである。私たちは，どうすれば公平なオブザーバーや調停機関としての国連の伝統的役割と，条約や合意の実施機関あるいは立法，司法機関としての，その新しい立場とを，調査させることができるだろうか，と。*See also* S. R. Ratner, "Image and Reality in the UN's Peaceful Settlement of Disputes," 6 *EJIL* (1995), pp. 426, 435-443; J. E. Heininger, *Peacekeeping in Transition, The United Nations in Cambodia* (Twentieth Century Fund Press, 1994), pp. 137-138.

44) United Nations, *The United Nations and Cambodia 1991-1995* (The United Nations Blue Books Series, Vol. II, United Nations, 1995).

力・妨害が激しくなり，プノンペン政権による暴力事件も激化した。しかしながら最終的には，選挙は成功のうちに終了した。選挙の結果，第2党となったプノンペン政権は，選挙に不正があったと主張したが，その後3派の間で和解が成立し，暫定連合行政府が成立した。以上に示されるように，安保理はポト派に対して，経済的な制裁措置を課す一方で，常に対話の扉を開いていた。この安保理およびUNTACの対応に対しては弱腰との批判も存在した。しかし，UNTACに平和強制の任務を付与するのは現実的ではなかったと思われる。第1に中国や日本などの関係国は平和強制に消極的であったし，ポト派自身パリ協定の破棄はしておらず，アンゴラにおけるような和平プロセスの全面的崩壊は予想されなかった。第2に，UNTACには装備および要員の点で平和強制の能力が欠如していたのであり，ポト派に協定履行を強制するのは不可能であったと考えられる。もっとも，ポト派の扱いに関する限りでは，関係国・関係者の努力にもかかわらず，UNTACの成功は幸運であったと思われる。実際，ポト派が大規模な妨害に出なかった理由は不明であるし，選挙当日にそのような動きに出れば，事態がどのようになったか予測がつかない[45]。

第6節　結　論

　冷戦解消後における平和維持活動の発展は，国際社会の変容に対する国際連合および平和維持活動の適応という視点から分析することが大切である。冷戦解消後の国際社会における多くの紛争の特徴は，第1に国家間ではなくて国家内のものであること，第2に国家制度の崩壊を伴っていることである。また，紛争の激化・残虐化に伴って，人道援助活動が一層必要になってきていると同時に，一層困難にもなってきている。その結果，国際連合は，一方で内戦のすべての当事者の間に停戦の合意が確保できない場合にも，大規模人権侵害の防止，人道援助活動の保護のために，国内の内戦に介入することを余儀なくされている。ソマリアと旧ユーゴスラビアに対して国際連合に武力行使を試みさせたジレンマは解決されていないのであり，人道援助活動と平和維持軍との，さ

---

[45]　T. Findlay, *Cambodia, the Legacy and Lessons of UNTAC* (Oxford University Press, 1995), pp. 128-137. *See also* Heininger, *supra* note 43, pp. 66-68.

らには人道援助活動と武力行使との関係は，冷戦解消後の国際連合がその解決策を実践の中から見出していかなくてはならないジレンマを提示している。他方で，内戦の主要当事者間において合意が得られた場合には，国家再建のための包括的な和平計画の実施（特に自由選挙の実施）という多様かつ複雑な任務を遂行するために，平和維持活動が荒廃した国家に派遣されてきた。しかしここでも，合意の形成と維持をめぐって，種々のジレンマに直面することになる。

　国際連合の能力（＝加盟国の積極的な支持と協力）が飛躍的に高まり，平和強制が実施できない限りは，平和維持活動（そして人道援助活動）は，種々のジレンマに多かれ少なかれ直面することになるのであり，実行の中から適切な解答を模索していかざるをえないであろう。冷戦解消後における平和維持活動は，国際社会の変容と対象となる紛争の変容に伴って，新たな段階に入ったと考えられる。平和維持活動もその変容期にあるといえよう。

第6章　見果てぬ夢，国連常設軍
――国際公共目的に向けた軍事的強制の現代的諸相――

第1節　はじめに

　本章は，世界政府論が提起する問題を検討し，そこにおいて中核の一つとされている国際的な警察軍という制度に留意しながら，冷戦解消後の国際社会における国際公共目的に向けた軍事的強制の現代的諸相を，国連常設軍の構想・提案を中心として紹介・検討するものである。1950年に出版された『世界政府の思想』と題された書物[1]の中で，田畑茂二郎教授は，第二次世界大戦以後の実践運動としての世界政府運動を詳細に紹介・分析するととともに，その基本的な問題点も的確に指摘している。世界政府論の理解と分析は，現在においても国際社会における統治システムのあり方を考える上で，重要な視点を提供すると考えられる。

　国連の創設以来，繰り返し，常設の国連軍の設置が提案されてきた。一般的には国連の「常設軍」は，個人ベースで採用される国連軍を想定するが，実現可能性に鑑みて，ここでは，国々が分担するが高度の準備態勢に維持される即応部隊（rapid-reaction force）も検討対象とする。時系列的にふり返ってみれば，2つの超大国が対立する冷戦期においては，国連常設軍の提案は非現実的であったが，1990年代前半には，国連の常設軍や即応部隊に関する提案が多くなされた。他方で90年代には，ソマリアと旧ユーゴでの失敗の後，平和維持活動は伝統的なものに限定し，強制力の必要なものは「意思と能力のある多国籍軍（'coalitions of the willing and able'）」[2]に委ねるという役割分担が定着したかに

---

1) 田畑茂二郎『世界政府の思想』（岩波書店，1950年）。
2) 「多国籍軍」を国連平和維持活動を含む「国連軍」から区別する基準は，一般に，「指揮権」が国連にはなくて軍隊提供国が維持する点にある。この点については，等雄一郎他「国連安保理決議に基づく多国籍軍の『指揮権』規定とその実態」『調査と情報』453号（2004年）1-10頁を参照せよ。以下，多国籍軍という用語を，原則として，「指揮権」が

見えた[3]。しかし，その後，平和維持活動については「強力な平和維持（robust peacekeeping）」という憲章第7章に基づく派遣が一般化してきている一方で，多国籍軍についても多様なものが派遣されるようになり，しかも国連の平和維持軍と多国籍軍が協働するなど，かなり錯綜した状況となってきている。

このような状況に鑑みて，常設の国連軍に期待される能力である軍事的強制能力や即時対応能力などに留意しながら，「平和強制」（後述）の可能性や「強力な平和維持」と多国籍軍の最近の動きと問題を検討することによって，国際公共目的に向けた軍事的強制の現段階の解明を試みてみたい。

なお，この分析は，世界政府論が提起する問題を学問的に検討するものであり，実践運動としての世界政府運動を批判的に評価するものではないことを，指摘しておく。

第2節 「世界政府論」からの示唆

1 「世界政府論」の概要

第二次大戦後に多くの人々を動員した実践運動として展開した「世界政府論」は，広島と長崎の経験に突き動かされ，核兵器による人類破滅の差し迫った危険に対応する解決策として主張された[4]。

軍隊提供国により維持される形で派遣される「意思と能力のある多国籍軍（'coalitions of the willing and able'）」の意味で使用する。

3) 冷戦解消後における国連の平和維持活動の発展と集団的安全保障制度の創造的展開を含む国際連合による国際の平和と安全の維持に関する全般的検討については，拙著『国際組織法』（有斐閣，2005年）257-354頁，特に311-354頁を参照せよ。主に1990年代における多国籍軍の事例を検討する文献としては，以下がある。吉田靖之「国連安保理事会決議に基づく多国籍軍の法的根拠――安全保障理事会の『授権』を中心に――」『防衛研究所紀要』第3巻1号（2000年）99-125頁，樋山千冬「冷戦後の国連安保理決議に基づく『多国籍軍』」『レファレンス』No. 626（2003年）28-46頁，山本慎一「国連安保理による『授権』行為の憲章上の位置づけに関する一考察――多機能化する多国籍軍型軍事活動を例として――」『外務省調査月報』No. 2（2007年）31-52頁。

4) 田畑『前掲書』（注1）26-27頁。1950年代頃の日本語文献および当時の動きに触れる日本語文献としては，次のものがある。下中彌三郎『世界連邦』（元々社，1954年），吉原正八郎『世界政府の基礎理論』（理想社，1962年），水木惣太郎『世界政府と憲法』（有信堂，1974年），加藤俊作「運動としての世界連邦論」日本平和学会編『世界政府の展望［平和研究第28号］』（早稲田大学出版部，2003年）3-19頁。

第6章　見果てぬ夢，国連常設軍

　世界政府の根拠に理論的な説明を与えたと評価されるエメリー・リーブスの『平和の解剖』によれば，「戦争は，平等の主権をもち，統合されない社会単位が接触すれば，いつでも，また，いかなるところでも，きまって起こる」[5]のであり，なんらかの主権（的権力）が，相衝突する社会単位の上に，それを超えて設定され，相戦う単位を一つのより高次の主権の下に統合するまでは，平和は達成されない。その意味で，今日の国際社会は，中世の封建社会が崩壊し近代国家が成立する前夜の，つまり，まだ封建領主が主権的権力を主張し相互に争っていた13世紀末と全く同じような社会的動揺と政治的混乱に直面している[6]，とされる。

　また，国際連盟や国際連合といった国際組織では，もはや戦争を効果的に防止しえないという考え方が，その出発点になっており，集団安全保障制度の欠陥を経験的にハッキリと認識した上での主張である[7]。冷戦下の状況において，安保理は拒否権のために重要な活動はほとんど行いえない実情にある。さらに，武力をもった主権国家の合意を基礎にしたものであるかぎり，集団安全保障制度によっては効果的に戦争が防止されることを期待しえない，と指摘される。すなわち，決議の実行には加盟国の武力，特に大国の武力に依存するために，大国に対しては容易に行いえないし，決議の実行の段階では，自国の個別的な利害に基づいて態度を決定してしまう。また，近代戦争による人的・物的な莫大な消耗を考慮して，いずれの国家も，他国を救援するために自国の軍隊を派遣することには躊躇する，というわけである。

　こうして，実現可能性の観点からミニマリズム（最小限論）の立場に立つコード・メイヤーの『平和かアナーキーか』によれば，国際連合を改造した世界政府が提唱された。現在の国際連合では，総会よりも，大国を中心として構成された安保理の方に優越的な地位が認められているが，新しい国際連合では，世界政府機構全般における中心的な機関として総会の地位が極めて重視され，総会には立法機関として基本的な地位が与えられるのに対して，安保理には，

---

5)　田畑『前掲書』（注1）35頁，エメリー・リーブズ『平和の解剖』（毎日新聞社，1949年），132頁。
6)　田畑『前掲書』（注1）36-37頁，リーブズ『前掲書』（注5）114-122頁。
7)　田畑『前掲書』（注1）52-54頁，リーブズ『前掲書』（注5）226-252頁。

総会の定めた法規を執行する単なる執行委員会としての地位のみが認められるとされた。また,設立される国連警察は,大量破壊兵器禁止確保のための国際監視機関や禁止に違反した者の処罰を定めた世界刑法典の適用に当たる世界法廷を助けて,禁止兵器の製造などを企てる個人や個人の集団を逮捕するとともに,国際連合に対する国家の反逆に対処しそれを鎮圧する任務ももつとされた[8]。

2 「世界政府論」の問題点

「世界政府論」の主張には,核戦争による人類破滅の脅威という直接の契機の背後にある,既成の国際秩序の欠陥に対する抗議・批判としての,重要な指摘が含まれている。すなわち,① 各国が主権と武力を保有する現在の国際社会の構造の中に,戦争への潜在的可能性を含む構造的な欠陥が存在すること。② 人民会議の主張は,人々に重大な影響を及ぼす決定が,人々の立場を離れた一部の政治家によりなされてきたことへの批判であること。③ 個人の刑事責任の主張は,実際に侵略戦争を企て開始した一部の政治家・支配階級が,国家の名において人々に責任を転嫁してきたことの批判であることなどである[9]。

このようなプラスの面も確かにあるが,重大な問題点も指摘されてきた。第1に,戦争の原因に関する考え方が,単純・短絡的なことである。国家がそれぞれ主権をもち対立していることは,戦争の重要な一つの契機にはなりうるが,そのために戦争が発生するのだと,国家の主権と戦争を直ちに結びつけて考えることは正しくない。具体的な戦争という実践活動との関連では,国際的政治経済情勢などの客体的条件と,誰が国家の主権を現実に発動するかという国家主権の現実の担い手(国家の内部構造)に関わる主体的条件が決定的に重要であるが,これらの分析が不十分である[10]。

第2に,政府の成立のために必要な社会的条件の成熟が,国際社会には欠けていることである。この点については,政府機構は何らかの社会的統一を基盤

---

[8] 田畑『前掲書』(注 1) 64-73, 89-101 頁,C. マイヤー『平和か無政府状態か』(岩波書店,1952 年) 107-127, 147-174 頁。
[9] 田畑『前掲書』(注 1) 188-192 頁。
[10] 田畑『前掲書』(注 1) 193-197 頁。

として初めて適正に運営されるという視点から,かりに世界政府が実現されたとしても,それによって直ちに世界の平和的な秩序が保障されるか,という疑問が提示される。また,政府と社会とのこの関係を逆転した場合,世界政府は必然的に権力的専制的性格を帯びることになるとも指摘される。これは,**機構万能主義・法至上主義ともいえる考え方に対する批判**である。ニーバーの指摘によれば,政府というものだけによって共同社会を作り出すことはできない。政府の権威は,もともと法や権力に基づくものではなく,共同社会そのものの権威によるものであって,法律が遵守されるのは,社会がそれを全般的に見て正義の理念に合致していると考え承認するからである。もちろん,法律や権力が社会を組織化し,その統一を維持する上で,ある程度の効果を持っていることは否定できない。しかし,法律や権力だけで社会を統一しようとすれば,結局,政府の圧倒的に優越した権力を前提しなければならず,世界政府は必然的に圧制的なものとならざるをえないであろう,と言われる[11]。

第3に,現在の国際社会および国内社会が抱える現実の矛盾・諸問題が残存することが引き起こす重大な帰結である。現在そうであるように,人々が民族性や政治・経済に関して各自の見解に執着するかぎり,世界政府になっても,政治,すなわち権力への闘争は残るのであり,世界政府といっても,結局,世界政府論者の希望と無関係に,現在の支配的な国家の立場を濃厚に反映し,現在の支配階層の利益を代表したような世界政府となる危険性が極めて高い。具体的に言えば,国際的には南北の巨大な格差・対立であり,国内的には民族的宗教的その他の理由に基づく差別・対立・格差であり,国際的独占資本・多国籍企業の強大な影響力による歪みなどである。現実の矛盾を固定化した世界政府も,強力な警察力によってとにかく一時的には戦争の発生を防止することができるとしても,その安定は単なる警察力による安定であって,永続的な安定ではない。たとえ世界政府に武力が集中しても,それが単に権力的な抑圧的なものになれば,それに対する抑圧された人々の反抗といったものが当然予想され,内乱という名の戦争が発生する可能性は残るということである[12]。

---

11) 田畑『前掲書』(注 1) 174-178 頁。
12) 田畑『前掲書』(注 1) 199-200, 202-211 頁。特に内乱の処理の仕方は世界政府論にとってアキレス腱ともなりうる極めて重要かつ困難な問題である。マイヤーは苦心して

3 国際社会における統治システムのあり方に対する視点

上記のような「世界政府論」の問題点を踏まえて，国際社会における統治システムのあり方を考える際に重要な視点は，政府という機構は，秩序維持の手段としては，必ずしも万能ではない，というクロードの指摘から得られるといえる。すなわち，内戦，革命，暴動の存在は，政府が失敗しうることを意味しており，世界政府論は政府自体の理想化に過度に依存するとともに，上手く機能している欧米諸国の一部の政府のみを念頭に置いている。この指摘の適切さは，冷戦解消後における国内民族宗教紛争の頻発が実証するところである。これは皮肉なことに，国際秩序の障害になっているのは，政府という処方箋を国際社会が採用して世界政府を樹立しているのではないことではなくて，政府という処方箋が国家内部において統治の手段としては機能不全を起こしていることが原因であることを示している[13]。

政府は失敗しうるという認識の背後には，すべての政府は社会秩序の維持のために様々な政治的調整のプロセスを機能させる非強制的な方法に大きく依拠しているという理解，言い換えれば，社会秩序の維持は，法の執行の問題に単純化することはできないという理解がある[14]。

こうして，統治システムのあり方は，共同体・社会の性質に依存するのであり，統治システムのあり方を考える際のポイントは，社会を統治する機構の統治能力にあるのではなくて，機構を支える社会の統治可能性にこそある，という視点を押さえる必要がある。そして問題は，国際社会に適した統治システムの認識と発展，ということになる。ここでのテストは，国内政府との機構的な類似性ではなくて，役割・機能の遂行にある。つまり，社会秩序の維持に成功してきた政府が，国内社会において果たしてきた役割・機能を，国際社会において世界的規模で適切に果たすための方法と仕組みの探求と実施である[15]。

「強制的中立の政策」を示す（マイヤー『前掲書』（注8）181-184頁）が，楽観的にすぎると思われる。

13) I. L. Claude, Jr., *Swords into Plowshares: The Problems and Progress of International Organization* (Random House, Fourth Ed., 1971), pp. 422-424.

14) *Ibid.*, pp. 437, 439.

15) *Ibid.*, pp. 429-430, 434-435, 441. この論点については，拙稿「国際社会の共通利益と国際機構——国際共同体の代表機関としての国際連合について」大谷良雄編著『共通利益概

他方で，国際社会は，主権国家の並存や民族・宗教などに基づくまとまりが，大きな影響力（忠誠心）を有し深刻な対立の潜在的な脅威となっている，多元的に錯綜した社会である。

このような国際社会に適した統治システムの制度設計におけるポイントは，多元的な性格の国際社会を共同体に変革するという視点に立つことであり，一方で，説得・妥協・勧誘に向けた，社会秩序の維持のための様々な政治的調整のプロセスを機能させる非強制的な方法を取り入れることであり，他方で，人々の国際社会における連帯感を高めることに向けた，人々の安全・幸福・福祉・便利などにつながる様々な国際的サービスを提供する仕組み（国際連合や専門諸機関のような）を作ることと考えられる。

以上のような大枠・背景を踏まえた上で初めて，秩序維持のためには，一定程度の強制・軍事力の行使の必要性が残るということを指摘する必要がある。すなわち，国際社会において組織される一定程度の強制・軍事力のあり方を評価するに際しては，多元的な国際社会に適した統治システムはどのようなものかという問題意識をもち，そのような統治システムの一部を構成するものとして「軍事的強制措置」を評価することが大切ということである。

第3節　国際連合における軍事的強制の変遷と国連常設軍の諸提案

国際連合の創設以来，繰り返し，常設の国連軍の設置が提案されてきた。その際に，設置の目的としては，戦争，内戦，大量殺害という緊急の問題に対する国際連合の対応能力向上の手段として，あるいは，平和維持活動に従事する平和維持軍の提供を迅速化する方法としてなどが想定されてきた。先に指摘したように，一般的には国際連合の「常設軍」は，個人ベースで採用される国連軍を想定するが，ここでは，実現可能性に鑑みて，国々が分担するが高度の準備態勢に維持される派遣軍に依拠する国連の即応部隊も検討対象とする。問題の核心は，現実的観点から見て，何が実現可能であるのか，である。国際連合

念と国際法』（国際書院，1993年）69，85-86頁も参照されたい。

の対応能力向上の必要性については，ほぼ普遍的な同意がある。しかし，特に国連軍が果たすことを期待される実際上の任務の多様性に鑑みれば，国連の即応部隊への需要は巨大でありうるのに対して，そのような需要に対応するという国々の利害関心は，比較的に限られている。さらに，危機を実効的に管理する安保理の能力はしばしば疑われるのが実態である。

以下，便宜上，3つの時期に区分して，国際社会における関連する主要な出来事と常設の国連軍の設置の動きを紹介・検討する[16]。

1 冷 戦 期

国連発足後に憲章第43条の特別協定締結に向けて作業を開始した軍事参謀委員会は，重要な事項について大国間の見解が対立し，審議が行き詰まった旨を，1948年に安保理に報告し，その後，活動は実質的に停止した[17]。この点は，1950年の朝鮮戦争と「平和のための結集」決議の採択（国連軍編成の即応体制の試みとして，加盟国が待機軍を設ける旨を要請している）によっても，変わらなかった。

確かに，初代事務総長のトリグブ・リー（Trygve Lie）が，5万人規模の志願兵からなる「国連軍（UN Legion）」の提案をしたことがある[18]し，有名なクラーク＆ソーンの World Peace Through World Law (1958) も，個人志願兵からなる20万〜60万人の常設軍と60万〜120万人の予備兵を設ける旨を提案し

---

16) この章の検討は，主に A. Roberts, "Proposals for UN Standing Forces: A Critical History," in V. Lowe et al. (eds.), *The United Nations Security Council and War* (Oxford University Press, 2008), pp. 99-130; S. Kinloch-Pichat, *A UN 'Legion': Between Utopia and Reality* (Frank Cass, 2004) に基づく。実際上の観点から関連する諸論点を俯瞰するものとして，K. Homan, "Multinational Peace Support Operations: Problems and Prospects," in O. Ribbelink (ed.), *Beyond the UN Charter: Peace, Security and the Role of Justice* (Hague Academic Press, 2008), pp. 103-117 がある。本章と類似の問題意識から書かれたものとして，阪口規純「国連の緊急展開能力強化と常設軍構想の意義・限界」『国際公共政策研究』第12巻1号（2007年）93-109頁も参照せよ。*See also* D. Cox and A. Legault (eds.), *UN Rapid Reaction Capabilities: Requirements and Prospects* (Canadian Peacekeeping Press, 1995); P. F. Diehl, *Peace Operations* (Polity, 2008), pp. 92-98.

17) 香西茂『国連の平和維持活動』（有斐閣，1991年）21-24頁。

18) T. Lie, Introduction to Annual Report of the Secretary-General on the Work of the Organization, 1 July 1947 – 30 June 1948, UN Doc. A/565, 1948, pp. xvii-xviii, cited by Roberts, *supra* note 16, pp. 101-102 and Kinloch-Pichat, *supra* note 16, p. 44.

た[19]。しかし，2つの超大国が対立する時代においては，常設国連軍の提案は非現実的であったのであり，対応する動きはなかった。

この時期に議論の中心となったのは，1956年に国連緊急軍（UNEF）が派遣され，予想以上の成果を挙げたことを受けて，平和維持活動の迅速派遣のための待機取極の議論であった。実際，当時の国連平和維持特別委員会（UN Special Committee on Peacekeeping）においては，国連の即応能力の向上の問題が頻繁に議論された[20]。また，1979〜87年の期間には新たな平和維持活動が派遣されておらず，緊急な必要性もなかった。

2 1992年〜1995年

この数年は，国際連合管理下の常設軍に関する提案と発展が最も多くなされた時期である。もっとも，これには，冷戦終結直後における楽観主義の産物という段階と，ルワンダの事態に対応できなかった国際連合の限界を冷静に評価した結果としての段階との，2つがある。

(1) 冷戦終結直後における楽観主義の段階

第1の冷戦終結直後における楽観主義の産物という段階との関連では，まず，1992年のガリ事務総長の「平和への課題（An Agenda for Peace）」がある。確かに，ここでは狭義の常設軍の提案こそなされてはいないが，よく知られているように，第1に憲章第43条の特別協定の締結に向けた交渉開始を勧告し，第2に平和強制部隊（Peace-enforcement units：平和維持軍よりも重装備かつ各国の軍隊で広範囲な準備訓練を受けた上で加盟国から提供され常時出動可能な態勢をとり，停戦を回復・維持するため明確に定義された状況においてその委任事項を事前に明記した上で実施される）の設置を提案し，第3に待機取極（standby arrangements）の重要性を指摘した[21]。

---

19) G. Clark and L. B. Sohn, World Peace Through World Law (Harvard University Press, 1958), p. 300, cited by Roberts, *supra* note 16, p. 104 and Kinloch-Pichat, *supra* note 16, pp. 107-108.
20) 香西『前掲書』（注 17）349-389 頁，三好正弘「第2章 国際連合の平和維持活動」神谷龍男編『国際連合の基本問題』（酒井書店，1974年）11-134頁を参照せよ。
21) B. Boutros-Ghali, "An Agenda for Peace: Preventive Diplomacy, Peacemaking and

1992年には,アメリカにおいて研究者等により常設軍に関する提案がなされているが,注目に値するのは,1993年6月のアークハート(Sir Brian Urquhart)による5,000人規模の個別志願兵による国連軍の提案である。アークハートは,妨害行為に直面したときの弱さ(カンボジア,アンゴラ,旧ユーゴ)や緊急な場合での加盟国の対応の遅れ(モザンビーク,ソマリア,旧ユーゴ)などの平和維持軍の直面する困難への対応策として,安保理に一定の危機において,迅速に軍事的対応をする能力を付与することを提案した[22]。ここでは,即時に派遣可能な国連軍を広くボランティアから直接採用すること,事態が悪化して手に負えなくなる前,危機の最初の段階で一定規模の軍隊を派遣する能力,大規模な惨害が避けられる段階で十分な力と決意を示す能力が問題とされ,外部からの攻撃の脅威にさらされている国家の支援と同時に,内戦における停戦の強制が(一部の紛争当事者の同意が無く,停戦協定がない場合でも)考慮されていた。

(2) ルワンダにおける失敗を踏まえた段階

第2に,1994年のルワンダにおける内戦・ジェノサイド・大量難民流出は,かつてないほど常設国連軍の設置の主張を引き起こした。これは,特に1994年の4月にインターハムウェ(Interhamwe)と呼ばれる民兵によるツチ族の大量殺害が始まった段階では,中規模の国際軍を派遣すれば,それを停止することができたと主張されたことに基づく。若干の事実関係を確認しておく[23]。

当時派遣されていた国連ルワンダ支援団(UNAMIR)は2,500名程度の平和

Peacekeeping, Report of the Secretary-General Pursuant to the Statement Adopted by the Summit Meeting of the Security Council on 31 January 1992," UN Doc. A/47/277-S/24111, paras. 42-44. 一部の翻訳は,横田洋三編『国連による平和と安全の維持―解説と資料―第2巻』(国際書院,2007年)818頁による。

22) B. Urquhart, "For a UN Volunteer Military Force," *The New York Review of Books*, 10 June 1993, pp. 3-4.

23) Roberts, *supra* note 16, pp. 108-114. 詳しくは,*The United Nations and Rwanda, 1993-1996* (The United Nations Blue Books Series, Volume X, 1996), pp. 1-111 を参照せよ。また全般的に,B. D. Jones, "Rwanda," in M. Berdal and S. Economides (eds.), *United Nations Interventionism 1991-2004* (Cambridge University Press, 2007), pp. 139-167 も参照せよ。

維持軍であったが，1994年4月，安保理決議が，平和維持軍の10名のベルギー人の殺害とツチ族の大量殺害の開始に対して，UNAMIRを270名まで減らすことを決定したために，5月の段階で実際に444名まで減少した。4月の末に事務総長は文民の殺害に対処することを安保理に求めたが，安保理がUNAMIRの任務を難民・文民の保護に拡大するとともに5,500名に増員を決定したのは，5月中旬に虐殺の事態があきらかとなってきた段階であった。しかも，平和維持活動の待機取極の当事国であった19か国の政府のなかで，部隊提供に同意した政府はなかった[24]！　その後，特に6月〜7月のルワンダ愛国戦線（RPF）の勝利の後に，UNAMIRが増員され，12月には5,500名程度になった。

　他方，フランスを中心とする多国籍軍（Opération Turquoise）の派遣は1994年6月の決議929に基づくが，フランス軍の派遣はUNAMIRの困難を悪化させた面もあったといわれる。フランス軍の役割がフツ族主体の政府軍に有利で，RPFの全土における完全な勝利を妨害するものと見られたためである。1994年RPFがキガリを奪取した後に，フツ族の多くが報復・復讐を恐れ大量の難民となって，隣国のザイール（1997年以降，コンゴDRC）のゴマとブカヴの難民キャンプに逃れた。アメリカは軍隊をキャンプに送ったが，ガリ事務総長はザイールのキャンプにおける120万人の難民の保護のために平和維持軍の提供を60か国の政府に呼びかけたが，1件の応答もなかった（！）といわれる[25]。

　以上の経緯を踏まえて常設国連軍または即応部隊の必要性を指摘する主張が提起されたのであるが，その理由として次の2点が指摘される[26]。①インターハムウェ民兵は正規の軍隊ではなく，中規模の国際軍が虐殺をくい止められたと考えられること。②平和維持活動のための既存の待機取極の弱点が明らかとなったことである。こうして，1992年12月のソマリアと同様に，1994年5月のルワンダでは，必要な短期間に軍隊を確保できなかったのであり，フランスへの許可（authorization）は，国連の即応部隊がない状況では，緊急事態に対応する唯一の方法であったと考えられる。

---

24)　B. Boutros-Ghali, *supra* note 21, para. 43.
25)　Roberts, *supra* note 16, p. 111. 他方で，ガリ事務総長の報告書では，約60か国に連絡して1か国のみが申し出ていたという（*The United Nations and Rwanda, 1993-1996, supra* note 23, pp. 82, 445）。
26)　Roberts, *supra* note 16, p. 111.

このような指摘には議論の余地があるとも言われる[27]が，背後にある基本的な問題として，次のような点が指摘される。ルワンダに対する強い関心と確固たる意思の欠如，1994年の段階では部隊提供国は不確かな大義・目的のために自国部隊の生命を危険にさらすことに消極的であった（象徴的な例はアメリカのPresidential Decision Directive 25, 1994年）こと，当時はソマリアの経験もあり国際社会全体が国内紛争への関与に慎重になっていたことである。この後，1995年4月ルワンダのキベホ難民キャンプにおける国内避難民のフツ族の大量殺害が発生したが，UNAMIRは十分な対応ができなかった[28]。

こうして総括的には，ルワンダの事例は，単に常設国連軍の必要性の問題のみならず，安保理の政策決定の質，文民への攻撃に対して平和維持軍が強力に対応する必要性，地域的機関の役割などの諸問題を提起すると言われる[29]。

1994年には既存の平和維持活動待機取極を現在の国連待機制度（UNSAS：UN Standby Arrangements System）に改組する動きが進んだ。しかし，国々は自国部隊の使用方法に対して最終的なコントロールを保持することに執着したために，改組後の待機取極も部隊の提供については国家のコントロールが残っている[30]。他方，既存の待機制度は平和維持活動の部隊確保に一定程度は役立ったが，ルワンダのような肝心の場合には機能しなかった。そのために，この失敗は1995年に常設軍の提案が数多くなされることにつながった。それらの若干を紹介する。

---

27) *Ibid.*, pp. 112-113. たとえ常設国連軍または即応部隊が存在していたとしても，ルワンダのジェノサイドを回避できた保証はないという趣旨であり，その理由は，本章の後の「(b)国連常設軍の批判」（本書214-215頁）と重なるものである。

28) *Ibid.*, p. 113. *The United Nations and Rwanda, 1993-1996*, *supra* note 23, pp. 86, 497-498. なお，Presidential Decision Directive 25については，例えば，A. S. Bah, "The Evolution of Regional and Subregional Collective Security Mechanisms in Post-Cold War Africa," in B. D. Jones et al. (eds.), *Cooperating for Peace and Security: Evolving Institutions and Arrangements in a Context of Changing U.S. Security Policy*, (Cambridge Universty Press, 2010), pp. 269, 285-287.

29) Roberts, *supra* note 16, pp. 113-114.

30) 国連待機制度については，例えば，一政祐行「国連PKO待機制度の現状とその展望―待機軍即応旅団（SHIRBRIG）―」『外務省調査月報』No. 3（2002年）79, 91-95頁。*See also* H. P. Langille, *Bridging the Commitment-Capacity Gap: A Review of Existing Arrangements and Options for Enhancing UN Rapid Deployment* (Center for United Nations Reform Education, 2002).

第1は，ガリ事務総長の「平和への課題－追補」で提案された即応部隊である。これはあくまで平和維持軍の枠組みのなかでのものであった。具体的には，歩兵大隊規模（battalion-sized units）の部隊で，同一の基準で訓練され，同一の活動手続を用い，統合された通信機器を備え，定期的に合同訓練を行い，各母国に駐留するがいつでも必要に応じられる水準に保たれる。他方で，強制行動の常設軍については否定的であり，国際連合に能力はないと指摘している[31]。

第2は，オランダによる「国連早期展開旅団（UN Rapid Deployment Brigade）」の提案である[32]。オランダ外相は，ルワンダでの不活動の理由は，手段の欠如でも時間の不足でもなく，いずれの政府も自国市民の生命を危険にさらす用意がなく身体的危険が高すぎると見なされた結果であるとし，1993年のアークハート提案と同じ方向であるが，一層発展させたものを提案した。これは，個人ベースで採用され，2,000～5,000名の即時派遣が可能な旅団を安保理の下に置く。この部隊には多様な任務が期待され，平和維持活動を超えて強制的な介入にも踏み込む（例として，予防的な派遣，人道に対する犯罪などの防止・停止のための一部勢力の同意なしの国内紛争介入，人道救援機関の先遣隊としてまたはその軍事的保護，1990-1991年の湾岸戦争のクウェートにおけるような場合に多国籍強制活動の枠組み内での配置も排除していない）とするが，この提案の重要な点は，即時派遣と同時に派遣期間の限定性（平和維持活動では一番に到着し一番に撤退するとし，派遣の決定はそれと同時に待機軍・平和維持軍・文民統治ミッションによって代替される旨の決定と準備を伴う）であった。

第3は，デンマークなどによる「国連緊急即応待機旅団（SHIRBRIG：Multinational Standby High Readiness Brigade for UN Operations）」である[33]。これは，

---

31) "Supplement to An Agenda for Peace: Position Paper of the Secretary-General on the Occasion of the Fiftieth Anniversary of the United Nations," UN Doc. A/50/60-S/1995/1, 3 January 1995, paras. 44, 77. 一部の翻訳は横田編『前掲書』（注21）828-829頁。

32) The Netherlands Non-Paper, "A UN Rapid Deployment Brigade: A Preliminary Study," cited by Roberts, *supra* note 16, pp. 117-118 and Kinloch-Pichat, *supra* note 16, pp. 152-156. 改訂版が，次の国連文書に再録されている。"Letter dated 7 April 1995 from the Permanent Representative of the Netherlands to the United Nations addressed to the Secretary-General," UN Doc. A/49/886, S/1995/276, of 10 April 1995.

33) Roberts, *supra* note 16, pp. 119-120. その他，一政「前掲論文」（注30），山下光「国連平和維持活動と『多国籍軍』――SHIRBRIG の経験とその意味合い――」『防衛研究所

憲章第6章に基づく平和維持活動の支援のためのものであり，各国は，事態ごとに，参加の決定権限を保持しており，通常想定される常設軍ではない。実際に実施され，数件の平和維持活動に派遣された。ただし，強制能力をもつ常設国連軍ではなく，国際連合の既存の待機取極の一部を構成する。

他方で，あまり知られていない事実であるが，ad hoc な形の即応部隊が1995年に国際連合の下に設置された。安保理決議998 (1995) の許可の下，英仏のイニシアチヴにより，英仏オランダの部隊からなり重装備のものが，国連保護軍（UNPROFOR）の中に設置され，包囲されていたサラエボの近くに配置された。これは，6月頃UNPROFOR要員が攻撃・拘留され，一般に不満が高まっていたことを背景とし，設置の決定は7月のサラエボにおける約8,000名のボスニア・ムスリム人の殺害の前になされていたが，派遣されたのは8月～9月においてであった。サラエボの外における即応部隊の役割は，包囲の終了およびその年のボスニア戦争の終結に向けて重要な要因であった，といわれる[34]。

3 1995年以降

1995年以降には，危機に対応する常設の国連軍の議論は低調になっている。また実行上も，2003年以降のダルフール危機に対する加盟国や安保理の対応の弱さが指摘される。アナン事務総長は，常設の国連軍には否定的な立場をとり，真の問題は，派遣の迅速性であるとする[35]。そして，1990年代後半における国連待機制度や類似のプロジェクトの進展にもかかわらず，国際連合は，複合的な平和維持活動については迅速な派遣が慢性的にできていないとの認識から，平和活動総括のパネル（Panel on United Nations Peace Operations）を設置した。2000年に出された同パネルの報告書（Brahimi Report）の指摘によれば，国連は複合的な平和活動を迅速に派遣するための能力に欠けるし，多くの加盟

紀要』第10巻2号（2007年）1-26頁を参照せよ。最新状況は，http://www.shirbrig.dk/ を参照せよ。

34)　Roberts, *supra* note 16, pp. 116-117. *See also* "Report of the Secretary-General pursuant to General Assembly resolution 53/35: The fall of Srebrenica," UN Doc. A/54/549 of 15 November 1999, paras. 213-220 and 442-450.

35)　Roberts, *supra* note 16, p. 121.

第6章　見果てぬ夢,国連常設軍

国は,常設の国連軍や国連警察隊の設置に反対し,信頼しうる待機制度の締結に抵抗し,装備の備蓄のための財政的な支出の負担に慎重であり,事務総長が個別の危機に基づく許可を得る前に事務局があり得べき活動の計画に取り組むことに対して消極的である[36]。他方で同報告書は,従来型の平和維持活動と対比して,複合的な平和維持活動の迅速かつ効果的な展開に必要な諸点を的確に指摘している。

その後の国際社会の動きは,「保護する責任」の議論が注目されたけれども,常設の国連軍や即応部隊の構想については,2000年のミレニアム宣言[37]でも,同年の事務総長報告[38]でも,「介入と国家主権についての国際委員会」報告書[39]でも議論されなかった。他方で,2004年のハイレベル・パネル (High-level Panel on Threats, Challenges and Change) 報告書は,即応軍の構想を議論することはなかったが,待機取極の強化を強調して,高度の軍事能力をもつ国々による旅団レベルの待機大隊の設置を勧告するとともに,欧州連合(EU)の動きを歓迎した[40]。また,2005年のアナン事務総長報告「より大きな自由を求めて(In Larger Freedom)」も,既存の国連待機制度に関して地域的機関との連携を強調し,欧州連合やアフリカの動きを高く評価した[41]。国家・政府レ

---

36) "Report of the Panel on United Nations Peace Operations," UN Doc. A/55/305-S/2000/809 of 21 August 2000, para. 90.『国際連合平和活動に関するパネル報告書』(*available at*: http://unic.or.jp/security_co/pdf/a_55_305_j.pdf) 以下の引用では翻訳は基本的に当該翻訳であるが,必要に応じて修正した箇所もある。

37) "United Nations Millennium Declaration," UN Doc. A/Res/55/2 of 18 September 2000, para. 9. ブラヒミ報告書に留意して,総会に対してその勧告を迅速に審議することを求めてはいる。

38) "Strengthening of the United Nations: an agenda for further change—Report of the Secretary-General," UN Doc. A/57/387 of 9 September 2002, para. 9. 事務局としては,ブラヒミ報告書の勧告実施は時間がかかるけれども,一定の改善も実現したとする。

39) International Commission on Intervention and State Sovereignty, *The Responsibility to Protect* (International Development Research Centre, 2001). 同報告書は,国々の軍隊による介入を想定したものであり,常設軍については触れていない。

40) "A more secure world: our shared responsibility-Report of the High-level Panel on Threats, Challenges and Change," UN Doc. A/59/565 of 2 December 2004.『より安全な世界へ:われわれの共通した責任脅威,挑戦および変革に関するハイレベル・パネル報告書』(*available at*: http://unic.or.jp/security_co/pdf/a_59_565_j.pdf) パラ219に基づく勧告60:「先進的な軍事能力を備えた国々は,旅団レベルを上限に十分な準備と自足性を備えた待機大隊を設け,これを国際連合の利用に供するよう促すべきである。」

ベルにおいては，2005年の国連総会特別首脳会議が採択した「成果文書」[42]では，(「憲章に従い安全保障理事会を通じて」ではあるが)「保護する責任」を支持する一方で，常設軍には触れず，平和維持活動強化のための迅速展開能力の向上や地域的機関の動き(EUやアフリカ連合(AU))を評価・支援するとした。

以上の最近の動きに示されるように，従来の北大西洋条約機構(NATO)に加えて，多国籍の待機取極に関する2つの地域的な動きが注目を引く。

第1は，ヨーロッパにおけるEU戦闘集団(Battlegroups)である。これは様々な戦闘支援態勢を伴う歩兵大隊規模の部隊であり，実際にコンゴ民主共和国(DRC)に対して，安保理許可決議の下でアルテミス作戦として派遣された。危機管理活動のすべての段階に対応することを意図している。国連の要請に対応するEUの能力を強化するものであるが，SHIRBRIGとは異なって，国連の許可した活動に限定するものではない[43]。

第2は，アフリカにおけるアフリカ待機部隊(African Standby Force)である。2002年に議定書により，アフリカ連合は，平和安全保障理事会(Peace and Security Council)を設置したが，その目的の1つは，アフリカ待機部隊の樹立であった。AUミッションの多様な活動を担い，アフリカ大陸のどこにも迅速に派遣されうるとする。2003年以降，実施に取り組むが，資金の不足等が指摘され，未だ実現されていない[44]。

---

41) "In larger freedom: towards development, security and human rights for all – Report of the Secretary-General," UN Doc. A/59/2005 of 21 March 2005, paras. 112, 213, and, in "Annex: For decision by Heads of State and Government," paras. 6 (j) and 8 (j).『より大きな自由を求めて：すべての人のための開発，安全保障および人権』(*available at*: http://unic.or.jp/security_co/res/rest_2005_59.htm)

42) "2005 World Summit Outcome," UN Doc. A/RES/60/1 of 24 October 2005, paras. 92–93, 138–139.

43) EU戦闘集団については，例えば，Gerrard Quille, "Directorate-General for External Policies of the Union, Directorate B—Policy Department—, Note: The EU Battlegroups" (*available at*: http://www.europarl.europa.eu/meetdocs/2004_2009/documents/dv/091006eubattlegroups_/091006eubattlegroups_en.pdf)．アルテミス作戦を始めとする，アフリカにおけるEUの活動については，ゴルム・ライ・オルセン「アフリカにおける紛争管理——アフリカのためか，それとも欧州のためか——」ジョナサン・ルイス他編著『紛争解決の国際政治学』(ミネルヴァ書房，2010年) 95-122頁を参照せよ。

44) *See* International Peace Institute, "Operationalizing the African Standby Force," (2010). (*available at*: http://www.ipinst.org/publication/meeting-notes/detail/282 -opera-

これらは，国際連合の管理あるいは許可の下の活動の支援に限定されていないが，この背後には，次のような理解があると指摘される[45]。① 十分に訓練を受け迅速派遣が可能な軍を，安保理が合意できる場合にのみ活動できるものと限定することは合理的ではない。② 介入能力をもつ待機軍を高度の準備態勢に維持するためには，訓練および兵站の取極が必要とされ，それは，地域的に管理するのが最善である。

第4節　国連常設軍の視点からみた「強力な平和維持」

前節で確認したように，1995年以降，常設の国連軍の議論は低調となり，むしろ多国籍の待機取極に基づく地域的な動きに焦点は移っている。他方で，危機に対する実際の対応状況を見れば，1990年代においては，ガリ事務総長の「平和への課題」で提唱された「平和強制部隊」との類似性もあるソマリアと旧ユーゴスラビアでの試みが失敗した後は，平和維持軍は伝統的なものに限定し，強制力の必要なものは多国籍軍に委ねるという役割分担が定着したかに見えた。しかし，その後，特に2000年以降の最近においては，平和維持軍についても「強力な平和維持」という憲章第7章に基づく派遣が一般化してきている。また多国籍軍についても，必ずしも武力行使を目的としていないものも派遣されるようになり，しかも国連の平和維持軍と多国籍軍が協働するなど，平和維持活動と多国籍軍の交錯という事態になってきている。ここでは，まず，第2節および第3節の考察を踏まえて，国連常設軍の視点から国連平和維持軍による「強力な平和維持」の評価を試みてみよう。そのためには，国連常設軍の実現可能性などに関わる諸議論を簡単にでも確認しておく必要がある。

1　国連常設軍の実現可能性とその構成要素

国際連合の創設以来，繰り返し，常設の国連軍の設置が提案されてきた背景には，戦争，内戦，大量殺害という緊急事態において，必ず迅速に派遣されうる，十分に訓練を受け適切な装備の即応軍が必要である，との認識が一貫して

---

tionalizing-the-african-standby-force.html）
[45]　Roberts, *supra* note 16, p. 123.

維持されてきたことが確認できる。

(1) 国連常設軍の実現可能性

常設の国連軍の設置が必要であるとの認識の下で，理論上および実際上の最大の問題は，その実現可能性である。この点をめぐる議論を簡潔に紹介しておこう。

(a) 現状の認識

第3節で紹介したような提案がなされる背景には，現状が不充分であるとの認識がある。具体的には，(問題の次元が異なるが) 次のような数点を指摘できる[46]。

① 国連待機取極制度は，最終的には部隊提供国の ad hoc な同意に基づくという意味で，部隊の提供・確保という中核的な部分において，内在的な不安定要因を抱えていること[47]。ルワンダの事例で顕著に示された弱点である。

② 国連活動において自国部隊の死傷者を出すことに対する部隊提供国の慎重さ・消極性であり，これは欧米の民主主義国に特に強い傾向である。部隊の確保を困難とすると同時に，武力行使を伴う必要な活動への消極的な姿勢につながることになる[48]。

③ ad hoc に組織される複数国の合同軍においては，装備や訓練のレベルが異なるなどの技術的な要因の他に，活動の成功のためにどの程度の損害を甘受するかという重要な点での相違が残る[49]。

④ ad hoc に提供される各国部隊に基本的に依存する現状の国連活動の要員に関する限りでは，規律の欠如，非行や腐敗などは繰り返し指摘される問題点であり，国連活動の信頼性を損なうことになってきている[50]。

⑤ ルワンダにおいてフランスが主導したトルコ石作戦が批判されるように，

---

46) Kinloch-Pichat, *supra* note 16, pp. 165-201, S. Kinloch-Pichat, "Utopian or Pragmatic? A UN Permanent Military Volunteer Force," in Michael Pugh (ed.), *The UN, Peace and Force* (Frank Cass, 1997), pp. 166-190 などに依拠する。
47) *Ibid.*, pp. 171-176.
48) *Ibid.*, pp. 181-186.
49) *Ibid.*, p. 178.
50) *Ibid.*, pp. 171-176.

安保理が ad hoc に許可した多国籍軍による人道的な軍事介入の外注という方式は，正当性の点で問題があり，人道活動の実効性も掘り崩すことになる[51]。

このような諸問題を克服する手段として構想されるのが，国際連合の任務・活動に忠誠を誓う，個人ベースで採用され，統一的な訓練と装備の下に置かれる常設の国連軍である。このような形態で採用・訓練・維持される国連常設軍であれば，上記のような諸問題をかなりの程度まで克服できると期待されているからである。

(b) **国連常設軍の批判**

他方で，常設の国連軍に対する批判も数多くなされてきた。具体的には，（同様に，問題の次元が異なるが）次のような数点を指摘できる[52]。

① 常設の国連軍に期待される実際上の任務は，極めて多様かつ大量であるために，いかなる軍にとってもそれらの準備・対応は容易でない。任務としては，予防展開，内戦やジェノサイドの初期に介入，攻撃を受けている平和維持軍の増強，文民の保護，人道援助の保護など多岐にわたりうるし，これらに対応するとすれば，実際に対応できる以上の多くの危機に対処することを求められることになるという意味で，量的な障害が発生する。また，これらの任務の多様性の結果として，常設軍に求められる軍事的専門知識，装備，軍の構造などの多様性は，従来提案されてきた規模の単一の軍の対処能力を超えるものであるという意味で，質的な障害も発生する。

② 小規模の即応軍の提案は，一般に，一定の緊急任務に要する軍の規模について過小評価している。提案の中には，数千名規模の常設軍でも，緊急事態には一定の役割を果たすことができるとしたものも多いが，ソマリアやボスニアでの任務遂行でも，かなり大規模の軍が必要とも指摘されたように，紛争が継続中の事態では，先鋒隊としての役割（a vanguard role）の常設の国連軍は，必ず強力な支援態勢を必要とする。

③ 常設の国連軍の提案を刺激したアフリカなどの紛争は，一般に，内戦と

---

51) *Ibid.*, pp. 179-180.
52) Roberts, *supra* note 16, pp. 125-128 が要領よく簡潔にまとめている。ここでは，特に重要と考えられる諸点を挙げる。類似の指摘は，Kinloch-Pichat, *A UN 'Legion': Between Utopia and Reality, supra* note 16 の随所にも見られる。*See also* Langille, *supra* note 30.

失敗国家であり，これらは，初期の段階で軍を投入したからといって必ずしも悲劇を防止することのできない複雑な問題を伴っている。迅速な国際的軍事行動の視点からは，内戦と失敗国家は特有の問題を提起する。これは人道的干渉に対する消極論の根拠と基本的に同じものといえるが，短期の外科手術的な軍事活動には適さない，加盟国に用意がある以上の長期の関与を必要とすること，長期に及ぶ重い行政的責任を担う信託的役割のような外部の機関が必要となりうること，関与の衝動は外部の諸国の重要なあるいは安全保障上の利害からではなくて主に人道的あるいは憲章上の法的義務からであるために，外部の軍事的関与を長期にわたり高度に維持することが困難であることなどに基づく。

④ 軍事力は，国際連合によってよりは，国々あるいは地域的な同盟組織によってより良く管理されうる。経験の示すところでは，軍事力の行使は，国連よりは，単一の国家あるいは同盟の指揮統制の下にある必要がある。平和維持活動に関連して，武力行使責任を外注することには危険があるが，一定の役割を果たしうることも経験上示されている。

⑤ 軍事的な政策決定機関としての安全保障理事会の適切性については，疑問が残る。まず，その構成と拒否権の存在を含む安保理の構造は，急速に展開する軍事活動を運用するのに向いていない。具体的には，情報活動などの資源に欠けること，構成員の間で利害や見解が異なり，行動についての迅速な合意確保が困難であることが指摘される。また，即応能力は実際には北による南への干渉を意味するとの旨の，安保理の判断や偏見に対する批判がある。このような懸念の結果，安保理や事務総長の下に直接に軍事力を置くことには抵抗が強い。

⑥ 平和維持軍への部隊提供国は兵の被害に極めて神経質であるのに対して，志願兵（UN volunteer force）では，被害を甘受する用意があるとの主張がなされるが，それは自明ではない。兵は，自国から遠い紛争地，疑問の余地のある目的などの場合においては，リスクに対して慎重となりうるし，司令官も同様でありうる。

(c) **民間軍事会社（PMC）**

なお，近年懸念の対象となっている民間軍事会社（private military companies：PMC）を国連が利用する可能性についても，ここで一言触れておく。人

道機関が警護のために PMC を利用する事例が増えていると言われる[53]が,その活動には多くの問題点が伴うのが実情である[54]。PMC を国連が利用する場合には,人道法の遵守確保義務をどのように履行するのか,違反者の処罰をどのようにするのかという,従来,国連が人道法条約に参加する可能性との関連で障害とされてきた問題と類似の問題が発生する。国々の間において常設の国連軍に対する支持がない[55]こともあり,議論は本格化してきていない[56]。ここでは,「国家」の提供する軍隊を対象とする。

(2) 国連常設軍の構成要素

以上にまとめたように,国連常設軍の設置については,「見果てぬ夢」とも形容できるような,必要性の観点からの一貫した主張がなされてきている一方で,その実現可能性と適切性の観点からの慎重論・批判も根強くなされてきて

---

53) P・W・シンガー『戦争請負会社』(日本放送出版協会, 2004 年) 356-366 頁。

54) "Use of mercenaries as a means of violating human rights and impeding the exercise of the right of peoples to self-determination – Note by the Secretary-General," UN Doc. A/60/263 of 17 August 2005 (the report of Shaista Shameen, Special Rapporteur of the Commission on Human Rights on the question of the use of mercenaries, submitted in accordance with Assembly resolution 59/178). 簡潔に良くまとまったものとして,佐藤量介「民間軍事会社 (PMCs) と国際平和ミッション―その法的問題と課題―」(*available at*: http://hermes-ir.lib.hit-u.ac.jp/rs/bitstream/10086/17764/1/070cnerDP_046.pdf) がある。*See also* S. Perlo-Freeman and E. Sköns, "The Private Military Services Industry," SIPRI Insights on Peace and Security, No. 2008/1, September 2008, pp. 1-18 (*available at*: http://books.sipri.org/files/insight/SIPRIInsight0801.pdf).

55) A. J. Bellamy, P. D. Williams and S. Griffin, *Understanding Peacekeeping* (Polity, Second Ed., 2010), p. 333.

56) シンガーの評価としては,「長期にわたる紛争管理努力の一環として賢明に使われるなら, [PMC] は作戦の決定的な分かれ目で,状況の沈静化にどうしても必要な短期的軍事力を提供するに違いない」。しかし,「[PMC] は不安定と暴力の底にある原因に取り組むことはしない」し,「保護を [PMC] に依存している人々の危険や政治的負担に配慮することなく時期尚早に [PMC] が撤退するおそれ」や「紛争を引き延ばして契約の延長を図るおそれさえある」とする。シンガー『前掲書』(注 53) 362, 365, 366 頁。類似の指摘については, Bellamy et al., *supra* note 55, pp. 329-331 を参照。最近の関連文献としては, S. Chesterman and C. Lehnardt (eds.), *From Mercenaries to Market: The Rise and Regulation of Private Military Companies* (Oxford University Press, 2007), S. Chesterman and A. Fisher, *Private Security; Public Order: The Outsourcing of Public Services and Its Limits* (Oxford University Press, 2009) がある。

いるのが実情である。いずれの立場についても不確定要素が入っており，簡単に断定を許すものではない。

「世界政府論」の検討に示されたように，重要な点は国内政府との機構的な類似性ではなくて役割・機能の遂行にあるとの観点からは，国連常設軍に期待される機能や求められる性質を踏まえて，その構成要素として少なくとも次の3点，①軍事的強制能力，②迅速展開能力，③国際社会の公的機関または公的機能としての正当性を指摘できよう。世界政府論の観点から国際社会の現状を点検し評価するという問題設定からは，国連常設軍の構想・提案を中心としながら，冷戦解消後の国際社会における国際公共目的に向けた軍事的強制の現代的諸相を分析するためには，これらの3要素が，現在の国際社会において，どのような形で，どの程度まで充足されているか，を検討するのが有益と思われる。

検討対象となる現在の国際社会では，国際連合や地域的国際組織による伝統的な平和維持活動，「強力な平和維持」という憲章第7章に基づき派遣される国連平和維持軍，主に強制力の行使を任務とする多国籍軍や地域的国際組織などが，様々な形で協働・交錯している。このような状況を，先の国連常設軍の3つの構成要素に照らしてみるならば，次のような指摘ができよう。

第3の国際社会の公的機関または公的機能としての正当性については，①派遣に際しての安保理の許可決議の有無，②派遣される部隊における指揮統制の所在，の2点が重要となる。1991年の湾岸多国籍軍での議論に示されるように，1990年代における多国籍軍においては，②の安保理による指揮統制の欠如に対して，①の安保理決議に基づくコントロールの拡大が問題とされた。この点については，他の論考で検討した[57]ので，ここでは触れない。

第2の迅速展開能力については，国連による伝統的平和維持活動に関して待機軍制度が導入されてきていた[58]。また1994年に，既存の平和維持活動待機

[57) 拙稿「国連安全保障理事会機能の創造的展開――湾岸戦争から9・11テロまでを中心として」『国際法外交雑誌』第101巻3号（2002年）21，30-31頁（本書30-58頁）。同「国際紛争と公権力：国連安全保障理事会」山内進他編『暴力：比較文明史的考察』（東京大学出版会，2005年），235-264（本書335-357頁），308-310，314-317頁も参照せよ。

58) 香西『前掲書』（注17）422-474頁。各国の待機軍の制度は内容において多様性をもつが，共通の特徴ももつとして，次の点が指摘されていることは示唆的である。第1に，

取極を,現在の国連待機制度(UNSAS)に改組する動きが進んだことが指摘できる。しかし,国々は自国部隊の使用方法に対するコントロールを保持することに執着したために,改組後の待機取極も部隊の提供については国家のコントロールが残っている。この意味で,迅速展開能力の不足を補足する動きとして,即応部隊を提案・組織する動きが生まれてきたと評価することができる。既存の待機取極は平和維持活動の部隊確保に役立ったが,ルワンダのような肝心の場合には機能しなかったわけであり,この失敗が1995年に常設軍の提案が数多くなされることにつながったこと,およびそれらの主要なものは,先に簡単に紹介したとおりである。こうして,国々が分担するが高度の準備態勢に維持される派遣軍に依拠する国連の即応部隊なども考慮した場合には,迅速展開能力の関係では,安保理による派遣決定の迅速性とともに,軍隊提供国に事態ごとにおける ad hoc な同意が求められるのか否かが重要となろう。既に触れたSHIRBRIGはまさに迅速展開能力を「売り」とするものであり,一方で活動範囲を憲章第6章に限定するが,他方で国連待機制度に基づき(国連平和維持活動に参加して国連の指揮統制下におかれるが),部隊編成のための「事前に設立された」枠組みを有している[59]。

2 「強力な平和維持」の存立可能性

第1の軍事的強制能力に関しては,1990年代においては多国籍軍が担当するものとの慣行が生まれつつあったが,その後,特に2000年以降の最近においては,平和維持軍についても「強力な平和維持」という憲章第7章に基づく派遣が一般化してきている。これは,平和維持活動の側からの軍事的強制機能担当の動きである。

このような平和維持軍については,「第7章への言及に加えて,PKOの構成

待機軍の任務や目的に関して,関係国の平和維持活動に備えたものであり,憲章第7章下における強制行動とは無関係である。第2に,待機軍の国連への参加の手続と条件に関して,国連からの要請に基づき派遣が自動的に行われるのではなくて,各国はそのつど要請に応じるかどうかを独自に決定できる。そして,「強力な平和維持」との関連では,これらの2点が,まさに焦点となる。同上,469, 472頁。
59) 山下「前掲論文」(注33) 4頁。しかし,SHIRBRIGの実績上は,迅速展開への貢献は,実働部隊ではなくて司令部要員の派遣にとどまっている,という(同15頁)。

員に対して任務の遂行にあたり,武力行使(自衛の範囲を越えた)が明示に授権されている場合…には,もはや平和強制活動へと変容したものとい」えるとの見解[60]がある。香西教授によれば,第7章が援用された最近の事例では,第7章を援用する決議が国連PKOの性格に及ぼす影響や法的効果については理事国間で必ずしも共通の理解はなく,法的よりは心理的効果をねらったもの(例えば,決議遵守の要請,任務の正当性や権威付けの向上,活動終了についての国連権限の明確化)も多いとする。そして,それらの効果を超えて平和強制活動への変容の敷居は,「任務の遂行にあたり,武力行使(自衛の範囲を越えた)が明示に授権されている」かである、とする[61]。

---

60) 香西茂「国連による紛争解決機能の変容──『平和強制』と『平和維持』の間──」山手治之/香西茂編集代表『現代国際法における人権と平和の保障』(東信堂,2003年) 233頁。ソマリアとボスニア・ヘルツェゴビナなどの経験からの教訓としてガリ事務総長が「平和への課題─追補」において指摘したものは,冷戦時代のコンゴ,キプロス,レバノンなどの経験の中で試行錯誤を重ねた末に到達した結論でもあった,として,香西教授は次のように総括する。「PKOの制度に強制的要素を導入し、PKOの三原則を排除してその強化をはかる企ては,必ずしもPKO自身の機能強化につながらない。自衛の範囲を越えた武力行使を認めるとき,それは例え限定的なものであっても,PKOは,憲章第7章の下での強制措置への変質を避けられない。そこでは『力』の論理が支配し,その成否は彼我の力関係によって左右されるのである。」香西茂「国連の平和維持活動(PKO)の意義と問題点」日本国際連合学会編『21世紀における国連システムの役割と展望』(国際書院,2000年) 18頁。類似の認識は,90年代前半におけるガリ事務総長の「平和強制部隊」の提案とソマリアおよび旧ユーゴの事例を踏まえて,アビ・サーブ教授によっても次のように示されていた (G. Abi-Saab, "United Nations Peacekeeping Old and New: An Overview of the Issues," in D. Warner (ed.), *New Dimensions of Peacekeeping* (M. Nijhoff Publishers, 1995), pp. 1, 9) のであり,これらの指摘の重要性は十分に認識する必要がある。

"[T]here is a rather new problem arising from the very slippery path on which some recent operations have not feared to tread, perhaps without realizing it, beyond peacekeeping proper, but not exactly in sanctions under Article 42. The term *peace enforcement* is creeping in, without anybody specifying what is meant by it. To me it can only refer to situations where UN Forces are authorized to take the initiative of using force. This is a very different type of action and I do not see how it can be integrated politically or legally into peacekeeping.

I am not saying that this should not be done in any circumstance; rather that if this is done, it is no longer peacekeeping. There is a radical transformation in the nature of the operation and the requirements of success. If it has to be undertaken at all, it should be done consciously, according to plan, rather than inadvertently. But we venture here into uncharted land fraught with danger and calling for much more serious consideration."

しかし，安保理内およびそれを受けた事務局内においては，第7章に基づく「強力な平和維持」が，強制措置ではなくて，平和維持活動の枠組み内のものとの認識が共有されているようである。2000年のブラヒミ報告書や，最近の実行も踏まえた上で，国連平和維持活動局とフィールド支援局は，2008年3月に，今後の活動指針として，『国連平和維持活動：原則と指針』（通称：キャプストーン・ドクトリン）という文書を公表したが，そこでは，第7章に基づく「強力な平和維持」と，第7章に基づくけれども純粋の強制とが区別され，前者は依然として平和維持活動の枠組み内のものとして位置づけられている。すなわち，ここでは，①第6章に基づく従来の平和維持活動，②第7章に基づく「強力な平和維持」，③第7章に基づく純粋の強制，の3つのカテゴリーが区別され，②第7章に基づく「強力な平和維持」を，①第6章に基づく平和維持活動と併せて，「平和維持活動」の枠組み内のものとして理解していると考えられる。

---

61) 例えば，決議1291（2000）による国連コンゴ民主共和国ミッション（MONUC）の任務拡大に際して，安保理は憲章第7章への言及を決議全体にかかる前文最後ではなくて，本文第8項の冒頭に置き，同項では，国連要員等の保護，要員の安全と移動の自由の確保，文民の保護のために，部隊展開地域内でかつ自己の能力の範囲内と考える場合に，必要な行動をとることを決定した。香西教授は，その後の経緯も踏まえて，「安保理決議が憲章第7章を援用し，PKOと第7章とを結合させたことは一部に過大な期待を抱かせたものの，それに見合う十分な兵員と装備の提供が遅れたため，マンデートは現実性を欠き，PKOはしばしば困難な状況に立たされたのである。……与えられた任務を十分に遂行できない……。そればかりか，……PKOの隊員が内戦に巻き込まれて犠牲となり，多数の隊員が武装勢力によって拘束されるといった事態すら生じたのである。」と指摘する（香西「国連による紛争解決機能の変容──『平和強制』と『平和維持』の間──」（前掲注60）232-233頁）。他方で，同じ決議1291（2000）について，酒井教授は，MONUCがとりうる行動は，憲章第7章で本来予定されていた一般的な軍事的強制措置ではなく，上記の目的に「限定された第7章に基づく行動」と見なさなければならないであろうとの理解をとり，この時期の安保理での議論を見る限り，PKOと憲章第7章の行動は必ずしも矛盾するものではなく，限定的な武力行使の許可はなおpeacekeepingの枠内に維持されているという理解を肯定的に表現した事例であったと指摘する（酒井啓亘「コンゴにおける国連平和維持活動(1)─国連コンゴ民主共和国ミッション（MONUC）の実践とその法的意義─」『国際協力論集（神戸大学）』第11巻2号（2003年）27，41頁）。ここに見られる視点の相違は，以下に検討するように，第7章に基づく「強力な平和維持」を評価する際に常に留意すべき点であろう。

(1) 「平和強制」についてのフィンドレイの議論

こうして，憲章第7章に基づく強制と区別された「強力な平和維持」の存立可能性（viability）が問われることになる。この点で，平和活動における武力行使の問題を詳細かつ体系的に検討したフィンドレイ（T. Findlay）が「平和強制」を次のように定義していることが注目される[62]。

憲章第7章に基づく「強制（enforcement）」や「強制行動（enforcement action）」とは，一般に，特定の国家・非国家主体に対して，国際社会の意思を課するための第7章の下の武力行使であり，中立や公平性は問題とならず，「敵」の軍事的敗北も目的となりうる。そして，安保理が自ら強制行動の指揮を執ったことはなく，多国籍軍に委任してきた。朝鮮戦争，湾岸戦争がその事例である。

それに対して，「平和強制（peace enforcement）」では，武力行使を含む方法によって，当事者に対して事前に合意していた和平協定・取極の遵守を勧誘するための，安保理の許可を得た平和活動が展開される。平和を強制する（enforce the peace）のは，この意味においてであって，当事者を軍事的に敗北させることを試みるものではない。ここでは，どのような武力行使も，安保理などによる高度の政治的行動と密接に連動するものであり，「平和強制」は，軍事的戦略というよりも，本質的には政治的であり，軍事的プレーヤーは，抑止と強制を含む支援の役割を果たすとされる。また，一般に審判の態度においてすべての当事者に公平に対応するが，場合によっては，特定の当事者に対して武力行使を余儀なくされることもある。そして，人道援助や国家建設を含む拡大平和維持に属する多様な活動を行うことが多い。

このように，平和維持軍とは異なって，武力の威嚇と行使は，「平和強制」活動の重要な手段である。平和維持軍と同様に，現地当事者からの「平和強制」部隊派遣に対する同意・黙認は重要とされるが，平和維持軍とは異なって，「平和強制」活動は同意が不安定あるいは黙認のみがあるような事態においても派遣される。しかし，「平和強制」部隊は，和平協定や他の取極がある事態にのみ派遣される（人道援助配布の保護への許可など，如何に同意が不安定なもので

---

[62] T. Findlay, *The Use of Force in UN Peace Operations* (Oxford University Press, 2002), pp. 6-7, 375-384.

あっても)。

　「平和強制」部隊は，平和維持軍と同様に，最初から，現地勢力の扱いにおいて公平性を追求すべき（意識的に一方に偏るのではなくて，独立した公平な裁定者として行動すべき）である。しかし，平和維持軍とは異なって，一方あるいは他方の当事者に遵守を強制するために必要であれば，最終的な制裁として軍事力の行使という手段を有している。軍事力の行使は，強力（robust）でありうるが慎重でなくてはならず，処罰というよりは勧誘であり，関係勢力に対して過度に面目を失うことなく譲歩できる道を残すとともに，エスカレートする危険性や長期的な和解の必要性を十分に認識した上で，行われる必要がある。

　このように，「平和強制」の主要な軍事的役割は，実際に武力行使することにではなくて，可能な限り迅速に活動展開地域に軍事的プレゼンスを確立して，和平プロセスの一部として武器を放棄すること（その結果，脆弱かつ不安定になり，義務遵守を一部にとどめて相対的に有利な状況を得ようとする）に神経質になっている当事者に対して安心感を与えたり，その他の文民活動に保護を提供し，和平の動きを維持し，長期的な成功に導く遵守の好循環を作り出すことであり，当事者が遵守を躊躇したりスポイラーがつけいる余地を無くすことである。以上が，フィンドレイの議論である。

(2)　キャプストーン・ドクトリン（国連事務局『国連平和維持活動：原則と指針』)

　ふり返ってみれば，冷戦時代においては，伝統的な平和維持活動が確立し，それは，ハマーショルド事務総長の研究摘要[63]に見られるように，ドクトリンという意味での理論化の段階にまで達した[64]といえる。他方で，コンゴ国連軍（ONUC）に見られる内戦状況に派遣された平和維持軍については，伝統的な平和維持活動のドクトリンの観点から説明されるとともにそのような場合の問題点も指摘されてきたが，国連緊急軍（UNEF）のような国家間紛争における停戦合意の監視という枠組みとは区別された，内戦状況に派遣された場合

---

63)　"Summary study of the experience derived from the establishment and operation of the Force: report of the Secretary-General," UN Doc. A/3943. 香西『前掲書』（注 17）83-97 頁。

64)　香西『前掲書』（注 17）349-389 頁では，ガイドライン（指導原則）としての理論化の動きをまとめている。

を特に対象とした活動の原則と指針をドクトリンという意味で理論化することが試みられたわけではなかった[65]。

　最近の「強力な平和維持」という憲章第7章に基づく派遣が一般化してきたことを背景として，2008年の国連平和維持活動局とフィールド支援局による『国連平和維持活動：原則と指針』は，「強力な平和維持」という名前の下に，憲章第7章に基づく純粋の強制と区別された，上記のフィンドレイが指摘するような「平和強制」を理論化する第一歩とも思われる。

　実際，この文書が基本的に依拠していると考えられるブラヒミ報告書は，「国際連合が過去10年間に何度も辛酸をなめてきたとおり，平和維持を達成するためには，どれだけの善意をもってしても，信頼できる兵力を展開できる根本的能力に代わることはできない」[66]との認識を踏まえた上で，「平和維持は50年の歴史を持つ活動だが，過去10年間には，国家間戦争後の停戦と兵力引き離しを監視するという従来型の軍事的モデルを急速に脱し，軍民双方の多くの部門が，内戦直後の危険な時期に平和構築に取り組むという複合型モデルを取り込むようになってきた」[67]と指摘する。

　冷戦解消後に民族的宗教的要因に基づく国内紛争が問題となるという国際環境の変化の中で，1990年代における紆余曲折を経て，現在ようやく，内戦状況に派遣された場合における活動の原則と指針をドクトリンという意味で理論化することが試みられている[68]，と評価することができるように思われる。

---

65) 香西教授は，「冷戦時代のPKOがもっぱら国家間の紛争のみを対象とし，内戦には関わらなかったとみるのは正しくない」，「すでに冷戦時代に，伝統的PKOは幾つかの内戦を経験したのであり，そのさい，PKO原則の適用の困難さや限界を体験しながら，試行錯誤の末，三原則をなんとか維持し，伝統的PKOの原則として定着させた」と的確に指摘している。しかしながら，内戦においてはPKO原則に基づく伝統的PKOは，その困難と限界の中で不充分な機能と活動に限定されてきたわけであり，「内戦的状況がもたらすPKOの原則の適用の困難さや限界は，冷戦時代すでに経験され，克服済みの問題なのである」（香西「国連の平和維持活動（PKO）の意義と問題点」（前掲注60）12，19頁）とまで言いうるかは疑問である。例えば，国レベルでの平和活動ドクトリンの動きについては，Findlay, *supra* note 62, pp. 391-410 に紹介されているが，このような動きは内戦的状況においては伝統的PKOの原則が不充分であるという認識に基づくものといえよう。
66) "Report of the Panel on United Nations Peace Operations," *supra* note 36, para. 3.
67) *Ibid.*, para. 12.
68) 2002年の時点において，フィンドレイは，「国連平和活動改善の全ての努力における

第6章　見果てぬ夢，国連常設軍

　この文書が，通称，キャプストーン・ドクトリンといわれるのにも理由がないではない[69]。

　『国連平和維持活動：原則と指針』によれば，国連平和維持の基本原則として，①当事者の同意，②公平性，③自衛とマンデート防衛以外の武力不行使が挙げられ，「国連平和維持の実践はこの60年間に大きな進化を遂げたが，3つの基本原則は伝統的に国際の平和と安全を維持する道具としての役割を果たし，国連平和維持活動を引き続き特徴づけている」と位置づけ，「原則は全体として，フィールド，国連本部双方の実務者を導く羅針盤の役割を果たす」として，その適用を求める。

　しかし他方で，「紛争予防，平和創造，平和維持，平和構築，平和強制の間の境界線はぼやけてきている」との理解から，次のように指摘する。

　　「国連 PKO では，特に当事国が安全の提供も治安の維持もできないような場合，安全保障理事会の承認を受け，ミッション自身とそのマンデートを守るため，戦術レベルで武力を行使することもある。…『強力な』平和維持と平和強制との境界線は不明確に見えることもあるが，この両者には重要な違いがある。強力な平和維持では，受け入れ当局や主たる紛争当事

　大きな欠落は，ドクトリンである」と指摘する（Findlay, *supra* note 62, p. 384）。他方で，ブラヒミ報告書に対して一部の国々は必ずしも積極的ではないとも指摘される。途上国がブラヒミ提案に反対する理由としては，①他の重要問題＝経済社会開発から関心を拡散させ，予算に影響する，②平和維持の改革が欧米中心であることに対する反発，③平和維持活動の改革が「国連軍」の設置と一層の干渉規範の成立につながる，④欧米の平和強制ドクトリンが国際連合に導入され，途上国の提供部隊が使用される，⑤非同盟諸国による承認が，他の分野での譲歩と取引できるかもしれない，⑥平和維持活動の基準の高度化は途上国の軍隊の排除につながりかねない，平和維持活動への部隊の提供は数少ない実質的な貢献や関与の一つであり，バングラデシュやフィジなどでは財政的な利益源でもある，⑦欧米主導の計画管理概念の導入は，途上国が多数派を占める総会や特別委員会などの影響力を低下させ，欧米支配の事務局に有利になるのではという途上国の懸念，⑧多くの非同盟諸国は，いつの日か，国際連合の平和強制活動の犠牲者となるのではという恐怖を有するなどが挙げられる。*Ibid.*, pp. 343-344.

69)　もっとも，キャプストーン・ドクトリンといわれるものの地位と諸原則については，多くの加盟国が消極的であったために，ブラヒミ報告書に一層沿っていた初期のものから，抑えた内容のものに修正されてきたという。Bellamy et al., *supra* note 55, pp. 141-143. なお，この文書を頂点にして，その原則と枠組みに基づき個々の問題を扱う文書が作成されるという意味で，キャプストーン（capstone：冠石，頂石）・ドクトリンといわれる。

者の同意に基づき，戦術レベルで武力を行使できるのに対し，平和強制においては，通常であれば安保理の承認がない限り憲章第2条第4項によって加盟国に禁じられている戦略レベルまたは国際レベルでの武力行使がありうる。」[70]（下線は佐藤）

さらに，このような観点から，自衛とマンデート防衛以外の武力不行使のあり方について，次のように敷衍していることが注目される。

「自衛の場合以外に武力を行使しないという原則は，1956年に武装国連平和維持要員がはじめて展開されたときからでき上がっていた。その後，自衛という概念には，PKOが安全保障理事会から与えられたマンデートによる責務を果たすことを強硬な手段で阻止しようとする試みへの抵抗も含まれるようになった。国連PKOは平和強制の手段ではない。しかし，自衛とマンデート防衛のためであれば，安保理の承認を受け，戦術レベルで武力を行使できるという理解が幅広くでき上がっている。

国連PKOの派遣先の環境は，民兵，犯罪集団その他，意図的に和平プロセスを頓挫させたり，民間人に脅威を与えたりしようとしかねないスポイラーの存在によって特徴づけられることが多い。このような状況において，安保理は国連PKOに対し，政治的プロセスを混乱させようとする強硬な試みを阻止したり，身体的な攻撃の危機が迫っている民間人を保護したり，国家当局による法と秩序の維持を支援したりするために『必要なあらゆる手段を用いる』ことを認める『強力な』マンデートを与えてきた。このような国連PKOは，予防的に武力を行使してそのマンデートを守ることにより，展開先の国々で治安情勢を改善し，長期的な平和構築につながる環境を整備することに成功してきたのである。」[71]（下線は佐藤）

同意，公平性，自衛のための最小限の武力行使という伝統的平和維持活動のドクトリンにおける基本原則は，相互に密接に関係しているために，武力行使の基準を変更すれば，当然に同意と公平性のあり方にも影響が及ぶことにな

---

70) 国際連合事務局平和維持活動局／フィールド支援局『国連平和維持活動：原則と指針』（国連連合，2008年）14頁（以下，『国連平和維持活動：原則と指針』と略する）（以下の引用も含めて翻訳は基本的に当該翻訳であるが，必要に応じて修正した箇所もある）(*available at*: http://www.unic.or.jp/files/pdfs/pko_100126.pdf)．

71) 同上，21頁。

る[72]。上記のような趣旨での「平和強制」，すなわち和平協定・取極の遵守を勧誘するためなどの目的に限定した武力行使が許可された活動においては，当事者が繰り返し合意に違反する場合には，強制的な措置にも訴えることになるという意味で，公平性の原則が修正される[73]し，和平協定・取極の存在という意味での枠組みあるいは戦略的なレベルでの同意は前提とされるが，個別の遵守違反が問題とされる戦術的なレベルでの同意は存在しないこともありうるという意味で，同意の原則も修正される[74]ことになる。

(3) 課題：エスカレート回避，部隊の確保

第7章に基づく純粋の強制とは区別された意味での「平和強制」，すなわち，キャプストーン・ドクトリンのいう「強力な平和維持」を安保理の平和活動により実施する上での最大の問題点は，第1に，武力行使が不用意にエスカレー

---

[72] ブラヒミ報告書以後における平和維持活動の基本原則の変容については，山下光「PKO概念の再検討——『ブラヒミ・レポート』とその後——」『防衛研究所紀要』第8巻1号（2005年）39-79頁を参照せよ。

[73] この点は，次のように敷衍されている（『国連平和維持活動：原則と指針』（前掲注70) 21頁）。

「国連PKOは，いかなる当事者も優遇することも差別することもなく，そのマンデートを実施しなければならない。主たる当事者の同意と協力を維持するためには，<u>公平性が欠かせないが，これを中立性または不作為と混同すべきでない。国連PKOは，紛争当事者との関係において公平を貫くべきであるが，そのマンデートの実施において中立を保つべきではない。</u>

当事者に対して公平を維持する必要性は，明らかに和平プロセスを損なう行動に何ら対処しないことの言い訳とすべきでない。よき審判が単に公平なだけではなく，反則を罰するのと同じように，<u>PKOも和平プロセスへの取り組み，または，国連PKOが堅持する国際的な規範と原則に反する当事者の行為を見逃してはならない。</u>」（下線は佐藤）

[74] この点は，次のように敷衍されている（同上，20-21頁）。

「<u>主たる当事者が国連PKOの展開に同意したという事実は必ずしも，現地レベルで同意が得られることを意味するものでも，保証するものでもない。</u>特に，主たる当事者が内部分裂状態にあったり，指揮統制系統が弱かったりする場合には懸念が大きい。いずれの当事者の統制にも服さない武装集団や，その他のスポイラーが存在するような不安定な状況では，全当事者から同意を得られる可能性がますます低くなる。PKOでは，何らかの同意のぐらつきを察知，予測できるよう，活動環境を継続的に分析すべきである。PKOには，現地での同意の欠如または崩壊の事態に対処する政治的，分析的能力，活動資源および意志が備わっていなければならない。場合によっては最後の手段として，武力の行使も必要となりうる。」（下線は佐藤）

トしてしまい，平和活動の対応能力を超えてしまうことを如何に回避するか[75]，であり，第2に，そのような武力行使の可能性を前提とする活動に参加する部隊を，如何に迅速に確保することができるか，であると考えられる[76]。

エスカレートの回避という点で注目されるのは，第1に，介入に際して「和平協定」の存在，すなわち戦略的なレベルでの同意を要件とすること。第2に，決議の示す武力行使の範囲を，PKO要員の安全と移動の自由の確保，文民の保護，および限定列挙された任務遂行などに限定すること。そして第3に，武力行使に訴える際の前提として，「和平協定」の違反などの認定を客観的に行うための独立した機関を，「和平協定」自体の中に予定すること，などの実行である[77]。このような対応によってエスカレートの回避がどの程度まで確保

---

[75] 香西教授は，以上のような動きに対して，批判的な観点から，次のように疑問を呈する（香西「国連による紛争解決機能の変容──『平和強制』と『平和維持』の間──」（前掲注60）235頁）。
「安保理事会が第7章の下での強制行動に踏み切り，その責任を現地に駐留するPKOに委ね，これに自衛を超えた武力行使を授権するとき，この『強化された』PKOは，憲章第7章の『強制行動』とどこで一線を画すことができるであろうか。PKOの諸原則に則った『平和維持』と『平和強制』との間にグレーゾーンを設けることは，果たして可能なのであろうか。」

[76] このような「強力な平和維持」の実際上の存立可能性をめぐる論点とは別に，国際法上の論点としては，内戦状況に派遣された憲章第7章に基づく「強力な平和維持」部隊が，武装勢力との戦闘に巻き込まれた場合には，武力紛争法が適用されるのか，国連要員保護条約の保護対象となるのか，という興味深い問題がある。すなわち，伝統的な平和維持軍は自己防護のための自衛にとどまっている限りは，武力紛争の当事者ではなくて，国連要員保護条約の保護を享受するし，憲章上の国連軍が実際に編成されて，国連の作戦指揮統制権限の下で武力行使をするならば，武力紛争法が適用され，国連要員保護条約の保護対象外となる。しかし，憲章第7章に基づく「強力な平和維持」部隊が，国連の作戦指揮統制権限の下におかれているという意味で部隊派遣国の活動とは見なされないが，一定以上の烈度の暴力行為が存在するという意味での武力紛争の当事者となっている場合に，当該活動は，非国際的武力紛争の枠組み内において，かつ，安保理決議に基づく「平和強制」（和平協定・取極の遵守強制）の目的のものであるからとの理由から，武力紛争法の適用を排除することになるのか，という問題である。この点については，従来から議論のある錯綜した問題状況であり，次の文献を参照せよ。真山全「国連の軍事的活動に対する武力紛争法の適用──武力紛争の事実主義的認識とその限界──」安藤仁介他編『21世紀の国際機構：課題と展望』（東信堂，2004年）307-335頁。

[77] 酒井啓亘「国連平和維持活動と自衛原則──ポスト冷戦期の事例を中心に──」浅田

できるかが，現在派遣中のおよび将来派遣される「強力な平和維持」としての平和維持活動の経験から検証される必要がある[78]。

他方で，自衛を超える武力行使を伴う国連活動に参加する部隊を迅速に確保するための特効薬は，特にないのが実情である。そしてこの問題点は，次に検討する平和維持活動と多国籍軍の交錯の主要な要因となっていると思われる[79]。

第5節　国連の平和維持活動と多国籍軍の交錯

冷戦解消後の1990年代中頃以降に形成された伝統的な平和維持軍と強制力を行使する多国籍軍という役割分担に基づく慣行は，その後，特に2000年以降の最近においてさらに変容し，平和維持軍について「強力な平和維持」という憲章第7章に基づく派遣が一般化するとともに，国連の平和維持軍と多国籍軍が協働するなど，かなり錯綜した状況となってきているのが実態である[80]。

正彦編『21世紀国際法の課題』(有信堂高文社，2006年) 356-363頁。この関連では，国連平和維持活動類似の平和維持・平和構築活動を行う多国籍軍の派遣と活動における「合意」の存在を，「委任関係的合意」モデルの視点から分析する，次の斬新な研究も参照せよ。佐藤量介「個別国家間における多国籍軍設置・実施合意の法的問題：『委任関係的合意』モデルによる検討」『一橋法学』第7巻3号 (2008年) 943-1012頁。

[78] 類似の問題意識として，松葉真美「国連平和維持活動 (PKO) の発展と武力行使をめぐる原則の変化」『レファレンス』No. 708 (2010年) 3, 32-35頁も参照せよ。

[79] ブラヒミ報告書は，国連平和活動にとっては重要な前進と広く認識されているが，平和活動の目的達成のための兵力確保の困難性に鑑みれば，国連以外の平和維持軍との関係を検討していないことが問題とされる。これは，そもそもブラヒミ委員会への諮問内容が国連平和活動に限定されており，理由がないわけではないが，当時の国連平和維持軍以上の規模で国連以外の平和維持軍が派遣されていたことを考慮すれば，地域的機関などとの関係について一層の検討がなされるべきであったともいえる (Bellamy et al., *supra* note 55, pp. 136-137)。こうして，『国連平和維持活動：原則と指針』では，「現在のところ，和平プロセスの支援と足固めに必要な多面的任務をすべて独力で担える組織はない。したがって，紛争終結後における国際社会の取り組みを成功させるためには，パートナーシップが欠かせない。……国連はもはや，平和活動を実施する唯一の主体ではない。非国連主体による平和活動の件数は，この10年で倍増した。アフリカ連合 (AU) や西アフリカ諸国経済共同体 (ECOWAS)，欧州連合 (EU)，全欧安保協力機構 (OSCE)，独立国家共同体 (CIS)，北大西洋条約機構 (NATO) はいずれも (ほとんどの場合，国連安保理の承認を受け)，独自の活動を大規模に展開している。また，この分野での能力増強に向け

1 錯綜した交錯状況の整理と類型化

国連の平和活動と国々の部隊との関係は，極めて錯綜した状況にあるが，主体の多様化と形態・相互関係の多様化という2つの基準によって，この交錯状況を次のように整理することもできよう。

(1) 主体の多様化

第1に，「多国籍軍」における主体の多様化の点では，① 単独国家，② ad hoc 多国籍軍，③ 地域的機関に区分できる。(以下に説明する仕組みの観点からは，①単独国家と② ad hoc 多国籍軍とを区別する必要はないと考えられるので，①単独国家を含むものとして「多国籍軍」という用語を用いる。)

地域的国際組織へ「外注（outsourcing）」あるいは「下請け（sub-contracting）」するという現在の傾向は，1991年の湾岸戦争での多国籍軍への許可決議に始まるが，多くの場合に多国籍軍の担い手は地域的国際組織（NATO，EU，AU，西アフリカ諸国経済共同体（ECOWAS）など）である。一方で，憲章第7章自体が，43条の特別協定に基づく仕組みを本来想定していたにもかかわらず，特別協定未締結により外注・下請けという許可方式への創造的展開を余儀なくされたために，法的規制の程度や仕組みの点で不十分な状況にある。他方で，憲章は第8章の地域的取極・機関を定義しておらず，またこれを同定するための規準を国連のこれまでの実行から導くことも困難であるために，問題は，ある地域的機構が「地域的取極・機関」であるかどうかではなく，特定の事態において地域的取極・機関として機能し第8章の関係規定の適用を受けるかどうかにある[81]，と指摘される。こうして，憲章第8章の下で行動する地域的国際

た協調的な取り組みも行っている。」という認識を示している（『国連平和維持活動：原則と指針』（前掲注 70）50頁）。

80) 本章の分析は，本来，関係する多数の事例の十分な検討を踏まえて初めて適切になしうるものであり，その意味で暫定的な分析の試みにとどまることに留意されたい。なお，以下に触れるアフリカにおける国内紛争の全般的な理解には，総合研究開発機構（NIRA）／横田洋三共編『アフリカの国内紛争と予防外交』（国際書院，2001年）が参考となる。

81) 中村道「国際連合と地域的機構の関係：60年の変遷と課題」『世界法年報』28号（2009年）156，172頁（同『国際機構法の研究』（東信堂，2009年）95頁），同「国際連合と地域的機構――冷戦後の新たな関係――」安藤他編『21世紀の国際機構：課題と展

組織と第7章の下で行動する多国籍軍とを区別することは困難になっている[82]，と評価される。また，関連する事例を検討したグレイは，安保理が国々に武力行使を許可したのが，憲章第8章の第53条に基づいてなのか，それとも単に第7章に基づいてなのかは，地域的組織の役割にとっては象徴的な重要性をもつかもしれないが，何ら大きな法的意味はない[83]，と結論する。さらにサルーシによれば，第53条1項は第7章権能を地域的取極に委任する権限を理事会に付与するに過ぎず，個別に行動しようが地域的取極を通して行動しようが，国連加盟国の立場は同一である[84]，と指摘する。

こうして，憲章上の基礎と規制に関して，形式的には，①単独国家，②ad hoc 多国籍軍については第7章が，③地域的機関については第8章が関わると考えられるが，実質的には，①単独国家，②ad hoc 多国籍軍，③地域的機関の区別についても，第7章と第8章の区別についても，不分明になってきているのが実情と思われる。

第8章の現状は，中村教授によって，次のようにまとめられている。受入国の同意を得た小規模な軍事監視団や事実調査団の派遣は，紛争の平和的解決のレベルである第52条の下で奨励され，国連の統制を排して自律的に行うことができるし，地域的平和維持軍の展開も，国連の伝統的な平和維持活動の基本的諸原則（すべての関係当事者の同意，公平・中立，自衛を超える武力の不行使）に従って行われる限り，安保理への通報が要求されるだけで，安保理の事前の許

望』（前掲注 76）43，50頁（同『国際機構法の研究』35頁）。See also, in general, H. Mc-Coubrey and J. Morris, *Regional Peacekeeping in the Post-Cold War Era* (Kluwer Law International, 2000).

82) 中村「国際連合と地域的機構の関係：60年の変遷と課題」同上，172頁（同『国際機構法の研究』同上，115頁），同「国際連合と地域的機構——冷戦後の新たな関係——」同上，76頁（同『国際機構法の研究』同上，68-69頁）。

83) C. Gray, *International Law and the Use of Force* (Oxford University Press, Third Ed., 2008), p. 426. 第8章にいう地域的機関の資格に関する文脈ではあるが，重要な要因は，地域的国際組織の性質ではなくて，実施された行動のタイプと安保理の態度であり，様々な平和維持活動が国々の ad hoc なグループにより実施される一方でそれらの行動の合法性が第8章にいう地域的機関によるものではないとの根拠により問題とされてはこなかったとも指摘している。*Ibid.*, p. 386.

84) D. Sarooshi, *The United Nations and the Development of Collective Security* (Oxford University Press, 1999), pp. 248-250.

可は必要としない。しかし平和強制との交錯に関しては，伝統的な基本的諸原則と両立しない機能を安保理が付与する場合は平和維持活動を平和強制に変容させることになるし，同様の機能を付与された「強力な」地域的平和維持活動も地域的強制行動に関する第53条の意味での強制行動として安保理の許可が必要となる[85]。

国際連合と地域的機関との関係については，① 国際連合による地域的機関の統制（許可）の側面と，② 国際連合による地域的機関の利用の側面の，両方があると言われる[86]。もっとも，統制（許可）か利用かは，必ずしも常に明確に区別できるとは限らず，理念的な区別にとどまると考えられる。

1990年代にECOWASの活動によって問題とされたのは，統制の側面であり，統制を確保するための手段として，1995年の「平和への課題：追補」にいう「並行展開（co-deployment）」（地域的機関が主要な負担をになう一方で，小規模の国連活動がそれを支援し，地域的機関の活動が安保理の立場に合致していることを検証するもの）などが試みられてきている[87]。

もっとも，地域的強制行動に対する統制の形骸化が指摘される[88]。ボスニア・ヘルツェゴビナの和平に関する，NATOを主力とする和平履行軍（IFOR）・安定化軍（SFOR），さらにはリベリアやシエラレオネに関するECOWAS（その下の停戦監視団（ECOMOG））の事例がそれである。このような状況のために，強制行動について「国連と地域的機構の間での権威の再配分」や「第53条の再解釈」が主張されてきた。しかし，この種の主張は，安保理の不明確な対応や一般的なステートメントにあまりに多くのことを読み込もう

---

85) 中村「国際連合と地域的機構の関係：60年の変遷と課題」（前掲注81）165-171頁（同『国際機構法の研究』（前掲注81）107-114頁）。国際連合と地域的機関との関係についての最近の研究としては，廣部和也「国際連合と地域主義」廣部和也編『地域主義の制度論的研究』（不磨書房，2008年）109-149頁がある。

86) 中村・同上，171頁（同上，114頁）。

87) 楢林建司「『並行展開（co-deployment）』の実績と課題」安藤他編『21世紀の国際機構：課題と展望』（前掲注76）279-305頁。冷戦解消後における国際の平和と安全の維持の分野での国際連合と地域的機関との関係については，M. Pugh and W. P. S. Sidhu, *The United Nations and Regional Security: Europe and Beyond,* (Lynne Rienner, 2003) を参照せよ。

88) 中村「国際連合と地域的機構の関係：60年の変遷と課題」（前掲注81）171-173頁（同『国際機構法の研究』（前掲注81）114-116頁）。

とするもの[89]であり,「並行展開」の実行は,「内戦や地域紛争に効果的に対応するために,国連による地域的機関の活動に対する統制を実現しつつ,両者間の連携関係を発展させる試み」[90]として評価することができると思われる。

他方で,利用の側面については,以下に示すように,多国籍軍(主に欧米諸国)による平和活動の補完と説明するのが適切であるような多様な関係が展開している。

(2) 形態・相互関係の多様化

第2に,形態・相互関係の多様化の点では,① 継時展開型,② 連携分業型,③ 緊急支援型に区分できる[91]。すなわち,時系列的に区分すれば,① 多国籍軍が先行する場合と,② 同時期の場合,の2つに分かれる。そして,① 多国籍軍が「先行」する場合は,継時展開型(多国籍軍(主に欧米諸国)が先行し,治安の安定後に平和活動が展開するもの:後の資料(2)では「継時」と表示)があり,②「同時期」の場合には,連携分業型(両者が分業しつつ同時に活動するもの:同「分業」)と緊急支援型(国連平和活動が現地の治安悪化により危険になった場合に,短期間介入して,支援・補完するもの:同「支援」)となる。

(3) 即応部隊

付加的に即応部隊について触れるならば,① 武力行使への対応も含むものと,② 基本的には伝統的平和維持活動を想定するものとに区分できる。①の武力行使への対応も含む即応部隊では,1995年UNPROFORの中に設置された英仏オランダの部隊や,EU戦闘集団がある。②は,憲章第6章に基づく武

---

[89] 中村道「冷戦後における国際連合と地域的機構の新たな関係:補論」(同『国際機構法の研究』(前掲(注81) 88頁)。この指摘がなされた「補論」は,A. Abass, *Regional Organisations and the Development of Collective Security* (Hart Pub., 2004) の書評を兼ねたものである。

[90] 楢林「前掲論文」(注87) 281頁。

[91] この類型化については,山下「前掲論文」(注33) 2頁の表などを参考とした。*See also* B. Jones, R. Gowan, and J. Sherman, *Buliding on Brahimi, Peacekeeping in an era of Strategic Uncertainty: A Report by the NYU Center on International Cooperation* (2009), p. 21. (*available at*: http://www.peacekeepingbestpractices.unlb.org/pbps/Library/CIC%20New%20Horizon%20Think%20Piece.pdf)

第2部　国連憲章第7章と国連安全保障理事会の活動

【資料(1)：若干の活動事例の表】

性格	時期	形態	主体	国名・組織名	対象活動名	地域・国	関連UNPKO
6章			R. O.				
6章			MNF	デンマーク他	SHIRBRIG 2000	エチオピア／エリトリア	UNMEE
6章			1国				
7章	先行	継時	R. O.	ECOWAS	ECOMIL 2003	リベリア	UNMIL
7章	先行 同時期	継時 支援	R. O. 1国	ECOWAS イギリス	ECOMOG 1997 O. Palliser：①	シエラレオネ 2000	UNAMSIL UNAMSIL
7章	先行 同時期	継時 支援	R. O. 1国	ECOWAS フランス	ECOMICI 2002 O. Licorne：②	コートジボワール 2003	UNOCI UNOCI
7章	先行 先行	継時 継時	1国 R. O.	南アフリカ AU	SAPSD 2001 AMIB 2003-4	ブルンジ	ONUB
7章	先行	継時	MNF	豪中心	INTERFET 1999	東ティモール	UNTAET UNMISET
7章	先行	継時	MNF	米中心	MIF 2004	ハイチ	MINUSTAH
7章	同時期	支援	R. O.	EU 2003	O. Artemis：③	コンゴ	MONUC
7章	同時期	支援	MNF	カナダ中心	O. Assurance 1996	ルワンダ	UNAMIR
7章	同時期	分業	R. O.	NATO	KFOR 1999-	コソボ	UNMIK
7章	同時期	分業	MNF	NATO中心	ISAF 2001-	アフガニスタン	(UNAMA) (政治ミッション)
7章	同時期	分業	1国				

【主な省略形】：R. O. = Regional Organization; MNF = Multinational Force; SHIRBRIG = Multinational Standby High Readiness Brigade for UN Operations; UNMEE = UN Mission in Ethiopia and Eritrea; ECOWAS = Economic Community of West African States; ECOMIL = ECOWAS Mission in Liberia; UNMIL = UN Mission in Liberia; ECOMOG = ECOWAS Monitoring Group; UNAMSIL = UN Mission in Sierra Leone; ECOMICI = ECOWAS Mission in Côte d'Ivoire; UNOCI = UN Operation in Côte d'Ivoire; SAPSD = South African Protection Support Detachment; AMIB = African Mission in Burundi; ONUB = UN Operation in Burundi; INTERFET = International Force for East Timor; UNTAET = United Nations Transitional Administration in East Timor; UNMISET = United Nations Mission of Support to East Timor; MIF = Multinational Interim Force; MINUSTAH = United Nations Stabilization Mission in Haiti; MONUC = UN Mission in the Democratic Republic of the Congo; UNAMIR = United Nations Assistance Mission for Rwanda; KFOR = Kosovo Force; UNMIK = United Nations Interim Administration Mission in Kosovo; ISAF = International Security Assistance Force; UNAMA = United Nations Assistance Mission in Afghanistan.

力行使を前提としない即応部隊であり，デンマークなどによるSHIRBRIGは国連待機制度そして国連PKOの一部を構成するものとされている。②は，現在のところ例外的と思われるので，ここでは基本的に，多国籍軍の活動は①の

武力行使への対応も含む即応部隊を提供するものとして扱う。

以上の類型化を表に示すと，前頁の資料(1)のようになろう。取り上げた活動事例は若干のものにすぎないために確定的な評価を下すことはできないが，少なくとも，地域的国際組織や多国籍軍の活動と国連の平和維持活動が交錯していること，さらに特定の傾向が見いだされにくいという意味で錯綜した状況にあることが確認できる。

2　現在の交錯状況に至る背景と論理

以上の類型化を踏まえて，以下では最近の，特に2000年前後以降の若干の事例を取り上げて，多国籍の待機取極および即応部隊取極に関する地域的な動きに触れながら，先の国連常設軍の3つの構成要素（軍事的強制能力，迅速展開能力，正当性）の視点から検討しよう。

(1)　主権国家並存体制における主観的国益重視の姿勢

現在の交錯状況の基礎にあると考えられ，最初に確認すべき出発点は，主権国家並存体制が基本的に維持されている現在の国際社会においては，依然として，人々の連帯感は限定的なものであり，その結果，政府の姿勢も，自国部隊の提供には消極的である，という事実である。表で示せば，基本的には，次頁の資料(2)のような傾向が推定される。

③の△印のように，そもそも国益に無関係な紛争において自国部隊を危険にさらすことに対する消極性の帰結として，国々は部隊提供における ad hoc な同意の必要性を堅持する。2000年のブラヒミ報告書によれば，「国際連合は1990年代半ば，その迅速な展開能力を高め，新世代の複合型平和維持活動の思わぬ急増に対応できるようにするため，国連待機制度（UNSAS）を導入した。……［国際連合と締結した］覚書には，こうした約束の履行が条件付きであることも明記されている。つまり，この覚書は，事務総長が平和活動への要員提供を要請した場合でも，各国にこの要請を『却下する』権利を維持することを確認するものとなっている。［そして］多くの加盟国は，国際連合主導による平和維持活動への正規軍部隊の展開を承諾するよりも拒否することのほうがはるかに多い。」[92]

第 2 部　国連憲章第 7 章と国連安全保障理事会の活動

【資料(2)：構成要素の表】

	常設国連軍	伝統的平和維持活動	「強力な平和維持」	多国籍軍
国益外の国際公共目的に向けた部隊提供の意思の有無	○	① ○ ②	△ ④	×：⑥
軍事的強制能力（規模，装備・訓練，指揮統制）	○	×	⑤ △	○ ⑦
迅速展開能力	○	△ 待機制度：③	⑤ △	○
国際社会の公的機関または公的機能としての正当性	○ 安保理決議○ 指揮統制○	○ 安保理決議○ 指揮統制○	○ 安保理決議○ 指揮統制○	△ 安保理決議○ 指揮統制×：⑧

　①の矢印が○印から△印に変わるように，派遣軍の任務が武力の行使に踏み込むことになるほど，国々は，部隊提供に消極的となる。同報告書によれば，「加盟国が国会や国民から，特にアフリカで国際連合が主導する活動に自国部隊を展開することに対する支持をなかなか取り付けられない一因として，平和維持要員がモガディシュやキガリで殺害されたり，シエラレオネで人質に取られたりしたことがあげられる。しかも，先進国の国益から見て，こうした活動には戦略的関心が薄い。」[93]

　指揮統制についても，⑧の×印のように，自国に保留することを欲する。同報告書によれば，「安全保障理事会の常任理事国 5 か国が国際連合主導の活動に提供する兵員数は大幅に減少した……。現在のところ，安全保障の観点から見て最も困難な国際連合主導の平和維持活動，すなわち国際連合シエラレオネ・ミッション（UNAMSIL）と国際連合コンゴ民主共和国ミッション（MONUC）に兵力を提供している先進国はない。」[94]

　②の丸枠内が○印と×印のセットになっているように，国益外の国際公共目的での部隊提供の意思の有無については伝統的平和維持活動に関する限り多く

---

92)　"Report of the Panel on United Nations Peace Operations," *supra* note 36, paras. 102-103.
93)　*Ibid.*, para. 105.
94)　*Ibid.*, para. 104.

の国々にある程度の積極的な意思があるといえるが，これは軍事的強制＝武力行使を行わないとの理解を前提としたものと考えられる[95]。

⑦の丸枠のように，軍事的強制能力の高い部隊を保有する欧米諸国については，基本的に迅速展開能力を備えていると考えられるが，

⑥が×印のように，国益外の国際公共目的のために，そのような部隊を軍事的強制＝武力行使を行うために提供するとの意思はもっていないと考えられる。典型的には，アメリカにおけるPDD 25の指針に示される。

(2) 平和活動と多国籍軍との間における相互補完関係

「強力な平和維持」という第7章に基づく派遣が一般化してきた背景には，軍事的強制能力の高い部隊を保有する欧米諸国の消極的姿勢があると推察される。具体的には，近年「強力な平和維持」が派遣された国々・地域については，国益の観点からの消極性が根拠となり，90年代における多国籍軍のような形で，自国部隊を派遣しようとする欧米諸国が十分に存在しなかったと思われる。ブラヒミ報告書によれば，「国連創設後の50年間には，先進国が国際連合平和維持活動の兵力の大半を提供するという慣行が出来上がっていた。これとは対照的に，最近の数年間を見ると，開発途上国が国際連合平和維持活動で正規部隊を展開するケースが増えており，2000年6月末の時点で，その割合は77％にも達している。」[96]

このために，安保理としては平和維持活動を派遣する以外に選択肢はなかったけれども，同報告書に示されるように，内戦状況に派遣するためには「強力な平和維持」とせざるを得なかったと考えられる。ここには，④の矢印のように，【平和維持活動による多国籍軍の補完】の側面が見られる。実際，近年派遣された「強力な平和維持」への部隊提供国には，そのような欧米諸国が含まれていない，あるいは，少ないと思われる[97]。言い換えれば，欧米諸国は大

---

95) 山下「前掲論文」(注72) 76頁も同旨。
96) "Report of the Panel on United Nations Peace Operations," *supra* note 36, para. 103.
97) 次の表は，2008年末と2009年末において，米英伊仏独という欧米諸国による平和活動への部隊提供がほとんどすべて非国連平和活動（ISAF, KFOR）に対してであり，他方でアジア・アフリカ（パキスタン，バングラデシュ，インド，ナイジェリア）諸国による部隊提供はすべて国連平和活動に対するものであることを示している。

規模で野心的な活動を押し進める一方で自らの部隊の提供には消極的であったために，戦略的決定を行う諸国と現地で部隊を危険にさらす諸国との間にミスマッチが生じている[98]。

他方で，⑤の矢印に示されるように，そのような近年派遣された「強力な平和維持」には，十分な軍事的強制能力が必ずしも備わってはいない，あるいは，そもそも十分な数の部隊が迅速に確保できていない[99]ために，欧米諸国の側には，軍事的強制能力や迅速展開能力の補強の点で，「強力な平和維持」を補完することが求められた[100]といえる。これは，【多国籍軍（欧米諸国）による平和維持活動の補完】である。

しかし，先に①と⑥で指摘したように，どの国も国益に無関係な紛争において自国部隊を危険にさらすことに対しては消極的である。そのために，⑤の場合，すなわち，軍事的強制能力や迅速展開能力の補強の点で「強力な平和維持」を補完することが求められた場合においても，自国の国益に合致すると判断する国のみが自国部隊を派遣するという動きが生まれてきたと推定される。

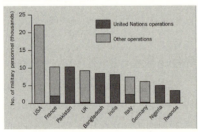
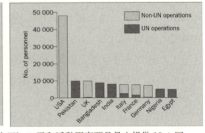

* 2008年末段階（左図）2009年末段階（右図）の平和活動軍事要員最大提供10か国
  出典：K. Soder, "Multilateral peace operations: personnel, 2009," SIPRI Fact Sheet July 2010, p. 3. (*available at*: http://books.sipri.org/files/FS/SIPRIFS1007Personnel.pdf)
  　　K. Soder, "Multilateral peace operations: personnel, 2008," SIPRI Fact Sheet July 2009, p. 3. (*available at*: http://books.sipri.org/files/FS/SIPRIFS0907P.pdf)

  98) P. D. Williams, "Lessons Learned from Peace Operations in Africa," Africa Security Brief, No. 3 (2010), p. 2. (*available at*: http://africacenter.org/wp-content/uploads/2010/03/AfricaBrief-3.pdf)
  99) 山下「前掲論文」（注72）77頁も同旨。
  100) Gray, *supra* note 83, p. 340.

第6章　見果てぬ夢，国連常設軍

(3) 個別的事情に基づく多様化

こうして，補完する主体や補完の形態などが国々の個別的な事情に応じて多様化してきたと考えられる[101]。例えば，【資料 (1)：若干の活動事例の表】で指摘すれば，

①では，シエラレオネにおいて ECOMOG を引き継いだ UNAMSIL が反政府勢力の攻撃を受けて危機に瀕した際に，イギリスが，事務総長の要請に基づき，緊急展開部隊を派遣したのが，「パリサー作戦 (Operation Palliser)」である。しかし，米英仏は，事務総長からの，国連の下での部隊派遣の要請を断っていたといわれる[102]。ブラヒミ報告書によれば，この点のジレンマは次のように指摘される。「かくして，国際連合は極めて深刻なジレンマを抱えている。UNAMSIL のようなミッションに，現在 KFOR の一部として平和維持に当たっている部隊に匹敵する兵力が提供されていれば，2000 年春のような困難には遭遇しなくて済んだ可能性が高い。NATO の軍事計画者であれば，当初認

---

101)　*See, for example*, L.-A. Sicilianos, "Entre Multilatéralisme et Unilatéralisme: L'autorisation par le Conseil de sécurité de Recourir à la Force," 339 *Recueil des cours* (2008), pp. 282-302, esp. 282-283; Diehl, *supra* note 16, p. 163.

102)　この点で，イギリスによる部隊派遣が，憲章第6章に基づく活動にのみ参加するとの立場に立つ SHIRBRIG が対応に消極的であったことと好対照であるとする一方で，イギリスは，シエラレオネの旧植民地支配国であり，国連の武器禁輸に違反したとして国際的に批判されていたという事情も指摘される (R. M. Connaughton, "Organizing British Joint Rapid Reaction Forces," JFQ Autumn 2000, p. 92 (*available at*: http://www.dtic.mil/cgi-bin/GetTRDoc?AD=ADA426696&Location=U2&doc=GetTRDoc.pdf))．および P. J. Evoe, "Operation Palliser: The British Military Intervention into Sierra Leone, A Case of a Successful Use of Western Military Interdiction in a Sub-Sahara African Civil War." (*available at*: http://ecommons.txstate.edu/cgi/viewcontent.cgi?article=1000&context=instad) 掲載の文献リストを参照せよ。

See, in this connection, the following statement by Kofi Annan in "Fourth report of the Secretary-General on the United Nations Mission in Sierra Leone," UN Doc. S/2000/455 of 19 May 2000, para. 100.

"[M]any Member States advocated that UNAMSIL should be given a strong peace-enforcement mandate under Chapter VII of the Charter…. I am not opposed to such a mandate in principle, as long as the United Nations is able to obtain, from Member States with ready capacity, the necessary resources to carry out the tasks that such a mandate implies…. If such conditions cannot be met, any effort to strengthen the mandate of UNAMSIL would unduly raise expectations, increase the risk of loss of life, and undermine the credibility of the Organization."

められた兵力6,000人程度でのシエラレオネへの部隊展開に同意したはずはない，とパネルは確信する。それでも，現在の動向を考えれば，KFOR型の活動が近い将来，アフリカで展開されるとは考えにくい。仮に国際連合がKFOR型の部隊展開を試みたとしても，待機取り決めの現状を考えれば，必要な兵力や機材はどの国が提供するのか定かでない。」[103]

②のコートジボワールにフランス軍が展開した「リコルヌ作戦 Opération Licorne」においても，同様に，フランスがコートジボワールの旧植民地支配国であり，当時，2国間条約に基づいて現地に部隊を駐留させていたという事情がある。

③では，コンゴにおけるMONUCの強化が必要になった際に，EU戦闘集団により派遣されたのが「アルテミス作戦 Operation Artemis」[104]である。潜在的な部隊提供国の懸念が現地における要員の安全確保であったために，人員や費用の点での資源不足により，旧植民地支配国であったフランスを中心とする形で派遣されたという事情がある。しかも，強化されたMONUCが多国籍軍を引き継ぐことが前提とされ，それが可能となるまでの時間的に限定されたものであったと言われている[105]。

こうして，アフリカにおける平和活動のハイブリッド化は，軍事能力の高い先進国が国連平和活動への直接参加に消極的になってきたことの直接の帰結であると指摘される。欧米先進国は，アフリカにおいて国連平和活動や地域的国際組織の軍と並んで，自国の軍隊や欧米の地域的国際組織の部隊を派遣するために安保理の許可決議を得るけれども，国連の指揮統制の下には入らないためである[106]。また上記の事例に示されるように，大国の選択的な派遣方針に対

---

103) "Report of the Panel on United Nations Peace Operations," *supra* note 36, para. 106.

104) アルテミス作戦については，Peacekeeping Best Practices Unit Military Division, Operation Artemis: The Lessons of the Interim Emergency Multinational Force, 2004 (*available at*: http://www.peacekeepingbestpractices.unlb.org/PBPS/Library/Artemis.pdf) およびS. Duke, Consensus Building in ESDP: Lessons of Operation Artemis, UCD Dublin European Institute Working Paper 08-7, July 2008 (*available at*: http://www.ucd.ie/dei/wp/WP_08-7_Simon_Duke.pdf) 掲載の文献リストを参照せよ。

105) 酒井啓亘「コンゴにおける国連平和維持活動（2・完）―国連コンゴ民主共和国ミッション（MONUC）の実践とその法的意義―」『国際協力論集（神戸大学）』第11巻3号（2004年）73, 80頁。

しては，自国の国益に基づく新植民地主義的政策との指摘がなされる[107]し，国連の対応としての安定性や正当性に対しても様々な問題を引き起こすことになろう。

このように，第7章に基づく「強力な平和維持」については，十分な軍事的強制能力を持つ部隊を迅速に確保することが不可欠であるにもかかわらず，多くの途上国にはその能力がなく，能力のある欧米諸国にはその意思がないのが実情である。その結果，自国の国益に合致すると判断して自国部隊を派遣する国があるかないか，という個別事例ごとの独立変数に振り回されることになり，平和維持活動と多国籍軍との間における相互補完関係が錯綜した形態で展開していると考えられる。

今後の展望としても，国連平和維持活動と地域的国際組織や多国籍軍との関係は，不分明である。必要性に基づいて，それなりの期待もあると思われる[108]。他方で，この種の交錯や相互補完関係が問題となっているのはアジア

---

106) そしてその理由としては，国連と地域的機関との間の競争，国連の指揮統制に対する（特に内戦における場合の）懸念，財政，安保理内での政治的対立，国連の正当性に対する挑戦があるという。F. Aboagye, "The hybrid operation for Darfur, A critical review of the concept of the mechanism," ISS (Institute for Security Studies) Paper 149, August 2007, p. 6 (*available at*: http://www.iss.co.za/uploads/PAPER149PDF.PDF).

同様に，次のような指摘もなされる（ティーリー・ターディ「ヨーロッパと国際機関——両者の多国間主義は連動しうるのか——」ジョナサン・ルイス他『前掲書』（注43）221，226-230頁）。欧州諸国は，国連が主導する事業活動には消極的である。EU加盟国の貢献の割合の低さが一番顕著なのは，平和維持活動がもっとも必要であるアフリカでの国連の活動である。EUは国連の下請けと見られることに否定的であり，EUが取り組んでいる地域的多国間主義は，グローバルな多国間主義を犠牲にして発展するといえるかもしれない。

107) Aboagye, *supra* note 106, p. 7.
108) 2009年に出された国連事務局平和維持活動局とフィールド支援局による『新パートナーシップ基本方針：国連平和維持活動の新たな展望』（*available at*: http://unic.or.jp/files/pdfs/partnership_100118j.pdf）では，次のような認識が示されている（33-34頁）。「前向きな能力開発戦略では，国連の資源を現場の他のパートナーの資源とリンクさせることが必要である。国連システム内では，統合的ミッションが集団的インパクトを最大化し，協力に対する障害を最小化するための枠組みとなる。また国連平和維持ミッションは，定期的に地域の組織とともに，またはこれと前後して活動する。そのような状況の政治的および活動上の特性から，今後もケースごとに国際，地域，および二国間関係者との創造的パートナーシップが必要となり，現場では多様な活動により対応することが促進される。最近の例では，ダルフールでアフリカ連合（AU）とともに，コソボ

や中米・南米ではなくヨーロッパやアフリカに限られ，組織としても，一定期間相当規模の活動を維持できるのはEUとNATOに限られるという理由から，あくまで一定の状況下において国際連合への補完として考慮できるにすぎないとも指摘される[109]。結局のところ，以上のような現実の動きに対しては，「地域化（regionalization）」とは，欧米諸国の財政負担を軽減するとともに他人の戦争のために自国の兵士の生命を危険に曝すことを避けたいという本音に基づくものにすぎず，ある特定地域の国連加盟国はその地域の地域機構の能力と水準の範囲内でしか平和維持の便宜を享受できないということでは国際連合の理念に反する[110]，という倫理的な指摘の重要性に常に留意する必要がある。その意味で，地域的国際組織を利用せざるをえないとすれば，それは，以上のような実情を踏まえて，「ナイーヴな認識を捨てるとともに十分なアカウンタビリティを持って（without naiveté and with accountability）[111]」でなくてはならない。

第6節　おわりに

「世界政府論」の検討から引き出される示唆としては，① 社会秩序の維持は，法の執行の問題に単純化することはできない，② ポイントは，社会を統治す

とアフガニスタンでは北大西洋条約機構（NATO）と同時に展開し，またチャドでは欧州連合（EU）の軍事活動を引き継ぎ，コソボでは政治活動をEUに引き渡している。」

109) Bellamy et al., *supra* note 55, p. 320. *See also*, in general, N. Suntharalingam, "The UN Security Council, Regional Arrangements, and Peacekeeping Operations," in H. Charlesworth and J.-M. Coicaud, *Fault Lines of International Legitimacy* (Cambridge University Press, 2010), pp. 204-238.

110) M. Goulding, *Peacemonger* (Johns Hopkins University Press, 2003), p. 217-218（マラック・グールディング著，幡新大実訳『国連の平和外交』（東信堂，2005年）273-274頁）。「地域化」の批判的指摘については，M. Pugh, "The World Order Polictics of Regionalization," in Pugh, *supra* note 87, pp. 31, 37-39; I. Martin, "Is the Regionalization of Peace Operations Desirable?," in Pugh, *supra* note 87, pp. 47, 53-54.

111) T. G. Weiss, "UN Military Operations in the 1990s: 'Lessons' from the Recent Past and Directions for the Near Future," in M. Alagappa and T. Inoguchi (eds.), *International Security Management and the United Nations: The United Nations System in the 21st Century*, (United Nations University Press, 1994), pp. 409, 414-416.

第6章　見果てぬ夢，国連常設軍

る機構の統治能力にあるのではなくて，機構を支える社会の統治可能性にこそある，そして，③国内政府との機構的な類似性ではなくて，役割・機能の遂行こそが重要である，という3点が少なくとも指摘できよう。

　常設国連軍の構想や提案は，今後も維持されつづけていくであろうと思われるし，確かに，迅速かつ実効的な行動をいかに組織するかについては，ブラヒミ報告書やハイレベル報告書などに実際的な観点から説得的に説明されているように，改善すべき点が多々あることは否定できない。安保理の下に直接に常設軍を設置することが国際連合の役割や即応能力の向上の問題に対する最善のアプローチなのか否か，などの問題を始めとして，現在の直面する様々な人道的危機などに対応するための短期的な改善措置は不可欠であり，様々な取り組みが求められよう[112]。

　しかし基本的な問題として，常設の国連軍設立の試み，常設どころか待機軍の設立の試みがほとんど失敗してきたのは何故か，を押さえる必要がある。そしてこの点で根本には，すべての国々は，そして多くの人々は自国の主観的な国益を重視し，軍事力を行使する自らの権限を国連に委譲することに躊躇する，特に自国の明示の同意や指揮なくして遠くの危険な軍事活動に自国の軍隊が参加することを事前に約束することには慎重である，という実情がある[113]。

　「世界政府論」の検討は，このような段階にある国際社会においては，多元的な性格の国際社会を共同体に変革するという視点に立つことが重要であり，この視点からは，軍事的強制のあり方の問題は，中長期的には，人権や開発，国際社会を支える国際組織の事務局，そしてそれらを取り巻くグローバリゼーションの動きと如何に取り組むか，という諸問題と相関的に，そして総合的に検討する必要がある，ということを示しているといえよう。

112）　例えば『新パートナーシップ基本方針：国連平和維持活動の新たな展望』（前掲注108）は，今までの提案を踏まえた包括的かつ実践的な提言であると思われる。

113）　次のような香西教授の指摘は，この点を一般化したものと理解できよう（香西「国連による紛争解決機能の変容──『平和強制』と『平和維持』の間──」（前掲注60）236頁）。

　　「平和強制の組織化の企てを阻む壁は，加盟国の主権への執拗なこだわりと，国際社会全体の利益（国際公益）よりは自国の国益を優先する態度である。国際社会の統合化へ向けて一歩でも前進するよう国家の政策を改めること，それ以外に解決の方法は見出せないのである。」

第3部

国連安全保障理事会とその求められる正当性

第7章　国際連合憲章第7章に基づく安全保障理事会の活動の正当性

第1節　はじめに

　2000年における国際連合憲章中の安全保障理事会に関する諸規定は、1945年の国際連合発足時におけるものとあまり異なっているようには思われない。第23条と27条は、安全保障理事会の構成員を当初の11加盟国から現在の15加盟国にまで増やすために1965年に改正され、同様に決議採択は7票から9票に変更された。そして、非手続事項（実質事項）に関して5常任理事国が有する拒否権については、何の変更もなされていない。

　しかしながら、安全保障理事会の実行、特に、国際連合憲章第7章の下で安全保障理事会が有する権能に基づく強制活動は、冷戦解消後において、劇的に変化したと言える[1]。そして、この変化と共に、一連の法的問題も新たに生じてきている。安全保障理事会のこのような法的諸問題を、カーギスは、次のように簡潔にまとめている。

　「冷戦後の安全保障理事会を取り巻く最も重大な法的または準法的争点は、これまでのところ、冷戦時代には観察者が中心的な問題となりうるとは夢にも考えなかったであろう類のものである。それらは、権能の放棄というよりは、権能のありうべき乱用に関わるものである。理事会は、国際平和に対する脅威が自明ではないときに第7章を援用したし、大部分の場合には、そのような脅威の認定の如何なる正当化も省略したのである。また、第42条に依拠することなく、そして利用可能な第43条協定もないままに、

---

[1] 現在では、冷戦解消後の時期区分について、少なくとも二つには分けられよう。第1は、1980年代末から1994年までであり、この時期に、安全保障理事会は、劇的に活性化し、その活動を拡大した。第2は、1994年以降であり、米英仏は、ソマリアと旧ユーゴスラビアの経験後において大変に慎重になってきた。また、米英とロシアおよび中国との間の対立がしばしば顕在化し、安全保障理事会の活動を妨げてきている。

第7章を援用して加盟国に対し平和の維持又は回復のために武力を行使することを許可（authorize）したのである。

準立法的側面においては，理事会は，戦争犯罪裁判所を設立し，これらの裁判所との関係で，加盟国に対して，協力すべき旨の指令を出している。また，侵略国に対する請求を決定するための補償委員会を創設した。さらに，これらの裁判所と委員会に対して，必ずしも既存の国際法を反映するものではない諸規範を適用する権限を与えたのである。

理事会は，平和に対する脅威，平和の破壊および侵略行為を決定する明示の権能に内在的なものを遥かに超える準司法的な決定をなした。また，憲章規定を解釈し適用する，あるいは自らの決議を解釈するという容易に推定しうる権能をも超えた。理事会は，自らの非司法的性格にもかかわらず，そして手続き的な保護なしに，そのような行動をとったのである。」[2]

以上の批判的な分析がどこまで適切であるかの判断は，各論点及び全体に関する体系的な検討を必要とするが，少なくとも，冷戦解消後における安全保障理事会が関わる法的諸問題の存在と性質を明確に示していると言えよう。このような問題状況を前提として，本章は，次の三点を目的とする。第1に，以下の分析にとっての前提的な確認として，国際連合における，そして国際社会全体における安全保障理事会の位置づけの概略を示すことである。第2に，冷戦解消後における安全保障理事会の憲章第7章に基づく活動は，その大部分が国連憲章の全体的な展望に照らして法的に十分根拠付けることが可能であると考えられるが，一部にはその点で不明確であると指摘できるものもなされてきている旨，示すことである。第3は，そのような法的根拠付けの点で不明確な領域（グレー・ゾーン）においては，安全保障理事会の活動の正当性の側面が重要であり，一定の役割を果たすことを指摘することである。

---

2) F. L. Kirgis, Jr., "The Security Council's First Fifty Years", 89 *AJIL* (1995), pp. 506, 537-538.

第2節　国際連合憲章第7章と冷戦下の実行

1　国際連合憲章の解釈

　国際組織は，主権国家間の合意に基づく国家間の機能的な組織である。国際組織は，一定の目的・任務を遂行するために国々により任意的に設立されるのであり，設立の基礎となる設立文書は，原則として国家間の条約の形式をとる。こうして，国際組織の目的，任務，権限，組織構造，活動形態などの重要事項は，基本的にはすべて設立文書中に規定される。このため，国際組織の構造と活動に関わる法的分析は，論理上不可避的に，まず，設立文書の解釈から出発することになる。実際，国際組織の構造と活動に関する疑義や紛争が当該国際組織の機関において討議されたり，国際司法裁判所に付託されたりするとき，多くの場合は，問題は設立文書中の関連規定の解釈をめぐる争いとして展開されている。

　他方で，法の解釈は常に若干の裁量の余地を有しており，関連規範が設定する「枠」の内部における可能な複数の意味から一つを選択するという意味で，解釈者の価値判断を伴うものである。このために，ある規範を誰が解釈し適用するのかは，規範の内容を確定する際に決定的に重要である。条約は，一般に，締約国自身によって解釈され適用される。しかし，設立文書の場合には，当該国際組織の各機関も，自らの活動の不可欠なプロセスとして関係活動に関わる諸規定を解釈し適用するのであり，現実には，これらの関係機関の実行が持つ影響力は大変に大きいと考えられる。

　国際連合憲章においては，どうであろうか。周知の通り，国際連合憲章には解釈に関する規定はない。サンフランシスコ会議におけるこの点に関する議論の結論を示すものとして，第IV委員会第二小委員会の最終報告書があるにとどまる。この報告書および国際連合におけるその後の実行を踏まえて，次のような指摘をすることができよう[3]。

　国際連合の一機関（国際司法裁判所や総会など）が憲章全体を有権的に解釈す

---

3) この点の詳細については，拙著『国際組織の創造的展開——設立文書の解釈理論に関する一考察——』(勁草書房，1993年) 264-291頁を参照。

る権限を有し,その解釈が国連の他のすべての機関およびすべての加盟国を法的に拘束するという可能性は,明白に排除されている。この結果,各加盟国は,国連諸機関の一つが特定の措置をとる際になした憲章の関係規定の解釈が,憲章に合致するものであるか,合憲なものであるかを,問題とすることができる。加盟国は,そうすることによって,当該措置自体が憲章に合致するものであるか否か,従って,合憲なものであるか否かを問題とすることができるのである[4]。

2 国際連合憲章,特に第7章に基づく安全保障理事会の役割

　国際連合憲章の基本的部分は,1944年のダンバートン・オークス会議において,イギリス,アメリカ,ソ連,中国の四大国によって起草され,ヤルタ会議において補足された。確かに,サンフランシスコ会議における修正は過小評価されるべきではない。しかし,アメリカの原案を基礎として起草されたダンバートン・オークス提案の基本的な骨組みは維持され,現行の憲章となったのである。

　国際連合憲章の目的を規定する第1条は,その第1項において,「国際の平和及び安全を維持すること。そのために,平和に対する脅威の防止及び除去と侵略行為その他の平和の破壊の鎮圧とのため有効な集団的措置をとること」に言及する。また,安全保障理事会の任務及び権限を規定する第24条は,「国際の平和及び安全の維持に関する主要な責任」を安全保障理事会に与えている。

　憲章第7章は,「平和に対する脅威,平和の破壊及び侵略行為」がある場合に非軍事的措置および軍事的措置をとることを安全保障理事会に認めており,いわば紛争あるいは特に重大な事態において強制措置をとる権限を付与しているといえよう。この憲章第7章の権限を発動させるためには,必要な一定条件すなわち上記三つの事態の一つが存在する旨安全保障理事会が決定すると,第39条は規定する。そして一旦第39条の下での決定がなされれば,安全保障理事会は,国際の平和および安全を維持または回復するために,勧告をしたり,第41条および第42条に従っていかなる措置をとるかを決定することができる

---

[4] B. Conforti, *The Law and Practice of the United Nations* (Kluwer Law International, 1996), p. 16.

のである。第41条は非軍事的措置に，第42条は軍事的措置に，そして第43条は必要な場合における軍隊の提供等について規定する国際連合と加盟国との間の特別協定に関するものである。

　以上の諸規定に鑑みれば，安全保障理事会は，国際の平和および安全の維持を任務とする警察的な権限，さらには非軍事的および軍事的な措置という形での強制力を行使する権限を与えられた主に執行的な機関であると，認めることができよう。

3　冷戦下において安全保障理事会が果たした役割

　一般に冷戦として理解される1980年代末までの長期間，安全保障理事会は，少なくとも憲章第7章に規定された強制措置の行使という意味においては，ほぼ全面的に機能麻痺の状態であったといえよう。東西のイデオロギー対立と常任理事国の拒否権行使のために，安全保障理事会は無力化されていたのである。この期間において，安全保障理事会が憲章第7章に基づいて強制措置を発動したのは，3件（大韓民国への侵攻，南ローデシアの事態，南アフリカの事態）にすぎない[5]。

(1)　大韓民国への侵攻

　安全保障理事会は，1950年の決議82（賛成9，反対0，棄権1，欠席1（ソ連）で採択）によって，「北朝鮮からの軍隊による大韓民国に対する武力攻撃」を「平和の破壊」と認定して，敵対行為の即時停止と軍隊の北緯38度線への撤退を要請した。また，決議83（1950）・84（1950）（いずれもソ連は欠席）により，武力攻撃を阻止し当該地域における国際の平和および安全を回復するために必要な援助を国際連合加盟国が大韓民国に提供するように，そして軍隊・援助の提供国がアメリカの下に置かれる統合司令部に当該軍隊・援助を利用させるように勧告した。さらに，アメリカに対してそのような軍隊の司令官を任命する

---

5)　G. L. Burci, "The Maintenance of International Peace and Security by the United Nations: Actions by the Security Council under the Chapter VII of the Charter", in Società Italiana per l'Organizzazione Internazionale, *Prospects for Reform of the United Nations System* (CEDAM, 1993), pp. 123, 124-131.

ように要請し，統合司令部には国連旗の使用を許可したが，統合司令部の行動についてはアメリカが安全保障理事会に適宜報告することを要請するにとどまったのである。

北朝鮮に対してなされた集団的軍事行動である朝鮮国連軍は，16か国の軍隊を含んでいたが，アメリカの指揮の下に置かれ，安全保障理事会は朝鮮国連軍の軍事行動については何の権限も有さなかった。ソ連代表が復帰するや安全保障理事会は積極的な行動を停止した。しかし総会は，決議377（V）を賛成52，反対5，棄権2で採択し，総会の勧告による強制措置を定めるとともに，平和の回復が一大国の反対に優位すべきという圧倒的多数の加盟国の意思を示した。そして決議498（V）により，朝鮮国連軍の立場を支持したのである。

(2) 南ローデシアの事態

非自治地域であった南ローデシアの当局が一方的に独立を宣言したことに対して，安全保障理事会は，決議216（1965）・217（1965）によって，当該宣言を非難し，この宣言を法的な効力を持たないものと見なすとともに，この違法人種差別少数者政権の不承認と経済制裁等をすべての国に要請した。さらに決議221（1966）によって，石油タンカーのベイラ港への到着による南ローデシアへの石油の供給が，違法政権への大きな援助・激励となりうることを考慮して，「結果として生じる事態が平和に対する脅威を構成すると決定し」，さらに，「イギリス政府に対して，もし必要ならば武力を行使して，ローデシアに向けて石油を輸送していると合理的に信じられる船舶のベイラ港への入港を阻止するように要請し，また，イギリスに対して，ヨハンナV号という船名のタンカーがベイラ港で石油の積荷を降ろした場合には，同船がベイラ港から出港したところを直ちに拿捕し抑留する権限を与え」た。その後安全保障理事会は，憲章第41条に基づき決議232（1966）・253（1968）等によって，非軍事的制裁を段階的に決定していったのである。

(3) 南アフリカの事態

安全保障理事会は，1963年以来，南アフリカの人種差別政策に関する問題を扱ってきており，決議181（1963）によって武器の禁輸をすべての国に要請

していた。しかし，安全保障理事会が憲章第7章に基づいて武器の禁輸を決定したのは，決議418（1977）においてであった。この決議は，アパルトヘイト政策それ自体ではなく，「武器および関連物資の南アフリカによる取得が，国際の平和及び安全の維持に対する脅威を構成する」と決定したのであるが，当時大変に悪化していたアパルトヘイト政策に関する考慮にも基づいていたと考えることもできよう（同決議の前文1項参照）。

(4) 若干のコメント

第39条の「平和に対する脅威」概念について。武力紛争との直接的な関連性という語感にもかかわらず，この「平和に対する脅威」の概念は，安全保障理事会の実行により，それ以上に広いものとして発展してきた。安全保障理事会は，南ローデシアにおける黒人多数派の自決権の侵害や，南アフリカにおける基本的人権の大規模で組織的な侵害などの事例を，この概念に含まれるものとして扱ってきた。

第39条の「勧告」と第42条について。憲章第43条から第47条に規定された特別協定がなく，また軍事参謀委員会に基づくことなく，第42条の下で軍事的強制行動をとることができるか否かは，冷戦期における重要な問題の一つであった。この問題についての当時の支配的な見解は，第43条の特別協定が締結されることなくしては，第42条は適用されないというものであった[6]。こうして，朝鮮国連軍や南ローデシアの決議221によって要請された行動は，第39条に基づく安全保障理事会による「勧告」の基礎の上にとられたものと考えられていた[7]。確かにこのような意味の勧告は，第39条の採択時には憲章起草者達がほとんど考えてもいなかった類の勧告であったと思われる。しかしながら，安全保障理事会の勧告に基づく軍事的措置という方式は，当時，ソ連陣営を除いて，大多数の加盟国によって受け入れられていたといわれる[8]。

---

[6]　*See* the authorities cited in O. Schachter, "United Nations Law in the Gulf Conflict", 85 *AJIL* (1991), pp. 452, 464 nn. 33, 34 as well as Kirgis, *supra* note 2, pp. 506-509.

[7]　D. W. Bowett, *United Nations Forces, A Legal Study of United Nations Practice* (Stevens and Sons, 1964), p. 34.

[8]　L. M. Goodrich et al., *The Charter of the United Nations* (Columbia University Press, Third Revised Ed., 1969), p. 301.

朝鮮と南ローデシアの事例における安全保障理事会の行動は，憲章の関係規定に明示的に基礎づけられていたのではなかった。その限りにおいては，これらの関係決議は，規定された目的のための強制行動を個別の国家に対して勧告あるいは授権することによって，武力行使の正当化要因としても機能したといえよう。

以上の若干の事例を除けば，冷戦期における安全保障理事会の実状は，常任理事国間の深刻な対立と相互不信による実質的な機能麻痺，そして処理すべき多くの紛争における防止・管理・救済の失敗によって特徴付けられると考えられる[9]。

第3節　冷戦解消後における国際連合憲章第7章に基づく安全保障理事会の諸活動

冷戦解消後における国際連合憲章第7章に基づく安全保障理事会の主要な活動にはどのようなものがあるのか。それらは国際法に合致しているという意味で合法的であり，国際連合憲章に合致しているという意味で合憲的であるのか。ここでは若干の，特に議論のある事例を取り上げることにしよう。

1　第39条
(1)　加盟国の国内問題に対する，国際連合による人道的根拠に基づく介入
（クルド（決議688），ソマリア，その他の事例）

今や「平和に対する脅威」の概念は，本質的には国内問題であるが，国際紛争に発展しかねないような事態も含むものとして解釈されている。実際，安全保障理事会は，次のような表現を使っている。「国境に向けかつ国境を越える大量の難民の流出と国境侵犯は，地域の国際の平和と安全を脅かすものであり，これをもたらした最近のクルド人居住地区を含むイラクの多くの地域におけるイラク一般市民の抑圧に深刻な懸念を抱き」（決議688（1991）の前文3項），「ソマリアにおける紛争が引き起こした人的悲劇の規模が，人道援助配布への障害

---

9)　Burci, *supra* note 5, p. 129.

第7章　国際連合憲章第7章に基づく安全保障理事会の活動の正当性

の発生により一層悪化して，国際の平和と安全に対する脅威を構成する」（決議794（1992）の前文3項）。

同様に安全保障理事会は，リベリア共和国における内戦について，「リベリアにおける事態の悪化が，国際の，特に西アフリカ全体における，平和と安全に対する脅威を構成する」と決定した（決議788（1992）の前文5項）。またルワンダ共和国における内戦とジェノサイドについて，「ルワンダにおける人道的危機の規模が，地域の平和と安全に対する脅威を構成する」と決定した（決議929（1994）の前文10項）。さらにハイチ共和国における民主的選挙によって選出された大統領に対する国軍によるクーデターの後に，正当政府の復活を合意したガバナーズ島協定に基づく義務の不履行が地域の平和と安全に対する脅威を構成する決定した（決議873（1993）の前文4項）[10]。

「平和に対する脅威」の概念に関する以上のような展開は，学説において，民族紛争または類似の紛争における現実のダイナミズムの観点から，次のように支持された。

> 「民族紛争は，憲章第6章と第7章の境界と同様に，国内と国際，国家と非国家的アクターの間の境界を不明確にする。民族紛争はまた，国家間紛争のみが『国際の平和と安全に対する脅威』（第39条）でありうるという考え方が不適切であることを明らかにした。50万人以上の人々が殺され，何十万人という人々が逃げなくてはならないような紛争は，高度に相互依存的な世界においては国際の平和と安全に対する脅威である。安全保障理事会がソマリア，リベリア，アンゴラ，ルワンダ等においてそのように決定したのは，完全に正しかったのである。」[11]

---

10) これらの事例において派遣された平和維持活動について見れば，多くは内戦の吹き荒れる単一国家内において活動していたし，若干のものについては政府が存在したとしても当該政府の同意を得ていなかったと考えられる。この点について，カーギスは次のような適切な指摘をしている（Kirgis, *supra* note 2, p. 535）。すなわち，「法律純粋主義者（legal purist）は安全保障理事会のこの種の措置について憲章中に権限を見いだすのに苦労するであろうが，国際社会は法的根拠に基づいてそれらに反対したのではない」，「そうではなく，これらの活動への反対は成功・失敗あるいはコスト・ベネフィットの理由に基づいてなされたのである」。

11) W. Kühne, "The United Nations, Fragmenting States, and the Need for Enlarged Peacekeeping", in Ch. Tomuschat (ed.), *The United Nations at Age Fifty, A Legal Per-*

同様に旧ユーゴスラビア国際裁判所の上訴部は，タディッチ事件において，安全保障理事会の慣行の存在を認めて，次のように指摘した。

「［旧ユーゴスラビア領域における武力紛争が］たとえ単なる『国内的武力紛争（internal armed conflict）』と考えられるとしても，それでもなお，安全保障理事会の確立した実行と国際連合加盟国一般の共通の理解に従って『平和に対する脅威』を構成するであろう。実際，安全保障理事会の実行には，『平和に対する脅威』と分類し第7章の下で扱われた内戦や国内紛争（internal strife）の事例が豊富であるし，しかも，1960年代初期のコンゴ危機や，最近ではリベリアやソマリアのように，総会の奨励さらには要請の下にである。こうして，第39条の『平和に対する脅威』は，その一つの種類として，国内的武力紛争を含みうる旨の，国際連合加盟国全般の『事後の実行』により示される共通の理解があると言うことができる。」[12]

(2) リビアの事例（決議731（1992）・748（1992））

安全保障理事会は，1992年1月21日の決議731により，就中，リビアに対して，ロッカビー上空におけるアメリカ航空機の爆破に関わると主張される2人の容疑者を，アメリカあるいはイギリスのいずれかに，同国において裁判を受けるために引き渡すように要請した。これに対してリビアは，国際司法裁判所に訴えを提起して，リビアに対して強制的な措置をとることをアメリカに禁

---

　spective (Kluwer Law International, 1995), pp. 91, 99. *See also* I. Osterdahl, *Threat to the Peace, The interpretatioin by the Security Council of Article 39 of the UN Charter* (Iustus Forlag, 1998).

12) The Prosecutor v. Dusko Tadic a/k/a/"Dule", Case No. IT-94-1-AR72, decision of 2 October 1995, in 35 *ILM* (1996), pp. 32, 43. この点については，しかしながら，アルヴァレスが次のような批判をしている (J. E. Alvarez, "Nuremberg Revisited: The Tadic Case", 7 *EJIL* (1996), pp. 245, 256)。
　　「『平和に対する脅威』の理事会決定に関する上訴部による通り一遍の扱い方は，理事会の非常任理事国にとっては不満の残るものであろう。この事件において問題となっていたのは，理事会による準立法的・準司法的行為の法的に拘束的な性質である。事前の準立法的・準司法的決定により『国内的武力紛争』がそのような脅威を構成すると理事会が示したのは『確立した実行』であるかもしれないが，この事件における個別の認定の合法性を決定するためにそのような認定に依拠するのは，循環論法であり有用でない。」

ずる仮保全措置の指示と，リビアの権利を侵害する如何なる措置もとらないことの確保とを要請した。同事件における口頭弁論の終了の3日後に，安全保障理事会は，リビアに対して問題の人物の引き渡しを要求し，同年4月15日までにそうしない場合には同国に対して制裁を課する旨の決議748を，拘束的な決定として採択した。

以上のような安全保障理事会の行動について，グレフラートは次のように批判する。

　「安全保障理事会の見識には十分な敬意を払いながらも，容疑者をアメリカあるいはイギリスに引き渡し，補償を支払う旨のアメリカの要請に対して完全に応ずるものでないことが，憲章第39条の意味における，国際の平和に対する脅威として解釈されうるかは，特にリビアが国際法に違反したことが確定されていないときには，相当疑問であるように私には思われる。」[13]

1988年9月にロッカビー上空で起きた航空機爆破事件から3年半後において，容疑者の引き渡し要請に応じないことを中核的な理由として，国際の平和と安全に対する脅威を認定することができるかについては，十分慎重に考える必要があろう。

2　第41条

(1)　リビアの事例（決議731（1992）・748（1992））

グレフラートによれば，「安全保障理事会決議748（1992）は，憲章第6章に基づく決議731（1992）の勧告する解決条件を，憲章第7章に基づく拘束的な紛争解決に変質させるものであり，憲章中には規定されていない手続であ

---

13) B. Graefrath, "Leave to the Court What Belongs to the Court: The Libyan Case", 4 *EJIL* (1993), pp. 184, 199. この点で，安全保障理事会によって認定された国際の平和および安全に対する脅威は，単に引き渡し要請への不対応だけでなく，テロリズム一般に対するリビアの支援であったと言われるかもしれない。しかし，2人の容疑者が裁判のためにオランダに到着次第，先の決議によって課された措置は停止されるとする，決議883（1993）の第16項および決議1192（1998）の第8項において安全保障理事会が後に採用した立場から判断して，容疑者の引き渡し要請が中核であったと考えるのは合理的であろう。

る$^{14)}$」と指摘される。この点で彼は，次のようなアランジオ・ルイーズの見解に依拠する。

> 「憲章中に明白に規定されたように，安全保障理事会の権限は，紛争解決を扱う第6章に基づく非拘束的な勧告と，集団安全保障措置を扱う第7章に基づく拘束的決定をなすことから成り立つ。最も重要な点は，学説——法律文献と実行のいずれにおいてもそれほど疑われてはいないように思われるが——によれば，安全保障理事会は，第7章に基づいて行動しているときには，第6章に基づく勧告的機能を紛争または事態の拘束的解決に変質させるような仕方で，第6章に基づく解決を強いる権限を与えられてはいないであろうということである。」$^{15)}$

この論点は，かなり微妙であり，議論の余地があると思われるので，本章の後の部分で扱うことにしよう。

(2) 湾岸戦争の戦後処理（決議687（1991）：イラクの化学兵器と生物兵器の破壊，およびイラクとクウェート間の国境画定等）

1991年4月3日の決議687は，イラクとクウェート間の国境の不可侵と事務総長の援助による国境画定，非武装地帯の設定と国連監視隊（UNIKOM）の派遣，イラクの化学兵器・生物兵器・長距離弾道ミサイル・核兵器の破壊と将来これらの兵器を開発しない旨の約束等を規定する。特別委員会（UNSCOM）とIAEAがイラクの遵守を監視し検証する。イラクはクウェート資産を返還するとともに，クウェートに対する違法な侵攻と占領の結果生じた損害の賠償義務を負う旨確認され，賠償支払いのための基金および同基金を運営する委員会が設立された。イラクに対する制裁は，同決議に基づく軍縮義務がすべて履行されるまで継続される。イラクに抑留されていたクウェート人および第三国国民は本国に送還される。さらに，イラクは国際テロリズムへの関与を放棄する。最後に，安全保障理事会は，「イラクが前記の諸規定を受諾する旨を事務総長および安全保障理事会に公式に通報するとともに，イラクとクウェートおよび決議678（1990）に従って同国に協力している加盟国との間に正式の休戦

---

14) *Ibid.*, p. 196.
15) G. Arangio-Ruiz, I *YILC* (1992), p. 150.

協定の効力が発生することを宣言」した。

　以上のような内容の決議687を，グレフラートは次のように批判する。

　　「憲章の第6章と第7章の異なる構造が示すように，憲章第7章の下での安全保障理事会は，警察的機能（policing function）のみを有する。……

　　　従って第7章に基づいて行動するときには，平和の破壊に導いた紛争を解決するための平和的紛争解決手続を作動させるために，安全保障理事会の行動は，通常，軍事活動を停止させたり，平和維持への個別の危険を回避することに限定されるのである。」[16]

　　「安全保障理事会が自らの賠償計画をイラクと国際連合の他の加盟国に課することができるとすることは，憲章システムと完全にぶつかるであろう。それは，異なる機関に意図的に付与された政治的権限と司法的権限を混同することになるだけでなく，国々が如何なる国際連合機関にも決して付与していない立法権限を安全保障理事会に付与することにもなろう。」[17]

　この点は，前記のリビアの事例において問題となった論点と関わるものであり，同様に本章の後の部分で扱うことにしよう。

(3) 国際人道法の重大な違反に責任を有する者を訴追するための国際刑事裁判所の設立（決議827（1993）および決議955（1994））

　安全保障理事会は決議827（1993）によって，「1991年以後旧ユーゴスラビアの領域内で行われた国際人道法に対する重大な違反について責任を有する者の訴追のための国際裁判所」を設立した。同様に決議955（1994）によって，「1994年1月1日から1994年12月31日までの間にルワンダの領域内で行われた集団殺害および国際人道法に対する他の重大な違反について責任を有する者並びに隣国の領域内で行われた集団殺害および他のそのような違反について責任を有するルワンダ市民の訴追のための国際裁判所」を設立した。

　安全保障理事会の決議によるこれらの裁判所の設立は，様々な留保や批判を引き起こした。例えば，次のような議論がなされた。如何なる国家の領域内で

---

16) B. Graefrath, "Iraqi Reparations and the Security Council", 55 *Zeitschrift für ausländisches öffentliches Recht und Völkerrecht* (1995), pp. 1, 12-13.

17) *Ibid.*, p. 26.

行われた犯罪を審理する裁判所を設立する権限も，本来，当該個人に対して管轄権を有する諸国に任されるべきである。あるいは，国際連合憲章が採択されたとき，強制的な刑事管轄権の確立という条約義務を含むものではなかったし，その後においても加盟国は国際連合に対してそのような管轄権を与えていない[18]。

しかしながら旧ユーゴスラビア国際裁判所の上訴部は，「タディッチ」事件において，安全保障理事会の決議による同裁判所の設立の合憲性を承認して，次のように述べた。

> 「しかしながら安全保障理事会による国際裁判所の設立は，安全保障理事会が，自らの機能の一部あるいは自らの権限の一部の行使を同裁判所に委任したことを意味するものではない。反対に，安全保障理事会が，憲章に従って自らにではなく国際連合の他の機関に属する司法的機能の一部を不法に行使していることを意味するものでもない。安全保障理事会は，国際の平和と安全という自らの主要な任務の行使のための手段として，すなわち旧ユーゴスラビアにおける平和の回復と維持に貢献する措置として，国際刑事裁判所の形式での司法的機関の設立に訴えたのである。」[19]

3 第42条

(1) 加盟国による武力行使に対する許可（湾岸戦争（決議678（1990））および他の事例）

安全保障理事会は，いくつかの事例において，加盟国一般または一定の加盟国に対して安全保障理事会の賛意を得て，しかしその統制は受けることなく武力行使を含む必要な行動をとることを許可するあるいは要請するという方式に

---

18) P. S. Rao, "The United Nations and International Peace and Security—An Indian Perspective—", in Tomuschat (ed.), *The United Nations at Age Fifty, supra* note 11, pp. 143, 158-159. *See also* the statement of Arangio-Ruiz in I *YILC* (1993), p. 16.

19) The Prosecutor v. Dusko Tadic a/k/a/"Dule", *supra* note 12, p. 45. カーギスも，この立場を支持して（Kirgis, *supra* note 2, p. 522），「第7章の適用条件が満たされ，裁判上の基本的公正の諸原則に従っていれば，戦争犯罪裁判所を設立する黙示的権限を認定するのは無理なことではない」と指摘している。旧ユーゴスラビアおよびルワンダ国際刑事裁判所を含む国際刑事裁判所の問題一般については，小長谷和高『国際刑事裁判序説』（尚学社，1999年）を参照。

第7章　国際連合憲章第7章に基づく安全保障理事会の活動の正当性

訴えてきた。例えば湾岸戦争においては，安全保障理事会は決議678において，「クウェート政府に協力している加盟国に対し，安全保障理事会決議660 (1990) およびそれに引き続くすべての関連決議を堅持かつ履行し，その地域における国際の平和と安全を回復するために，必要なすべての手段をとることを許可する」とした。それより小規模であるが別の事態において，例えばソマリア（決議794 (1992)），ボスニア・ヘルツェゴビナ（決議816 (1993) および836 (1003)），ルワンダ（決議929 (1994)) およびハイチ（決議940 (1994)) において，安全保障理事会は同様の方式に訴えてきた。これらの決議，特に決議678 (1990) に関して，決議の合法性（合憲性）およびそれらの有りうべき法的根拠について多くの議論がなされてきた[20]。

加盟国への許可方式に対する批判の要点は，決議678についてなされた次のような議論にまとめられていると言えよう。

> 「ある行為が第42条に基づきとられたとの性格付けは，とられる措置に対する統制と指導をなすための手段を理事会が自らに与えているか否かに依存すべきである。問題の決議は，許可する行為に対する理事会の指導と統制が全く欠けているという点で，第42条の基本前提に反する。第2項の規定する権限委任の曖昧さは，驚くほどである。使用される『必要な手段』について関係国が有する広範な裁量，軍事活動の指揮と調整についての如何なる指示も欠如していること，許可の目的の曖昧さ，そして連合諸国にとって明確な報告義務すらないことは，前事務総長が若干の機会にわざわざ強調したように，砂漠の嵐作戦を国際連合にとって外在的な活動とすることになる。」[21]

しかしながら，大多数の国際法研究者は，多かれ少なかれしぶしぶではあるが，この方式を現実的な観点からして実際的かつ受け入れ可能なものとして受け入れる用意がある。この立場は幾つかの要素に基づく[22]。まず，憲章中の

---

20)　拙稿「冷戦後の国際連合憲章第7章に基づく安全保障理事会の活動――武力の行使に関わる二つの事例をめぐって――」『法学研究（一橋大学研究年報）』26号 (1994年) 特に57-100頁（本書75-167頁）参照。

21)　Burci, *supra* note 5, pp. 134-135.

22)　See, *e.g.*, Ch. Greenwood, "The United Nations as Guarantor of International Peace and Security: Past, Present and Future―A United Kingdom view ―" in Ch. Tomuschat

若干の規定，例えば第48条や第53条は，安全保障理事会が加盟国等による行動を許可することを明示的に予定している。また，事務総長が認めたように，国際連合には，侵略者に対して武力行使を含む大規模な軍事行動の指揮をとる能力が現在の段階では欠けている。ここで加盟国等に許可する可能性を排除すれば，国際連合がある程度の規模で軍事的強制行動をとる可能性を否定することになってしまう。「近い将来においては如何なる重要な活動も，安全保障理事会によって許可された武力あるいは国連システムの全く外部にある武力による仕方以外で行われることはありそうにない」[23]と，一般に考えられているのである。

(2) 決議687 (1991) 実施のための一方的な武力行使

国際連合は決議687の実施をめぐって重大な困難に直面した。決議はイラクの協力を前提としており，決議実施における主要な問題は，反抗的なイラクに対する決議の強制から生じている。この意味で，連合諸国が「その地域における国際の平和と安全を回復するために，必要なすべての手段をとることを許可する」という許可の下にフセイン政権を崩壊させるという選択をしなかったことの報いを，安全保障理事会が受けていると言われるかもしれない。しかしながら，決議687の採択時において決議の強制という問題についてまで規定することが政治的に可能であったかは，疑問の余地があろう。決議678における白紙委任に近い形での武力行使の許可に批判的な国々は，決議687の遵守を確保するための武力行使の一般的な権限を認める用意はなかったと思われるからである[24]。

イラクに関わる事件の中で特に決議687の実施に関連するものは，軍縮と武器の査察である。イラクは，国際原子力機関と国連特別委員会 (UNSCOM) の武器査察官に対してアクセスを認めないことによって決議の実施を妨害した。

(ed.), *The United Nations at Age Fifty, supra* note 11, pp. 59, 70.

23) G. Gaja, "Use of Force Made or Authorized by the United Nations", in Ch. Tomuschat (ed.), *The United Nations at Age Fifty, supra* note 11, pp. 39, 43. *See also* Kühne, *supra* note 11, p. 106.

24) Ch. Gray, "After the Ceasefire: Iraq, the Security Council and the Use of Force", 65 *BYIL* (1994), pp. 135, 136-137.

安全保障理事会は，決議687に基づく多くの重大な義務違反についてイラクを非難する決議707（1991）を全員一致で採択した。また決議687を補足する決議715（1991）を採択した。他方イラクは，妨害を継続し，国連査察官は自らの航空機を使用することを許されない旨，UNSCOMに通知した。安全保障理事会の議長は声明を発表し，義務不遵守に由来する「重大な結果」についての警告をイラクに与えた。さらに，決議687の「受け入れがたい，重大な違反」である旨の声明を発した。しかしながらイラクの態度は基本的には変わらず，結局，アメリカ，イギリスおよびフランスはイラク領域内の武器施設に対して空爆を行った[25]。

こうして，停戦決議である決議687は，たとえイラクによる武力行使がない場合でも，決議中の義務の実施を確保するために，その旨の安全保障理事会決議なしでも一方的な武力行使を許すものであるか，という問題が生じた。安全保障理事会は，決議686（1991）において決議678（1990）の武力行使許可規定が依然有効である旨規定するのとは対照的に，決議687においては，「本決議の目的（正式な停戦を含む。）を達成するため以下において明示的に変更されたものを除いて［関係する］13本のすべての決議を確認する」（主文第1項）とした一方で，「イラクが前記の諸規定を受諾する旨を事務総長および安全保障理事会に公式に通報するとともに，イラクとクウェートおよび決議678（1990）に従って同国に協力している加盟国との間に正式の休戦協定の効力が発生することを宣言」（同第33項）した。従って，決議678における武力行使の許可はもはや有効ではない。こうして，ある研究者は次のように結論した。

> 「明示かつ正式の安全保障理事会の許可がなければ，停戦は効力を維持しなければならない。イギリスの大臣の議論，すなわち，『安全保障理事会決議687の，従って停戦条件のイラクによる違反の継続，並びに安全保障理事会および連合諸国のメンバーによるたび重なる警告に鑑みれば，［アメリカの］軍隊は，イラクによるそれら諸条件の遵守を確保するために，必要かつ均衡のとれた行動をなす資格を有していた』という議論は，法的に説得力を持たない。」[26]

---

25) これらの諸点については，*The United Nations and the Iraq-Kuwait Conflict, 1990-1996* (United Nations, 1996), pp. 79-87, 438, 512-513, 516を参照。

決議687の実施については，一連の危機が特に1997年および1998年に続いた。アメリカが，最終的な手段として軍事力を行使する用意がある旨を発表したこともあり，事務総長のコフィー・アナンが1998年2月にバグダッドに飛び，決議687を含むすべての関連決議のイラクによる完全な遵守を確認する合意を発表した。安全保障理事会は，第7章に基づいて採択された決議1154（1998）においてこの了解覚書を承諾したが，そこでは「如何なる違反もイラクにとってもっとも厳しい結果をもたらすだろう」と警告した。この点については，しかしながら，アメリカは違反に対して一方的な強制行動が可能であるとしていたが，ロシア，中国およびフランスを含む多くの理事国は，イラクに対する武力行使の自動的な許可としてこの決議に依拠することはできない旨，述べていた[27]。その後も安全保障理事会は決議1205（1998）を採択し，イラクによるUNSCOMとの協力停止の決定を「決議687（1991）のはなはだしい違反」として非難したが，武力行使を許可しなかった。他方，アメリカとイギリスは，1998年12月に，イラクによる協力義務違反を理由として，安全保障理事会の武力行使許可決議を得ることなく，イラクに対する空爆を実施した。結局のところ，これらの一連の空爆については，クリシュの次のような評価が妥当と思われる。

> 「要するに，決議678（1990），687（1991），1154（1998），1205（1998）の解釈も，1991年以降の国家実行も，イラクの戦後義務を強制するために，武力の威嚇または行使についての国際連合の許可を示すものではない。……こうして，国際連合の権威への依拠は，明らかな違法性にもかかわらず，正当性の体裁を整えるという意図によって動機づけられていると思われる。」[28]

---

26) Gray, *supra* note 24, p. 155.
27) UN Doc. S/3858 (1998), p. 14, *cited in* R. Wedgwood, "The Enforcement of Security Council Resolution 687: The Threat of Force Against Iraq's Weapons of Mass Destruction", 92 *AJIL* (1998), pp. 724, 728. *See also* J. Lobel and M. Ratner, "Bypassing the Security Council: Ambiguous Authorizations to Use Force, Cease-Fires and the Iraqi Inspection Regime", 93 *AJIL* (1999) p. 124.
28) N. Krisch, "Unilateral Enforcement of the Collective Will: Kosovo, Iraq, and the Security Council", 3 *Max Planck Yearbook of United Nations Law* (1999), pp. 59, 73. 安全保障理事会の決議の一方的強制には，強制内容が決議として安全保障理事会の承認を得たもの

4 法的グレー・ゾーンに踏み込む安全保障理事会

冷戦解消後における国際連合憲章第7章に基づく安全保障理事会の主要かつ議論の余地のある活動を，簡単にではあるが以上のように分析した結果，安全保障理事会の活動の中には，その合法性・合憲性が必ずしも明白ではないものも含まれていることが理解できよう。その中で，特に重要と考えられる二つの点を以下に検討しよう。

(1) 安全保障理事会は，第7章に基づいて，拘束的な紛争解決を課する法的権限を有するか

国際の平和と安全の維持における安全保障理事会の役割の核心は，平和に対する脅威，平和の破壊または侵略行為を未然に防止する，あるいは事後的に対処するために，迅速かつ断固たる仕方で行動する能力にあるといえよう。このような執行的な強制行動は，もし例えば事実に関する情報収集と証人聴聞のための長期に渡りかつ複雑な手続を含み，そして何らかの法的上訴の制度のために手間取ることもある厳格な証拠に基づく手続を伴うとしたならば，達成することができないであろう[29]。こうして，例えばケルゼンは，安全保障理事会は，国際の平和および安全の維持または回復のために行動するときには，既存の国際法に従って行動する必要はないと主張する。ケルゼンは次のように述べた。

> 「第39条に基づく強制行動の目的は，法の維持または回復にあるのではなく，必ずしも法と同一ではない平和の維持または回復にある。……［第7章に基づき行動するときには］安全保障理事会は現行法を維持または回復するように拘束されるものではなかろう。というのも，理事会は，現行法

に限られており，共通の利益と考えられる可能性が高いものを実現するという長所もあると考える余地がないわけではないが，もしこのような仕方で正当化されれば，次回からは一方的強制に導きかねない憲章第7章に基づく決議自体の採択に理事国は一層慎重になるであろう。結局，問題を明示的許可の次元から，第7章に基づく決議の採択の次元に移したにすぎず，悪循環を引き起こすにすぎないと思われる (*ibid.*, pp. 93-94)。

[29] M. N. Shaw, "The Security Council and the International Court of Justice: Judicial Drift and Judicial Function", in A. S. Muller et al. (eds.), *The International Court of Justice, Its Future Role After Fifties Years* (Martinus Nijhoff Publishers, 1997), pp. 219, 225-226.

が望ましいものではないと考えるときに正義を確立すること，従って現行法に合致しないけれども公正であると考える決定を強制する権限を与えられているであろうからである。安全保障理事会により強制される決定は，具体的な事例にとって新しい法を創設することになる。」[30]

　安全保障理事会が集団的強制措置を適用するときには国々の法的権利が侵害されたり停止されたりすることがありうるとする議論は，憲章自体，憲章の起草過程そして安全保障理事会の実行により支持される[31]。まず，憲章第1条1項は，次のように規定する。

　「第1条　国際連合の目的は，次のとおりである。
　　1　国際の平和及び安全を維持すること。そのために，平和に対する脅威の防止及び除去と侵略行為その他の平和の破壊の鎮圧とのため有効な集団的措置をとること並びに平和を破壊するに至る虞のある国際的の紛争又は事態の調整又は解決を平和的手段によって且つ<u>正義及び国際法の原則に従って</u>実現すること。」（下線は佐藤）

　この規定は国際の平和と安全を維持する手段を集団的措置と平和的解決の二つに分けており，安全保障理事会が国際法と正義の制約に服するのは平和的解決の場合にすぎない。さらに，強制措置の概念自体が，安全保障理事会は国々が慣習および条約国際法の下で通常行使することができる権利を侵害・制約・停止する権限を有することを含んでいるとも考えられる。すなわち，安全保障理事会のそのような権限は，憲章第7章，特に第39, 41, 42および48条に内在的であると考えられる[32]。実際に，安全保障理事会の実行は，理事会の課す経済制裁が通商を行う権利や公海上における船舶の自由航行権に影響しうることを，明白に示しているのである。

---

30)　H. Kelsen, *The Law of the United Nations: A Critical Analysis of its Fundamental Problems* (Stevens, 1950), p. 294.

31)　*See, e.g.,* T. D. Gill, "Legal and Some Political Limitations on the Power of the UN Security Council to Exercise Its Enforcement Powers under Chapter VII of the Charter", 26 *NYIL* (1995), pp. 33, 64-68; Goodrich et al., *The Charter of the United Nations, supra* note 8, pp. 27-28. 森川幸一「国際連合の強制措置と法の支配（一）」（『国際法外交雑誌』第93巻2号（1994年）1, 23-25頁。

32)　Gill, *supra note* 31, pp. 61-62.

他方で，しかしながら，憲章第7章に基づいて集団的措置をとるときに，安全保障理事会は正義と国際法の原則に全く制約されない，と主張することは正しくない[33]。反対に，国際連合の設立諸国がこのような特別の権限を安全保障理事会に付与したのは，憲章第1条1項の構造に示されるように，この権限の範囲が国際的な紛争や事態の調整または解決を除外して国際の平和と安全の維持という目的に必要な強制活動に限定されるという条件の下においてにすぎないと考えるのが合理的であろう。不明確であり未解決であるのは，二つの領域の間に境界線があるという事実ではなくて，どこにどのようにしてそのような境界線を画定するかである。このような二分法に基づきながらも，ショーは次のような柔軟な視点を提示する。

> 「国際の平和と安全を回復するための最初の対応がなされた後の，二次的な行動……が，理事会の広範な裁量に属するべきではなく，国際法の支配的な原則に照らして判断されるべきである，と主張することが十分できよう。安全保障理事会の行動が国際の平和と安全の維持または回復の主要な活動から離れれば離れるほど，国際法の基本的な役割を重ねて主張することが一層重要なのである。」[34]

　いまや，法的状況の決定や性格付けに事実上匹敵する安全保障理事会の決議は，広範多様である。特定の行為が違法かつ無効であることの主張，国際的な不承認の要求そして非軍事的制裁の賦課から始まって，実効的政権でなく亡命政権を有権的な政権と承認したり，停戦の条件を強制したり，国境を画定・保

---

33) *Ibid.*, pp. 72 et seq. *See also* S. Lamb, "Legal Limits to United Nations Security Council Powers", in G. S. Goodwin-Gill and S. Talmon (eds.), *The Reality of International Law, Essays in Honour of Ian Brownlie* (Oxford University Press, 1999), p. 361; K. Zemanek, "Is the Security Council the Sole Judge of Its Own Legality?", in E. Yakpo and T. Boumedra (eds.), *Liber Amicorum Judge Mohammed Bedjaoui* (Kluwer Law International, 1999), p. 629; D. Akande, "The International Court of Justice and the Security Council: Is There Room for Judicial Control of Decisions of the Political Organs of the United Nations?" 46 *ICLQ* (1997), pp. 309, 319 et seq.; J. G. Gardam, "Legal Restraints of Security Council Military Enforcement Action" 17 *MJIL* (1996), p. 285; V. Gowlland-Debbas, "Security Council Enforcement Action and Issues of State Responsibility", 43 *ICLQ* (1994), p. 55.

34) Shaw, *supra* note 29, p. 227. 危険の即時性・重大性からの漸次的移行（グラデーション）について，彼は次のように指摘する（*ibid.*, p. 234）。

障したり，国家責任問題を決定したり，さらには，国際刑事裁判所を設立することにまで及んでいる。明確な区分・境界線を引くことは困難としても，国際の平和と安全の維持という目的に必要な強制活動から離れたものになるほど，正義と国際法の原則の考慮に注意が払われるべきであろう。

(2) 安全保障理事会は武力行使を加盟国に許可することができるか

この点についての議論は先に（3(1)）まとめたが，大多数の国際法研究者の意見の根底にある基本的な考え方は，次のように要約することができよう。

「第42条はそれ自体，安全保障理事会の武力行動を第43条に結びつけるものではなく，必ずしも軍事参謀委員会に依存するのではない。第42条は，理事会が必要であると考える軍事行動を加盟国がとることを正に予期しているのである。こうして，理事会がどの条項に依拠したかを明示することなく第7章に基づいて武力行使を許可したときには，その権限の源は第42条であると主張することができよう。この議論は，憲章を変化する環境に対応するように成長することができる組織法（a constitution）として扱う，実際的なものである。同様に，第7章に基づいて武力行使を許可する理事会の権限は，文字通り第42条に結びつけられてはいないが，しかし同条の目的に合致し理事会の強制権限を実効的にするための機能的な必要性に由来する黙示的権限として考えることができる。」[35]

「平和に対する脅威または平和の破壊を構成すると事前に決定された危険が，即時的・重大でなくなるほど，平和的調整や処理に関わることになり，従って正義と国際法の適用が関わってくるのである。」

この点に関するショーの指摘は，ラウターパハトがなした次のような類似の指摘（E. Lauterpacht, *Aspects of the Administration of International Justice* (Grotius Publications, 1991), p. 44) に示唆を受けているのは明らかである。

「完璧な正確さをもって線を引くことは可能でないけれども，非難された行為の終了に直接的・即時的に関わる行為の処方——例えば，侵略国に対する撤退の要請，集団的な強制的対応の許可，侵略国との貿易関係の中断命令——と，無関係ではないけれども，事態の即時的必要性を超えて一般的・長期的な法的影響を持つような認定とを区別することができると言えよう。この後者のカテゴリーに属するのが，ある行為は『不法』，あるいは『無効（'invalid' or 'null and void'）』であるという法的認定であろう。」

35) Kirgis, *supra* note 2, p. 521. *See also* J. A. Frowein, "Reactions by not Directly Affected States to Breaches of Public International Law," 248 *Recueil des cours* (1994), pp. 345,

しかしながら，依然として反論が残る。例えば，サルーシは，幾つかの論拠に基づいて，安全保障理事会は，平和に対する脅威，平和の破壊または侵略行為の存在の開始または終了を決定する権限を加盟国に委任する権限を有してはいないと論じる。第1に，第39条の決定は第7章に基づく行動への入口であり，この決定は第7章の存在理由である。この権限を行使する唯一の実体が安全保障理事会であろうという条件で，国々はその権限を安全保障理事会に委任したのである。第2に，拒否権という制度上の安全弁が理事会の政策決定プロセスに伴っている。これは，国々が，個別の事態において単に自らの自己利益でなく国際連合の目的を達成するためにのみ，委任された第7章の権限を行使することを確保することになろう。第3に，国際の平和と安全を維持するために軍事的強制行動を地域的取極が遂行するための第53条は，そのような行動が「安全保障理事会の許可」なしには遂行されることができないと規定する。地域的取極は結局の所国連加盟国の集合にすぎないのであるから，安全保障理事会は，個別の加盟国には第39条の決定権限を委任することが許されるが，地域的取極には許されない，と議論することはできない。湾岸戦争においては，決議678（1990）は，決議660（1990）およびそれに引き続くすべての関連決議を堅持かつ履行すること，そしてその地域における国際の平和と安全を回復することという二つの目的を設定した。サルーシは，この第2の目的はその地域における国際の平和と安全がいつ回復されたかの決定権限を加盟国に対して委任することになり，理事会によって意図された，加盟国に対するこの広い権限の委任は違法であると考えるのである[36]。

このような批判の存続は，決議678の脆弱な合憲性，そして強制権限の許可という新しい領域における正当性の必要性を示しているように思われる。この点については，既に，「合法か？　技術的にはそうであろう。しかし，正当か？　せいぜいが境界線上の主張である。」旨，指摘されている[37]。

377.

36) D. Sarooshi, *The United Nations and the Development of Collective Security: The Delegation by the UN Security Council of its Chapter VII Powers* (Oxford University Press, 1999), pp. 33-34, 178-185.

37) B. H. Weston, "Security Council Resolution 678 and Persian Gulf Decision Making: Precarious Legitimacy", 85 *AJIL* (1991), pp. 516, 533. ウェストンは，この正当性欠如に

第4節　国際社会の憲法としての国際連合憲章に照らした安全保障理事会の活動の正当性

　冷戦解消後における安全保障理事会の国連憲章第7章に基づく活動の重要な事例を，<u>合法性</u>の観点から以上のように簡潔に分析した後に，安全保障理事会によるそれらおよび他の活動の<u>正当性</u>[38]の側面について，次に議論しよう。我々の議論は，次の二つの基本的な評価に基づく。

　第1に，安全保障理事会が法的グレー・ゾーンに踏み込めば踏み込むほど，その活動が実効的であり受け入れられるためには一層大きな正当性が必要とされる。

　第2に，国際社会の憲法としての国際連合憲章に照らした安全保障理事会の活動の正当性にとっては，権力の乱用防止と適正な行使の確保を目指した，権力分立および司法審査などの点での一層高い配慮が必要とされる。安全保障理事会の強力な権限が実際に行使されるようになれば，集権的な国内統治組織における権力の乱用防止と適正な行使を確保するための基本的原理である権力分立および司法審査が，適用可能な程度と範囲において，国際連合においても検討される必要があろう[39]。

　　おける次のような四つの問題を指摘している（*ibid.*, p. 518）。決議678（1990）の法的根拠の不明確性，この決議採択を特徴付けた大国の圧力外交，決議の全く無制約な特徴，そして決議の下で可能な非暴力的制裁の代替策から理事会が性急に撤退したことである。*See also* J. Quigley, "The 'Privatization' of Security Council Enforcement Action: A Threat to Multilateralism", 17 *MJIL* (1996), p. 249.

38)　「正当性（legitimacy）」の概念自体については，ここでは特に問題とはしない。系統的正しさや社会的妥当性などを含む広義の意味で用いる。概念の内容については，D. D. Caron, "The Legitimacy of the Collective Authority of the Security Council", 87 *AJIL* (1993), p. 552を参照。訳語については，柴田明穂「国際法における公正——フランク国際法学の主眼と課題——」『岡山大学法学会雑誌』第47巻4号（1998年）77, 94頁，注1，および大沼保昭『人権，国家，文明』（筑摩書房，1998年）10頁，注1を参照。

39)　国内統治原理としての権力分立論については，清宮四郎『権力分立制の研究』（有斐閣，1950年）を参照。また，国際法特に国際組織との関係での国内類推については，H. Suganami, *The Domestic Analogy and World Order Proposals* (Cambridge University Press, 1989)（H. スガナミ著，臼杵英一訳『国際社会論—国内類推と世界秩序論—』（信山社，1994年））を，さらに，国内類推などの国内モデル思考における留意点については，

第7章 国際連合憲章第7章に基づく安全保障理事会の活動の正当性

1 国際社会の憲法としての国際連合憲章

　国際連合憲章を constitution と見なす考え方には，二つの流れがあるといえる[40]。第1は，憲章を<u>国際連合の</u> constitution と見なすものである。国際連合の設立文書である憲章は，国際組織の目的，任務，権限，組織構造，活動形態などを規定することによって当該組織を法的に基礎付け，その構造と活動の法的枠組みを規定する諸規範として定義される組織法[41]（constitution）を含んでいる。設立文書の持つこの組織法としての性質の中心は，国際環境の変化にもかかわらず，国際組織がその共通目的を実効的に遂行し効率的に機能し続けることができるように，設立文書を発展的目的論的な観点から解釈することによって，当該組織の法的基礎と枠組みを提供し続けることにある。国際組織は，多数国間立法条約を含めて条約による単なる行為規範の設定では不十分であり，国際組織という組織的な実体の恒久的な運用によってのみ遂行可能な任務を達成するものとして設立されるのである。こうして，国際組織の概念自体が一定の恒久性を前提としているのであり，設立文書は，当該組織の実効的な機能・活動のために，国際社会の変化に対して柔軟に適応していくべきという要請は，国際組織に内在する論理であると考えられる[42]。設立文書を当該組織の組織法（constitution）として，従って国際連合憲章を国際連合という国際組織の組織法として見なす考え方は，国々および国際組織の実行によって現在ではほぼ確立したと言って良いであろう[43]。設立文書を当該国際組織の組織法として

　　大沼保昭「国際法学の国内モデル思考―その起源，根拠そして問題性―」広部和也／田中忠編『国際法と国内法』（勁草書房，1991年）を参照。

40) See also E. Suy, "The Constitutional Character of Constituent Treaties of International Organizations and the Hierarchy of Norms", in U. Beyerlin et al. (eds.), *Recht zwischen Umbruch und Brewahrung: Festschrift für Rudolf Bernhardt* (Springer, 1995), p. 267.

41)　Constitution を組織法と訳することについては，拙著『前掲書』（注3）374頁，注1を参照。

42)　詳細については，拙著『前掲書』（注3），特に363頁以下を参照。

43)　国際組織の設立文書を組織法として発展的目的的な観点から解釈する考え方においては，目的論的観点からなされる実行が黙認等を通して確立していく点が特に重要となるが，このような国際組織設立文書の解釈枠組みの重要性を認識して，拙稿を引用するものとして，K. Zemanek, "The Legal Foundation of the International System, General Course on Public International Law", 266 *Receuil des cours*（1997）, pp. 9, 90-91; Zemanek, *supra* note 33, pp. 632-634 がある。

発展的目的論的な観点から解釈する考え方に基づいて理論構成すれば，本章の第2節において分析した安全保障理事会の主要な活動の，全部ではないにせよ，かなりの部分が合法・合憲なものとして説明することができるであろう。そしてこの点は，決議678（1990）の合法性をめぐる議論が示すところである[44]。

第2は，憲章を国際社会（international community）の constitution と見なすものである。かなりの研究者が国際社会の constitution として憲章を見なす考え方に言及するようになったのは，冷戦の解消後においてである（ここでは，国内社会における憲法（constitution）との類推・対比が顕著・基本であり，constitution を憲法と訳して差し支えないであろう）。この傾向は，明らかに，1990年代における安全保障理事会の活発な活動に基づいて出てきたものである。しかしながら，国際連合憲章が，国内社会の憲法が果たす機能に対応するような機能を果たしうるという意味で国際社会の憲法として見なしうるかについては，学説は大きく分かれる[45]。

---

[44] この点についての詳細は，拙稿「前掲論文」（注20），特に57-100頁（本書75-111頁）参照。また，本章注34）に対応する本文も参照。この議論の論理は，その後においてもフランクによって次のように使用されている（Th. M. Franck, *Fairness in International Law and Institutions* (Oxford University Press, 1995), pp. 299-300)。

「平和維持は一般に，麻痺した第43条の代替として，想像上の『憲章第6章半』に帰属するとされている。しかし憲章は，constitution の部類に属するのであり，革新と適応が可能なものとして読まれるべきである。……
　こうして，起草者達は，国々が第43条に従って軍隊を理事会の利用に委ねるだろうという前提に基づいて，集団的強制システムを議論したのかもしれないが，この意図は条文の中に刻み込まれてはいない。たとえ第43条が実行上実施されることができないとしても，そのことが必ずしも憲章の一層大きな目的を妨げるわけではない。第42条に明示された主要な目的は，国連に『加盟国の空軍，海軍又は陸軍』を展開して『国際の平和及び安全の維持又は回復に必要な空軍，海軍又は陸軍の行動をとる』ことを可能とすることである。第42条は第43条に言及しておらず，従って，第43条はそのような軍隊を利用させる一つの仕方にすぎず，理事会が機構上のこの至高の目的を達成する他の手段を考案することを憲章は排除していないと結論することは可能である。」

[45] 今日の多くの研究者は constitution という概念の特有の意味を二つの要素の結合に見い出すと言われる（B. Simma, "From Bilateralism to Community Interest in International Law", 250 *Recueil des cours* (1994), pp. 217, 260)。すなわち，形式的側面において，constitution は「通常の規則」に優位すること，および実質的側面において，社会生活を規律する基本的規則を定めることである。
　デュピュイは constitution という用語の二つの意味を次のように説明する（P.-M. Du-

第7章　国際連合憲章第7章に基づく安全保障理事会の活動の正当性

　若干の研究者は，大変に積極的である。例えば，トムシャットは，1990年代初期の動きを踏まえて，憲章が国際社会の憲法以外の何ものでもないということが明らかになったとする。この主張を，彼は，次のように敷衍する。

　「国際連合に加入することは，通常のタイプの条約を受け入れることとは，全く異なる。世界組織の一員になる国家は，一連の十分に限定され，かつ容易に内容確認できる義務に同意するのではなく，国際法の下での地位の変更に合意するのである……。安全保障理事会は，『国際の平和及び安全』に関わる争点が危機にあるときにはいつでも，あらゆる加盟国に拘束的な義務を課する権限を与えられているのである。これは極めて広い定式である。それが安全保障理事会によってどのような意味に解釈されることになろうかをある程度正確に予想することは，誰にとっても不可能である。……国際連合に加入する国はいずれも，安全保障理事会に対して広範な権限を与えるのである。」[46]

---

puy, "The Constitutional Dimension of the Charter of the United Nations Revisited", 1 *Max Planck Yearbook of United Nations Law* (1997), pp. 1, 3)。用語の実質的な意味における constitution は，「それにより規律される社会に属するあらゆる主体にとって至高の重要性を持つ法的原則のまとまりとして考えられる。それは，（国家の様々な機関を含む）それらすべてを従属的な地位に置き，当該 constitution に属する法的原則が頂点に置かれるような規範の階層性を意味する」。組織的機構的な意味における constitution は，「公的機関の指名，権力分立，それぞれ自らの権限を付与された様々な機構を指し示す」。あえて言えば，本章の分析はこの第2の意味に特に関わると言えよう。

[46]　Ch. Tomuschat, "Obligations Arising for States without or against Their Will", 241 *Recueil des cours* (1993), pp. 195, 249. トムシャットのこのような指摘は，国際法と国際社会についての次のような理解に基づく (*ibid.*, pp. 210-211)。

　「解答というものは，たとえ所与の問題についてある時点において正しく与えられたとしても，必ずしも永遠に有効であり続けるわけではない，ということに留意すべきである。実際に，国々を相互に結ぶ結合的な法的紐帯は，国際連合憲章の発効以後において相当に強化された。……

　国連憲章により引き放たれた発展を考えれば，今日ほど国際社会の共同体モデルが歴史上現実に近づいた時はないと思われる。この解釈によれば，国々はその誕生から，その意思の有無に関わらず，基本的な権利義務を決定する限られた数の基本的規則からなる法的枠組みの中に生きている――もっとも，この法的体系の広がりの中には自己責任の行動に委ねられた十分な余地が残されているが。あらゆる国家が主権的実体として尊重されるべき法的権原を引き出すことになる，この枠組みを，国際社会の憲法（the constitution of international society）と，あるいはむしろ，共同体が，社会構成員の間よりも一層緊密な結合を意味するのに適した用語である故に，国際共同体

他の研究者はもっと慎重である。例えば，デュピュイは，「一方における憲法の理念に付着する規範的および有機的な統合の要求と，他方における競い合い形式的には平等の主権国家間への権力分散の存続——これが依然として，何百という国際組織の今や重要な行動にもかかわらず国際社会の特徴である——との間に依然として存在する著しいコントラスト[47]」に注意を引く。この点で，彼は次のように結論する。

> 「国際法秩序は，憲章の本文に具体化された国際公序に対する国々の全般的な規範的有機的従属によってよりも，むしろ主権の広がりによって依然として特徴付けられている。確かに憲章は，同時に，この公序を特徴付ける『憲法的な』規則の強制を目指した中央権限を提供するのでもあるが。国際司法裁判所が 1949 年に述べたことは，依然として正しい：国際連合は『超国家』ではない。」[48]

他の研究者は批判的である。例えば[49]，アランジオ・ルイーズは，国際連合の政治的機関，特に安全保障理事会の権限の決定のために憲章の解釈手段と

の憲法（the constitution of international community）と呼ぶことができる。」
　See also the discussion by Fassbender in B. Fassbender, *UN Security Council Reform and the Right of Veto: A Constitutional Perspective* (Kluwer Law International, 1998).
47) Dupuy, *supra* note 45, p. 2.
48) *Ibid.*, p. 30. しかしながら，デュピュイも国際連合の貢献を認めるには積極的であり，本文の引用に続けて，次のように指摘してもいる（*ibid.*, pp. 30-31）。
> 「そのように言った上でではあるが，国際連合の設立が国際法の構造に根本的な変化を導入したという主張——これはフリードマン，ラックス，シャクター，ヴィラリーや R. J. デュピュイによりなされた——も同様に，過去 50 年に渡って真実であることが明らかになってきた。」

49) アランジオ・ルイーズに加えて，ヘルデゲンも次のような類似の指摘をしている（M. J. Herdegen, "The 'Constitutionalization' of the UN Security System", 27 *Vanderbilt Journal of Transnational Law* (1994), pp. 135, 150）。
> 「憲法的な理解が発見的価値を有するかは疑問である。基礎にある類推は，国連システムの性質と真に憲法的な文脈における権力分立の伝統的争点との間の基本的相違を不明確にする危険がある。これらの類推には確固たる基礎はなく，そこからは如何なる説得的な結論も引き出され得ない。構造的密度において，国際連合憲章は，憲法上の概念の適用が本当に意味をなす閉ざされた権限体系から依然として遥か遠くにある。総会と安全保障理事会と国際司法裁判所の間における任務の現実の配分に鑑みて，『権限分立』というものの援用は，話し方のひとつの手法（a form of speech）にすぎない。」

して黙示的権限の理論が適用可能であると推定することに，全く否定的であり，「組織された国際社会」における法の支配の保全と発展にとって一層危険なものとして拒否する。彼は次のように述べる。

> 「国連は疑いなくその法的規程を憲章中に持つ（その意味で憲章はそれ自身のconstitutionである）組織であるけれども，憲章は，加盟国社会あるいはすべての現存する国々の社会の，ましてや人類社会の『最も重要な憲法 (the constitution)』でも『一つの憲法 (a constitution)』でもない。言い換えれば，国連は，加盟諸国がある程度その中に吸収され溶解したかの如くの，加盟諸国自身の組織ではない。また，国連憲章の文言が『われら…人民』で始まるという大胆な嘘にもかかわらず，単一の人民としての加盟諸国の諸人民の組織でもない。加盟諸国は，憲章の下においても依然として，相互間の関係においても国連との関係においても，以前そうであった別個独立の政治的実体なのである。そして，加盟諸国は以前として——これが最高に重要であるが——，一般国際法に服し，それに由来する権利を付与されているのである。」[50]

---

50) G. Arangio-Ruiz, "The 'Federal Analogy' and UN Charter Interpretation: A Critical Issue", 8 *EJIL* (1997), pp. 1, 16-17. *See also* G. Arangio-Ruiz, "The Establishment of the International Criminal Tribunal for the Former Territory Yugoslavia and the doctrine of implied powers of the United Nations", in F. Lattanzi and E. Sciso (eds.), *Dai Tribunali Penali Internazionali Ad Hoc A Unacorte Permanente* (Editoriale Scientifica, 1996), p. 31. 我々は，アランジオ・ルイーズの議論を全体として受け入れるわけにはいかないが，彼の指摘の幾つかについては，重要な警告として，以下に長くなるが引用する価値があろう。

> 「連邦の類推の主張が国連に関して有効であるかについての真のテストは，憲章が，加盟国相互の関係の法的構造に影響するとして，どの程度影響するかである。問題は，憲章において定められた諸規則およびそれらの実施において活動する諸機関が，一般国際法および通常の条約規則の下で国々の間に存在する平等主義的で本質的に水平的な関係をいくらかでも修正するかである。言い換えれば，憲法の理論によって前提とされている連邦の類推を正当化しうるのは，憲章が加盟国相互のおよび加盟国と国連の関係において何らかの『垂直化』をもたらすか，そして多分どの程度までか，を決定するという問題である。」(*ibid.*, p. 5)

> 「国際法研究者に関する限り，私は二つの危険な傾向を見いだす。第1は，黙示的合意または慣習規則——必要とあれば，国連の実行が方向を変えるときに，自らも変わる規則——の形成により憲章の諸規則が修正あるいは廃棄されたとあまりに安易に仮定することによって，国連において起きることを何でも法的に正当化する傾向である。法の修正などなかったと，そして憲章の条項が消滅したのではなくて，単純にそれは

国際連合憲章は国際社会の憲法たりうるかをめぐる以上のような見解の相違は，基本的立場の相違に基づく対立と考えられるが，他面で，それぞれの主張の中に一面の真理を見いだすことも可能であろう。その意味では，一貫した理論構築に向けて，それら対立する立場を前提としながらも，それらの適切な指摘を総合化することを試みるべきであろう。さしあたり，我々はここで，次のように結論することができよう。

「国際社会のために国際連合憲章中に設立された憲法システムは，もちろん完全なものからはほど遠い。その基本的諸規則の遵守を強制するために，限られた能力を有するにすぎない。このことは，しかしながら，我々は1945年以前に存在した国際法システムとはかなり異なるシステムにいるという事実から，我々の注意を逸らすべきではない。」[51]

  侵害されたのだと，また同様に，慣習規則が誕生したのではない，あるいは消滅したのではないと，もしたびたび認定されるのであれば，私は国連の将来を一層確かに感じるであろう。
  第2の傾向は，安全保障理事会のある国々の特権的地位を，一般国際法の下でも…享有している強い地位と結びつける［ことに関わる］。これらの国々は，明らかに，国際社会全体に代わっておよび国連に代わって，全人類として（uti universi）行動している。こうして，国際法の構造は，……国連の内外において国際法の『垂直化』……をかなりの程度達成するであろう。……
  強国が世界取締役会の法的権限を獲得する——しかも一般の加盟国が負うあらゆる義務に服することなく，そして，憲章の如何なる規定にも予想されていない立法的および司法的機能と主張されるものを強国が理事会を通して行使する関係になる国々に対する自らの行動の説明責任をとる義務にも服さずに——ことになる理論からは，弱小国の政府にとって，乱用に抵抗するための如何なる励ましが出てくるのか疑問である。」(*ibid.*, pp. 25-26)
「決定的な点は，設立者達は警察官を創設したと一般に考えられているにもかかわらず，安全保障理事会が，自らの意思で（proprio motu）加盟国全体による適切なコントロールなく，自らをその警察官から，超国家の最高立法・司法および行政機関に変えるという事実を，憲章により設立された『有機的組織体』の正常な発展と考えることは，大変に困難だということである。」(*ibid.*, p. 28)
51) Frowein, *supra* note 35, p. 358. 国際法秩序は依然として二辺的および多辺的条約に示されるような国々の意思に主に基づくものとして理解されるべきという，ヴェーユのとる態度に反対して，フローヴァインは，「国際公法は二辺的および多辺的条約関係の法を遥かに超えるものに発展しており，憲法的構造への入口はずいぶん前に過ぎている」(*ibid.*, p. 365) と指摘する。

2　公正と実効性との間に位置する安全保障理事会

　安全保障理事会は，公正と実効性という二つの極を結ぶ連続体の上に位置づけることができるであろう。公正と実効性という二つの要素は，本質的に矛盾するものではないが，現代国際社会の分権的な権力構造の中に置かれた安全保障理事会に関する限りは，一定程度お互いを排除する関係にあると言うことができよう。

　フランクは，国家間に適用可能な規則に適用される際の「正当性」を次のように定義する。「正当性とは，ある規則または規則を作る機構の属性であり，名宛人が当該規則または機構は正しい手順として一般に受け入れられた諸原則に従って形成され運用されていると信じるために，名宛人に対してそれじしん遵守への誘引力を規範的に発揮するものである。」[52]フランクによれば，正義についての論議は共同体(community)の存在を前提としており，正義は，既存の共同体の環境においてのみ，規則および機構，あるいは権利と義務の主張に対して与えられるにすぎない。すなわち，ある法律なり，執行命令なり，裁判所の判決なり，市民の同僚に対する請求なり，市民に対する政府の請求なりが正当であると有意味に主張することは，何が正しい手順であるかについての共同体の進展する標準に照合して初めて可能になるのである[53]。

　フランクは，彼の分析を公正の視点から発展させて，「公正は，正当性と分配的正義という二つの独立変数の複合体である」と述べる。彼によれば，公正に関する論議は，法律および法律を作る人々が，秩序（正当性）と変化（正義）の両者を求める共同体における緊張，並びに具体的場合において何が良い秩序であり，何が良い変化であるかについての異なる考え方の間の緊張を認めた上で，これらの変数を統合しようとする際の手順である[54]。

　以上の観点から国際連合安全保障理事会の集団安全保障を分析して，フラン

---

52) T. M. Franck, *The Power of Legitimacy Among Nations* (Oxford University Press, 1990), p. 24. フランクは，正当性の四つの基準として，determinacy, symbolic validation, coherence, adherence を挙げる (*ibid.*, chs. 4-11, and T. M. Franck, *Fairness in International Law and Institutions* (Oxford University Press, 1955), pp. 30-46)。なお，これらについては，柴田「前掲論文」（注 38）を参照。

53) Franck, *Fairness, supra* note 52, p. 26.

54) *Ibid.*, pp. 25-26.

クは次のように指摘する。

　「[国際連合憲章の制定によって] 我々は正戦理論への，そして冷戦終了以来は正戦の実践への劇的な回帰を見ている。将来は，国連の平和維持および平和強制部隊が，正当に戦争を行う権利に大部分取って代わることを期待するのも不合理でないかもしれない。他のすべての戦争は不正となろう。この強制の独占は，このシステムが軍事力に訴える際の機構上の手順が単に形式的に正当であるだけでなく，公正であると見られることを，極めて重要にする。この文脈での公正は次のことを意味する。(1) 安全保障理事会は，軍隊を展開する決定をなす前に，例えば，類似事例を同様に扱うことについて，あるいは過失や比例性について，開かれた公正な論議を行うこと。(2) 安全保障理事会の権限自体が，理事会の任務の遂行についての責任が国々の間に不平等に分配されることと相殺されて，平等の権利に従って公正に配分されていると理解されること。(3) 武力行使のすべての決定は，豊かな国と貧しい国との間の格差を拡大しない仕方で，(人命，資源および結果の点での) 経費と利益を配分すること，である。」[55]

　他方で，実効性に基づく議論は，「今日の世界において，安全保障理事会による『公正』かつ『真に集団的な』政策決定が世界的紛争管理に対する賢明なアプローチであるということは，全く自明でない」[56]という認識に基づく。マーフィーによれば，現実的に実効的な集団安全保障は，国際の平和と安全の維持についての責任を主要国の自己利益に関連づけるという考え方から出てくるのである。国際連盟の集団安全保障は，自国にとって重大な結果を有しうるために実際には受け入れる用意のないような責任を国々に課そうとしたという点で，不適切なものでった。安全保障理事会は，主要な貢献国の特別の利益と責任を反映するように構成されている。この意味で，安全保障理事会の系譜は，国際連盟の理事会というよりも，むしろ19世紀のヨーロッパ列強の協調にある[57]。こうして，マーフィーは次のような指摘をなす。

---

55) *Ibid.*, pp. 313-314.
56) Sean D.Murphy, "The Security Council, Legitimacy, and the Concept of Collective Security After the Cold War", *Columbia Journal of Transnational Law* (1994), pp. 201, 258.
57) *Ibid.*, pp. 256-57. 同様に，グッドリッチも次のような指摘をしている (L. M. Goodrich, *The United Nations in a Changing World* (Columbia University Press, 1974), p. 21)。

第7章　国際連合憲章第7章に基づく安全保障理事会の活動の正当性

「国際連合による信頼できる軍事力の脅威または行使を実現する最も現実的な手段は，世界の主要軍事大国間の緊密な協力によるものである。これらの国々は，一方的行動をとるという選択肢を排除して，自分たちにお互いの利益を考慮するように強いることになる集団的手続をとるように説得されなくてはならない。そうするためには，主要国は，彼らが自らの利益にとって死活的と考えるような事項をこの手続の中に持ち込むことを，そしてそれらの事項が満足する仕方で取り組まれるように主張することを許されなければならない。そうすることによって，各国は，その他の主要国の関心を考慮するように強いられるのであり，それにより，対立の悪化の可能性を最小化できる。他方で，各国は，集団的行動から自国の死活的利益を守ることができ，望むなら自国の軍隊の関与を避けることができるのでなければ，そのような手続には参加する用意はないであろう。この二つの理由により，システムは，平和に対するすべての脅威を自動的かつ信頼しうる対応により同等に扱おうなどと望むべきではない。」[58]

実効性の考慮に基づくこのような主張が，一定の重要な指摘を含むものであ

　　「連盟システムの一般的方向に従いながらも，大国が平和の維持に関心をもち協力する用意がある限りでのみ平和は維持されうるとする協調原則を取り入れた組織形態に少なくとも成功のチャンスがある，という結論に憲章の起草者達は到達したのである。」

58) *Ibid.*, p.260. このような観点からは，平和と安全に対する脅威に対処するために国々に対して武力の行使を許可する方法は，大国がコンセンサスにより行動するという考え方に良く適合すると考えられる。マーフィーはこの点を発展させて次のように指摘する (*ibid.*, pp.261-262)。

　　「そのような事態が発生する時には，一もしくはそれ以上の国が行動への安全保障理事会の許可を確保する推進国となり，軍隊の使用により主要な負担を担うことを期待されるべきである。この負担の賦課により，強制行動は，一もしくはそれ以上の大国による真の関与——これは行動の成功にとっての本質的な要素である——があるときにのみ取られる可能性が一層高くなる。

　　同様の理由により，これらの国家軍隊へのかなり無制約な許可を与える手順が適切である。……大部分の場合，安全保障理事会が強制行動を実施する国々の行動に広範な制約を課そうとすることは，……全くありそうもない。そのような制約は，結局，強制行動の実施にとって大変に逆効果となりうる。……安全保障理事会は，生じる不可避的に重大な結果に鑑みて，武力行使の許可を深刻に受け止めなくてはならない。同時に，安全保障理事会の定めた基本的目標に従うべき強制国の行動に対するある程度の信頼がなくてはならないのである。」

ることは否定できないと考えられる。しかしながら，冷戦解消後における国連憲章第7章に基づく安全保障理事会の活動についての，前節における我々の分析は，実効性の考慮に基づくこのような主張は，公正の考慮によって修正される必要性を示していると言えよう[59]。

3 正当性要因としての権力の機能的な分立

旧ユーゴスラビア国際裁判所の上訴部は，「タディッチ」事件において次のように述べ，この点についての正しい出発点を設定した。

> 「大部分の国内システムにおいて広く従われている，権限の立法・行政・司法的区分が，国際場裡には，より具体的には国際連合のような国際組織に当てはまらないことは明らかである。国際連合の主要機関の間において，司法的・行政的・立法的機能の間の区分は明瞭でない。司法的機能に関しては，国際司法裁判所は明らかに『主要な司法機関』（国際連合憲章第92条を参照）である。しかしながら，国際連合システムにおいては用語の専門的意味における立法府は存在しないし，より一般的には世界共同体における議会も存在しない。すなわち，国際的法主体を直接拘束する法を制定する権限を正式に付与された法人機関は存在しないのである。国々の国内法において存在する前記の諸区分に国際連合の諸機関を分類するのは明らかに不可能である。実際，……国際連合の組織法上の構造は国内憲法においてしばしば見られる権限の区分には従っていないのである。」[60]

こうして，安全保障理事会の行動の合憲性・合法性という問題には，国内統治組織との類推や推定に基づいてではなく，国際連合の設立文書である憲章およびその実行を解釈することによってアプローチするほかない。

他方で，権力の乱用防止と適正な行使の観点に基づく正当性の問題において

---

59) キャロンも次のように類似の指摘をしている (Caron, *supra* note 38, pp. 566-567)。
「理事会が活動している現在では，正当性がその長期的実効性を確保するのに不可欠であると主張することができよう。しかし，正当性のあまりに多くを犠牲にして実効性を得るのが誤りと思われるのと同様に，実効性を相当に犠牲にして正当性を向上させるのも理にかなったことではない。」

60) The Prosecutor v. Dusko Tadic a/k/a/"Dule", Case No. IT-94-1-AR72, decision of 2 October 1995, in 35 *ILM* (1996), pp. 32, 46-47.

は，安全保障理事会が行政的，立法的，あるいは司法的のいずれの機能・資格において行動しているかを分類することは，理事会が適正に行動しているかを決定するにおいて重要である。すなわち，理事会がなす決定のタイプ（行政的，立法的，司法的のいずれか）に対応する分析・判断枠組みを利用することによって，行動の適切さを一層的確に判断することができるであろう[61]。ここでその要点を簡潔に示せば，安全保障理事会の行動が本来の行政的性格から離れて，司法的機能に属するものである場合には，政治的影響からの独立性や司法的機能のいわば内在的要請（例えば，適正手続き，合理的な理由付けの公表，nemo judex in sua causa（何人も自己の関与する事件において裁判官たりえず）の原則，当事者平等等）の確保が，行動の適切性の分析・判断枠組みとして利用できる。また，安全保障理事会の行動が立法的機能に属するものである場合には，本来はこのような機能はそれ自体として付与されてはいない以上，国際の平和と安全の維持に関わる元々の行政的行動の達成上，この立法的機能に属する行動がどの程度合理的に必要かつ有益であるか，さらには，この立法的機能に属する行動が立法的機能の内在的要請（例えば，正義と国際法の原則の尊重，人道の基本的考慮の尊重等）をどの程度満たすものであるか，などの要素が行動の適切性の分析・判断枠組みとして利用できる。

特に，安全保障理事会が法的グレー・ゾーンに踏み込めば踏み込むほど，その活動が実効的であり受け入れられるためには一層大きな正当性が必要と考えられる。そうだとすれば，この正当性の観点からは，国際連合憲章中に明文で規定されていないとしても，安全保障理事会の行動を，行政的，立法的，あるいは司法的機能に分析的に区分（separation）し，複数の機能の望ましくない混在を避けることが重要である。集権的な国内統治組織における権力分立は，異なる権限を異なる機関に委ねるという点で，基本的に組織的な権力分立である。国際連合においてはこのような組織的な権力分立は導入されていないのであるが，安全保障理事会の行動を行政的，立法的，あるいは司法的機能に分析的に区分（separation）し，それぞれの機能に対応した分析・判断枠組みに照らしてその適切性を評価するという考え方は，広義における機能的な意味での権力分

---

61) K. Harper, "Does the United Nations Security Council Have the Competence to Act as Court and Legislature?" 27 *N Y Univ J Int'l L & Pol* (1994), pp. 103, 156.

立の考え方ということも可能であろう。この意味で,安全保障理事会の行動の評価においては,権力の(いわば組織的ではない)機能的な分立の要請に,一層多くの注意が払われるべきであろう。

以上の観点から,準司法的権限および準立法権限に関わる安全保障理事会の実行を若干検討してみよう。

(1) 準司法的権限

安全保障理事会が司法的権限を行使することにグレフラートは批判的であり,次のように指摘する。

「安全保障理事会が政治的決定をなす政治的機関であることは変わらない。たとえ理事会が法的紛争に裁定を下し,『準司法的機能』を行使するとしても,理事会は司法的方法を適用するのでもなければ,司法的結果に達するのでもなく,そしてその結論が司法的決定としての特質を得ることには決してならない。従って,その決定は裁判所の裁定に取って代わることも,それらを不必要にすることもできないのである。安全保障理事会は,裁判所に属するものは裁判所に任せるべきである。即座の行動を緊急に必要とするような平和に対する脅威がない限りは,既に裁判所に係属するあるいは裁判所により取り扱われるべき事項において,安全保障理事会は決定をなすべきではない。」[62]

しかしながら,安全保障理事会は司法的機関を設立することによって間接的に準司法的機能を行使することができる,と主張することは可能であろう。「補償裁定」事件において,国際司法裁判所は,憲章の下で総会は総会によって設立された行政裁判所が行使していた司法的機能を有するものではないと認

---

[62] Graefrath, *supra* note 13, p. 204. この関連で,ハーパーは何点かに言及している (Harper, *supra* note 61, pp. 137-140)。第1に,裁判所は一般に適正手続のための手続的な保障措置を有すると見なされている。第2に,裁判所は,法的および事実の争点についての判決を公表された意見において説明するように要求される。第3に,もし理事会が司法的資格で行動するのであれば,利害関係当事国である構成員に対して,当該問題の決定に参加させてはならない。同様に,カーギスも,「理事会は,公正な裁判弁論のための手続規則を有していないし,そのような規則を採択または遵守すると合理的に期待することもできないであろう」と述べている (Kirgis, *supra* note 2, p. 532)。

定した。しかしながら裁判所は，総会が，職員関係を規律する権限から黙示・推定されるという意味で，行政裁判所を設立する黙示的権限を有するとも認定したのである。実際，同事件において，裁判所は次のように述べた。

> 「憲章は，総会に司法的任務を付与しておらず，職員と機構との間の関係は，憲章第15章の範囲内に入る。……行政裁判所を設けることにより，総会は，それ自身の任務の遂行を委任していたのではない。総会は，憲章に基づいて有する，職員関係を規律する権限を行使していたのである。」[63]

補助機関を設立する権限を，親機関自身が行使することのできない機能を遂行するために使用するという方法は，安全保障理事会の最近の活動の合法性・合憲性を決定するに際しては大変に重要である。以下に，正当性の観点からの評価も含めて，幾つかの例を検討しよう。

(a) 旧ユーゴスラビア国際裁判所

旧ユーゴスラビア国際裁判所の上訴部は，「タディッチ」事件において，安全保障理事会の決議による同裁判所の設立の合法性を承認した。その理由付けは，要するに，安全保障理事会は，国際の平和と安全の維持または回復という自らの任務の実効的な遂行に必要な措置であるから，第41条の明示的権限から引き出されるものとして司法的機能を行使する刑事裁判所を設立するという黙示的な権限を有する，ということであった。

旧ユーゴスラビアに関する国際人道法の重大な違反の責任者を訴追することは，まさに司法的機能であり，政治的機関による恣意的な処罰ではなく，客観的な裁判が要請される。安全保障理事会決議827（1993）に示される裁判所規程は，この司法的機能が，臨時（ad hoc）ではあるが，司法裁判所によって遂行されることを十分に示しているといえよう。

(b) 国際連合補償委員会[64]

国際連合補償委員会は，イラクのクウェート侵略の結果として被った損害を評価し，それらの損害に対するイラクの賠償責任についての請求を処理するも

---

63) *ICJ Reports 1954*, p.61.
64) 国際連合補償委員会については，R. B. Lillich (ed.), *The United Nations Compensation Commission* (Transnational Publishers, 1995), p.103, 中谷和弘「湾岸戦争の事後救

のとして決議687 (1991) によりその設立が決定され，具体的には事務総長報告書を踏まえたうえで決議692 (1991) に基づいて設立された。委員会の主要機関は，その時々の安全保障理事会理事国の代表15名によって構成される管理理事会 (Governing Council) であり，補償支払いのために設立される補償基金を管理運営する。また，管理理事会は相当数の委員 (Commissioner) によって補佐されるが，委員は財政・法律・会計・保険・環境損害評価等の専門家であり，個人的資格で行動する。この補償委員会は，司法裁判所でも仲裁裁判所でもないとされるが，個々の損害賠償請求を審査し，その適否の認定と補償額の査定を行うという点で少なくとも準司法的な任務を遂行する。この点に鑑みて適正手続の要素が要請されるのであり，管理理事会は，政策決定機関として，請求処理に関わる指針 (guidelines) を制定し，委員は個別請求についてこれらの指針を実施する。委員は通常3名からなるパネルによって個々の請求を審査・査定し，適当な勧告を管理理事会になすが，最終決定をするのは管理理事会である。

この国際連合補償委員会は，武力紛争の事後処理において法の適正な運用を提供するという意味で，第7章の下での黙示的権限に基づくものとして法的には基礎づけられるとしながらも，カーギスは次のように批判する。

「しかしながら，一つの重要な点で，この機構は不可欠な手続的保障を欠いている。この手続全体が管理委員会によって管理されているのであるが，この機関はその時々の安全保障理事会理事国の代表からなり，独立した個人としてではなく自らの政府の資格で行動する。管理委員会は，(個人的資格で行動する) 委員により適用される規則や解釈を制定し，損害査定の再審査のために上級機関としての任務を果たす。従って，<u>1945年には予想されていなかったとか，安全保障理事会は武力紛争後に補償委員会を設立する黙示的権限を欠くという理由ではなくて，理事会は政治的影響から独立していない委員会を設立することにより手続的公正の基本原則を制限したという理由で，この機構の正当性には疑問の余地がある。</u>」[65](下線は佐

済機関としての国連補償委員会」柳原正治編『内田久司先生古稀記念論文集 国際社会の組織化と法』(信山社，1996年) 等を参照。
65) Kirgis, *supra* note 2, p. 525. *See also* F. L. Kirgis, Jr., "Claims Settlement and the Unit-

藤）

　合法性・合憲性の点では，安全保障理事会は第7章に基づいて賠償責任処理のための補償委員会を設置することができるであろう。しかも，数百万件という膨大な請求を迅速に処理するためには，伝統的な仲裁裁判手続きを採用するのは適切でないともいえよう。しかし，この賠償責任処理が，個々の損害賠償請求を審査し，その適否の認定と補償額の査定を行うという基本的に司法的な機能である以上，政府代表の資格で行動する管理理事会がこのような司法的機能の遂行に関わるというのは，望ましくない。権力の適正な行使という，権力の機能的な分立の要請に反し，十分な正当性を持つことにはならないであろう[66]。

(c) 国際連合イラク・クウェート国境画定委員会

　決議687（1991）の実施が引き起こしたもう一つの問題は，国々の領土保全の尊重を確保するという安全保障理事会の任務に関わるものである。安全保障理事会は国々の政治的独立を維持するために設立されたのであり，如何なる国に対しても恒久的に権利を配分したり紛争や事態の解決条件を課すという意味での裁判権限を有するものではない。従って安全保障理事会は，恒久的に領土権原を配分したり，国家領土の一部に対する主権を当該国家の同意なしに移転するという権限を有していない，と主張される[67]。

　決議687に示されたイラン・クウェート間の国境画定（demarcation）に関しては，事務総長が，安全保障理事会の要請に従って，国際連合イラク・クウェート国境画定委員会を設立した。委員会は，イラクおよびクウェートの各1名

---

ed Nations Legal Structure", in *The United Nations Compensation Commission, supra* note 64, p. 103.

66) カーギスの指摘に対して，中谷教授は「個別的請求内容の確定を司法的機関の排他的権能に限定すべき実質的理由も規範もな」いとする（中谷「前掲論文」（注64）341頁，注8）が，規範はともかくとして，司法的機能の行使が政治的機関の恣意的な干渉から独立してなされることに対して配慮すべき「実質的理由」は十分にあるというべきである。もっとも，現在までのところ，管理理事会は，委員パネルの勧告を尊重してきているようである。*See* for these points M. Frigessi di Rattalma and T. Treves (eds.), *The United Nations Compensation Commission: A Handbook* (Kluwer Law International, 1999), pp. 35-37.

67) Gill, *supra* note 31, p. 85 et seq.

の代表ならびに事務総長が指名する3名の独立した専門家からなり,後者のうちの1名が委員長となる。安全保障理事会は,憲章第7章に基づいて行動し,決議833 (1993) を全会一致で採択したが,同決議において理事会は,委員会の報告書を是認するとともに,国境画定についての委員会の諸決定が最終的であることを確認した。安全保障理事会の主張によれば,委員会の作業はイラクとクウェートの間で領土を再配分するという意味での国境の画定 (delimitation) ではなくて,1963年のイラク・クウェート間の合意議事録で示された既存の国境の正確な位置を画定させる技術的作業である。

合法性・合憲性の観点からみれば,確かに,イラク・クウェート間には国境線を定めた1963年の合意議事録が存在したし,そこに定められた国境の不可侵等を要請する決議687をイラクは受諾したのである。その意味で,以上の安全保障理事会が執った行動の合法性・合憲性を問題とするのは困難と思われる。

しかしながら,この点については,合意議事録をめぐってイラク・クウェート間には対立があったうえに,注意深い分析の後に,「たとえ委員会は領土を再配分してはいなかったというのが正しいとしても,委員会は単に技術的な画定作業に関与したにすぎないと言うのは,かなり過剰な単純化である」と指摘されている[68]。

そうであれば,イラクとクウェート間の国境画定が国際の平和と安全の回復と維持に必要としても,この作業は安全保障理事会の権威のもとに設立される独立した司法的機関によって遂行されるべきであった,と主張されうるであろう。また安全保障理事会も,このような場合には国際的秩序の主要な保障機関として,この問題を国際司法裁判所に付託したり,司法的手続により決定することになる司法的機関を設立することによって,当事者間において法の

---

[68] M. H. Mendelson and S. C. Hulton, "The Iraq-Kuwait Boundary", 64 *BYIL* (1993), pp. 135, 193. 前記の安全保障理事会の立場については,彼らは次のように指摘する (*ibid.*, p. 192)。

「技術的にはこれは正しいかもしれないが,実質的にはそれ以上のものがあった。
第1に,……これは,用語の普通の意味における画定行為ではなかった。委員会は,条約において既にある正確さをもって定められていた境界を,単に地上に線引きしたのではなかった。Khowr Abd Allah の境界線に関する限り,条約上の定義はなかった。そして陸上の境界線については,条約上の定義は大変に不明確であり,かなりの仕上げ(中立的な用語を使えば)を必要としたのである。」

適正な運用がなされたと見えるように確保するという責任を有しているとも言うことができよう。この観点から，サルーシは次のような適切な指摘をしている。

> 「大切な点は，機構による対応の選択が，理事会の行動の長期的な実効性を決定するに際しても決定的に重要だということである。裁判所は，両国の主張が十分に聞かれ，後の判決においても適切な重みを与えられるように確保するための適当な司法的保障措置を提供したであろう。これは，当事者間において法の適正な運用が実際になされたという当事者の理解に相当に貢献するであろう。そして私の考えでは，その裁判所の判決を強制するのに必要となりうる理事会によるその後の如何なる強制行動の正当性にも，相当貢献することになろう。」[69]（下線は佐藤）

憲章は，国際連合の諸機関にそれらの構成等を考慮して異なる権限を付与している。安全保障理事会は，（少なくともその設立時においては）最も強大な国々から構成され，その決定の遵守を強制できる権限を認められている。しかしながら，行政的な強制機関としての安全保障理事会は，自ら法的事態または関係を最終的に決定する権限を与えられているわけではないし，そのような権限の行使に適した構成や手続きを備えているのでもない。その意味で，司法的機関とは異なり，安全保障理事会の決定は既判事項（res judicata）の効果を有する資格に欠けるといえよう[70]。安全保障理事会が法的決定をするときには，政治的考慮をその決定の中に取り込むべきではない。法は，政治とは異なって，公正の考慮と規則の規範的な適用に主に基づいているからである[71]。安全保

---

[69] D. Sarooshi, "The Legal Framework Governing United Nations Subsidiary Organs", 67 *BYIL* (1996), pp. 413, 471-472. Harper, *supra* note 61, pp. 146-147.

[70] B. Martenczuk, "The Security Council, the International Court and Judicial Review: What Lessons from Lockerbie?", 10 *EJIL* (1999), pp. 517, 533.

[71] Harper, *supra* note 61, pp. 137, 141. 旧ユーゴスラビアおよびルワンダ国際刑事裁判所と制裁レジームに関しては，シンマも同様の指摘をしている。すなわち，安全保障理事会のそのような立法的および規制的な措置は正当と思われるし，国際の平和と安全が回復されうるのは第39条の事態に導いた諸要因が可能な限り徹底的に救済される場合のみであるという基本的考慮に鑑みて，もしそれらの措置が特に大規模な個別事例に限定されるのであれば合法と見なされるべきであるとする一方，シンマは次のようにも指摘する（Simma, *supra* note 45, p. 277）。

「しかしながらそのような場合には，理事会は法の一般原則および人道の基本的考慮

障理事会の行動が本来の行政的性格から離れて，司法的機能に属するものである場合には，政治的影響からの独立性や司法的機能のいわば内在的要請（例えば，適正手続き，合理的な理由付けの公表，nemo judex in sua causa（何人も自己の関与する事件において裁判官たりえず）の原則，当事者平等等）を確保することが重要である。

(2) 準立法的権限

　安全保障理事会が準立法的権限を有しているか否かは，「立法的権限」の定義に依存する。もし国際連合関係において広く受け入れられている立法的権限の定義から出発すれば，肯定的な結論に達する。すなわち，「立法行為は，三つの本質的特徴をもつ。それは，形式において一方的であること，法規範を創設する，あるいはその要素を修正すること，そして当該法規範は性質において一般的である，つまり限定されていない名宛人に向けられ，時間的に繰り返し適用されうることである。」[72]

　この観点から，カーギスは，憲章第7章に規定される強制措置を取り上げて次のように指摘する。

　　「国連憲章第25条と48条により補強された第41条と42条は，明らかに，安全保障理事会に［上記の］意味での立法行為をなす権限を与えている。こうして，第41条に基づく経済制裁は，形式において一方的（すべての国連加盟国の合意というよりは，15理事国からなる安全保障理事会により採択された）である。法的規範（拘束的規則）を創設あるいは修正している。そして性質において一般的（すべての加盟国に対して，時には非加盟国に対してさえ向けられている——第48条1項は選択的になされることを許容しているが）である。」[73]

　　に従うことを義務づけられるべきである。こうして，ユーゴスラビアおよびルワンダ裁判所は，確かに，法の適正手続と公正な裁判を認め，（裁判所規程に定められた）被告人の権利を尊重することを義務づけられていると見なされなくてはならない。同様に，イラクについて決議687において具体化されたような制裁レジームは，関係する法の違反に均衡するものでなくてはならない。」

72) E. Yemin, *Legislative Powers in the United Nations and Specialized Agencies* (A. W. Sijthoff, 1969), p. 6.

憲章第7章，特に第41条により行使される権限の性質を，カーギスのように立法権限と理解することには，議論の余地がある。むしろ，国際の平和および安全の維持・回復の文脈における個別事件に関連して行使されることに重点を置けば，一般に，個別的執行として理解されることが多い[74]。しかし，第41条に基づき採択された決議，例えば決議661（1990）の中に示された行為規範は，個別事件の文脈としてイラクまたはクウェートとの関係に限定しているのではあるが，すべての国を名宛人とする一般的なものである。安全保障理事会の権限の文脈で，執行と立法の概念がそれぞれ厳密に定義されているわけでもなければ，それらの区別・分離の結果が法的な意味で規範的効果を持つわけでもない以上，ここでは，準立法的権限と形容しておけば十分であろう[75]。

先の定義には当てはまらないが，新しい義務を課すという意味において，準立法とも形容できる事例がある。決議687（1991）の主要な目的の一つは，イラクの軍備縮小である。決議687は，この決議採択前には存在していなかった新しい義務をイラクに課している[76]。例えば，イラクが当事国であった毒ガス等の禁止に関する議定書（窒息性ガス，毒性ガス又はこれらに類するガス及び細菌学的手段の戦争における使用の禁止に関する議定書）は，その種の物質の「使用」

---

73) Kirgis, *supra* note 2, p. 520.

74) 例えば，K. Skubiszewski, "Enactment of Law by International Organizations", 41 *BYIL* (1965-66), pp. 198, 202, 小池徹「国際機関の決議の効力」皆川洸／山本草二編『演習国際法』（青林書院新社，1977年）47, 50頁，内田久司「国際組織の決議の効力」寺沢一／内田久司編『国際法の基本問題』（有斐閣，1986年）46, 48頁，植木俊哉「国際組織の国際法定立機能に関する一考察」『法学（東北大学）』第52巻5号（1988年）180, 204-205頁。

75) 一方で内田教授は，個別的執行決議は，一般的法定立決議から区別されるが，拘束力をもつ限りで広義の国際法の法源と見ることができるとする（内田「前掲論文」（注69）53頁）。他方でブリシャンボーは，安全保障理事会は法を創設する権限は持っていないが，国際連合加盟国に対して権利と義務を創設する権限は持っているとする（M. P. de Brichambaut, "The Role of the United Nations Security Council in the International Legal System", in M. Byers (ed.), *The Role of Law in International Politics: Essays in International Relations and International Law* (Oxford University Press, 2000), pp. 268, 269, 275)。

76) L. D. Roberts, "United Nations Security Council Resolution 687 and Its Aftermath: The Implications for Domestic Authority and the Need for Legitimacy", 25 *N Y Univ J Int'l L & Pol* (1993), pp. 593, 597-610; Harper, *supra* note 61, pp. 127-128. *See also* Zemanek, *supra* note 33, pp. 636-637.

を制限するにすぎないのであるが,決議はそれらの兵器の「破壊」を課するとともにすべての化学剤および生物剤の研究・開発・所有を禁じた。しかしながら,安全保障理事会は決議687 (1991) の前文において,前記議定書が禁止する関連兵器の使用を威嚇したり過去に化学兵器を使用したことにより示されるイラクの侵略への性向を指摘することによって,イラクが依然として国際の平和に対する脅威であるという認定を支える根拠を提示している。こうして,ある研究者によれば,「これらの拡大された義務は,特にこれらの兵器の使用または使用の威嚇へのイラクの傾向に鑑みれば,ジュネーヴ議定書の論理的かつ合理的な拡張である。」[77]

　安全保障理事会によるこれらの準立法的権限の行使については[78],先の

---

77) Harper, *supra* note 61, p. 155.
78) 以上の事例に加えて,カーギスによれば,次の諸点が指摘される (Kirgis, *supra* note 2, pp. 522-526)。臨時の国際刑事裁判所の設立に関して,適用法規として既存の国際刑事法の適用を意図したと思われるが,ルワンダ国際刑事裁判所規程の第4条が,ジュネーヴ諸条約共通第3条とジュネーヴ諸条約第二追加議定書に基づき訴追する権限を認めたことについては,これらは非国際的武力紛争に適用されるのであり,これらが既存の国際刑事法であるというのは無理とする。また,これらの裁判所での手続きについて,国内裁判所に対する国際裁判所の優越性,国際裁判所での訴追に基づく一事不再理などは,欧州共同体を設立する条約にいう「命令 (directive)」に類似した効果を有するとする。さらに,決議687 (1991) の第29項が,決議661 (1990) および関連諸決議によりその実施が影響を受けた契約や取引に関するイラクやイラク内のいかなる人物・団体による請求に対しても,不可抗力 (force majeure) の抗弁を,すべての国が適用するように規定するのも,「命令」の例であるとする。また,国際連合補償委員会の下で認められた賠償請求への支払いに使われる基金を確保するために,イラクの石油・石油製品の輸出に対してなされた一種の課税も,前例のない立法的な措置とされる。
　ルワンダ規程第4条については,メロンの議論によれば,共通第3条と第二追加議定書は条約としてルワンダを拘束し,一定の行為を禁止していたうえ,ルワンダ国内刑事法もそれらの行為を禁止していた。従って,安全保障理事会決議により設定された管轄権に基づき国際刑事裁判所により下される処罰が,ルワンダ国内刑事法により既に確立されていた処罰を超えないならば,事後法による処罰とはいえないとされる (Th. Meron, "International Criminalization of Internal Atrocities", 86 *AJIL* (1995), pp. 554, 565-568)。裁判所での手続きについては,カーギス自身も,臨時の刑事裁判所を設立する安全保障理事会の権限がそもそも認められるのであれば,当該権限の実効性に必要な黙示的権限から出てくるものとして,それらの手続きの設定権限も認められるとする。また,不可抗力の抗弁については,国際連合設立諸国の予想するものではなかったであろうが,憲章第41条の下で彼らの付与した権限からの適切な派生権限であるし,課税についても,補償委員会の

「安全保障理事会は，第7章に基づいて，拘束的な紛争解決を課する法的権限を有するか」の箇所（本書263-266頁）で検討したことが当てはまるであろう。すなわち，準立法権限の行使が，国際の平和と安全の維持という目的に直接必要な強制活動から離れたものになるほど，正義と国際法の原則の考慮，さらには人道の基本的考慮等に注意が払われるべきである。これは，国際連合憲章，特に第7章の適切な理解に基づくものであると同時に，国際連合加盟国が有する安全保障理事会による準立法的権限の行使に対する期待または懸念にも合致するものであろう。

4　正当性要因としての司法審査

国際連合憲章と国際司法裁判所規程のいずれも，司法審査の問題を直接に扱ってはいない。こうして，グレフラートは次のように指摘する。

> 「憲章の設立者たちは，総会や安全保障理事会の決議の合法性を審査するという任務を裁判所に対して明示的に提示することが必要であるとは考えなかった。拒否権のシステムが，安全保障理事会の豊富な権限に対するチェック・アンド・バランスの仕組みとして十分であろうと考えたのである。彼らの考えは，幾つかの超大国の異なる政治的利害は安全保障理事会の決定が憲章を超えることを防ぐであろうし，この政治的仕組みが国連を一つの超大国の道具に堕さしめないように確保するであろうというものであった。」[79]

　実効性は自らの決定の実施方法を必要とする故に，多分正当化されうるとする。
　これらの諸点については，合法性・合憲性の観点からは，もう少し緻密な議論が必要と思われるが，それぞれの文脈の中においては，ある程度の正当性をもつように思われる。

[79]　Graefrath, *supra* note 13, p. 203. ヘルデゲンも類似の指摘をしている（Herdegen, *supra* note 49, p. 154）。

> 「憲章の下で，バランスを欠いたダイナミズムに対する主要な保護策は，司法的コントロールにではなく，むしろ拒否権という政治的なチェックにある。……ICJによるダイナミックな介入ではなく，この要素が，非合理性や権限乱用からの安全保障理事会の自制に対する主な監視人なのである。」

安全保障理事会決議の司法審査については, V. Gowlland-Debbas, "The Relationship between the International Court of Justice and the Security Council in the Light of the *Lockerbie* Case", 88 *AJIL* (1994), p. 643, 森川幸一「国際連合の強制措置と法の支配（2・完）」『国際法外交雑誌』第94巻4号（1995年）51頁，小森雅子「安全保障理事会決議の

同じように，国際司法裁判所は，「ある種の経費」事件において，次のような指摘をしている。

> 「国々の法体系には，しばしば，立法行為または統治行為でも，その効力を決定するためのある手続が存在しているが，これに類似した手続は，国際連合の構造の中に見いだすことができない。憲章の起草中になされた，憲章の最終的解釈権を国際司法裁判所に委ねるという提案は受諾されなかった。裁判所がいま与えている意見は，勧告的意見である。したがって，1945年に予想されていたように，各機関が，少なくとも第一次的には，それ自身の管轄権を決定しなければならないのである。」[80]

国内法制度に見られる司法審査の仕組みは国際連合の構造の中には導入されていない。しかしながら，いまや，勧告的意見においても争訟事件においても，裁判所が憲章を解釈し，安全保障理事会決議の合法性を判断することは起こりうるように思われる。第1に，総会および安全保障理事会は，自らの活動の範囲内において生ずるか否かにかかわらず，いかなる法律問題についても勧告的意見を要請する権限を有する。実際，裁判所は，「ナミビア」事件においてこの点を明らかにして，次のように述べた。

> 「確かに，裁判所は，国際連合の関係機関が行った決定に関して，司法審査または上訴裁判所の権限を有していない。総会の決議2145（XXI）または安全保障理事会の関連決議の有効性ないし憲章適合性という問題は，勧告的意見の主題をなしていない。しかし，司法的任務を遂行するにあたり，裁判所に異議が提起されている以上，裁判所は，その推論の過程において，これらの決議から生じる法的結果を決定する前に，右の異議を審査することにしよう。」[81]

第2に，裁判所は「ロッカビー」事件において，「［安全保障理事会決議748（1992）］の採択前の状態がどのようなものであっても，いまやモントリオール条約に基づくリビアの権利は，仮保全措置の指示によって保全されるのに適当なものと見なすことはできないと考える」と認定した[82]。こうして多数意見

司法審査可能性」『法学研究論集（西南学院大学院）』17号（1999年）31頁も参照。
80) *ICJ Reports 1962*, p. 168.
81) *ICJ Reports 1971*, p. 45.

は，仮保全措置の段階において，権限踰越か否かを検討することなく，当該決議に依拠した。しかしながら，若干の判事は，リビアによる仮保全措置の請求が却下されたことは，裁判所が国際連合の主要な司法機関としての役割を放棄することを意味するものでないことを明らかにした。さらに，多くの判事は，裁判所は，理事会の行為が有効なものであるかを審査すべきであるとも考えていた。以上を踏まえて，ある解説者は次のように指摘している。

> 「要するに，リビア判決は，世界裁判所の相当の判事が裁判所は争訟事件において司法審査の権限を行使しうるとほのめかした最初の事例である。この発展が重要であるのは，単に争訟事件は勧告的事件よりも一層大きな先例的価値を有すると言いうるゆえだけでなく，自らの行為の効果について勧告的意見を求める国連機関によって黙示的にあるいは明示的に是認されているときにのみ司法審査がなされるべきだとは，裁判所が考えていないことを示してもいるゆえである。」[83]

このようにして，勧告的意見においても争訟事件においても，裁判所が憲章を解釈し，安全保障理事会決議の合法性を判断することは起こりうるように思われる。しかしながら，勧告的意見あるいは争訟事件において安全保障理事会決議の合法性を判断する現在の仕組みは，大変に限定的であることを指摘しなくてはならない。争訟事件については，すべては，2か国間の争いが安全保障理事会決議の合法性に本質的に関わるような場合に，その2か国が裁判所の管轄権を受諾するか否かにかかっている。これは，大変にまれな出来事と言わなければならない。勧告的意見については，総会も安全保障理事会もこの仕組みの利用について決して積極的ではなかった。

この関連では，裁判所は多くの正当化要素の一つにすぎないのであるから，司法審査の問題に二者択一的な観点から接近すべきではないと，正しく指摘されている。アルヴァレスは，次のような示唆的な指摘をした。

> 「理事会を批判するという世界裁判所の権利は，裁判所が法を確証しうる『唯一の機構』であるという命題を前提とすべきではない。憲章起草者達

---

82) *ICJ Reports 1992*, pp. 126-127.
83) G. R. Watson, "Constitutionalism, Judicial Review, and the World Court", 34 *HILJ* (1993), pp. 1, 27. *See also* Martenczuk, *supra* note 70, p. 527.

が認めたように，合憲性の普通のテストは『一般的受諾』であり，裁判所に到達する事件の少なさと日常的な決定の必要性とに鑑みれば，国連各機関が普通は『合法性を確証する』責任を負っており，問題なく典型的にそうしているのである。合衆国の憲法研究者が指摘するように，機構の慣行は，合衆国最高裁判所と同じほど（あるいはそれ以上に）合衆国の憲法上の発展に関わってきた。判例法における巨大な欠缺とその偶然的性質に鑑みれば，憲法上の発展や革新は必ず司法による承認に依存するとか，そのような発展の正当化は裁判所の承認を必要とするという仮定は認められない。そのような考え方は，国際連合および安全保障理事会の文脈では特に問題である。ここでは，裁判所の関与は，その管轄権上の制限により，理事会の行為を判断する際には必然的に少なくなるし，憲章の法におけるギャップは合衆国憲法におけるギャップ以上に広く，実行における組織法上の革新の多くは裁判所の参加を伴ってきていないのである。」[84]

このような現状から導き出される結論は，安全保障理事会が長期的に見て実効的であろうとするならば，理事会は慎重かつ賢明に自らの権限を行使していることを示す必要がある，ということであろう。

他方で，司法審査の直接的な権限を裁判所に付与すべきとする現在の立法論的主張は，次のような三つの考慮に基づくとされる。第1に，大部分の民主的社会においては，政府の（そして時には立法府の）行為が憲法の下で有効であることを確保するように，常設の裁判所により審査されうる。なぜ国連においてもそうすべきでないのか？　第2に，冷戦の終了とともに，安全保障理事会はいまや十分な政治的あるいは法的なコントロールなしに行動しうる。第3に，そのような機関が全体機関でない場合には，そこに代表されていない国々は，

---

84) J. E. Alvarez, "Judging the Security Council", 90 *AJIL* (1996), pp. 1, 9. ヘルデゲンも次のような類似の指摘をしている（Herdegen, *supra* note 49, p. 151）。
「［ヨーロッパ共同体司法裁判所］の包括的権限とは対照的に，憲章の運営へのICJの介入および安全保障理事会決議の効果について裁判所が意見を述べる機会は，適切な付託合意に基づき適切な当事国により適切な訴訟がハーグに持ち込まれるという，かなり偶然の要素に依存する。国際司法裁判所は破棄の権限を有していないために，安全保障理事会決議の違法性に関するその理由付けの影響は，しばしば，理論的推測に任されることになろう。さらに，ICJの判決は，対世的（erga omnes）に拘束の効果を持つことができない。」

彼らの名前においてなされることが合憲的であることを確保するための何らかの手段を必要とする[85]。これらの考慮に基づいて，バウエットは次のような結論に達する。

「現在のところ，安全保障理事会の理事国が裁判所による司法審査を考える用意があるという兆候はほとんど見られないと言わなくてはならない。西側諸国はこれを障害と見るであろうし，ロシアも中国も裁判所に大きな信頼を見せていない。しかし国連の長期的な利益という点では，この考え方には追求するだけの価値がある。」[86]

裁判所には，既に指摘したように，司法審査のための制度上の完全な権限が与えられているのではないが，憲章の解釈そして安全保障理事会決議の合法性の判断において，一層利用されることは確かに可能であろう。ここでは，しかしながら，裁判所が処理しなくてはならない幾つかの困難について留意しておくことが必要であろう。第1に，判断のための明確な法的規準が裁判所に与えられていないことである。例えば，何が平和に対する脅威，平和の破壊または侵略行為を構成するのか，そして，何らかの措置が平和の維持または回復に必要なのか否か，などについてである。裁判所はある措置が強行規範や基本的人権に反すると決定することができるとしても，裁判所の権限は多分，ボスニア・ジェノサイド条約事件においてラウターパハト判事が主張したように，

「平和に対する脅威，平和の破壊または侵略行為の存在を決定するに際し

---

[85] D. W. Bowett, "The Court's role in relation to international organizations", in V. Lowe and M. Fitzmaurice (eds.), *Fifty years of the International Court of Justice, Essays in honour of Sir Robert Jennings* (Cambridge University Press, 1996), pp. 181, 190-191. この点に関するベジャウィの議論も参照。M. Bedjaoui, *The New World Order and the Security Council: Testing the Legality of its Acts* (Nijhoff Publishers, 1994).

[86] *Ibid.* この点については，ラウターパハトも積極的であり，「国際組織の政治的機関の準司法的決定に対する救済」の文脈において，次のように述べている（Lauterpacht, *supra* note 34, pp. 113-114）。

「それでは，機構の誤ったあるいは不適切な準司法的活動の問題を緩和または排除するために，どの方向に向かうことができるだろうか。解答は司法審査の方向に，実際にはある種の上訴の方向にあるように思われる。安全保障理事会決議により侵害された国家または実体には，争われている法律問題が国際裁判所に提出されるように主張する道が開かれているべきである。」

この点に関しては，拙著『前掲書』（注3）281-283頁も参照。

て，あるいはそのような決定に続いて取られるべき政治的措置を決定するに際して，自らの裁量を安全保障理事会の裁量に取って代えるという裁判所の権利を含むものではない。」[87]

第2に，安全保障理事会の行為の合法性を判断するに際して裁判所を積極的に利用することは，注意深く運用されない場合には，裁判所自身に対して望ましくない影響を及ぼすことがありうる。アルヴァレスは，次のような警告を発する。

「世界裁判所が理事会における党派的闘争に一層系統的に関わるようになるに従って，裁判所は『政治化』されうる。……司法審査の増大は，裁判所と理事会の適切な役割の間の，政治と法との間の現在の区別を曖昧にしうる。これらの区別の曖昧化は，国内法規則に対しては，それらが機構上の実効的な制裁により支持されているために，それほど重大な正当性の問題を提起するのではない一方，国際法の正当性への影響は一層重大でありうる。国際司法裁判所判事の脆弱な正当性に鑑みれば，判事達を理事会の政治的ゲームの審判に変えることは，危険すぎる。」[88]

これらの問題は，しかしながら，安全保障理事会の正当性を促進させるに際して，政治的な賢明さを持って合理的な程度にまで裁判所を関与させるうえで，克服しがたい障害とは多分ならないであろう[89]。確かに，国内法制度に見られる司法審査の仕組みが，憲章改正により，国際連合の構造の中に導入される

---

87) *ICJ Reports 1993*, p. 439; 95 *ILR* (1994), p. 159. *See also* the discussion on this point by Akande, *supra* note 33, pp. 325-342.

88) Alvarez, *supra* note 84, p. 37.
　考えられる別の問題点としては，例えば経済制裁のような決議が，その数年間実施後に無効と判断されるようなことがあれば，大変な混乱を引き起こし，法的不安定の要素を持ち込むことになりうることである（Ch. Greenwood, "The Impact of Decisions and Resolutions of the Security Council on the International Court of Justice", in W. P. Heere (ed.), *International Law and the Hague's 750th Anniversary* (T. M. C. Asser Press, 1999), pp. 81, 85-86）。

89) この関連で，バウエットは次のような適切な指摘をしている（Bowett, *supra* note 85, p. 191）。
　「［司法審査権限の付与］が裁判所をして理事会の判断または裁量を問題とすることに導くとする反対論は，説得力のあるものではない。大抵の法システムは『政治問題』からの司法的自制の伝統を有しており，裁判所が自らの政治的判断をして安全保障理事会の判断に代えようとするだろうと予想すべきではない。」

可能性はほとんどないと思われる。しかし上に示したような現行法の枠組み内での，裁判所による安全保障理事会決議の合法性判断は可能であるし，司法審査導入の立法論的主張の根拠としてバウエットが指摘する三点は，現行法の枠組み内における裁判所の積極的利用の根拠としても説得的である。以上の考察からは，次のようなフランクの指摘は正当なものと考えられる。

> 「裁判所が，何が『平和に対する脅威』を構成し，そのような脅威に対処するに際してどのような措置が適切であるかについての自らの判断を，［安全保障理事会の判断に］代替することは，無謀であり，全くありそうもないであろうが，理事会決定を審査するある程度の権限は，特定の限定された権限を制限的な構成員の超国家的（supranational）な機関に委任することを自由に選択したすべての国家の信頼を維持するには不可欠である。『裁量の重大な乱用』に対する司法審査は，理事会の行動が憲章および加盟国に対して説明責任を負う（accountable）ものであることを，国連加盟国，特に理事会に代表されていない加盟国に保証することによって，理事会の権威を大きく向上させるであろう。」[90]

第5節　結　　論

1990年代以降の興味深い現象として，国際法研究者が，安全保障理事会の正当性を分析する論考においてのみならず，理事会の様々な活動の合法性を検討する論考においても，正当性という概念にますます言及するようになってきたことを指摘できる。本章において示したように，安全保障理事会は，国際連合憲章の全体的展望から見て法的に不明瞭な領域にますます踏み込むようになってきている。法的な文献における正当性概念への言及の増大は，安全保障理事会の様々な活動の合法性が不明確である，あるいはせいぜいのところ脆弱であることを，間接的に指摘しているといえよう。

---

90) Th. M. Franck, "The United Nations as Guarantor of International Peace and Security: Past, Present and Future", in Ch. Tomuschat (ed.), *The United Nations at Age Fifty, supra* note 11, pp. 25, 37. *See also* Simma, *supra* note 45, p. 282; P. Malanczuk, "Reconsidering the Relationship Between the ICJ and the Security Council", in Heere, *supra* note 88, pp. 98-99.

より具体的に指摘すれば，安全保障理事会は，冷戦解消後において，準司法的そして準立法的機能を遂行することが多くなってきた。旧ユーゴスラビア国際裁判所の上訴部が「タディッチ」事件において指摘したように，国際連合においては組織上の意味で権力分立は導入されていない。こうして，安全保障理事会の行動の合憲性・合法性という問題には，国際連合の設立文書である憲章およびその実行を解釈することによってアプローチするほかない。しかしながら本章で強調したように，安全保障理事会が法的グレー・ゾーンに踏み込めば踏み込むほど，その活動が実効的であり受け入れられるためには一層大きな正当性が必要とされる。そうだとすれば，この正当性の観点からは，国際連合憲章中に明文で規定されていないとしても，権力の（いわば組織的ではなく）機能的な分立の要請に，一層多くの注意が払われるべきであろう。いわば，理事会がなす決定が行政的，立法的，あるいは司法的のいずれの機能・資格において行動しているかに基づく分析・判断枠組みを利用することによって，行動の適切さを一層的確に判断することができるであろう。

　加盟国の法的権利は，国際連合の集団的強制措置の適用において，安全保障理事会により侵害されたり停止されたりすることは，憲章上法的に可能である，と確かに主張しうるであろう。さらに，国際連合憲章中に明示的に規定されているのではないが，国際の平和と安全に必要である限り，準司法的および準立法的権限さえも安全保障理事会に対して強制活動の中で付与されているともいえよう。しかしながら，安全保障理事会が一旦これらの法的に不明瞭な領域に踏み込むならば，権力の機能的分立の要請に多くの注意が払われなくてはならない。

　この点については，残念ながら，安全保障理事会の実行は高く評価できるものではない。事実上法的事態の決定に相当するような決議を，安全保障理事会はますます採択するようになってきたけれども，理事会は権力の機能的分立の要請に十分な注意を払ってきていない。例えば，国際連合補償委員会や国際連合イラク・クウェート国境画定委員会などの事例において，安全保障理事会は司法的な独立を確保せず，その結果，それらの委員会そして理事会自身の正当性を掘り崩すことになっている。一般論としては，安全保障理事会の行動が平和に対する脅威，平和の破壊または侵略行為に対処するための即時的な集団的

強制措置から離れるほど，一層大きな正当性が要請されるのであり，従って，一層多くの注意が権力の機能的分立の要請に払われなければならないのである。

　正当性は，しかしながら，不明確で広い概念である。正当性を高めることは，権力の機能的分立の要請を満たすことによってのみならず，司法審査の仕組みを利用することによっても可能である。国際連合の現行の法的枠組みにおいては，国際司法裁判所は司法審査の直接的な権限を付与されてはいないし，安全保障理事会決議の合法性を判断する役割も相当限定的であるにすぎない。しかしながら，安全保障理事会の活動の正当性は，司法審査の仕組みを積極的に利用することにより高められうるし，特に理事会活動の合法性が明白でない場合には一層当てはまるであろう。ここでもまた，安全保障理事会が法的グレー・ゾーンに踏み込むほど，一層大きな正当性が要請されるのであり，従って，一定の範囲においてではあるが，一層積極的な司法審査の仕組みの利用が望まれるのである。

第8章　国連安全保障理事会の創造的展開とその正当性
―― 憲章第7章の機能の多様な展開と
立憲化 (constitutionalization) の視点をめぐって――

第1節　はじめに

　国際組織は，国家間の合意（多くの場合は条約）に基づいて設立される。そして，設立文書 (constituent instruments)（設立条約）は，設立を予定する国際組織の設計図として起草され，発足後は，当該国際組織の任務や権限などを継続的に規律することになる。その結果，国際組織の活動をめぐる国家間あるいは国際組織と国家の間の紛争は，基本的に設立文書の関係規定の解釈をめぐって展開することになる。
　設立文書は，形式的には条約として他の一般の条約と区別されないが，実質的には，国際組織の目的，任務，権限，組織構造，活動形態などを規定することによって，設立される国際組織を規律する組織法 (Constitution) としての特徴を有する。国家における憲法 (Constitution) と類似の機能を果たすと考えられる[1]。

---

[1]　一般の国家間条約においては，多くの2国間条約がそうであるように当事国の相互的な権利・義務関係を規定するか，多くの多数国間条約がそうであるように当事国の行為規範を設定するのに対して，設立文書においては，国際組織の目的，任務，権限，組織構造，活動形態などを規定する組織規範をその中核的規定として含むのであって，規定内容が実質的に異なる。また，国際組織の内部に成立する内部法との関係では，上位法の位置にある。
　こうして，国内法における憲法 (Constitution) が国家組織の基本構造や基本理念・価値を規定し，国内法秩序における最高の位置にあることなどとの類推から，先のような規定内容と位置付けを有する設立文書は国際組織の Constitution であるといわれる。国家ではなくて国際組織を法的に基礎づけ，その構造と活動の法的枠組みとなること，そして国家が領域と住民を有する政治的実体であるのに対して，国際組織はいずれをも欠く機能的存在にすぎないことを考慮すると，「組織法」と訳するのが適当と思われる。

国際連合発足後の数十年における憲章の解釈枠組みの対立に着目すれば、国連活動の合法性評価において決定的な役割を果たすのが解釈枠組みであることが理解できる[2]。実際に、国際司法裁判所による国連活動の合法性評価において、憲章の解釈枠組みの対立が顕在化した。この対立は、「国家間条約としての解釈枠組み（the Charter as a multilateral treaty）」と「国際連合の組織法としての解釈枠組み（the Charter as the constitution of the United Nations）」との対立として整理できる。

前者は、国連憲章を、その形式が国家間条約であることに鑑みて「条約」としての特徴を持つものとして条約法における解釈規則（条約法条約31条・32条）により規律されると理解し、文言の自然な通常の意味に重点を置く。他方、後者は、国連憲章を、その実体・実質に着目して国際連合の「組織法」として目的論的発展的な解釈方法の規律の下にあると理解すべきとする。その結果、「国際の平和と安全の維持」という国連の主要な目的の実効的遂行ということに大きく依拠した目的論的解釈がとられると同時に、そのような目的論的解釈に依拠した安全保障理事会等の国連機関の実行が蓄積して急速に慣行（practice）化していくという意味での創造的展開が認められる。このような動きを象徴するものが、黙示的権限の法理である[3]。

しかしながら、冷戦解消後における憲章第7章の機能の多様な展開が示唆するものは、さらにもう一歩先の姿であるように思われる。「組織法としての解釈枠組み」は、急速に変わりゆく国際社会に対して国際組織が適応していくダイナミズムの法的な表現であるのに対して、この約20年における安全保障理事会は、国際社会・国際共同体の公の機関、公権力としての機能をはたすようになっており、それに対応して、国連憲章が「国際共同体の憲法（the Charter

---

2) 拙著『国際組織の創造的展開——設立文書の解釈理論に関する一考察——』（勁草書房、1993年）を参照せよ。また、フランクも、憲章が constitution であるか否かは、裁判所や政治的機関などにより如何に憲章規定が解釈されるべきかに影響すると指摘する（T. M. Franck, "Is the U. N. Charter a Constitution?" in J. A. Frowein et al. (eds.), *Verhandeln für den Frieden: liber amicorum Tono Eitel* (Springer, 2003), pp. 94, 102)。
3) 以上の点については、拙著『国際組織法』（有斐閣、2005年）第6章・第7章、「国連安全保障理事会機能の創造的展開——湾岸戦争から9・11テロまでを中心として」『国際法外交雑誌』第101巻3号（2002年）21-45頁（本書30-58頁）、『国際組織の創造的展開——設立文書の解釈理論に関する一考察——』（前掲注2）などを参照せよ。

as the constitution of the international community)」として位置づけられるようになってきたのかもしれない。

　本章では，以上のような問題関心・視点から，第2節において冷戦解消後の安保理の活動を鳥瞰し，第3節において理論的な検討を加える[4]。また，本章が国連学会の機関誌である『国連研究』に最初に公表されたという事情にゆらいすることであるが，当該機関誌の読者が，国際法の研究者というよりも国際政治の研究者，国際関係・NGOなどの実務家であることに鑑みて，国際法の法制度それ自体の詳細には触れず，むしろ，その背景，機能，問題点などに重点をおいて，鳥瞰する。最初に第2節において，検討の前提として，国際連合憲章に基づく仕組みと冷戦下における展開を簡単に確認しておく。

第2節　冷戦下における国際連合による平和と安全の維持への取り組み[5]

1　国際連合憲章に基づく仕組み

　国際連合憲章の目的を規定する第1条は，その第1項において，「国際の平和及び安全を維持すること。そのために，平和に対する脅威の防止及び除去と侵略行為その他の平和の破壊の鎮圧とのため有効な集団的措置をとること」に言及する。また，安保理の任務および権限を規定する第24条は，「国際の平和及び安全の維持に関する主要な責任」を安保理に与えている。

　憲章第7章は，「平和に対する脅威，平和の破壊及び侵略行為」がある場合に非軍事的措置および軍事的措置をとることを安保理に認めており，いわば紛争あるいは特に重大な事態において強制措置をとる権限を付与しているといえよう。この憲章第7章の権限を発動させるためには，必要な一定条件すなわち上記3つの事態の1つが存在する旨安保理が決定すると，第39条は規定する。

---

4) 著者は過去15年ほど冷戦解消後における安保理の憲章第7章に基づく活動の研究を行ってきている。本章は，上記のような問題関心に鑑みて，安保理活動の総括を前提とするために，著者の過去の研究成果と重なる部分があることをお断りしておきたい。
5) 第1節の記述については，拙著『国際組織法』（前掲注3）第17章・第18章を参照せよ。

そして一旦第39条の下での決定がなされれば、安保理は、国際の平和と安全を維持しまたは回復するために、勧告をしたり、第41条や第42条に従っていかなる措置をとるかを決定することができるのである。第41条は非軍事的措置に、第42条は軍事的措置に、そして第43条は必要な場合における軍隊の提供等について規定する国際連合と加盟国との間の特別協定に関するものである。

以上の諸規定に鑑みれば、安保理は、国際の平和と安全の維持を任務とする警察的な権限、さらには非軍事的および軍事的な措置という形での強制力を行使する権限を与えられた主に執行的な機関である、と認めることができよう。

2 冷戦下における展開

このように、憲章規定を前提とすれば、安保理は「国際の平和と安全の維持」を任務とする基本的に警察的・執行的機関として設立された機関である。言い換えれば、安保理は立法機関でもなければ司法機関でもない。また紛争の実質的解決内容をそれ自体として強制できる権限も有さない。強制権限の行使は国際の平和と安全を維持・回復するためだけに限定されていると考えられよう。

冷戦下において強制措置の発動は、朝鮮国連軍、南ローデシア制裁、南アフリカ制裁の3件がある。これらについては、数多くの研究が存在しているので、2点のみ指摘しよう。

第1に、南ローデシアにおける黒人多数派の自決権の侵害や南アフリカにおけるアパルトヘイト、基本的人権の大規模組織的侵害が「平和に対する脅威」と認定されている。

第2に、朝鮮国連軍や南ローデシアにおけるイギリスの海上封鎖行動に示されるように、第39条（または現在では第42条）に基づくと考えられる勧告による軍事的強制措置が適用された。

こうして、限られた事例の中ではあるが、冷戦下においても憲章第7章は、その文言に基づきながらも、既に創造的展開を開始していたといえる。すなわち「平和に対する脅威」概念は、本来は、国家間の武力対立のような事態を想定していたと考えられるが、この「平和に対する脅威」概念を拡大することによって、自決権の実現やアパルトヘイトの廃止という目的を介して、紛争の実

質的解決を強制することに踏み込み始めていたわけである。もっとも，いずれの事例でも，国際社会を実質的に代表する機関としての国連総会による強い支持・要求が存在していたことにも留意する必要があろう。

第3節　冷戦解消後における国際連合による平和と安全の維持への取り組み

1　国際社会が現在直面する脅威:「ハイレベル・パネル報告書」

　国際社会が現在直面する脅威の内容の理解として,「ハイレベル・パネル報告書」に依拠するのが妥当と思われる。同報告書によれば，現在の国際社会は少なくとも次の6つのカテゴリーの脅威に直面している。すなわち，(1)貧困・感染症・環境悪化，(2)国家間紛争，(3)国内紛争，(4)大量破壊兵器（核,生物，化学兵器等），(5)テロ，(6)国際組織犯罪，である[6]。

　国際連合の発足時には，第二次世界大戦の経験に鑑みて，(2)国家間紛争を想定していた。また，冷戦下では,「平和に対する脅威」として，自決権の侵害やアパルトヘイト，基本的人権の大規模組織的侵害も認定されたのは，先に指摘した。

　冷戦解消後における安保理の活動をみると，(2)国家間紛争に加えて，(3)国内紛争が激増し，さらに，最近では(4)大量破壊兵器（核,生物，化学兵器等），(5)テロ，が加わってきたことが重要である。安保理での協議や決議採択自体は，エイズや難民など多様なテーマを対象とするようになってきたが，第7章の拘束的な決議の対象となってきたのは，以上のものにとどまる。

2　活動領域の創造的展開:「脅威」概念の展開[7]

　安保理の活動領域を示すものとして「平和に対する脅威」概念の創造的展開

---

6)「ハイレベル・パネル報告書」に示されたこれらの脅威に対する国際社会の対応状況については，香西茂「集団安全保障の新しい枠組み──ハイレベル委員会の国連改革案を中心に」日本国際連合学会編『持続可能な開発の新展開（国連研究 第7号）』（国際書院，2006年）181-205頁を参照せよ。

に着目するならば、いくつかのカテゴリーが検討対象となる。

(1) 「国内的武力紛争」

最も顕著なカテゴリーは、「国内的武力紛争」の事例である。そして、実際には国内的武力紛争と不可分なのが「人道的危機」であり、ソマリア、ルワンダ、旧ユーゴスラビアなどに、この側面が顕著に出ている。人道的危機は、多くの場合、国際人道法の広範かつ重大な侵害によって引き起こされ、大量の難民の流出を伴い、深刻な対外的な影響をもたらす。これが「平和に対する脅威」を正当化する事由といえよう。

旧ユーゴ国際刑事裁判所の上訴部は、「タディッチ」事件において、この点に関する安保理の慣行の存在を認めて、次のように指摘した。

「[旧ユーゴスラビア領域における武力紛争が] たとえ単なる『国内的武力紛争（internal armed conflict)』と考えられるとしても、それでもなお、安全保障理事会の確立した実行と国際連合加盟国一般の共通の理解に従って『平和に対する脅威』を構成するであろう。実際、安全保障理事会の実行には、『平和に対する脅威』と分類し第7章の下で扱われた内戦や国内紛争（internal strife）の事例が豊富であるし、しかも、1960年代初期のコンゴ危機や、最近ではリベリアやソマリアのように、総会の奨励さらには要請の下にである。こうして、第39条の『平和に対する脅威』は、その一つの種類として、国内的武力紛争を含みうる旨の、国際連合加盟国全般の『事後の実行』により示される共通の理解があると言うことができる。」

(2) 「民主制の崩壊」

第2のカテゴリーとして「民主制の崩壊」の挙げられることがあるが、「平和に対する脅威」概念の展開の事例としては不明確なものと思われる。すなわち、ハイチやシエラ・レオーネにおいては、民主的選挙によって選出された大

---

7) 拙稿「国連安全保障理事会機能の創造的展開——湾岸戦争から9・11テロまでを中心として」（前掲注3）27-28頁（本書37-38頁）。詳しくは、尾崎重義「国連憲章第39条の注解（その1)，（その2)，（その3・完)」『二松学舎大学国際政経論集』12号（2006年），13号（2007年），14号（2008年）およびそこに挙げられている文献を参照せよ。

統領が，クーデターによって追われたときに，大統領復帰のための武力介入に対して，安保理は事前あるいは事後の承認を与えたのである。「民主制の崩壊」が第2のカテゴリーとして確立しつつあるのかについては，否定的な理由として，第1に，事例が限られ確立した事例というには不十分であるし，従来，そのような事態でも不介入であったのが，むしろ原則であったと思われる。第2に，「民主制の崩壊」という側面は39条の「平和に対する脅威」を構成する諸要因の1つにすぎないと考えることも可能のように思われる。実際，国内武力紛争，人道的危機，難民の発生などの要素も，多かれ少なかれ存在していたのではないかと思われる。

(3) 「国際テロリズムの鎮圧」

国際的なテロ行為に際して，安保理は，リビア，スーダン，アフガニスタンという類似の事例において，容疑者の引渡要請に応じない場合に「平和に対する脅威」を認定し非軍事的強制措置を課した。さらに，決議1373（2001）（国際テロリズムの鎮圧）や決議1540（2004）（大量破壊兵器の拡散防止）に示されるように，安保理は，本格的な立法的機能の創造的展開にも踏み込んできた。

3 執行的機能の創造的展開

(1) 非軍事的強制措置：スマートサンクションの動きとその問題点

憲章第41条に基づく非軍事的強制措置の適用に関しては，1990年代におけるイラクに対する国連安保理の経済制裁の結果として，イラクの政権担当支配層ではなくて，一般大衆に食糧・医薬品の欠乏を引き起こし，国連による人権侵害ではないかとの批判がなされた。このために，包括的制裁が取られたのはイラク，ハイチ，旧ユーゴにとどまり，その他の事例では一般に，対象の人や主体を限定し，紛争や犯罪行為の継続に必要な手段を奪うような制裁に変わってきた。また，医薬品や基礎的食料，基礎的な医療・農業・教育機材などを除外する人道的例外の体系的な導入が議論されてきた[8]。

このようなスマートサンクションの動きが最も顕著に見られるのが，国際テ

---

[8] 経済制裁に関する最近の文献として，中谷和弘「安保理決議に基づく経済制裁」『国際問題』No. 570（2008年）32-44頁がある。

ロリズムの鎮圧に向けた非軍事的強制措置の適用である。たとえば，決議1267 (1999) は「アルカイダ・タリバン制裁委員会」を設立したが，制裁対象は国家から，テロ行為を行う個人・団体へと変化し，同委員会が対象者のリストを作成・維持・管理している。しかし，誤ってリストの対象とされたと主張する人々に開かれた救済手段をめぐって，問題は新たに展開しつつある[9]。また，決議1373 (2001) は「テロ対策委員会」を設立したが，同決議では国際テロリズムの鎮圧のための国内法制度や行政機構の整備に重点が置かれており，国内法制度や行政機構の不十分な国々，特に途上国を対象として能力構築 (capacity-building) の機能を果たしている[10]。さらに，決議1540 (2004) はテロリストへの大量破壊兵器の拡散防止を目的として，国連の全加盟国に対して，輸出管理を義務づけた。もっとも現実には，多くの途上国では，輸出管理が十分に行われていないために，実効性確保のために，実施に必要な制度作りや人材・資金が必要とされている[11]。

このような最近の国際テロリズムの鎮圧に向けた非軍事的強制措置の適用においては，第39条の「平和に対する脅威」の変質への適応が指摘される。すなわち，特定の紛争ではなくてテロ活動という蔓延した現象に対応するために，警察的・執行的な措置ではなくて国内法制度や行政機構の整備，能力構築，そしてそれらの運用状況の監視，管理へも踏み込んできた[12]のである。

---

9) 決議1267 (1999) に基づく制裁については，丸山政己「国連安全保障理事会による国際テロリズムへの対応――狙い撃ち制裁をめぐる法的問題に関する一考察」日本国際連合学会編『国連憲章体制への挑戦(国連研究 第9号)』(国際書院, 2008年) 133-156頁を参照せよ。See also M. Kanetake, "Enhancing Community Accountability of the Security Council through Pluralistic Structure: The Case of the 1267 Committee," 12 *Max Planck Yearbook of United Nations Law* (2008), pp. 113-175.

10) この点に関する最近の文献として，古谷修一「国際テロリズムに対する国連安保理の対応」『国際問題』No. 570 (2008年) 45-55頁がある。

11) この点に関する最近の文献として，市川とみ子「大量破壊兵器の不拡散と国連安保理の役割」『国際問題』No. 570 (2008年) 56-66頁がある。

12) 古谷「前掲論文」(注10) 51頁。

(2) 軍事的強制措置：許可（authorization）決議の方式の確立と一方的武力行使

第42条の軍事的措置については許可方式が確立した[13]。安保理は湾岸戦争における決議678において，一定の加盟国に対して，安保理の統制を十分に受けることなく武力行使を含む必要な行動をとることを許可した。この決議に対しては次のような批判がなされた。すなわち，ある行為が第42条に基づきとられたという法的な根拠づけは，とられる措置に対する統制と指導をなすための手段を安保理が自らに留保しているか否かに依存すべきであるが，問題の決議は許可する行為に対する安保理の指導と統制が全く欠けているという点で第42条の基本前提に反する，というものである。

しかし実際には，678の後も数多くの類似決議が採択されてきた。678の場合より小規模であるが別の事態において，例えばソマリア，ボスニア・ヘルツェゴビナ，ルワンダ，ハイチ，東部ザイール，アルバニアなど多数の例がある。またその他の決議においては，先の批判に対する安保理の側での三つの対応を指摘できる。すなわち，①任務の定義が詳細化してきた，②許可の時間的期限をより短くする，③安保理への詳細かつ頻繁な報告を義務づける，である。

これらの仕組みによって安保理のコントロールは高まり，また本来の国連軍に類似するものになってくるといえる。しかしながら，国連特に安保理によるコントロールという観点からは望ましいとしても，実際には軍隊提供国によっては受け入れられない側面がある。何故ならば，根底にある問題は，第43条の特別協定が未締結なのは，国々（特に常任理事国）が自国の死活的利益の関わ

---

[13] 許可（authorization）決議の合憲性については，拙稿「冷戦後の国際連合憲章第7章に基づく安全保障理事会の活動――武力の行使に関わる二つの事例をめぐって――」『法学研究（一橋大学研究年報）』26号（1994年）53-167頁（本書75-167頁），および書評「松井芳郎著『湾岸戦争と国際連合』（日本評論社，1993年，250頁）」『国際法外交雑誌』第92巻6号（1994年）767-773頁を参照せよ。なお，authorizationの訳については，安保理によるauthorizationという同一の構造・文脈において国連憲章の公定訳（第53条1）が「許可」としていることに準拠して，「許可」という用語を使用する。また，軍事的措置の許可方式に関する最近の文献としては，山本慎一「多国籍型軍事活動の展開にみる集団安全保障体制の潮流」日本国際連合学会編『国連憲章体制への挑戦（国連研究　第9号）』（国際書院，2008年）75-95頁およびそこに示されたものを参照せよ。

らない地域・事態に対して，自国の国民からなる軍隊を，自国が十分にコントロールできないような国連の指揮下で派遣することに消極的である故だからである。

従って多くの場合，問題は軍隊提供国を如何に確保するかなのである。安保理によるコントロールという憲章下における法的要請と，軍隊提供国のフリーハンドへの実際上の要請との間のバランスをとる必要があるわけである。許可方式が一般化してきた理由は，安保理による完全なコントロール，指揮統制の詳細な次元までの関与が欠如しているからだと思われる。ゆえに，許可決議の方式は二つの要請の間で事例毎に揺れ動きつづけると考えられる。この点での現実的な指針としては，現地での軍事的オペレーショナルな指揮統制は軍隊提供国に，全体的な政治的コントロールは安保理によるという，役割分担の方式と思われる。

他方で，許可方式が90年代の数多くの事例を通して一般化・確立してきた一方で，安保理の許可決議なしの一方的な武力行使の事例も顕著になってきた。決議687の実施をめぐる特に英米による対イラク攻撃であり，NATOによるコソボ空爆であり，9・11テロ後におけるアメリカによるアフガニスタン侵攻であり，アメリカによるイラク侵攻である。これらは，NATOによるコソボ空爆という人道的介入の文脈で議論されるべき事例を別とすれば，基本的には，アメリカによる国際法の軽視に基づく単独行為主義の問題としてまとめることができるかもしれない。

4　司法的機能の創造的展開[14]

(1)　湾岸戦争と決議687（1991）

湾岸戦争と決議687（1991）は，安保理が司法的機能の創造的展開に踏み込む一つの契機となったと思われる。二つの事例を検討する。

第1に，損害賠償実施に関する国連補償基金と国連補償委員会の設置である

---

14)　司法的機能の創造的展開については，拙稿「国際連合憲章第7章に基づく安全保障理事会の活動の正当性」『法学研究（一橋大学研究年報）』34号（2000年）175，188-191，209-214頁（本書245，256-258，280-286頁）等を参照せよ。最近の文献では，浅田正彦「国連安保理の司法的・立法的機能とその正当性」『国際問題』No.570（2008年）がある。

が，イラクのクウェート侵略の結果として被った損害を評価し，それらの損害に対するイラクの賠償責任についての請求を処理するものである。個人的資格の専門家である委員3名によるパネルが個々の請求を審査・査定したのち，安保理構成国による管理理事会に勧告し，この管理理事会が最終決定するわけである。合法性・合憲性の点では，安保理は第7章に基づいて賠償責任処理のための補償委員会を設置することができると思われるし，数百万件という膨大な請求を迅速に処理するためには，伝統的な仲裁裁判手続きを採用するのは適切でないともいえる。しかし，この賠償責任処理が個々の損害賠償請求を審査し，その適否の認定と補償額の査定を行うという基本的に司法的な機能である以上，政府代表の資格で行動する管理理事会がこのような司法的機能の遂行に関わるというのは望ましくないといわなくてはならない。

　第2に，イラク・クウェート間の国境線の画定についてみれば，委員会はイラクおよびクウェートの各1名の代表ならびに事務総長が指名する3名の，合計5名の独立した専門家から構成されたわけであるが，安保理は委員会の報告書を是認し，国境画定についての委員会の諸決定が最終的であることを確認した。安保理によれば，委員会の作業はイラクとクウェートの間で領土を再配分するという意味での国境の画定ではなくて，1963年のイラク・クウェート間の合意議事録で確定された既存の国境の正確な位置を画定させる技術的作業であるということであったが，イラクとクウェート間の国境画定が国際の平和と安全の回復と維持に必要であるとしても，この合意議事録には不明確な部分もかなりあったように言われており，独立した司法的機関によって両国の主張を十分に聞いた上で遂行されるべきであった，といえよう。また安保理も，このような場合にはこの問題を国際司法裁判所に付託させるか司法的機関を設立することによって，当事者間において法の適正な運用がなされたと見えるように確保するという責任を有しているともいえる。

(2) Ad hoc 国際刑事裁判所の設立：旧ユーゴスラビア，ルワンダ

　安保理は，さらに，本格的な司法裁判所の設立にも踏み込んだ。旧ユーゴおよびルワンダ国際刑事裁判所である。これらの設立については，国連憲章の採択は個人の処罰という刑事管轄権を伴う裁判所の設立を予想していなかった旨

の批判がなされた。

　しかし旧ユーゴ国際刑事裁判所の上訴部はみずから「タディッチ」事件判決において，安保理による国際裁判所の設立は安保理が自らの機能・権限の行使を同裁判所に委任したことを意味するものではないし，安保理が司法的機能を不法に行使していることを意味するものでもない。安保理は国際の平和と安全という自らの主要な任務の遂行のための手段として，すなわち旧ユーゴにおける平和の回復と維持に貢献する措置として国際刑事裁判所の形式での司法的機関の設立に訴えたのである，と指摘した。実際，国際司法裁判所も「行政裁判所の補償裁定の効果事件」において，親機関が，それ自身の任務の遂行に必要であるとして，それ自身は有していない司法的機能・権限を行使する補助機関を設立し，親機関の任務遂行の一助とすることを，黙示的権限の法理の適用によって承認している。

　これらの裁判所は，それらの規程から明らかなように，司法裁判所として設立されており，容疑者の人権にも十分配慮した独立した司法裁判所としての内実をもった機関といえる。この点では，「タディッチ」事件において提起された抗弁，すなわち人権条約によって一般に承認された，刑事裁判における個人の適正手続きの権利を前提とした，「刑事裁判所は法によって設立されなくてはならない」という抗弁が重要である。上訴裁判部は，「法による設立」の意義は，第1に権限ある機関がその法的手続に従って設立したこと，そして第2に手続上の公正性（fairness）の諸要件を遵守していることと捉えて，この抗弁を棄却した。このように，安保理が個人の処罰の領域に踏み込む場合には，人権保障の要件に配慮して政治の恣意的な介入を排除し，司法的機能は司法的機関に委ねることが要求されているといえる。

　これら二つの国際刑事裁判所の設立によって，安保理は「国際の平和と安全に対する脅威」と個人の刑事責任を発生させる国際犯罪とを結びつけたといえる。「タディッチ」事件判決が指摘するように，司法裁判所による訴追が平和の回復と維持に貢献する一つの措置として見なされるようになったということである。

(3) 国際刑事裁判所（ICC）と安全保障理事会

国際刑事裁判所の設立をめぐっては，ICC の司法裁判所としての機能と政治的機関としての安保理の機能との相互関係が重要であり，論点としては，第1に，ICC の司法裁判所としての機能・独立性が政治的考慮により歪められる危険性，第2に，安保理の政治的活動に対する，ICC による司法的なコントロールの可能性が指摘できる[15]。

安保理による ICC に対する積極的および消極的な関与を区別して検討すれば，第1に積極的な関与として，安保理による事態の ICC 検察官への付託（トリッガー・メカニズム）がある。ローマ規程第13条(b)により，アドホックな裁判所を設立することなく，常設の ICC に第5条の規定する犯罪（集団殺害犯罪，人道に対する犯罪，戦争犯罪，侵略犯罪）に関わる事態を付託することができる。実際に，ダルフールの事態の付託が決議1593（2005）によりなされている。この付託に際しては，「憲章第7章の規定に基づいて行動する安全保障理事会が……付託する場合」とされていることに基づいて，付託決議の合憲性の確認が求められることになり，第39条の決定，その他の関連活動の合憲性も司法的な審査の対象となる可能性がある。

第2に，消極的な関与として，安保理による ICC の管轄権行使に対する延期の要請がある。ローマ規程第16条に基づき，安保理の「憲章第7章の規定に基づいて採択した決議」により，捜査・訴追の12か月の延期が可能となる[16]。この延期の要請に際しては，延期決議の合憲性の確認が求められることになり，第39条の決定，特に ICC による捜査・訴追が「平和に対する脅威」を構成するか，その他の関連活動の合憲性も司法的な審査の対象となる可能性がある。

---

15) この点については，藤田久一「国際連合と国際刑事裁判所の権限関係――安保理による事態の付託をめぐって――」『同志社法学』第58巻2号（2006年）1-42頁を参照せよ。

16) 他方で，アメリカは，規程第98条2項にある容疑者の引渡しに関する例外規定を根拠として，ICC の訴追からアメリカ国民を引き渡さない旨の二国間協定・98条協定の締結を広範に推し進めてきた。しかし，この規程は，本来は，PKO などの外国の軍隊の status of forces agreements（SOFAs）が領域国の刑事裁判管轄権からの免除を規定することに鑑みたものである。W. A. Schabas, *An Introduction to the International Criminal Court* (Cambridge University Press, Third Ed., 2007) p. 74.

実際には，安保理決議1422（2002），1487（2003）により，一般的にPKO要員のICCからのありうべき捜査・訴追の12か月の停止を要請する決議が採択されてきた。しかし，ローマ規程第16条は特定の事態を想定したものであり，その趣旨に合致しない（もっとも，2004年以降は採択されていない）。他方で，ローマ規程では，第19条により国連活動に関わる者の特権・免除が放棄されており，第27条により公の地位にかかわらず個人の刑事責任が免除されないこととなっており，司法的機能の行使に優先的な配慮がなされている。

5 立法的機能の創造的展開

最近になって，安保理は，本格的な立法的機能の創造的展開にも踏み込んできた。

(1) 個別的な法定立：決議661（1990）＝イラク・クウェートとの関係に限定

安保理が立法的権限を有しているか否かは，「立法的権限」の定義に依存する。もし国際連合関係において広く受け入れられている立法的権限の定義から出発すれば，肯定的な結論に達する。すなわち，「立法行為は，三つの本質的特徴を持つ。それは，形式において一方的であること，法規範を創設する，あるいはその要素を修正すること，そして当該法規範は性質において一般的である，つまり限定されていない名宛人に向けられ，時間的に繰り返し適用されうることである[17]」。この観点から，カーギスは，憲章第7章に規定される強制措置を取り上げて次のように指摘する。

> 「国連憲章第25条と48条により補強された第41条と42条は，明らかに，安全保障理事会に［上記の］意味での立法行為をなす権限を与えている。こうして，第41条に基づく経済制裁は，形式において一方的（すべての国連加盟国の合意というよりは，15理事国からなる安全保障理事会により採択された）である。法的規範（拘束的規則）を創設あるいは修正している。そして性質において一般的（すべての加盟国に対して，時には非加盟国に対してさえ向

---

[17] E. Yemin, *Legislative Powers in the United Nations and Specialized Agencies* (A. W. Sijthoff, 1969), p. 6.

けられている——第48条1項は選択的になされることを許容しているが）である[18]。」

他方で，憲章第7章，特に第41条により行使される権限の性質という点では，むしろ，国際の平和および安全の維持・回復の文脈における個別事件に関連して行使されることに重点を置けば，一般に，個別的執行として理解されることが多い。

しかし，第41条に基づき採択された決議，例えば決議661（1990）の中に示された行為規範は，個別事件の文脈としてイラク又はクウェートとの関係に限定しているのではあるが，すべての国を名宛人とする一般的なものである。

安保理の権限の文脈で，執行と立法の概念がそれぞれ厳密に定義されているわけでもなければ，それらの区別・分離の結果が法的な意味で規範的効果を持つわけではない以上，ここでは，個別的な法定立としておく。

(2) **個別的義務創設：決議687（1991）＝イラクの軍備縮小義務**

新しい義務を課すという意味において，準立法とも形容できる事例がある。決議687（1991）の主要な目的の一つは，イラクの軍備縮小である。決議687は，この決議採択前には存在していなかった新しい義務をイラクに課している。

例えば，イラクが当事国であった毒ガス等の禁止に関する議定書（窒息性ガス，毒性ガス又はこれらに類するガス及び細菌学的手段の戦争における使用の禁止に関する議定書）は，その種の物質の「使用」を制限するにすぎないのであるが，決議はそれらの兵器の「破壊」を課するとともにすべての化学剤および生物剤の研究・開発・所有を禁じた。

(3) **個別的義務創設：リビアへのモントリオール条約適用の排除**

国際テロリズム関係の多数国間条約では，容疑者を捕捉した締約国は当該容疑者を関係国に引き渡すか自国で訴追・処罰するが義務づけられるという Aut dedere aut judicare の原則が広く採用されてきている。しかしロッカビー事件におけるリビアに関しては，安保理は容疑者の引渡要請に応じないことを中核

---

18) F. L. Kirgis, Jr., "The Security Council's First Fifty Years," 89 *AJIL* (1995), pp. 506, 537-538.

的な理由として「平和に対する脅威」を認定し非軍事的強制措置を課した。安保理はその後もスーダン，アフガニスタンという類似の事例において，容疑者の引渡要請に応じない場合に「平和に対する脅威」を認定し非軍事的強制措置を課した。このように，安保理は Aut dedere aut judicare の原則を前提としながらも，リビア，スーダン，アフガニスタンなどの国際テロ支援国家については国内での訴追・処罰が信頼に値しないという現実的な立場に立って，いわばこれら多数国間条約の枠外の問題であるとして，容疑者の不引渡しが「国際の平和と安全に対する脅威」に該当するとの決定をおこない，さらに引渡しの強制的な実施という新たな役割を果たすようになってきたと考えられる。

(4) 一般的立法機能：決議 1373（2001）（国際テロリズムの鎮圧）・決議 1540（2004）（大量破壊兵器の拡散防止）

すでに触れた，これらの決議では，安保理は，本格的な立法的機能の創造的展開にも踏み込んできた。全会一致で採択された決議 1373（2001）は，従来のテロ関係の多数国条約の不十分な点を補うことを目指した包括的な内容を，憲章第7章に基づく拘束的な決議によって加盟国のみならず，すべての国家に対して義務づけるものである。

同決議は，「憲章第7章に基づいて行動し」，「すべての国」に対して「決定」した第1項において，未発効の「テロリズムに対する資金供与の防止に関する条約」の内容の中核を含み，同様の第2項においては，総会のもとで起草中のテロリズムに関する包括的条約を先取りするような内容を含んでいる。さらに第6項は，安保理のすべての理事国からなる同決議実施の監視のための委員会（テロリズム対策委員会 Counter-Terrorism Committee）を設置し，すべての国に対して実施のために採った措置を同委員会に対して報告するように要請している。このように，国際テロリズムの鎮圧に向けた国際社会の動きを背景とした例外的な措置ではあるが，安保理機能の新たな展開として国際社会は受け入れつつあると思われる。

決議 1540（2004）は大量破壊兵器の拡散防止を目的とするが，これまでの大量破壊兵器に関連する諸条約には，「非国家主体への拡散」の防止という側面はほとんど無かったといわれる。その意味で，この点での国際法の規制には法

の欠缺(lacuna)があったと評価することもでき，新たに輸出管理の義務を設定し，違反に対する処罰を設定・実施する義務が課されたわけである。決議1540 (2004) では，テロリズムと大量破壊兵器の結合という緊急の脅威への例外的な対応という側面が強い。また，長期間にわたる包括的な協議がなされ，最終的に全会一致で採択された。

これらの安保理の立法活動については，それらが乱用され，国際法，国際社会，特に中小の諸国にとって脅威とならないような歯止め，枠組みの設定が不可欠である。他方で，テロリズムと大量破壊兵器の結合などの，緊急の国際的な脅威に対して実効的に対処できる手段・方法が他にない例外的な場合においては，安保理の立法活動は有益な方法として評価できる側面もある[19]。

第4節　正当性確保の必要性と立憲化 (constitutionalization) という視点

1　実効性の考慮から正当性の確保へ

(1)　設立文書の創造的展開と実効性の考慮[20]

最初に指摘したように，国際連合発足後の数十年の国連活動の合法性評価において憲章の解釈枠組みが決定的な役割を果たしてきたのであり，この対立は，「国家間条約としての解釈枠組み (the Charter as a multilateral treaty)」と「国際連合の組織法としての解釈枠組み (the Charter as the constitution of the United Nations)」との対立として整理できる。そして，後者の解釈枠組みにおいては，実効性の考慮が支配的である。設立文書が国際組織の活動の序章をなすにすぎないとすれば，激しく変化する国際社会の中で国際組織がその共通目的を実効的に遂行し効率的に機能し続けることができるようにするためには，当該組織の構造と活動の法的基礎およびその枠組みを提供する設立文書は，自ら創造的

---

[19]　これら二つの決議の採択については，問題の緊急例外性が強調される。例えば，浅田正彦「安保理決議一五四〇と国際立法」『国際問題』No. 570 (2008年) 35, 55-56頁。*See also* L. M. H. Martínez, "The Legislative Role of the Security Council in its Fight Against Terrorism: Legal, Political and Practical Limits," 57 *ICLQ* (2008), pp. 333, 334, 340.

[20]　詳しくは，拙著『国際組織法』(前掲注 *3*) 第 7 章を参照せよ。

に展開するほかない。このような創造的展開は、具体的には、目的論的解釈方法と事後の実行の組み合わせによって実現される。この点を簡単に確認しておこう。

目的論的解釈方法：設立文書特に国連憲章の解釈においては、目的論的解釈方法と文言主義的解釈方法が対立してきた。前者は設立文書が国際組織の組織法であるとして柔軟に解釈するものであり、後者は設立文書も条約であるとして厳格に解釈するものである。政治的機関においては、一般に前者の方法が支配的であり、憲章第2条7項の国内管轄事項や総会および安保理の権限の展開に顕著である。ここでは、国際司法裁判所による解釈における典型例として「損害賠償」事件を取り上げよう。争点となった機能的保護権を導き出すために、多数意見は黙示的権限の法理を承認して次のように述べた。

「国際法上、機構は、憲章中にはっきりと述べられていないとしても、必然的推断によりその任務の遂行に不可欠なものとして機構に付与される権限を有しているものと見なされるべきである。」

他方で、反対意見を述べたハックワース判事は、文言主義の立場から次のように述べた。

「機構は、委任され、列挙された権限の機構である、という事実を否定することはできない。加盟国が付与しようと望んだ権限は、憲章の中にか、加盟国の締結した補足的協定の中に述べられていると考えられるべきである。」

事後の実行：国際組織の日常的な活動・決定においては、多数決制の表決手続きに基づく解釈が蓄積し、慣行化していく。組織法としての解釈方法においては、機関の実行が、必ずしも全加盟国の黙示的合意の存在を示すものではないにもかかわらず、解釈における単なる補助的手段以上の法的意義を有するものとして考慮される。国際司法裁判所は、その判例、特に「ある種の経費」事件において、国連憲章の解釈基準としての法的意義を機関の実行に与え、関係規定の解釈において機関の実行に大きく依拠した。これに対して、スペンダー判事は、機関の実行を機関の構成国の実行に還元せずに機関自身の実行として法的意義を認める多数意見の立場を厳しく批判して、法的意義を有しうるのは全加盟国の黙示的合意を示しうるような実行のみであるという条約として解釈

する立場を主張した。

　このような国際組織の発展的傾向は，未発効ではあるが，近年採択された国と国際機関との間又は国際機関相互の間の条約法に関するウィーン条約第2条1項(j)が，条約法の一般規則に服さない「国際機関の規則」として，「特に，当該機関の設立文書，当該文書に従って採択された決定及び決議並びに当該機関の確立した慣行」という広い概念を規定し，国際組織のダイナミズムを取り込んでいることによって確認されるのである。

　評価：設立文書の解釈は，以上の二つの側面を持つ目的論的発展的な解釈方法によってダイナミックに展開してきたのである。実際，第2節でまとめた冷戦解消後における国際連合による平和と安全の維持への取り組みを一見すれば，安保理機能の創造的展開を確認することができる。「国際の平和と安全の維持」という国連の主要な目的の実効的遂行ということに大きく依拠した目的論的解釈がとられると同時に，そのような目的論的解釈に依拠した安保理等の国連機関の実行が蓄積して急速に慣行化していくという意味での創造的展開が確認できるということである。確かに，安保理の機能の展開は，すでに冷戦下において始まっていたわけであるが，冷戦解消後における安保理の活性化の中で，ダイナミックな創造的展開を遂げてきた。このような展開は，憲章第7章の起草者意思や条約文言の枠組みを乗りこえて，目的論的発展的な解釈に基づいてなされてきたと理解せざるを得ない。

(2) 国際組織の創造的展開と正当性[21]

　他方で，このような創造的展開を遂げていく安保理の実行・機能が実効性を持つためには，これらの活動が広い意味での正当性を有することが必要でもある[22]。

---

21) 拙稿「国連安全保障理事会機能の創造的展開」（前掲注3）35頁（本書46-47頁）。
22) 特に冷戦解消後における普遍的国際組織の正当性が問われる動きの背景や実態などについては，拙稿「国際組織およびその決定の正当性──21世紀における国際組織の課題──」『思想』No. 993（2007年）184-202頁を参照せよ。
　　正当性の概念自体については，ここで特に問題としない。合法性も一要素として含めた広い意味での常識的な意味で用いている。最近の研究では，例えば，ヴォルフラム（R. Wolfrum, "Legitimacy of International Law from a Legal Perspective: Some Introductory

すなわち創造的展開を遂げるということは，準備作業などに確認される起草者意思には必ずしも囚われず，起草者が予想しなかった活動に踏み込むことを意味するのであり，また文言的解釈により確定される条約文言の枠組みを踏み越えて，新たな活動領域に踏み込んでいくことを意味することになる。

目的論的解釈によって合法的なものとして法的に基礎づけられ正当化されるとはいえ，見方によっては，例えば起草者意思を重視したり，条約文の文言的解釈を重視したりする立場からから見れば，違法・違憲な活動であったり，あるいは合法性・合憲性が不明確であるという意味で法的なグレー・ゾーンに踏み込んでいくのであるから，そのような新たな活動が実効性を有するためには，国際連合の現在の加盟国を中心とする国際社会の広範な支持を受けていることが不可欠であるといえよう。

このように，創造的展開の実効性確保に留意して，国際社会の広範な支持に向けた考え方として，国連憲章を「国際共同体の憲法（the Charter as the con-

---

Considerations" in R. Wolfrum and V. Röben (eds.), *Legitimacy in International Law* (Springer, 2008), pp. 1, 6-7) によれば，特定の権威の正当性を引き出す諸要素として，起源 source-，手続 procedure-，結果 result-oriented，あるいはこれらの組み合わせが考えられるという。それぞれの説明としては次のようになる。

起源：伝統的国際法においては，正当性は関係国の同意に基づく。国際法は，国々が国際的合意を交渉し，それを遵守する能力を有するという前提に基づく。そのようにして，国際法は，他国との関係で，あるいは国際社会との関係で，義務を引き受ける。

手続：問題となる決定が，適切あるいは公正と見なされる手続によりなされるならば，権威は正当化される。機構の構成や設立に関する規則，および政策決定プロセスに関する規則は，この観点から見られる。誰が，この政策決定プロセスに参加するか，にも，正当性は依存する。裁判官が，専門家の意見を考慮すれば，判決の客観的正当性が向上する。Amicus curiae 意見として利害関係のある第三者の参加を許せば，主観的正当性が向上する。

結果：決定の名宛人としての国際社会が適切と考える結果を達成できないのであれば，安保理や裁判所の正当性は低下する。人権委員会は，その例。政治的不満が，理事会への改組につながった。

同様に，ボーダンスキ（D. Bodansky, "The Legitimacy of International Governance: A Coming Challenge for International Environmental Law?", 93 *AJIL* (1999), pp. 596, 612) もすでに，数多くの正当性理論は，起源に基づくもの，手続に基づくもの，実質に基づくものの，三つの基本的なグループに類型できるとして，①起源による権威の正当化（神，伝統，同意），②手続による権威の正当化（公正な手続，司法手続の要件，行政手続の要件），③望ましい結果を創出するうえでの成功による権威の正当化（経済福祉，社会正義，環境保護）と述べている。

stitution of the international community)」として位置づける視点が主張されるようになってきたと思われる。例えば，ヴォルフラムによれば，国際法の領域の中には，国内レベルでのガバナンスに比較しうる，国際的ガバナンスと性格づけうるものもある。このような領域では，関係国の最初の同意により提供される正当性に依拠するだけでは，不十分と思われる。国家の同意が国際法上の約束を正当化するとしても，同意の範囲には2種類ある点は，十分に認識されてきていない。すなわち，① 通常の国際条約のような特定の明確に限定・定義された義務，② 国際組織やレジームの設立文書のような一般的・動態的な義務である。①のように，義務が特定・静態的であり，特定の作為・不作為で実施できる場合には，国家の同意は，問題となる措置の正当性を引き出す仕組みとして十分である。しかし，②のようなガバナンスの仕組みを設立する場合には，同意により設立されてはいても，ガバナンスの任務遂行においては，新たな義務の創設や元々の義務の変容を伴い，独自の法的展開を遂げる。こうして，国際合意が，当初には議会の承認は得ていても，国際組織に起源を有する国際法の場合のように議会の関与なしに発展する場合には，議会の最初の同意は後の発展をカバーしていない。立法府の関与を含む国家の最初の同意は，一般的・動態的約束ではなくて，国家の具体的・静態的な約束を認めるためである事実に，正当性の欠如の理由がある[23]，という。

　国際組織やレジームが国際的ガバナンスと性格づけうる活動を展開するという事態の下では，国連憲章を「国際共同体の憲法」として位置づける視点が提示されるのはあながち不思議ではなかろう。例えば，トムシャットは述べる。

　「あらゆる人間共同体において，法と秩序を確保する任務は，まさにガバナンスの基礎的機能を構成する。集団的機構に諸国間の平和を保護することを委ねることにより，国際連合の加盟諸国は，国際共同体の真の憲法の

---

23) Wolfrum, *supra* note 22, p. 9. 同様の指摘は，ボーダンスキ（Bodansky, *supra* note 22, p. 604）によりすでになされている。すなわち，国家の同意の正当化における役割を考えるに際して，二つのタイプの同意を区別する必要があり，① 特定の義務や決定に対する個別の同意が，従来，支配的役割を果たしてきたのに対して，② ガバナンスのシステムに対する一般的同意は例外的であり，多数決に基づく拘束的決定権限が認められている場合（事例：オゾン層保護のモントリオール議定書に基づく「調整」，安全保障理事会）が特に問題となる。

確立に向けて決定的な一歩をまさに踏み出したのである。国際連合憲章第7章はこの憲法の中核的な要素である。」[24]

2　正当性の確保(1)：国際社会における公権力の組織化とその意義

(1)　国際社会の立憲化（constitutionalization）の議論[25]

この点で，安保理の活動の創造的な展開を正当化する一つの視点，考え方として，国際社会の立憲化（constitutionalization）の議論が提起されてきている。国際社会の組織化の大きな流れの中で，国際連合を中心とする国際組織が，国際社会の憲法的基礎（constitutional foundations）をなしているという認識が強まってきている。最初に，すでに 1962 年の段階でこのような見解を表明していたイギリスの著名な国際法学者であり，国際司法裁判所の裁判官でもあったウォルドックの見解を紹介しよう。

ウォルドックによれば，個別の主権国家の意思は，依然として，国際法秩序における主要な要素である。しかし，国際社会の組織化と構成および武力行使に関する法において第一次大戦後に生じた発展は，国際社会の憲法的基礎にかなりの影響を与えた。国際組織は，国際法の上部構造（super-structure）のみならず，国際社会の憲法的枠組み（constitutional framework）としても理解されるべきであり，今日の普遍的国際組織とそれを取り巻く法は世界憲法の若干の要素を持ち始めている[26]というのである。

国内法において "Constitution" の概念[27]は一般に「憲法」と訳されている。この憲法の本質的な内容は，国家の根本体制または根本秩序についての規律で

---

24)　Ch. Tomuschat, "International Law as the Constitution of Mankind", in *International Law on the Eve of the Twenty-first Century: Views from the International Law Commission* (United Nations, 1997) pp. 37, 46.
25)　詳しくは，拙稿「国際社会における "Constitution" の概念——国際連合憲章は国際社会の憲法か？——」一橋大学法学部創立 50 周年記念論文集刊行会『変動期における法と国際関係』（有斐閣，2001 年）501-522 頁を参照せよ。
26)　H. Waldock, "General Course on Public International Law," 106 *Recueil des cours* (1962), pp. 1, 7, 9, 19-20, 38.
27)　今日，"Constitution" の概念は，一般に，二つの要素を含むものとして理解される。第 1 は，"Constitution" が「通常の」規則に優位するという形式的な要素である。第 2 は，それが社会生活を規律する基本的規則を定めているという実質的要素である。

あり，国家の領土，国民，統治の主体，統治組織及び統治作用などについての基礎的な規律を含むと理解される。この意味での憲法は，形式的意味の憲法（成文憲法とくに憲法典という特別の形式で成文化された法規範）に対して，実質的意味の憲法といわれるが，国家の統治体制を定める基本法（国の基礎的な組織に関する根本法）は国家の存在が前提する基本法という意味で，固有の意味の憲法とも呼ばれる。

他方で，国際組織の"Constitution"の概念と国際社会における憲法としての意味における"Constitution"の概念とは明確に区別すべきであろう[28]。これら二つは，概念の意味と背景が基本的に異なるのである。国際組織は，基本的には，一定の目的のために組織された機能的な団体であるのに対して，国際社会は，そこに生きる人々を，国家という実体を媒介としてではあるが，全体として包含するのである。人類社会としての国際社会における憲法としての意味における"Constitution"の概念が想定されている。

(2) 国際社会における憲法の機能：公権力の組織化と適正な行使のための規制

冷戦解消後においては，国際法や国際組織の研究において，「constitution」，「constitutionalism」あるいは「constitutionalization」などの概念に言及されることが一層顕著になっている。確かに「constitution」という用語は国家の憲法にのみ使用されてきたものではない[29]が，最近の議論におけるこれらの概念の意味や使用法については，十分な合意は存在しない[30]ように思われる。

---

28) すでに注1）においても触れたが，国際組織の"Constitution"の場合には，機能的な団体である国際組織の構造と活動とに関わる規定を対象としており，国際社会における憲法としての意味における"Constitution"の概念と区別する目的もこめて，「組織法」と訳すことにする。確かに，普遍性を指向し，実際にかなりの程度普遍性を実現している国際組織，すなわち国際連合および専門機関の場合には，国際組織の"Constitution"の概念と国際社会の"Constitution"の概念との区別の境界線は，必ずしも明確ではないであろう。特に国際連合の場合においては，国際社会の"Constitution"としての要素が種々見いだされうるのであって，二つの区別は相対的なものであるとも考えられる。しかしながら，理論的理念的には，二つを区別して考えるべきである。

29) A. Peters, "Global Constitutionalism in a Nutshell", in K. Dicke et al. (eds.), *Weltinnenrecht: Liber amicorm Jost Delbrück* (Duncker & Humblot, 2005), pp. 535, 537.

30) D. Z. Cass, *The Constitutionalization of the World Trade Organization: legitimacy,*

ここでは，国内法秩序における憲法の議論に示唆を受けた考え方に関わるものとして，これらの諸概念を理解する。国際法や国際組織に適用された場合に，立憲化（constitutionalization）の考え方には二つの側面があり，二つの方向に作用することになる。第1は，国際社会における公の機能を遂行する公の機関の組織化に向けてであり，第2は，公の機関による権限の乱用を防止し，権限の適切な行使を確保するための何らかの仕組みの発展に向けてである。

このような国際社会の立憲化の議論の背景には，国際社会の公の利益の存在が認識されるようになってきたという事実がある。国際社会が2国間の契約的関係の総和から，国際社会の公の利益を発展させるようになってきた現在，国際社会の公の利益を保護する規範の尊重と遵守を確保する仕組みが必要であることに疑いはない[31]。

国際社会の公の利益を確定し，その確保にあたる公の権力を組織化すると同時に，その適正な行使のための規制を行うという二つの機能が，「国際社会の憲法」に期待されていると考えられる。

まず，第1の公の機関の組織化に関する側面として，第2節（本書302-313頁）において検討してきた安保理の執行・司法・立法にわたる多様な機能の創造的な展開をどのように評価するのかが問題である。安保理の活動をめぐる立憲化の議論が盛んになってきた背景には，これらの活動に鑑みれば，安保理が，単に憲章上，認められた権限を行使していると見るよりも，グローバル・ガバナンスの大きな枠組みの下で，国際社会の公の利益の確保にあたる公の権力として機能し始めていると見る方が，事態の本質的な動きをとらえるものであるという理解があると思われる。

このような理解から，国際社会における公権力の組織化に積極的な視点に立つならば，安保理の活動の建設的な意義を認めて，その創造的な展開を支持す

---

democracy and community in the international trading system (Oxford University Press, 2005).

31) この点を指摘するものとして，以下を参照せよ。V. Golland-Debbas, "The Functions of the United Nations Security Council in the International Legal System," in M. Byers (ed.), *The Role of Law in International Politics* (Oxford University Press, 2000), pp. 288-294; V. Golland-Debbas, "Security Council Enforcement Action and Issues of State Responsibility," 43 *ICLQ* (1994), pp. 63-90.

ることにつながる。例えば，トムシャットによれば，

> 「国際連合に加入することは，通常のタイプの条約を受け入れることとは，全く異なる。世界組織の一員になる国家は，一連の十分に限定され，かつ容易に内容確認できる義務に同意するのではなく，国際法の下での地位の変更に合意するのである……。安全保障理事会は，『国際の平和及び安全』に関わる争点が危機にあるときにはいつでも，あらゆる加盟国に拘束的な義務を課する権限を与えられているのである。これは極めて広い定式である。それが安全保障理事会によってどのような意味に解釈されることになろうかをある程度正確に予想することは，誰にとっても不可能である。……国際連合に加入する国はどれでも，安全保障理事会に対して広範な権限を与えるのである。」[32]

他方で，国際社会における公権力の組織化という視点から，安保理の活動の創造的展開を推し進めていけば，従来の国際法・国際社会のあり方・原理・原則に対して，様々な影響を及ぼすことにもなる。例えば，国際刑事裁判所の設立には安保理の活動が大きな影響を及ぼしたが，国際刑事裁判所は個人責任を前提とする制度であり，個人の直接の処罰の制度が導入された結果，それが従来の国際法・国際社会のあり方・原理・原則に対して，どのような影響を及ぼすことになるのか[33]，は大変に興味深い問題である[34]。もっとも，現在の国際刑事裁判所は捜査・逮捕・裁判・処罰のいずれの段階でも関係国の協力と支援に大きく依存している。その意味で，実効性の確保と限界の認識が重要でもある。

---

32) Ch. Tomuschat, "Obligations Arising for States without or against Their Will", 241 *Recueil des cours* (1993), pp. 195, 249.

33) この点で，トムシャットは，「国際法秩序の基本的規則の重大な違反をなした個人の訴追の仕組みも，国際共同体の憲法の中核的な要素である」とする (Tomuschat, "International Law as the Constitution of Mankind", *supra* note 24, p. 48)。

34) この点については，例えば，古谷修一「国際刑事裁判権の意義と問題――国際法秩序における革新性と連続性――」村瀬信也／洪恵子共編『国際刑事裁判所』（東信堂，2008年）3-39頁を参照せよ。*See also* V. Golland-Debbas, "The Role of the Security Council in the New International Criminal Court from a Systemic Perspective," in L. Boisson de Chazournes et al. (eds.), *The International Legal System in Quest of Equity and Universality* (Kluwer Law International, 2001), pp. 629-650.

3 正当性の確保(2)：安全保障理事会の活動の規制

　安保理が，国際社会の公の利益の確保にあたる公の権力として機能し始めているとするならば，立憲主義の観点からは当然に，そのような公権力の乱用防止・適正な行使の確保——上記の第2の側面——が求められることになる。以下，関連する何点かの論点について，簡単に触れる[35]。

(1) 国際法上の制約：強行規範，人権

　国際司法裁判所は，「WHO協定」事件において，次のように述べた。
> 「国際機構は国際法の主体であり，そのような資格で国際法の一般規則，それらの憲章またはそれらが当事者である国際協定に基づいて課せられる義務により拘束されるのである。」[36]

　このような出発点を確認した上で，しかしながら，安保理の権限に対する制約の性質や範囲については不明確な側面が残っていることも認めざるをえないであろう。

　一方で，安保理が集団的強制措置を適用するときには国々の法的権利が侵害されたり停止されたりすることがありうるとする議論は，憲章自体，憲章の起草過程そして安保理の実行により支持される。実際，憲章第1条1項は，次のように規定する。

> 「第1条　国際連合の目的は，次のとおりである。
> 1　国際の平和及び安全を維持すること。そのために，平和に対する脅威の防止及び除去と侵略行為その他の平和の破壊の鎮圧とのため有効な集団的措置をとること並びに平和を破壊するに至る虞のある国際的の紛争又は事態の調整又は解決を平和的手段によって且つ<u>正義及び国際法の原則に従って</u>実現すること。」(傍線は佐藤)

　この規定は国際の平和および安全を維持する手段を集団的措置と平和的解決の2つに分けており，安保理が国際法と正義の制約に服するのは平和的解決の

---

35) この点に関する最近の研究として，丸山政己『博士学位申請論文（一橋大学）：国際連合安全保障理事会による国際法の執行・強制機能——立憲的アプローチの可能性と問題性に関する一考察——』(2008年) がある。

36) *Interpretation of the Agreement of 25 March 1951 between the WHO and Egypt, Advisory Opinion, ICJ Reports 1980*, pp. 89-90.

場合にすぎない。さらに，強制措置の概念自体が，安保理は国々が慣習および条約国際法の下で通常行使することができる権利を侵害・制約・停止する権限を有することを含んでいるとも考えられる。すなわち，安保理のそのような権限は，憲章第7章，特に第39，41，42および48条に内在的であると考えられる。実際に，安保理の実行は，理事会の課す経済制裁が通商を行う権利や公海上における船舶の自由航行権に影響しうることを，明白に示しているのである。

　他方で，しかしながら，憲章第7章に基づいて集団的措置をとるときに，安保理は正義と国際法の原則に全く制約されない，と主張することは正しくない。この点では，法的な制約要素としては，強行規範と人権が挙げられる。

　強行規範：例えば，1993年の国際司法裁判所における「ジェノサイド条約の適用」事件では，安保理が第7章に基づく決議713等によりボスニア・ヘルツェゴビナを含む旧ユーゴスラビア全体に武器禁輸を科したことに対して，国際法上の自衛権に基づいて他国から軍事援助を受けるボスニア・ヘルツェゴビナの権利を侵害し，結果的にボスニア・ヘルツェゴビナ国内におけるセルビア側によるジェノサイド行為に加担しているか等が争点となり，ラウターパハト判事は個別意見において，加盟国にジェノサイドの共犯たることを強制することになるような決議はその時点から無効となる論理的な可能性を指摘した[37]。

　人権：1990年代にはイラクへの包括的経済制裁の問題点に対する批判を受けて，制裁の実効性の向上と人道上の問題の緩和のためにスマートサンクションの動きが進んできた。しかし，国家を対象とする制裁から，私人や私的団体を対象とするスマートサンクションへの変更は，適切な安全・救済の仕組みを伴っていなかったために，誤って制裁対象リストに挙げられた人々の人権に関して新たな問題を生むことになった。例えば，「ハイレベル・パネル報告書」は次のように指摘する。

　　「安全保障理事会は慎重に進まなくてはいけない。団体や個人が理事会の維持するテロリストのリストに載せられる仕方やリストに挙げられた人々に対する再審査や上訴の欠如は，重大な説明責任の問題を引き起こしているし，多分，人権規範や条約に違反している。[制裁委員会は]，誤って監

---

37) Application of the Convention on the Prevention and Punishment of the Crime of Genocide, ICJ Reports 1993, pp. 440-441.

視リストに載せられたり維持されていると主張する個人と機関の事例について，再審査のための手続きを設置すべきである。」[38]

これらの警告や批判に押されて，安保理および事務局は制裁実施の手続きに一定の変更を導入してきたが，公正かつ明確な手続きに向けた一層の勧告が提起されてきている[39]。

結局のところ，安保理の活動を規律する国際法規則の現状は，発展途上にあり，国内社会において国家機関が行うように国際組織が私人や私的団体に対して直接に「統治的な governmental」活動を行う限りで，国際組織も国家に適用される類似の国際法規則により規律されるのであり，適正手続に対する権利や公正な裁判に対する権利などの人権規範が適用されるという期待・傾向が確立しつつある段階であると思われる。例えば，国際連合法務部の委託研究において，ファスベンダーは，現状を次のように分析している。

「現在，慣習国際法は，個人との関係で適正手続の基準を遵守するように国際（政府間）組織を義務づけるような十分に明確な規則を定めてはいない。そのような基準について慣習法規則が存在する場合には，それらは国内法における国家の義務を対象としており，国際組織の義務を対象とするものではない。しかしながら，個人との関係で国際組織の直接の『統治的』行動を含む方向で適正手続に関する慣習法の射程を拡大する傾向が見受けられる……。

法の一般原則と認められる個人の適正手続の権利は，国際組織が個人に対して『統治的』権限を行使する際には，国際法主体としての国際組織に対しても適用されるのである。」[40]

---

38) Report of the High-Level Panel on Threats, Challenges, and Change, A More Secure World, Our Shared Responsibility, UN Document 1/59/656, para. 152, December 2004 at: http://www.un.org/secureworld/report.pdf.

39) この点に関しては，国連総会も安保理に対して「公正かつ明確な手続き」の設置を求めたことが想起される。*2005 World Summit Outcome*, paras. 106-110. *See also* "Strengthening Targeted Sanctions Through Fair and Clear Procedures: White Paper prepared by the Watson Institute Targeted Sanctions Project Brown University, 30 March 2006" *available at*: http://watsoninstitute.org/pub/Strengthening_Targeted_Sanctions.pdf.

40) B. Fassbender, "Targeted Sanctions and Due Process: The responsibility of the UN

(2) 国際司法裁判所による司法審査[41]

　国内法制度にみられる立法機関や行政機関の行為に対する司法審査の仕組みは国際連合の構造の中には導入されていない。しかし，現行の国際連合制度においても，国際司法裁判所が安保理決議の合法性・合憲性を判断する機会は理論的にはありうる。この点で，立憲主義の議論は，裁判所による司法審査を支持する機能を果たすことにつながると思われる。

　第1は勧告手続である。憲章第96条に基づき，国連の総会と安保理はいかなる法律問題についても，経済社会理事会等および多くの専門機関はその活動の範囲内において生ずる法律問題について，裁判所の勧告的意見を要請することができる。現在までに24の意見が出され，14は総会の要請に基づく。これらの中には，1949年の「損害賠償」事件，1954年の「補償裁定」事件，1962年の「ある種の経費」事件，1971年の「ナミビア」事件などがあるが，これらにおいては，いずれも，総会なり安保理なりの機関の決議の合法性・合憲性・法的効果が裁判所により判断された。このようにして，安保理決議の合法性・合憲性について，総会が裁判所の意見を求めることは可能である。

　しかしながら，裁判所の意見はあくまで「勧告的」意見にとどまり，安保理を拘束するものではない。事実上の影響力を有するとしても，法的拘束力を制度的に付与されているのではない。また，意見要請機関は当該機関の決議により意見を要請するために，個別国家や少数の国々が利用できる手続でもない。そのため，従来の関係事例では，意見要請機関における多数派が，自ら主導して採択した決議の合法性・合憲性に自信を持っている場合に，その正当性を高めるために裁判所の意見を求めることが多い。中立的な地位に立ちうる事務総長に意見要請権限を認めるべきとの主張はあるが，実現していない。安保理の権限逸脱をチェックするとの観点から総会が意見を要請することは十分に論理的であるが，そのような事例は現在まで存在しない。

　第2は争訟手続である。「国のみが，裁判所に係属する事件の当事者となる

　　Security Council to ensure that fair and clear procedures are made available to individuals and entities targeted with sanctions under Chapter VII of the UN Charter", *available at*: http://www.un.org/law/counsel/Fassbender_study.pdf.
41)　この点につき詳しくは，拙著『国際組織法』（前掲注3）349-351頁，同「国際連合憲章第7章に基づく安全保障理事会の活動の正当性」（前掲注14）216-222頁を参照せよ。

ことができる」(国際司法裁判所規程第34条1項)ために，2国間の紛争が安保理決議の合法性・合憲性に関わり，当該2国が裁判所の管轄権を受諾する場合という，例外的な事例の場合である。実際に，1992年の「ロッカビー」事件では，安保理が第7章に基づく決議748により容疑者の米英への引き渡しを強制することは，モントリオール条約に基づく容疑者所在地国による刑事裁判の権利を不当に侵害するものであるか等が争点となったが，2003年に両当事国の合意により訴訟は取り下げられた。

　以上のように，勧告手続と争訟手続のいずれにおいても安保理決議が裁判所による審査の対象となることはありうる。しかしながら，そのような場合でも裁判所にとっては克服すべき幾つかの困難な点がある。まず，判断のための明確な法的規準の欠如である。例えば，何が平和に対する脅威を構成するのか，何らかの措置が平和の維持・回復に必要なのか否かなどは，大幅に安保理の裁量に委ねられていると考えられる。また，そのような状況での裁判所の関与は，注意深く運用されない場合には，理事会内の党派的闘争に裁判所を巻き込み，政治化し，結果的に裁判所の正当性を掘り崩すことにもなりかねない。

(3) その他の機関や主体によるコントロール

　EC裁判所，国内裁判所：EC裁判所，国内裁判所が安保理決議の合憲性・合法性を審査する可能性が存在する。実際に，安保理の経済制裁決議を実施するEC規則の効力の審査がEC裁判所において問題となっている[42]。

　総会の対応：国連の内部において安保理は国際の平和と安全の維持に関する主要な責任を担う(憲章第24条1項)とされ，総会に対して優越的な地位を与えられている(同第11条2項，第12条1項)ために，総会が安保理に対して直接に法的なコントロールを行使することは原則としてできない[43]。しかし，国際社会のほとんどすべての国の代表から構成される機関として，総会は，その決議が圧倒的多数により採択される場合などには，安保理以上の正当性を顕

---

42) 近年，各国の国内裁判所，欧州人権裁判所，EU裁判所などに数多くの事件が付託され，判例解説も数多く出されている。

43) 総会の予算承認権限に基づく議論については，拙著『国際組織法』(前掲注3) 246-247頁を参照せよ。

示することができるのであり,この正当性に基づいて,安保理に対して一定の政治的コントロールを行使することもありうるであろう。

　第1に,安保理が常任理事国間の対立のために紛争や事態に対して対応できない場合については,すでに触れたように,「平和のための結集」決議による総会の勧告権限の確認がなされている。もっとも,この決議では,兵力の使用が含まれる集団的措置は,「平和の破壊および侵略行為」の場合に限定され,「平和に対する脅威」においては非軍事的強制措置の勧告に限定されている。従来,「侵略行為」の認定されたことはなく,「平和の破壊」の認定も,4つの例(1950年の朝鮮戦争,1982年のフォークランド戦争,1987年のイラン・イラク戦争,1990年イラクによるクウェート侵略)に限られ,冷戦解消後における内戦や国際テロリズムなどでは例がない。しかし,1999年のNATOによるコソボ空爆,2001年の9・11テロ後におけるアメリカによるアフガニスタン侵攻,2003年の米英によるイラク攻撃などに際しては,安保理が十分な対応を取れていないとの理解から,総会が,兵力の使用を含む集団的措置の勧告ではないにしても,アメリカによる一方的な武力行使の違法性・不当性やNATOによる集団的武力行使のなされ方などについて,国際社会の支配的な見解を示すことが有意義な場合もあるであろう。もっとも,米英によるイラク攻撃に際して,特別総会の開催の動きもあったが,反対するアメリカの圧力もあり,非同盟諸国の十分な支持が得られなかったことに示されるように,このような場合に総会が十分な数の多数決に基づく決議を採択するのは容易ではない。

　第2は,安保理の行動が,本章で示されたような創造的展開を遂げる中で,必ずしも加盟国の大多数の意思に合致しないような形で行き過ぎがある場合である。この行き過ぎが違法・違憲なものと考えられるときには,総会が当該問題について国際司法裁判所の勧告的意見を要請するのが妥当な行動であろう。安保理が創造的展開の領域に踏み込めば踏み込むほど,その活動が実効的であり受け入れられるためには一層大きな正当性が必要とされる。特に立法的機能や司法的機能の行使に踏み込むのであれば,先に指摘したような諸点に一層大きな注意が払われるべきである。裁判所の勧告的意見の要請を選択肢の一つとして,総会が安保理の活動に対して常に監視の目を向けていることが,安保理および常任理事国等に対する健全な圧力として機能することになろう。

加盟国の対応：加盟国には，違法・違憲の安保理決議も遵守・実施する義務があるかが問題となる。この点については，従来から分担金の支払いをめぐって議論されてきた[44]。すなわち，加盟国の側には，何らかの理由から，分担金の支払いを拒否することが許されるか，特に国際組織の活動に政治的に反対するという理由のみならず，その活動が組織の設立文書に違反するという意味で違法な活動であるという法的な理由で反対する場合に，分担金の支払いを拒否することが許されるか。国際組織の特定の活動が違法であるから分担金を支払わないという主張・実行は数多くなされてきている。代表例は，平和維持活動として派遣された国連緊急軍と国連コンゴ軍をめぐるソ連とフランス等の国々によるものである。また，南アは，信任状の拒否により組織の会合への出席が許されなかったときには，対応する分担金の支払いを拒否した。

確かに，憲章第17条2項により，機構の経費を割り当てる権限は総会が行使し，加盟国には支払いが義務づけられる。また，第25条・41条・48条などにより，安保理決議の遵守・実施が義務づけられる。一方で，これらの規定の存在にもかかわらず，違法な活動に充当される分担金の支払いを義務づけることは難しいであろう。しかし他方で，当該活動が違法か否かを当該国が一方的に決定できると簡単に認めることもできない。結局のところ，不払いの根拠とされる国連の違法行為と主張される点をめぐる国連と当該加盟国との間の法的紛争が発生していると理解することができよう。実際には，国際連合の内部において国連と加盟国との間の法的紛争を解決する制度的な仕組みは整っていない。平和維持活動をめぐる上記の紛争に関連して要請された「ある種の経費事件」において，国際司法裁判所は，正規の手続きに従ってなされた行動は合憲的であると推定されるべきであるとの立場を採るにとどめた。

(4) 機能的権力分立の視点：執行・司法・立法各機能の区分と行使の適切性の評価[45]

旧ユーゴスラビア国際裁判所の上訴部は，「タディッチ」事件判決において

---

44) 分担金の支払いをめぐる議論については，拙著『国際組織法』（前掲注3）247頁を参照せよ。
45) この点につき詳しくは，拙稿「国際連合憲章第7章に基づく安全保障理事会の活動の

次のように述べ，この点についての正しい出発点を設定した。

> 「大部分の国内システムにおいて広く従われている，権限の立法・行政・司法的区分が，国際場裡には，より具体的には国際連合のような国際組織に当てはまらないことは明らかである。国際連合の主要機関の間において，司法的・行政的・立法的機能の間の区分は明瞭でない。司法的機能に関しては，国際司法裁判所は明らかに『主要な司法機関』（国際連合憲章第92条を参照）である。しかしながら，国際連合システムにおいては用語の専門的意味における立法府は存在しないし，より一般的には世界共同体における議会も存在しない。すなわち，国際的法主体を直接拘束する法を制定する権限を正式に付与された法人機関は存在しないのである。国々の国内法において存在する前記の諸区分に国際連合の諸機関を分類するのは明らかに不可能である。実際，……国際連合の組織法上の構造は国内憲法においてしばしば見られる権限の区分には従っていないのである。」[46]

　集権的な国内統治組織における権力分立は，異なる権限を異なる機関に委ねるという点で，基本的に組織的な権力分立である。国際連合においてはこのような組織的な権力分立は導入されていないのであるが，安保理の行動を行政的，立法的，あるいは司法的機能に分析的に区分（separation）し，それぞれの機能に対応した分析・判断枠組みに照らしてその適切性を評価するという考え方は，広義における機能的な意味での権力分立の考え方ということも可能であろう。この意味で，安保理の行動の評価においては，権力の（いわば組織的ではない）機能的な分立の要請に，一層多くの注意が払われるべきであろう。

　ここでその要点を簡潔に示せば，次のようになろう。安保理の行動が本来の行政的性格から離れて，司法的機能に属するものである場合には，政治的影響からの独立性や司法的機能のいわば内在的要請（例えば，適正手続，合理的な理由付けの公表，nemo judex in sua causa（何人も自己の関与する事件において裁判官たりえず）の原則，当事者平等等）の確保が，行動の適切性の分析・判断枠組みとして利用できる。また，安保理の行動が立法的機能に属するものである場合に

正当性」（前掲注 14）206-216 頁を参照せよ。
46) The Prosecutor v. Dusko Tadic a/k/a/"Dule", Case No. IT-94-1-AR72, decision of 2 October 1995, in 35 *ILM* (1996), pp. 32, 46-47.

は，本来はこのような機能はそれ自体として付与されてはいない以上，国際の平和と安全の維持に関わる元々の行政的行動の達成上，この立法的機能に属する行動がどの程度合理的に必要かつ有益であるか，さらには，この立法的機能に属する行動が立法的機能の内在的要請（例えば，正義と国際法の原則の尊重，人道の基本的考慮の尊重等），さらには立法の緊急性をどの程度満たすものであるか，決議の採択プロセスにおける広範な協議の有無などの要素が行動の適切性の分析・判断枠組みとして利用できる。

特に，安保理が法的グレー・ゾーンに踏み込めば踏み込むほど，その活動が実効的であり受け入れられるためには一層大きな正当性が必要と考えられる。そうだとすれば，この正当性の観点からは，国際連合憲章中に明文で規定されていないとしても，安保理の行動を，行政的，立法的，あるいは司法的機能に分析的に区分し，複数の機能の望ましくない混在を避けることが重要である。

このように，権力の乱用防止と適正な行使の観点に基づく正当性の問題においては，安保理が行政的，立法的，あるいは司法的のいずれの機能・資格において行動しているかを分類することは，安保理が適正に行動しているかを決定するにおいて重要である。すなわち，安保理がなす決定のタイプ（行政的，立法的，司法的のいずれか）に対応する分析・判断枠組みを利用することによって，行動の適切さを一層的確に判断することができるであろう。

第5節　おわりに

国際連合発足後，すでに60年以上を経て，21世紀に入った今日，国際社会は高度に組織化された段階に入ってきている。確かに，ウェストファリア条約以来の主権国家併存の基本的構造自体は，依然として維持されていると理解すべきであろう。しかし，分権的構造が徹底していた19世紀までの伝統的国際社会と比較したとき，現代国際社会は，その高度に組織化されている点で，伝統的国際社会とはかなり異なる段階に入っていると考えるべきであろう。国際組織の存在と活動は，現代国際社会に，それ特有の憲法的枠組みをもたらしているという指摘には，傾聴すべきものがあると思われる。

国際組織の存在と活動によりもたらされた，現代国際社会に特有の憲法的枠

組みが，いったい何であるか，どのような点にそれらを見いだしうるかについては，現在，意見の一致をみるものではなかろう。しかし，国際法および国際組織法における「Constitution」の概念が，これと密接な関連をもっていることは明らかである。一定の目的のために組織された機能的な団体である国際組織の構造と活動とに関わる規定を対象とする，国際組織の「Constitution」の概念とは区別された，国家という実体を媒介としてではあるが，人類社会としての国際社会における憲法としての意味における「Constitution」の概念が，実定的な現象として議論の対象とされる段階に入ってきたのである。

このような議論の背景として，まず，国際法の定立，国際法の解釈・適用，国際法の執行・強制の三つの段階において国際連合を中心とする国際組織の存在と活動が大きな影響を及ぼしているという，国際社会の組織化の視点から見た現代国際法秩序の構造変容を指摘すべきであろう[47]。しかし，さらに，国際社会の憲法としての「Constitution」の概念が議論される一層直接的な契機のひとつが，冷戦の解消とともに登場した安保理の活性化であることも疑いないであろう。安保理は，冷戦解消後において頻発する国内紛争に対処するために，国連憲章第7章に依拠しながらも，その合法性・合憲性が必ずしも明白ではないという意味での法的グレー・ゾーンに積極的に踏み込み，司法的権限と立法的権限を大胆に行使してきている。安保理による法的グレー・ゾーンにおけるこれらの活動の合法性・合憲性をめぐる議論が，国際連合の設立文書である国連憲章を国際社会の憲法として位置付ける考え方と関連させて展開されているのである。

これらの点に関わる種々の議論には，それぞれ一面の真理が含まれているように思われる。いずれにせよ，われわれはすでに，高度に組織化された現代国際社会において，それ特有の基本的憲法的枠組みとの関連で，国際組織の存在と活動をどのように評価し，位置づけるべきかという議論に直面しているのである。

---

[47] この点につき詳しくは，拙著『国際組織法』（前掲注3）第21章を参照せよ。

第4部

公権力としての
国連安全保障理事会とその課題

第9章 国連安全保障理事会は国際社会の公権力たりうるか？

第1節 はじめに

　国際社会においては，国家や，民族・氏族などを中心とする武装勢力による暴力の行使に対して，公権力によるコントロールがいかなる形でどの程度機能しているのであろうか。まず，国際社会における公権力とは何か。主権国家が併存する水平的な構造の国際社会において，公権力として考えられるものは，国家間関係を組織化して，垂直的な要素を持ち込んでいる国際組織が，その候補としてあげられよう。国際組織の中では，国際社会のすべての国家に開かれており，現在ほとんどの国家が加盟している国際連合が，特に重要である。本章において対象としている暴力のコントロールについては，国際の平和と安全の維持に主要な責任を担う安全保障理事会（以下，安保理）が中核となろう。以上を前提とするならば，国連安全保障理事会は国際社会の公権力と考えてよいのか，また，国家や，民族・氏族などを中心とする武装勢力による暴力の行使に対して，安保理によるコントロールがいかなる形でどの程度機能しているのであろうか。これが，本章が対象とする課題である。

　西洋における暴力から平和への変革の歴史には，山内進が指摘するように，大きく三つの段階がある。第1期は，11世紀後半から15世紀末までの，権力の世俗化の時期であり，第2期は，16世紀から18世紀末にいたる世俗化された権力の集権化の時期であり，第3期は，フランス革命とともに始まる完成期としての近代国家の時代である。山内は言う。

　　「この第三期に，世俗的かつ集権的な国家が立法，行政，司法を，そして暴力装置としての軍隊と警察を完全に独占する。公権力およびその委任を受けた者たちだけが暴力を正当に行使できる。一般の市民は，武器をもた

ず，自ら復讐をせず，平和的な市民となる。名誉や生命，身体，財産を守るのは自己及び親族の物理的力ではなく，国家の管理する警察であり，裁判である。」[1]

以下では，まず第2節において，国内社会における国家による実力の独占と対比して，国際社会における公権力の形成の動きと現段階を確認する。次に第3節において，現段階における公権力としての判断基準や要素を指摘したうえで，国際社会における暴力のコントロールという視点から，冷戦解消後における主要な事例を検討する。公権力の発動としての側面がどの程度見られるのか，どのような点に不十分な側面が残っているのか，などを検証する。最後に第4節において，まとめを述べる。

第2節　国際社会における公権力の形成

1　公権力形成の歴史的背景[2]

国際社会における実力行使のコントロールという観点から，国際社会における公権力の形成を見るならば，それは，国際連盟の成立と一致する現代国際法の形成期に始まるといえよう。

17世紀のウェストファリア条約を象徴的な文書とする近代国際法（伝統的国際法）の形成は，19世紀に至って飛躍的な展開を遂げるが，これら伝統的国際法の形成期および展開期においては，ヨーロッパ世界そして19世紀後半は世界全体において，主権国家が主要な構成単位であり，主権国家が併存する水平的な国際秩序の特徴が顕著であった。特に武力の行使が十分に規制されておらず，各主権国家の実力に基づく実効性の原則が基本となっていた。こうして，国際法の定立，解釈・適用，執行・強制は，国際社会の構成員である各主権国家によって，自国に関わる限りで個別になされた。国際法関係は比較的少数の国家間における二国間関係が中心であり，国際法違反についても，加害国と被

---

1) 山内進「暴力とその規制」山内進他編『暴力　比較文明史的考察』（東京大学出版会，2005年）9, 23頁。
2) 拙稿「国際社会の組織化の理論的検討――国際社会の組織化と国際法秩序の変容――」国際法学会編，横田洋三責任編集『日本と国際法の100年　第VIII巻　国際組織と国際協力』（三省堂，2001年）1, 特に3-6頁を参照せよ。

害国との間の私的問題として扱われた。この時期には、公権力の名に値する実体は存在していなかったといえよう。

現代国際法の形成は、国際連盟の成立に始まる。国際連盟の設立を契機として、分権的水平的な国際法秩序が組織化の時代に入るとともに、近代国際法の基本原則も変容していく。戦争の禁止への動きが始まり、集団安全保障制度が連盟により導入された。常設的国際裁判所が設立され、国際労働機関を始めとする専門技術的国際協力が発展した。

現代国際法は、国際連合の成立とともに一層の展開を遂げる。国際連合の設立は、様々な専門機関の設立・発展とともに、組織化を実質的に大きく押し進めることになった。武力行使の禁止が規定され、安保理とともに強制措置の組織化が導入された。国際連合を主な舞台として、人権の国際的保護の制度化が飛躍的に発展し、非植民地化の結果として新たに独立した発展途上国が国際連合の多数派を形成した。また、第1次世界大戦後に誕生した社会主義国家ソ連に、第2次世界大戦後に東欧諸国などを加えて、国際社会は、西側、東側、第3世界の三つの世界に分裂することになった。

これらの現代国際法の形成期および展開期においては、国際法社会の主体には従来の主権国家と並んで国際組織が登場し、国際組織が国際社会の枠組み・骨組みとして機能することにより、国家間関係は従来の二国間関係に加えて多数国間関係によって構成されるようになった。多数国間関係の登場は、国際連盟規約第11条の「戦争又は戦争の脅威は、連盟国の何れかに直接の影響あると否とを問わず、すべて連盟全体の利害関係事項たることをここに声明する」という規定によって象徴的に示される。この延長上に、国際共同体概念あるいは公法的原理と言われるものが登場する。例えば、個人を処罰するニュールンベルグ原則、強行規範、人類の共同遺産、対世的（erga omnes）な義務、国家の国際犯罪概念などである。

2 公権力形成の動き

(1) 公権力としての判断基準

国内社会における公権力の形成という観点からは、立法、行政、司法のいずれもが重要であり、形成の動きは、立法、行政、司法を含む総体として進展す

ることに留意する必要がある。しかし，本章における重要な視点である実力の独占という点からは，警察と軍隊が重要であり，立法，行政，司法に分けた場合には，その意味で行政が中心となる。

国際社会においては，国内の公権力が採用している立法，行政，司法という区分は，一般に採用されていない。国際連合の主要機関においてもこれらの区分は不明確である。そして，公権力の形成という観点からの実力の規制についても，国際社会特有の仕組みと問題があるのは，以下に指摘する通りである。

国際組織による集団安全保障に基づく実力の排他的な管理において，公権力としての判断基準という観点からは，三つの次元を区別することができる[3]。第1は，違法行為の発生などの集団安全保障に基づく措置を発動するための要件が満たされたことの認定である。第2は，発動要件の充足を前提として，集団安全保障に基づく執るべき措置の決定である。そして第3は，決定された措置の実施である。これらの三つの次元の区別という観点から，国際連盟と国際連合の集団安全保障の仕組みを分析してみよう。

(2) 国際連盟

連盟規約は集団安全保障制度を導入するにあたって，事実上従来認められていた国々の戦争に訴える自由を制限しようとした。以下に指摘する3点について，戦争に訴えない義務を課したのであるが，逆にいえば，それ以外の場合については，国々は依然として戦争に訴える自由を有していたことになる。

規約第12条は，紛争の平和的解決の手続を規定し，連盟国に二つの義務を課している。第1の義務は，連盟国間に国交断絶の虞のある紛争が発生した場合に，当該事件を国際裁判所による裁判（仲裁裁判あるいは司法的解決）か，連盟理事会の審査のいずれかに付すという紛争付託の義務であり，いずれにも付託せずに直ちに戦争に訴えることが禁止された。これが戦争に訴える自由に対する第1の制限である。第2の義務は，裁判判決または理事会報告の後，3か月を経過するまで戦争に訴えないという冷却期間をおく義務である。これが戦争に訴える自由に対する第2の制限である。逆にいえば，この冷却期間の経過

---

[3] G. Abi-Saab, "Cours général de droit international public," 207 *Recueil des cours* (1996), pp. 9, 300–309.

後には戦争に訴えることができた。

　規約第 13 条は紛争の両当事国の意思によって紛争が裁判に付託された場合には，その判決は法的な拘束力を有するのみならず，判決に服する連盟国に対しては戦争に訴えない旨の連盟国の義務を規定する。これが，紛争が<u>裁判に付託された場合</u>における，戦争に訴える自由に対する第 3 の制限である。他方で，相手国が判決に服さない場合には戦争に訴えることができることになる。規約第 15 条は理事会による紛争解決手続を規定し，理事会の報告書が紛争当事国を除く他の理事国全部により同意される場合には，当該報告書の勧告に応じる紛争当事国に対して戦争に訴えない義務が規定された。これが，紛争が<u>審査に付託された場合</u>における，戦争に訴える自由に対する第 3 の制限である。他方で，そのような報告書を得るに至らざる場合には，連盟国は「正義公道を維持する為必要と認める措置を執る」権利を維持する，つまり，戦争に訴えることができた。

　国際連盟規約の第 16 条は制裁を定めており，「（紛争の平和的解決を扱う）第 12 条，第 13 条又は第 15 条による約束を無視して戦争に訴えたる連盟国は，当然他のすべての連盟国に対し戦争行為を為したるものと見なす」と規定する。そして，その結果，他のすべての連盟国は当該連盟国に対して直ちに（言い換えれば，自動的に），包括的な経済制裁を適用することを義務づけられるのである。さらに，そのような経済制裁実施のために使用すべき兵力に対して連盟各国が分担すべき程度について，理事会は提案する義務を負うとする。一見すると，単純で強力な制裁規定という印象を与えるが，要件充足の決定手続および決定機関について不明確さが残る。実際には，アメリカが不参加となったこともあり国々は制裁の適用に消極的となって，1921 年には総会が国際連盟規約第 16 条適用の指針に関する決議を採択し，次のような仕組みに後退した。まず，違約国の行為は，戦争状態をつくるのではなく，他の連盟国に戦争行為に訴える権利を与えるにとどまる。また，規約の違反があったか否かを決定することは，各連盟国が行う。さらに，発動形態についても，軽微な措置から始めて段階的に強化することができるとする。

　こうして，先の三つの次元の区別という観点から見れば，第 1 の発動要件の認定自体が，各連盟国に委ねられていたのであり，理事会は連盟国に対して単

に国際組織という場を提供するにとどまり，連盟各国が個別的に適用することがありうる制裁が事実の上で調整される機会を提供するにとどまったのである。第2の発動措置の決定についても同様である。実際に唯一適用された，エチオピア侵略・併合に基づくイタリアへの経済制裁においては，イタリアが規約に違反して戦争に訴えたことを指摘する特別委員会の報告書が理事会に提出された。先の指針に鑑みて，理事会議長は各理事国に意見を求め，イタリア以外のすべての理事国は賛成した。総会においても各連盟国の意見が徴せられ，総会出席54か国中50か国が規約違反の存在を認定したことを受けて，制裁実施のための調整委員会を設置し，各連盟国が実施する制裁の調整を提案した。しかし，アメリカの不参加に加え，イギリスとフランスの消極的姿勢のために，石油の禁輸の除外に象徴される中途半端な制裁にとどまり，結局，イタリアはエチオピアを併合し，制裁も解除されて終了することになった[4]。

(3) 国際連合

　国際連合憲章は，国際連盟規約を超えて，武力の全面的禁止を規定した。原則を列挙した第2条は，紛争の平和的解決の義務（3項）と武力の威嚇・行使の全面的禁止（4項）を規定する。他方で，加盟国に許される武力行使は，個別的および集団的自衛権に基づく場合に限定され，紛争に対処する上での必要な武力行使は，憲章第7章に基づく安保理による軍事的強制措置に限定される。こうして，国際連合憲章は，19世紀まで認められていた自力救済による実力の行使を，武力の行使に関する限り，禁止することになった。国際連盟規約においては，一定の手続的な制約の下におかれていたにすぎなかったのであるが，国際連合憲章においては，武力攻撃が発生した場合における反撃として以外には，すべての武力行使が禁止されたのである。そのため，武力攻撃に到らない違法な行為による権利侵害については，第1段階として（当事国間あるいは安保理の憲章第6章に基づく活動等の多国間の枠組みでの）紛争の平和的解決の手続きを利用し，第2段階として被害国による武力行使に到らない対抗措置（復仇）[5]

---

[4] 国際連盟の集団的安全保障制度については，高橋通敏『安全保障序説』（有斐閣，1960年）39-127頁を参照せよ。

[5] 憲章規定の文言的解釈からは，本文の指摘のようになろう。しかしこの点については，

か安保理による憲章第7章に基づく強制措置が残されているのみである。従って，侵害された権利の救済において，安保理の果たすべき役割は大変に大きいといえる[6]。

国際連合憲章は，国際連盟と異なって，先の三つの次元での決定をいずれについても予定している。まず憲章第39条は，第1の次元について，安保理が「平和に対する脅威，平和の破壊又は侵略行為の存在を決定」する旨を，また第2の次元についても，「国際の平和及び安全を維持し又は回復するために，勧告をし，または第41条および第42条に従っていかなる措置をとるかを決定する」ことを規定する。さらに第3の次元については，非軍事的措置に関しては第41条が，「（安保理が決定する）措置を適用するように国際連合加盟国に要請することができる」と定めるほか，軍事的措置に関しては第42条が，「安全

武力攻撃に到らない，その意味で自衛権の発動を正当化しない程度の違法な武力行使に対して，被害国は武力行使を伴う対抗措置を執りうるのかが問題となる。国際司法裁判所は，ニカラグア事件において，武力行使に到らない違法な武力行使は，被害国による均衡のとれた対抗措置を正当化するとして，武力の行使を伴う対抗措置の可能性を示唆するにとどまる。*Military and Paramilitary Activities in and against Nicaragua (Nicaragua v. United States of America), Merits, Judgment, ICJ Reports 1986*, p. 127, para. 249.

6) この点を，ケルゼンは次のように指摘する（H. Kelsen, *The Law of the United Nations* (Frederick A. Praeger, 1950), p. 270. 田岡良一『国際法上の自衛権（補訂版）』（勁草書房，1981年）298頁も参照せよ）。
「もしある国際組織の組織法が，一般国際法が今日まで認めてきた自力救済の原則を廃止し，または制限しようとするならば，2つの要件を充たさなければならない。第1は，当事者間の合意によって解決されなかった紛争は，すべて国際組織によって解決される旨保障することであり，第2は，各国が自力救済の権利を取り上げられる程度だけ，国際組織の強制行動が行われる旨保障することである。そうでなければ，この国際組織は，一般国際法の下での法的状態を改善することにはならず，むしろ危険な改悪をなすことになる。憲章は，第1の要件も第2の要件もともに充たしていない。憲章は，その継続が国際の平和と安全の維持を危うくする虞のある紛争が，解決されないまま残る可能性を排除せず，また侵害された権利が実施されないまま残る可能性も排除していない。」
田岡教授は，一方で武力行使を伴う自力救済を（武力攻撃という重大な武力行使を要件とする自衛権の行使を例外として）全面的に禁止しながら，他方で権利侵害の阻止・排除・求償を確保する公権力の仕組みが整備されていない点（安保理を中心とする国際連合による安全保障の領域における公権力行使の不十分さ）を，根本的な問題として指摘する。そして，後者が十分に機能しない結果として必要になる限りで，武力行使を伴う自力救済を認めることが合理的とする。この問題は，本章で検討する安保理による公権力機能の行使の問題とは表裏の関係にある重要な問題である。

保障理事会は，……国際の平和及び安全を維持し又は回復するために必要な空軍，海軍又は陸軍の行動をとることができる」とする。そして第43条は，必要な兵力等の提供を約束する特別協定の締結を予定する。以上の諸段階における安保理の決定は，必要であれば第25条によって，加盟国を法的に拘束することになる。

　もっとも現実の国際連合においては，第43条の予定する特別協定は現在に至るまで1件も締結されておらず，軍事的措置に関する限り第3の次元での要件は満たされ得ない状況である。冷戦下においては，東西対立のために拒否権が行使・乱用され，第1および第2の次元でも決定がなされることはほとんどなかったのであるが，冷戦解消後においては，安保理の憲章第7章下の活動が容易になり，第1および第2の次元での（さらに非軍事的措置に関する限りでは第3の次元でも）決定は頻繁になされるようになった。

　こうして，現代国際社会における公権力の形成が国際連合などの普遍的な国際組織に象徴されるとしても，実力の独占という側面に関する限り，公権力の形成にはいまだ不明確な側面と微妙な問題が残っているといわざるを得ない。次節で検討するが，冷戦解消後，安保理は実力行使要件である第39条の「平和に対する脅威」の概念を拡大解釈して，国内紛争や人道的危機の事態などにも強制措置を発動するようになってきた。そこでは，軍事的な強制措置が必要な場合には，目的等について一定の枠付けをしたうえで，「協力する意志と能力のある国々（the able and willing States）」による実力行使を許可するという仕方で利用してきている[7]。ここでは，乱用を防止し，国際連合による公権力の行使としての性質を維持するために，安保理が可能な限りのコントロールを確立・維持することが重要となる。自国軍隊の行動の自由を主張する軍隊派遣国と公権力としてのコントロールを主張する安保理とのせめぎ合いが現出するのである[8]。

[7) このような方式の憲章適合性に関する議論については，拙稿「冷戦後の国際連合憲章第7章に基づく安全保障理事会の活動――武力の行使に関わる二つの事例をめぐって――」『法学研究（一橋大学研究年報）』26号（1994年）53-167, 特に55-100頁（本書75-167, 特に75-111頁）を参照せよ。

8) この点については，拙稿「国連安全保障理事会機能の創造的展開――湾岸戦争から9・11テロまでを中心として」『国際法外交雑誌』第101巻3号（2002年）21-45, 特に31頁

(4) 国際連合による平和維持活動の位置づけ[9]

　最後に，公権力の形成との関係で，国際連合による平和維持活動の位置づけについて若干の指摘をしておくことが必要であろう。冷戦下における伝統的な平和維持活動は，小規模・非武装で停戦監視を任務とする軍事監視団（Observer Missions）と中規模・軽武装で緩衝地帯への駐留による停戦の確保等を任務とする平和維持軍（Peace-keeping Forces）からなる。本章では，後者の平和維持軍が問題となる。

　国際連合による平和維持活動は，冷戦下における一般的な用法に従えば，「国際平和を脅かす地域的な紛争や事態に対して，国連が関係国の要請や同意の下に，国連の権威を象徴する一定の軍事組織を現地に駐留せしめ，これらの軍事機関による第三者的・中立的役割を通じて，地域的紛争や事態を平和的に収拾することを目的とした国連活動[10]」として，一応理解することができよう。この説明のポイントは，軍事組織ないし兵力を使用する国連介入の一方式であるが，非強制的かつ中立的な性格を持っていることである。また，平和維持活動は，理論的には紛争の平和的解決と区別され，「当事者の紛争それ自体の最終的決着をめざすものではなく，平和を脅かす局地的事態が悪化し，国際的に拡大するのを防止することにより，事態の鎮静化を通じて紛争の平和的解決への素地を作り出すことにより，間接的に紛争解決への道を開こうとするもの[11]」である。

　こうして，冷戦下における平和維持活動の基本原則としては，次のようなものが指摘されうる。①国連活動に兵力や資材を提供する参加国および派遣先の領域国（受け入れ国）の同意が不可欠である。② 平和維持軍の構成の点で，安保理の常任理事国と当該紛争の利害関係国を排除する。③ 国際連合の一機関として国連の目的に対する忠誠義務を負い，安保理（又は総会）の授権を受けた事務総長の指揮・統制の下に置かれる。④ 平和維持活動は，国内紛争の当事者となることは許されず，紛争当事者に対して完全な公平性をもって行動

　（本書 30-58，特に 41-42 頁）を参照せよ。
　9） 詳しくは，拙稿「冷戦解消後における国連平和維持活動」杉原高嶺編『紛争解決の国際法』（三省堂，1997 年）323-353 頁（本書 168-195 頁）を参照せよ。
　10） 香西茂『国連の平和維持活動』（有斐閣，1991 年）2-3 頁。
　11） 同上，4 頁。

する。⑤平和維持軍による武器の使用は自衛に必要な限りに制限される。

　公権力の形成という視点から見れば，平和維持活動はなかなか微妙な位置にあるといえよう。つまり，軍事組織ないし兵力を使用する国連介入の一方式であるが，非強制的かつ中立的な性格を持っていることが，その本質的特徴である点である。国際組織による集団安全保障に基づく実力の排他的な管理という枠組みには，少なくとも直接には入ってこない存在である。この点では，1956年のスエズ動乱に派遣された第一次国連緊急軍に始まる平和維持軍としての平和維持活動の確立において主要な役割を果たしたハマーショルド事務総長が，当時の冷戦下において「防止外交」として目指したものを理解することが有益である。すなわち，冷戦下においては，両超大国の勢力陣営内での紛争や両超大国の利害が直接に関わる紛争に対して，国際連合はほとんど有効な役割を果たすことができなかった。しかしながら，同事務総長によれば，両陣営間の地域に発生した紛争については，国際連合が介入することによって，紛争を局地化し冷戦の拡大・悪化を防ぐことができる。このような背景と目的の下に派遣されたのである。

　冷戦解消後に，平和維持活動は変容を迫られる。すなわち，冷戦解消後における紛争の特徴は，多くの場合，第1に国家間ではなくて国家内の紛争であること，第2に国家制度の崩壊を伴っていることである。このため，停戦の監視等を主要な任務とする伝統的な平和維持活動ではなくて，包括的な和解計画に組み入れられた形での多様な任務を有する平和維持軍が派遣されるようになってきている。さらに，このような紛争では，紛争当事者の数が多く，当事者個々のグループとしての結束が弱く，結果的に，すべての当事者間に基本的な和平計画の合意を形成することが困難なうえに，たとえ合意が形成された場合でも，その実施において合意を維持することも困難となる。このため，伝統的な平和維持活動で基本原則とされた関係国の同意や武器使用の制限，さらには公平性の原則などの諸原則は，多少とも緩和されたり，放棄されたりすることになる。

　このことを公権力の視点から見れば，国際連合という国際社会の公的機関の政策を積極的に実施するという機能（例えば，武装勢力による民族浄化政策実施の防止）を平和維持軍が果たしていると見ることもできる場面がしばしば発生し

ているということである。

第3節　冷戦解消後の国際社会における暴力の コントロール[12]

1　湾岸戦争

　湾岸戦争は，冷戦解消後における国際連合の集団安全保障に基づく最初の武力行使の事例であり，クウェートを侵略・併合したイラクを首尾良くクウェートから撃退したために，安保理の再生を世界に強く印象づけることになった。この事例は，国単位の大規模な武力行使であり，国連憲章が本来想定していた典型的な侵略である。憲章第43条の特別協定の未締結の下で，協力する意志と能力のある国々（the able and willing States）による実力行使を許可するという仕方が採用された。

　1990年8月2日，イラクはクウェートに軍事侵攻し，翌日にはクウェート全土を制圧した。これに対して安保理は侵攻当日に決議660を全会一致（イエメンは投票不参加）で採択し，「イラクのクウェート侵攻につき国際の平和と安全の破壊が存在する」ことを「決定（determine）」し（前文2項），「国際連合憲章第39条および第40条に基づいて行動して」，イラクの即時無条件撤退を「要求（demand）」した（主文2項）。

　8月6日，決議660を無視するイラクに対して安保理は，包括的な経済制裁を適用する決議661を賛成13，反対0，棄権2（キューバ，イエメン）で採択した。同決議は，一方で「イラクによるクウェートへの武力攻撃に対する憲章第51条の下での個別的又は集団的自衛の固有の権利を確認し」（前文6項），「国際連合憲章第7章に基づいて行動して」，すべての国が，イラクおよびクウェ

---

12)　以下に扱う諸事例に関しては，次の拙稿を参照せよ。
　(1)　「冷戦後の国際連合憲章第7章に基づく安全保障理事会の活動――武力の行使に関わる二つの事例をめぐって――」（前掲注7)。
　(2)　「冷戦解消後における国連平和維持活動」（前掲注9)
　(3)　「国際連合憲章第7章に基づく安全保障理事会の活動の正当性」『法学研究（一橋大学研究年報)』34号（2000年）175-242頁（本書245-297頁)。

ートからの産品や製品の輸入，同国への武器・軍事物資を含む産品や製品の輸出，資金の供給等を防止すべきことを「決定（decide）」した。

　8月8日にイラクがクウェート併合を正式に宣言したことに対して，安保理は8月9日に決議662を全会一致で採択し，イラクによるクウェート併合は法的効力を有さず，無効と見なされることを「決定」し（主文1項），すべての国家，国際組織，専門機関に対して併合の間接的承認と解されることのある如何なる行為または関係をも慎むことを「要請（call upon）」した（同2項）。

　その後安保理は，以上の措置およびその他の措置の実施のために，決議664（イラクおよびクウェートからの第三国国民の出国等を要求），665（経済制裁を決定する決議661の実施のために「状況が必要とする措置」をとることを要請），666（イラクおよびクウェートへの人道的食糧供給の指針），667（イラクの在クウェート外国公館攻撃を非難），669（制裁により経済的影響を受ける国への支援），670（イラクおよびクウェートへの空輸の禁止），674（第三国国民の解放とイラクの損害賠償責任（A）と事務総長による仲介（B）），677（イラクによるクウェートの人口構成比の改ざんを非難）を順次採択した。

　安保理は，以上のように，「平和の破壊」の存在を認定し，経済制裁措置を決定し，不承認主義を表明し，その他実施のために必要な措置をとってきたが，11月29日には武力行使を容認する決議678を賛成12，反対2（キューバ，イエメン），棄権1（中国）で採択した。同決議は，「国際連合憲章第7章に基づいて行動して」，イラクが決議660および関連諸決議を完全に遵守することを「要求」し，「善意の猶予として（as a pause of goodwill）」イラクに最後の機会を与えることを「決定」する（主文1項）。次いで第2項は次のように規定する。

> 「イラクが1991年1月15日以前に，前記主文1項に示されたように，前述の決議を完全に履行しない限り，クウェート政府に協力している加盟国に対し，安全保障理事会決議660（1990）およびそれに引き続くすべての関連決議を堅持かつ履行し，その地域における国際の平和と安全を回復するために，必要なあらゆる手段をとることを許可する（authorizes...to use all necessary means...）。」

　さらに，すべての国に対して前記主文2項の履行のための行動に適切な支援を与えるように「要請（request）」すると同時に，「関係諸国に対し，本決議主

文2項および3項を履行するためにとられる行動の進捗状況について，安全保障理事会に定期的に報告するよう要請する。」(主文4項)

この決議678の採択以後，戦争開始まで安保理においてはなんらの措置もとられなかった。1991年1月17日に一部加盟国から構成される多国籍軍は「砂漠の嵐」作戦を開始し，この武力行使が決議678に基づくことが事務総長に通告された。2月28日までの武力行使中において，軍事行動のコントロールに対する安保理の関与はなかったが，多国籍軍の構成国による決議678主文4項に基づく安保理への報告は定期的になされていた。

3月2日，安保理は湾岸戦争終結に関する決議686を賛成11，反対1 (キューバ)，棄権3 (中国，インド，イエメン) で採択した。同決議は，決議660以下の12の決議の実施等を「要求」する (主文2・3項) と同時に，イラクがこの主文2・3項を遵守するのに必要な期間内は，「必要なあらゆる手段をとる」ことを認める決議678の主文2項が有効であることを承認した (主文4項)。4月3日，安保理は湾岸戦争の公式の停戦のための条件を定めた決議687を賛成12，反対1 (キューバ)，棄権2 (エクアドル，イエメン) で採択した。

2 カンボジア

カンボジアの事例は，冷戦解消後に急増する国家制度崩壊型の国内紛争の先例的な事例である。10年以上に及ぶ内戦のために武装勢力間に厭戦状況が存在していたこと，安保理常任理事国や日本などの関係国が一致した対応をとったことなどにより，和平協定から国家再建のための総選挙の実施を目指した平和維持活動は，成功裏に任務を終了した。

カンボジアにおいては，内戦の4当事者であるプノンペン政権，ポト派 (クメール・ルージュ)，フンシンペック党，ソン・サン派の間に，1991年10月パリ協定が締結された。同協定を実施するために，国連暫定統治機構 (UNTAC) が設置され，制憲議会のための自由選挙の準備にとりかかったが，ポト派は，他の3当事者とは異なり，種々の理由をつけて，武装解除・動員解除の段階に入ることを拒否した。日本，タイ，中国等の諸国による外交的な協議・説得が続けられたが，結局ポト派は拒否し続けた。この段階で，国連 (安保理) は二つの問題を抱えることになった。第1は，ポト派の態度を変更させるために，

どのような措置をとるべきか，外交的努力の継続か，それとも軍事的な措置をとるべきかの問題である。第2は，UNTACは，ポト派の非協力にもかかわらず，パリ協定の実施を推し進めるべきか否かの問題である。安保理は，決議792 (1992) を採択して，一方で制憲議会選挙を予定通り実施することを確認し，他方でポト派の協定不履行を非難するとともに，同派の支配地域への石油製品の供給停止を関係国に要請した。ポト派の協力拒否のために，武装解除は結局不十分なままに残された。選挙予定日が近づくにつれて，ポト派の暴力・妨害が激しくなり，プノンペン政権による暴力事件も激化した。しかしながら最終的には，選挙は成功のうちに終了した。選挙の結果，第2党となったプノンペン政権は，選挙に不正があったと主張したが，その後3派の間で和解が成立し，暫定連合行政府が成立した。

　以上に示されるように，安保理はポト派に対して，経済的な制裁措置を課す一方で，常に対話の扉を開いていた。この安保理およびUNTACの対応に対しては弱腰との批判も存在した。しかし，UNTACに平和強制の任務を付与するのは現実的ではなかったと思われる。第1に，中国や日本など関係国は平和強制に消極的であったし，ポト派自身パリ協定の破棄はしておらず，アンゴラにおけるような和平プロセスの全面的崩壊は予想されなかった。第2に，UNTACには装備および要員の点で平和強制の能力が欠如していたのであり，ポト派に協定履行を強制するのは不可能であったと考えられる。もっとも，ポト派の扱いに関する限りでは，関係国・関係者の努力にもかかわらず，UNTACの成功は幸運であったと思われる。実際，ポト派が大規模な妨害に出なかった理由は不明であるし，選挙当日にそのような動きに出れば，事態がどのようになったか予測がつかない。

3　旧ユーゴスラビア

　旧ユーゴスラビア，特にボスニア・ヘルツェゴビナにおける国内紛争は，平和維持軍による対応の限界を明らかにした事例である。一国内における民族単位あるいは越境しての民族単位の内戦状況では，伝統的な平和維持軍では対応できず，武力行使に一歩踏み出しながらも，種々の錯綜と混乱の中で失敗し，最終的にはNATOによる武力行使が和平協定をもたらすことになった。

第9章　国連安全保障理事会は国際社会の公権力たりうるか？

　ユーゴスラビア社会主義連邦共和国においては，1991年6月にクロアチア共和国とスロベニア共和国が一方的に独立宣言を行った。しかし連邦制の維持を主張するセルビアを中心とする連邦人民軍は両共和国への武力介入に踏み切り，内戦となった。特にクロアチアに対して連邦軍は9月から10月にかけて大攻勢をかけ，クロアチア領の3分の1を占領した。また，マケドニア共和国も11月に，ボスニア・ヘルツェゴビナ共和国も1992年3月に独立を宣言するにいたり，4月にセルビアとモンテネグロの両共和国は新ユーゴスラビア連邦共和国を樹立した。

　旧ユーゴスラビア全体に対して，1991年9月，安保理は全会一致で決議713を採択して，ユーゴスラビアにおける戦闘が大量の死者と重大な被害を引き起こしていること，および地域の国々，特に隣国の国境地区へのその影響に触れたうえで，「この事態の継続が国際の平和と安全に対する脅威を構成する」ことに懸念した。次いで同決議は，憲章第7章に基づいて，すべての国が，ユーゴスラビアへの武器および軍需品のすべての輸送に対して一般的かつ完全な禁輸を即時に実施することを決定した。

　国連保護軍（UNPROFOR：United Nations Protection Force）は，安保理が1992年2月に全会一致で採択した決議743によって設置が決定された。最初は，クロアチア南部地域に設定された幾つかの国連保護地区（United Nations Protected Areas）に派遣されて，各地区の非武装化の確保を任務としたが，その後，ボスニア・ヘルツェゴビナ共和国内に設定される安全地区（safe areas）にまで任務が拡大された。

　ボスニア・ヘルツェゴビナ共和国が1992年3月に独立を宣言するとともに，イスラム系，セルビア人，クロアチア人の主要3民族の間において，支配地域拡張，エスニック・クレンジング（民族浄化：ethnic cleansing）を狙う三つどもえの武力抗争が激化した。

　国連総会は，5月に，クロアチア，スロベニア，ボスニア・ヘルツェゴビナ各共和国の国連加盟を承認した。また，安保理も5月に決議752を全会一致で採択して，連邦軍（セルビア人を支持）とクロアチア軍等の外部勢力によるボスニア・ヘルツェゴビナへの如何なる形の介入も即時に中止されるように要求するとともに，居住地からの人々の強制的排除や人口の民族構成の変更の企ての

即時中止を確保するようにすべての当事者に呼びかけ，大量の難民と避難民を考慮して人道援助が緊急に必要であることを強調した。安保理は次いで賛成13，反対0，棄権2（中国，ジンバブエ）で採択した決議757において，旧ユーゴスラビアにおける極めて複雑な状況においてすべての当事者が若干の責任を負っていることに留意しながらも，決議752の要求（特に連邦軍等の介入の中止）が満たされていないことに遺憾の意を示し，ボスニア・ヘルツェゴビナおよび旧ユーゴスラビアの他の地域における事態が国際の平和と安全に対する脅威を構成すると決定した。そして憲章第7章に基づいて行動して，ユーゴスラビア連邦共和国（セルビアとモンテネグロ）当局が決議752の要求を満たすための実効的な措置をとらなかったことを非難するとともに，すべての国が，ユーゴスラビア連邦共和国に対して包括的な制裁を課することを決定した。

9月に安保理は決議777を賛成12，反対0，棄権3（中国，インド，ジンバブエ）で採択し，ユーゴスラビア連邦共和国（セルビアとモンテネグロ）は国際連合における旧ユーゴスラビア社会主義連邦共和国のメンバーシップを自動的に引き継ぐことはできないと考え，同国は新たに国際連合加盟の申請を行うべきであると決定したうえで，同国は総会の活動に参加すべきでない旨を総会に勧告した。

その後の展開の中で，10月に安保理は決議781を賛成14，反対0，棄権1（中国）で採択したが，同決議において安保理は，「ボスニア・ヘルツェゴビナの上空における軍事飛行の禁止を設定する」（国連関係の飛行は除く）と決定した。この軍事飛行の禁止に関して，1993年3月の安保理議長声明は465件の違反を指摘した。同月に安保理は決議816を賛成14，反対0，棄権1（中国）で採択し，憲章第7章に基づいて行動して，禁止される飛行の対象を拡大する（主文1項）とともに，「以後の違反に際して前記1項に言及された飛行禁止の遵守を確保するために，ボスニア・ヘルツェゴビナ上空において各個別の状況と飛行の性質に応じた必要なあらゆる措置を，安保理の権威の下でかつ事務総長およびUNPROFORとの緊密な調整に服して，加盟国が国内的にあるいは地域的機関または取極を通して，……とることを許可し」た（同4項）。これに対してNATO事務総長は，NATO理事会が飛行禁止の遵守確保のための必要な取極を採択したことを通知した。

さらに6月には，安保理は決議836を賛成13，反対0，棄権2（ベネズエラ，パキスタン）で採択し，憲章第7章に基づいて行動して，UNPROFORの任務を拡張して，決議824において言及された安全地区において，「安全地区に対する攻撃を抑止すること，……地上の幾つかのキー・ポイントを占拠すること」などを可能とした（主文5項）。またこの任務の遂行に際して，安全地区に対する砲撃，武力攻撃，移動の自由に対する妨害等に対して，「自衛行動によって，武力の行使を含む必要な措置をとることを，UNPROFORに許可し」た（同9項）。さらに，「加盟国に対して，前記5・9項の任務を遂行するUNPROFORを支持するために，ボスニア・ヘルツェゴビナ共和国における安全地区の内部および周囲において，空軍の使用を通して，安保理の権威の下にかつ事務総長とUNPROFORとの緊密な調整に服して，国内的にあるいは地域的組織または取極を通して，必要なあらゆる措置をとることができると決定」した（同10項）。

その後も戦闘は続いてきたが，1994年2月に入って，サラエボにおける砲撃事件を契機に国際世論が高まり，NATOは安保理決議836を援用して，セルビア人武装勢力に対して10日間の期限を切って，サラエボ周辺から重火器を撤去しなければ空爆を実施するという最後通告を出した。セルビア人側は期限直前になって重火器を撤去し，空爆の実施は回避された。しかしその後，NATOの米空軍機がセルビア勢力機と見られる軍用機4機を撃墜した。これは決議816に基づくものとされた。また，4月に，NATOはボスニア・ヘルツェゴビナ東部の都市ゴラジュデを包囲するセルビア人武装勢力に対して空爆を行った。これは決議836に基づくものとされた。

この後の展開を簡潔に述べれば，次のようになる。NATOの空爆は，8月にサラエボ周辺，11月に安全地区「ビハチ」にも拡大された。これに対してセルビア側は，ボスニア各地で国連要員を人質にして，空爆に対する「人間の盾」とした。また，安全地区のスレブレニッツァとジェパを攻撃し，陥落させた。これに対して，サラエボ中央市場への砲撃を契機として，1995年8月以降，NATOの空爆が本格化し，セルビア側も12月のデイトン和平協定の受け入れを余儀なくされた。この協定に基づいて，NATO軍を中心とする多国籍軍「和平実施軍（IFOR）」がUNPROFORに取って代わって展開した。

4 ソマリア

　ソマリアの事例は，氏族単位の武装勢力の間に激しい内戦が存在し，カンボジアの場合とは異なって和平協定のない状態で介入した事例である。アメリカを中心とする多国籍軍の介入を受けて導入された，平和強制としての側面を持った平和維持軍は，結局，撤退を余儀なくされた。

　ソマリアにおいては，1991年1月のバーレ独裁政権崩壊の後，激しい内戦が拡がった。その結果，戦闘と飢餓による死者は30万人以上に達し，100万人以上が難民として国外に避難し，150万人以上が飢餓に苦しむ状況となった。このようなソマリアの情勢に対して，安保理は，1992年1月に決議733を全会一致で採択した。この決議の中で安保理は，「この事態の継続が，……国際の平和と安全に対する脅威を構成する」ことに懸念した後に，人道援助を増大させるために必要な措置を直ちにとるように事務総長に要請したほか，全紛争当事者に戦闘の停止・停戦への同意等を呼びかけ，さらに憲章第7章に基づいてすべての国がソマリアに対する武器・軍需品の供与に対して全面的な禁輸を実施することを決定した。その後，3月に停戦実施協定が成立し，安保理は4月に全会一致で採択された決議751により，停戦を監視し国連の人員・施設および人道援助物資の輸送の安全を確保するために，国連ソマリア活動（UNOSOM）の派遣を決定した。

　しかしその後も，UNOSOMの人員等が武装集団の襲撃を受け，人道援助物資の輸送・配付ができないという事態が続いた。いずれも全会一致で採択された決議767と775は，人道援助の供与が当該地域における国際の平和と安全の回復のための安保理の努力の重要な要素であることを指摘している。そこで，事務総長は安保理がとりうる措置として強制措置を含む選択肢を安保理に提示し，安保理は，1992年12月に決議794を全会一致で採択した。同決議は，まず，ソマリアの事態が独自の性格をもつことを認め（前文2項），その紛争が引き起こした人的悲劇の規模が，人道援助配付への障害により一層悪化して，国際の平和と安全に対する脅威を構成することを決定し（前文3項），さらに人道状況の悪化と人道援助の迅速な配付の緊急の必要性とを強調している（前文4項）。次いで同決議は，人道的救済活動のための安全な環境を確立するために憲章第7章に基づく行動がとられるべき旨の事務総長の勧告を是認し（主文7

項),「国際連合憲章第7章に基づいて行動して,事務総長および[安全な環境をつくるための行動に軍隊・人員を提供する一部の]加盟国に対して,ソマリアにおける人道的救済活動のための安全な環境を可能な限りすみやかに確立するために,必要なあらゆる手段をとることを許可する」(主文10項)とともに,武力行使を含むこの行動が国際連合の監督のもとに行われることを確保するための種々の措置も併せて定めた(主文12項以下)。

　この決議に基づいて展開された多国籍軍である統一タスクフォース(UNITAF)による「希望の回復」作戦にはアメリカ合衆国を中心として24か国が参加し,その結果ソマリアの飢餓状態は急速に改善された。しかしながら,依然として不安定な事態が基本的に存続しているために,安保理が希望するようにUNITAFの任務をUNOSOMに移行するのであれば,UNOSOMに憲章第7章に基づく強制権限を付与すべきであると,事務総長は安保理に提案した。1993年3月,安保理は決議814を全会一致で採択した。同決議は,憲章第7章に基づいて行動して,事務総長の勧告に従ってUNOSOMの規模と任務を拡大することを決定したが,事務総長の同勧告によれば,新しい任務はソマリア全体を対象として強制的な武装解除を含むものであり,憲章第7章に基づく強制権限を付与するとしている。この拡大された任務のUNOSOMは,UNOSOM II として,UNITAFの活動をひきついだ。

　しかし,UNOSOM II の武装解除活動の展開に対して,力の喪失をおそれる一部の武装勢力は敵対し,6月のパキスタン部隊への襲撃の結果,UNOSOM II には25人の死者が発生した。事務総長はこの襲撃を強く非難し,安保理も決議837を全会一致で採択した。同決議で安保理は,憲章第7章に基づいて行動して,まずUNOSOM II へのこの襲撃を強く非難し,次いで決議814の下で事務総長は,この襲撃のすべての責任者に対して「必要なあらゆる措置をとる」こと,ソマリア全体にUNOSOM II の実効的な権威を確立する権限を与えられていることを再確認した。UNOSOM II はこの決議の実施のために軍事行動を含む活動を展開し,若干の犠牲者をだしながらも,人道援助配付による飢餓・病気による死亡の減少等に示されるようにソマリアの事態はかなり改善されてきたと指摘される。

　他方,10月,UNOSOM II の指揮下には置かれていないアメリカ合衆国の

レンジャー部隊は、襲撃の責任者と考えられるアイディード将軍逮捕の活動を展開し、一定の成果を収めた。しかし同時に18人のアメリカ兵が死亡し、その死体が屈辱的な扱いをうけた様子がマスコミで広く報道されたこともあり、合衆国は自らの軍隊を1994年3月31日までに撤退させる意思を表明した。また、ソマリア市民に多数の死傷者がでてきたこともあって、UNOSOM II は次第に現地での支持を失っていったとも指摘される。さらにベルギー、フランス、スウェーデンも自国部隊を撤退させる決定を表明していたこともあり、安保理は、11月の決議886で、UNOSOM II の任務の基本的な再検討を決定した。

その後1994年2月に安保理が全会一致で採択した決議897により、憲章第7章に基づいて強制行動も行うとする UNOSOM II の任務は終了し、通常の平和維持活動の任務に戻った。さらに、11月に採択された決議954に基づいて、1995年3月には、撤退が完了した。

5 ルワンダ

ルワンダの事例は、部族単位の内戦を背景として発生したジェノサイドに対して、当時ソマリアでの失敗、ボスニア・ヘルツェゴビナでの困難などの影響の下で、国際社会が介入に消極的となり、介入のタイミングを逃した事例である。

ツチ族とフツ族との間の部族対立が存続していたルワンダでは、1994年4月に大統領の搭乗した飛行機が撃墜された後に、主としてツチ族住民が大量に虐殺され、内戦が再び激化した。当時、伝統的な平和維持軍として国連ルワンダ支援団（UNAMMIR）が派遣されていたが、安保理は主要国の消極的態度もあり、4月21日に全会一致で採択された決議912により、一旦はその規模の大幅縮小を決定した。しかしジェノサイドの全容が明らかになると方針転換の主張が強くなり、最終的には5月17日および6月8日に採択された決議918および925により、一転して大幅増強を決定した。しかし、国々の反応は鈍く、特に欧米の主要国は派兵を渋り、手詰まりの事態に陥った。結局、ルワンダなどの仏語圏アフリカでの影響力維持を狙うフランスが、介入を決意して安保理に申し出た。安保理は決議929でこれを承認し、憲章第7章に基づいて、関係加盟国に対して一定の人道目的を達成するために必要なあらゆる手段をとるこ

とを許可した。

　ルワンダにおける人道援助活動においては，人道援助活動と軍隊・武力行使との関係が浮き彫りにされた。第1に，多国籍軍による「トルコ石作戦」やその後の各国の軍隊の活動に示されるように，軍隊が人道援助活動に関わるようになった。少なくとも急激で大規模であったルワンダ危機の場合においては，救援活動に軍が参加しなければ，はるかに多くの死者をだしたにちがいないと評価されている。第2に，難民キャンプにおける治安の維持の問題がある。内戦の場合にはルワンダと同様の事態が予想されるのであり，人道援助活動の実施のためには，難民キャンプ内における治安維持のために一定の武力行使が必要とされるのかもしれない。また，初期の段階で「平和強制部隊」的な部隊を派遣すれば，かなりの虐殺は防げたという指摘もある。他方で，ソマリアでの経験の後，アメリカをはじめとする国々は，多国籍軍や平和維持軍による強制行動には慎重になり，事務総長やUNHCRの要請に対して十分に対応する用意をもっていない。

6　最近の四つの事例

　1990年代の前半における国際連合が対応した主要な事例を，公権力行使としての判断基準に留意しながら検討してきた。最後に，2000年前後から現在に至る四つの事例に簡単に触れておこう。

　第1は，コソボにおけるNATOの空爆である。ユーゴスラビア連邦セルビア共和国コソボ自治州では，人口の9割を占めるアルバニア系と行政上の実権をにぎるセルビア系との対立，アルバニア系武装組織「コソボ解放軍」とセルビア当局との対立が激化していた。NATOは，アルバニア系住民に対するセルビア側による弾圧をやめさせ，難民化した人々を帰還させるという目的の下に，空爆を行った。事前の決議（1160, 1199, 1203）にも事後の決議（1244）にも，NATOによる空爆を許可する表現はなく，さらに当時の中国とロシアの強い反対に鑑みれば，安保理による黙示的な承認を引き出すことも無理である。むしろ，安保理が機能しない場合における人道的干渉の観点からの正当化が試みられた。

　このような観点からは，公共性についても次のような指摘がなされた。「国

第4部　公権力としての国連安全保障理事会とその課題

際連合は国際的な安全保障のための一つの重要な制度ではあるが，世界政府ではない。単一国家ではない世界システムにおいて公共性を実現する手段や制度は，決して一元的階層的に存在するわけではない。国際連合を主体としてある種の公共性が実現される場合もあれば，多数国の一致によってそうなる場合もある。」さらに言えば，「国内社会においては，警察行動の一元化はきわめて進んでいるので，武力の行使について，国家以外の存在の起こす武力行使についての正当性はきわめて例外的な場合のみに認められる。しかし，国際社会とは，そのような警察行動の一元化が実現していない社会であることからすれば，武力行使に関しても，多元的・重複的な公共性を認めないわけにはいかないと思われる。」[13]

空爆後の決議1244（1999）は，NATO軍を主体とするコソボ国際平和安定化部隊（KFOR）のコソボ駐留を決定した。また同決議を受けて，コソボ国連暫定統治機構（UNMIK）が設置された。

第2は，東ティモールへの安保理決議に基づくオーストラリア軍の介入と暫定行政機構の設立である。ポルトガルの植民地であった東ティモールは，1976年以降インドネシアによる支配の下に置かれてきた。インドネシアの政策転換によって東ティモールの将来を決定する同住民の投票が行われたが，独立の意志が決定的になった段階で，インドネシアとの併合を主張する民兵が騒乱を起こし，独立派住民への襲撃に発展した。安保理は，決議1264（1999）を採択し，東ティモールの事態が「平和と安全に対する脅威を構成する」と決定し，憲章第7章に基づいて，「インドネシア政府の要請に従って」としながらも，多国籍軍の設置および同軍に対する武力行使の許可を認めた。この決議を受けて，オーストラリア主体の部隊が派遣された。さらに決議1272（1999）は，国際連合東ティモール暫定統治機構（UNTAET）を設置し，東ティモールの国家建設を任務とした。東ティモールは2002年に独立し，国際連合加盟国となった。

第3は，9・11テロに基づくアフガニスタンに対するアメリカの軍事侵攻である。アメリカは安保理を中心とする多国間の枠組みを選ばず，個別的および集団的自衛権の主張に依拠して，一方的な武力行使に訴えた。ここでは，もは

---

[13]　田中明彦「国家主権と国際正義」『アステイオン』52号（1999年）159, 164頁。

や安保理の許可やコントロールなどは全く問題とされていない。安保理決議1368 (2001) は、前文でテロ行為によって引き起こされた「国際の平和と安全に対する脅威」にすべての手段で闘う決意と憲章に従って「個別的または集団的自衛権の固有の権利」を認めるが、本文でも武力行使を許可するような表現はない。決議1373 (2001) も同様であり、本文では多くの非軍事的措置を決定するが、武力行使を許可するような表現はない。アメリカにとって安保理を中心とする多国間の枠組みを選ぶことは十分に可能であった。アメリカによる適当な軍事行動に対する安保理の許可を得るための十分な時間的余裕が存在した上に、NATOによる空爆の場合にはロシアと中国の反対があったが、今回のアメリカによる武力行使を含む対応には強い反対はなかったと思われる。結局、アメリカを中心とする多国籍軍はタリバーン政権を崩壊させ、その後には、国際連合主導の下に、反タリバーン各派から構成される暫定行政府が発足するとともに、安保理決議1386 (2001) により、イギリス軍主導の国際治安支援部隊 (ISAF) が派遣されている。

第4は、湾岸戦争の停戦決議687の実施、特に大量破壊兵器の廃棄をめぐる問題であり、米英によるイラクへの軍事侵攻である。決議687の実施、特に大量破壊兵器廃棄のための査察は90年代を通してイラクの非協力のために十分実施されず、1998年からは中断されていた。2002年11月に全会一致で採択された決議1441は、イラクが決議687を含む関連諸決議に基づく義務の重大な違反をしていると決定し、新たな査察体制を設置して「最後の機会」を与えるとも決定した。他方で、査察の妨害等の事態に関しては、国連監視検証査察委員会 (UNMOVIC) に対して安保理に直ちに報告することを指示し、事態等の審議のために直ちに協議することを決定するのみで、一部の加盟国による武力行使を許可するような表現は盛り込まれていない（イラクは義務違反の継続の結果として深刻な結果に直面することになると安保理が繰り返し警告してきたことが想起されているが、上記の許可とは解釈できない）。その後、アメリカは武力行使許可の新たな決議を求める外交を繰り広げたが、フランス等の強い反対のために不可能に終わった。結局、アメリカの軍事的圧力の下でイラクが譲歩する結果として査察が若干進みつつあった2003年3月20日に、米英によるイラクへの軍事侵攻が開始された。

第4節　おわりに——まとめ——

　19世紀までの国際社会では，国際法関係は二国間関係の集まりであり，公権力の名に値する実体は存在していなかった。しかし，20世紀始めの国際連盟の成立とともに，分権的水平的な国際法秩序が組織化の時代に入り，戦争の禁止への動きが始まり，集団安全保障制度が連盟により導入された。第2次世界大戦後には，国際連合と専門機関などの普遍性を指向する政府間国際組織が国際社会を代表する機関として，国際社会の枠組み・骨組みとして機能し，国際社会の共通利益の担い手としての地位を確立した。こうして，国際社会に公権力の要素を見いだしうるとするならば，国際連合こそがその最有力候補となろう。

　問題は，国家や，民族・氏族などを中心とする武装勢力による暴力の行使に対して，国際連合（特に安保理）の行使する公権力によるコントロールがいかなる形でどの程度機能しているのかである。国連憲章第43条の予定する特別協定が未締結のために国際連合の指揮統制に基づく国連軍は存在せず，各国の有する「暴力装置としての軍隊と警察」は未だ国際社会の公権力による独占の下に置かれていない。しかし，国際社会において武力行使は禁止され，国連安保理には，第1に違法な武力行使の発生などの認定権限が，第2に執るべき非軍事的および軍事的措置の決定権限が認められている。決定された措置の最終的な執行・実施は，依然として各主権国家の手に残されている。

　湾岸戦争を典型例とする幾つかの事例は，公権力の形成が以上のように限定的であるとしても，国家や，民族・氏族などを中心とする武装勢力による暴力の行使に対して，国際連合（特に安保理）の行使する公権力によるコントロールがある程度機能しうることを明確に示している。1990年代前半の時期においては，確かに旧ユーゴスラビアやソマリアなどの事例においては種々の失敗を経験しているが，これらは内戦状況に対する国際連合による介入の試行錯誤の中で発生しており，様々な教訓を学んできている[14]。さらに諸事例の検討

---

14) 国際連合においては平和維持活動の失敗の原因を検証し，平和維持活動の改革につなげるという動きが最近になって進行中である。具体的には，ボスニア・ヘルツェゴビナで

第9章　国連安全保障理事会は国際社会の公権力たりうるか？

は，安保理が実力（例えば，多国籍軍）によって暴力（例えば，イラクによるクウェートの侵略・併合）を鎮圧することがあるのみならず，国家再建のための総選挙の実施（カンボジア），緊急人道援助活動の安全確保（ソマリア）など様々な公共的機能の遂行に踏み込んできていることを示している。

　もっとも，軍隊という実力が依然として各国に分有されており，同様に人々の政治経済的生活が依然として基本的には国家単位に構成されているのが現状である。そのために，公権的決定機関である安保理が拒否権を持つ常任理事国を中心とする合議機関である国際社会においては，一方の極では，介入の必要性があると広く認識されながらも安保理がその旨の決定をなすことができない場合に一部の国々が単独で実力行使に訴えるという積極的な逸脱が起こりうる（NATOによる空爆）。他方の極では，介入の必要性があると広く認識され安保理がその旨の決定をなすことができた場合においても，自国軍隊を提供することに国々が消極的であるために介入がなされず放置されるという消極的な逸脱が起こりうる（ルワンダの事例）。冷戦解消後における多くの事例は，問題はむしろ，自国の利益が直接には関わらない場合に国際連合の指揮統制の下に自国軍隊を提供することに対して国々が消極的である点にあることを示しているように思われる。さらに単独の超大国アメリカが単独行動主義に走る場合には，安保理が分裂し，結果的に無視される事態も起こりうる（米英によるイラクへの軍事侵攻）のであるが，一極体制における公権力形成の難しさを示すものと言えよう。

の人道援助活動の中核を担うことを予定された安全地帯の一つであるスレブレニッツァの陥落・虐殺に関する事務総長報告書であり，ルワンダでの1994年のジェノサイドにおける国際連合の活動に関する独立調査委員会の報告書である。いずれも1999年に発表された。これらの報告書は国際連合の負うべき責任を端的に認めており，国際連合事務総長のコフィー・アナンは有識者からなる委員会に平和維持活動の改革案の作成を依頼し，2000年に国際連合平和活動に関するパネル報告書（ブラヒミ報告書）が発表された。この報告書を踏まえて平和維持活動の改革の動きが現在進んでいるところである。
　※　その後の動きについては，本書第6章，特に210, 218-228頁等を参照せよ。

第 10 章　公権力としての安全保障理事会の課題

第 1 節　安全保障理事会の公権力としての位置づけ
　　　　——「公」の概念の意義と効果——

　国際連盟により導入され，国際連合により一層整備された集団安全保障制度が，従来の勢力均衡政策や同盟関係に基づく個別的安全保障とは原理的に異なる「公の制度」であり，そのような制度を運用する担い手としての安保理が，「公の機能」を果たす「公の組織」としての位置にあることは，多かれ少なかれ共通の認識であったと考えられる[1]。それにもかかわらず，このことが十分に明示されてこなかったのは，冷戦期における安保理および集団安全保障制度の機能不全によるところが大きかったといえよう。冷戦解消後における憲章第7章に基づく安保理の活動が活発化するにつれて，このような認識が顕在化してきたのは，その意味では当然の現象である[2]。他方で，安保理の有する構造

---

[1]　例えば，高野雄一『国際組織法〔新版〕』（有斐閣，1975 年）46-48 頁。
[2]　例えば，小寺・奥脇両教授は，平和（安全保障）の確保が社会存立の基礎であり，国際の平和の確保を任務とする国際連合を，他の国際組織と特に区別して，「国際平和組織」と呼ぶとともに，国際社会の平和を支える法秩序を，「国際公秩序」と呼んで他の国際法秩序から区別している（小寺彰／奥脇直也「国際公秩序への我が国の対応」『ジュリスト』No. 1343（2007 年）6 頁）。最上教授も，安保理を公権力行使機関としている（最上敏樹「普遍的公権力と普遍的法秩序——国連安全保障理事会の決議および行動に関する司法審査について——」松田竹男他編集代表『現代国際法の思想と構造 II　環境，海洋，刑事，紛争，展望』（東信堂，2012 年）371 頁）。See also M. Dawidowicz, "Public Law Enforcement without Public Law Safeguards? An Analysis of State Practice on Third-Party Countermeasures and their Relationship to the UN Security Council," 77 BYIL (2006), pp. 333-418.
　この点は，さらに，松田教授により次のように端的に指摘された。すなわち，集団安全保障体制の本質的特徴は，「他国に対する攻撃や侵略が，契約の不履行や不法行為に類するような私的利益の侵害ではなく，もちろん国家の主権的自由でもなく，国際社会の公共秩序の破壊と考えられ，したがってそれを鎮圧するための集団的措置が国際社会による秩

的な問題のために，憲章第7章に基づく安保理の活動が孕む問題も増幅され，批判の対象となってきたことも事実である。本章では，安保理およびその活動に求められる正当性の向上[3]を，「公」の概念という視点から，公権力としての安保理の課題として考えてみよう。

「私」と区別・対比される「公」の概念という視点に立つことの意義や効果・機能については，次のような点を指摘することができよう。

第1に，「公」の概念が有する正当性である。特定の利益や組織を「公」の利益や組織として位置づけることは，国々の個別的私的な利益や組織と対比して，当該の利益や組織が国際社会全体の利益や組織としての性格や正当性を有することを象徴的に示すことになる[4]。多数国間条約に基づく国際組織につい

序維持行為＝公権力の発動と観念されること」である。「勢力均衡と集団安全保障との違いは，攻撃や侵略という私的暴力に対して，同じく私的な暴力で対抗するのか公権力で取り締まるのかという点にある。安保理の決定は，多国間主義だから単独主義より客観性が高いというのではなく，権限を有する機関による有権的決定として，個別国家やNATO，EUなどの私的決定から区別されるべきなのである」。そして「等しく攻撃や侵略に対する集団的対応でありながら，国連の強制措置が集団的自衛権の行使と区別されるのも，それが公的な武力行使＝公権力の行使と考えられるからである」。松田竹男「安保理の暴走？（一）」『法学雑誌（大阪市立大学）』第56巻1号（2009年）1，2-3頁。

3) この点については，全般的に，拙稿「国際組織およびその決定の正当性——21世紀における国際組織の課題——」『思想』No. 993（2007年）184-202頁を参照せよ。

4) 例えば，小森教授の指摘によれば，国際法においては，これまで国際社会全体に関わる法益の保護や規制の必要性は，国際社会の共通利益や共同体利益の概念を用いて論じられてきたが，国際社会全体として保護すべき法益の制度化について共通利益や共同体利益の用語を用いることは，それが示す利益の性格が分かりにくい。それゆえ，その性格を明確に示すために公益や公共性の用語を用いる，という（小森光夫「国際法秩序の断片化問題と統合への理論課題」『世界法年報』28号（2009年）3，25-26頁）。共通利益概念については，大谷良雄編著『共通利益概念と国際法』（国際書院，1993年）を参照せよ。また，共同体利益という概念に基づいた上で，その実効的保護の仕組みについては，Y. Tanaka, "Protection of Community Interests in International Law: The Case of the Law of the Sea," in A. von Bogdandy et al. (eds.), 15 *Max Planck Yearbook of United Nations Law* (2011), pp. 329-375 を参照せよ。

公益概念に関しては，ウェレンズによれば，国際共同体に対する重要性の程度に照らして，「公益規則」(public interest rules) には「狭義」(sensu stricto) と「広義」(sensu lato) とが区別される。「広義」には規則形成や実施過程に利益の比較衡量が内在しているのに対して，「狭義」では，一次規則の定式化において比較衡量がなされ，その結果として国際共同体利益の絶対的優越性が確定している。そして「広義」には国際環境法，国際刑事法，国際貿易法の一定の規則が含まれるのに対して，「狭義」には，強行規範，逸

ても，その加盟諸国のみの組織ではなくて，国際社会全体の組織としての位置づけの正当性を象徴的に示すことになる。

第2に，その帰結・効果として，国際社会全体の利益・組織としての位置づけや機能・権能の正当化である。例えば，国連などの普遍的国際組織の法人格が非加盟国に対しても対抗しうる客観性を有するとの主張を基礎づけることにつながる[5]。個人を処罰する国際的刑事裁判所である旧ユーゴスラビアやルワンダを対象とする憲章第7章に基づいて設立された裁判所についても，ローマ条約に基づく国際刑事裁判所についても，訴追対象者の範囲の拡大[6]という点を含めて同様に考えられる。

第3に，「公」の概念に基づく批判的機能である。「公」の概念や視点は，往々にして社会の一部構成員の利益・組織を「公」の名の下に正当化するというイデオロギーとして機能することがある[7]ことを踏まえて，現実の組織の機

脱不可能な人権，国際人道法の犯しえない諸原則が含まれる，という (K. Wellens, "General Observations," in T. Komori and K. Wellens (eds.), *Public Interest Rules of International Law: Towards Effective Implementation* (Ashgate, 2009), pp. 15, 17)。

5) この点については，拙著『国際組織法』（有斐閣，2005年）101頁を参照せよ。

6) 小和田恒「国際刑事裁判所設立の意義と問題点」『国際法外交雑誌』第98巻5号（1999年）1-30頁，小和田恒／芝原邦爾「ローマ会議を振り返って」『ジュリスト』No. 1146（1998年）4-28頁。

7) 「公」の概念については，様々な主体間の利害対立を前提として，必ずしも一義的に決まるわけではないという側面が強く，しばしば権力者によりイデオロギー的に使用されることがある。そのような錯綜した危険な要素・側面にも十分に注意を払うことが必要である。

このような視点から，「国際共同体」という観念の危険性を，古谷教授は次のように強調する。国際共同体の利益が，部分たる特定の国家の利益を体現したものであるならば，それは詰まるところ，力を持った国家ないし国家群が，自らが正しいと考える政治・社会・法制度を他国に押しつけることを正当化するための装置となる。そして国連が全体の利益を代表しているとの見方は少し楽観的にすぎる。国連の意思は加盟国の政治的意図の衝突と妥協そのものであるとも言え，そのような見方は国連の行動を支配する力学の全体像を見逃している。例えば国家の国内問題への介入についても，個々の国家による介入と国連による介入との間の相違は，必ずしも質的なものではなく，正当性を担保する要素の量的な相違と見るべきであろう，という（古谷修一「イデオロギーとしての『国際共同体』」大沼保昭編『国際社会における法と力』（日本評論社，2008年）155，160-161頁）。

この指摘は，国際社会の様々な法的制度のイデオロギー的機能の危険性を指摘する限りで適切であるが，「国際公益の事実性」と「国際公益のイデオロギー性」のバランスおよびその進展をどのように認識するかに依存する問題であろう。この点に関する文献として，

能や運営が「公」の名に値しないという観点からの批判を基礎づけることにもなり得る。

　第4に，このような批判的機能の延長上には，現実の組織の機能や運営に対する，「公」の概念の観点からの改善の提案や要求を基礎づけるという機能を発揮することになる[8]。

　以下，第3に指摘した批判の例を第2節で紹介しよう。また，第4に指摘した改善の提案や要求およびそれに関わる問題を，第3節と第4節で検討しよう。安保理の活動に対する批判は，一方で人権侵害との関連でなされてきているほか，他方ではグローバル・ガバナンスとの関連でなされてきていると理解されるので，それぞれを，第3節と第4節で扱うことにする。

第2節　安全保障理事会の機能や運営が「公」の名に値しないという観点からの批判

　集団安全保障体制における集団的措置を国際社会による秩序維持行為＝公権力の発動と捉えて，国連の強制措置が公的な武力行使＝公権力の行使と考えられるとの立場を踏まえた上で，冷戦解消後における安保理の活動に対して，「公」の名に値しないという観点から鋭い批判的な検討を加えてきた松田教授の分析を見てみよう。

　奥脇直也「『国際公益』概念の理論的検討」，古川照美「国際組織と国際公益」，植木俊哉「国際組織による国際公益実現の諸形態」広部和也他編集代表『山本草二先生還暦記念　国際法と国内法──国際公益の展開──』（勁草書房，1991年）173-243, 245-271, 371-393頁を参照せよ。

　　この関連では，ルソーにおける，自らの利益を求める「特殊意志」の総和としての「全体意志」と区別された，公共的利益を志向する「一般意志」の概念が，従来，指摘されてきた。この「一般意志」の概念については，近年の研究では，ロールズの『正義論』における「無知のヴェール」が「公正な視点」を作り出すとの興味深い指摘がなされている（ジョン・ロールズ著，川本隆史他訳「第24節　無知のヴェール」『正義論　改訂版』（紀伊國屋書店，2010年)，仲正昌樹「第一章『公共性』と『主体』」仲正昌樹編『『法』における「主体」の問題』（御茶の水書房，2013年）3, 11-12頁，重田園江『社会契約論』（筑摩書房，2013年）203-267頁，特に261-267頁）。

8)　See also V. Golland-Debbas, "The Security Council and Issues of Responsibility under International Law," 353 *Recueil des cours* (2011), pp. 185, 213-224.

第4部　公権力としての国連安全保障理事会とその課題

　安保理による集団安全保障システムの実際の運用状況を検証するに際して，まず一定の柔軟性が必要であることは基本的に承認する。すなわち，「安保理の実行が憲章規定を厳格に遵守していないからと言って，それだけで非難しようというわけではない。国連が発足してからすでに60年以上が経過し，国際社会の構造や価値観，問題状況は大きく変化してきた。まして，国連憲章のような国際機構の設立文書の場合には，新たな問題や課題に対処するために，時として設立文書を柔軟に，あるいは発展的に解釈することも必要とされよう。問題は，そうした国連憲章の柔軟あるいは発展的な解釈・適用が，憲章の基本的な構造や原則を逸脱していないかどうか，現実の安保理の行動が，公権力の行使と言うにふさわしい真に公共的な内実を持っていたのかどうか，ということである。」[9]

　一定の柔軟性を前提としても，集団安全保障の運用実態は，以下に示されるように，「恣意的としか言いようのないもの」[10]であった。①二重基準（強制措置の発動が公平に行われていないし，拒否権を有する常任理事国特に米国の行動はまったく規制できない），②薄弱な根拠（「平和に対する脅威」を構成していたか疑問という意味で，強制措置の発動に正当な根拠があったのか疑わしい事例や，民族・エスニック紛争のような強制措置の発動が適切な対応であったか疑わしい事例が少なくない），③国連のコントロールの不在（武力行使の許可方式による実際の軍事行動はほとんど国連のコントロールのもとに置かれていない）。

　この大きな原因の一つは，安保理の組織と運営における非民主性にあり，国連の場においても，集団安全保障システムを国際社会全体の利益に即して公正に運用するためには，安保理の組織や運営方法，決定過程の民主化が必要であると考えられるようになった。しかしながら，これらの改革自体の見通しが立っていないのみならず，かりに民主化されたとしても，公正に運用されるようになる保証はない。「結局，各国の人民や国際世論の監視によって，安保理が公正な決定を下すよう誘導するほかない。」[11]

---

9)　松田「安保理の暴走？（一）」（前掲注2）6-7頁。
10)　松田竹男「集団安全保障の理念と実態」全国憲法研究会編『法律時報増刊　憲法と有事法制』（日本評論社，2002年）266，268-269頁。
11)　同上，269-270頁。

第10章　公権力としての安全保障理事会の課題

「国際機構のあり方についても，国連のような普遍的国際機構が，設立文書の授権規定を柔軟に解釈し，その権限を拡大することは，新たに生起する全地球的，全人類的な課題に対処し，国際社会の一般的利益を擁護するうえでは有効な手段となるかもしれないが，安保理のように多数決で拘束力ある決定を下す機関がなし崩しにその権限を拡大すれば，加盟国の主権を侵害し，中小国の主張や利益を圧殺する恐れがある。……地球温暖化防止のように，全人類的課題であることに異論がない場合であっても，経済開発との優先順位など，その対策・対応の仕方については各国の立場や利害が鋭く対立するのが普通である。そうした対立の中で中小国の主張や利益が等しく尊重されるためには，安保理のように少数のメンバーで構成された内部機関は設立文書で定められた範囲内にとどめ，権限外の事項に関しては全加盟国の対等平等な交渉と合意に委ねるのが望ましいとも考えられるのである。」[12]

武力行使許可方式については，安保理による監督・統制が不十分であるほか，当該地域に利害・関心を持つ大国が部隊提供を申し出る場合に限られる。安保理による武力行使の許可が，実は覇権国の勢力圏維持行動に対する形式的な合法性付与にほかならないとすれば，強制措置の発動はその公共目的性を疑われ，集団安全保障は新たな大国支配のメカニズムと見なされることになる[13]。

国際刑事裁判所の設置については，西欧・先進国が非西欧・途上国を裁くという構図に基づくほか，強制措置の選択的な発動は，「公権力」に対する不信を生み出すだけでなく，時には問題の根本的・構造的原因を隠蔽するという機能を果たすこともある。責任者の処罰は，問題を指導者の個人責任に収斂させて，政治闘争を生み出した大元の原因から目を背けさせてしまうのである[14]。

こうして，

「……安保理の強制措置は当面の事態を沈静化させるためには有効かもしれないが，根源にある対立の構図は温存され，固定され，増幅されさえする。根源にある構造的問題を解決し，永続的な平和と真に一般的・普遍的

---

12)　松田竹男「安保理強制措置の多様化――その批判的検討――」松田他編集代表『現代国際法の思想と構造II』（前掲注2）343，344頁。
13)　同上，345-353頁。
14)　同上，353-358，366頁。

な公共利益を実現するためには,強制措置の発動はあくまで憲章の規定する対症療法的目的と内容に限定し,それを超える部分はできるだけ関係諸国の対等な交渉,自発的な合意,誠実な順守に任せることが必要だと思われるのである。安保理の強制措置を使えば手っ取り早く『公権力』を作ることができるが,そのようにして創出された『公権力』が,公権力としての正当性,信頼性,安定性を勝ち取ることができるとはとても思われない。」[15]

第3節　人権をめぐって

(1) 冷戦解消後における安保理の活動に関して,最初に人権侵害との批判を最も激しく浴びることになったのは,クウェートを侵略したイラクに課した包括的経済制裁といえよう[16]。この制裁は,イラクの政権担当支配層ではなくて,一般大衆に食糧・医薬品の欠乏を引き起こし,国連による人権侵害ではないかと批判された。実際,社会権規約委員会は同委員会による社会権規約の解釈指針と考えることのできる一般的意見 No. 8（1997年）の中で,安保理の経済制裁の結果,イラクなどの一般人民,特に貧困弱者層が人道上不可欠な物資を欠くという意味で経済的社会的の権利に十分な注意が払われていない旨を指摘した[17]。しかしながら,安保理の活動において人権侵害が問題にされたのは,経済制裁に限らない。平和維持活動においては,性的虐待や搾取,恣意的拘禁や拷問などが指摘されたし,安保理決議に基づき実施された東ティモールやコソボの暫定統治機構の活動においては,まさに地域住民を直接に統治するとい

---

15) 同上,367頁。
16) この点については,全般的に,本多美樹『国連による経済制裁と人道上の諸問題──「スマート・サンクション」の模索──』（国際書院,2013年）を参照せよ。*See also* B. Fassbender (ed.), *Securing Human Rights? Achievements and Challenges of the UN Security Council* (Oxford University Press, 2011).
17) Committee on Economic, Social and Cultural Rights, "General Comment No. 8 (1997), The relationship between economic sanctions and respect for economic, social and cultural rights," UN Doc. E/C.12/1997/8. *See also* "The adverse consequences of economic sanctions on the enjoyment of human rights, Working paper prepared by Mr. Marc Bossuyt," UN Doc. E/CN.4/Sub.2/2000/33.

う性格から，一層問題となる余地があり，実力の過剰行使や残酷で対面を汚す扱いさらには違法逮捕などが指摘されている[18]。

このような人権侵害が指摘されることにともなって，安保理の人権遵守義務や安保理活動への適用法規の問題が，さらには国際組織一般の人権遵守義務や当該活動への適用法規の問題が注目されるようになった[19]。実際，安保理を始めとする国際組織の活動の結果として，特定の私人が被害を受けた場合，特に人権が侵害されたと考えられる場合には法的責任が確認され，被害者の救済がなされるのが望ましい。この点で法的責任制度の適用のためには，国際組織は関係する国際法に拘束されること，特に人権規範に拘束されることが必要であるが，この点は従来必ずしも明確にされてこなかった。例えば著名な例を挙げれば，国連の平和維持活動における軍事的活動に国際人道法が適用されるか否かについては，国際人道法の中核的な規定である1949年のジュネーブ4条約は国連が当事者とはなりえない国家間条約であり，違反者の刑事処罰等の制度が国連にないことなどを理由として，国連は消極的な態度を取ってきた。この点で積極的な態度を取る赤十字国際委員会（ICRC）との間に意見の相違が存在していた。もっとも，この点については改善がなされ，1999年には国際人道法を実質的に遵守する旨の国連事務総長の告示が出された[20]。

---

18) G. Verdirame, *The UN and Human Rights, Who Guards the Guardins?* (Cambridge University Press, 2011).

19) *See, in general,* A. Clapham, *Human Rights Obligations of Non-State Actors* (Oxford University Press, 2006); A. Clapham (ed.), *Human Rights and Non-State Actors* (Edward Elgar Publishing, 2013); J. Wouters et al. (eds.), *Accountability for Human Rights Violations by International Organizatios* (Intersentia, 2010); Société Française pour le Droit International and Institut International des Droits de l'Homme, *La soumission des organisations internationals aux norms internationals relatives aux droits de l'homme* (A. Pedone, 2009). このような動きの背景には，冷戦解消後における人権や民主主義の普遍化の下で，人権・人間価値の主流化が進んできていることがある。この点については，阿部浩己「国際法の人権化」『国際法外交雑誌』第111巻4号（2013年）1-28頁（同『国際法の人権化』（信山社，2014年）に収録），国際法協会（ILA）の研究に基づくM. T. Kamminga et al. (eds.), *The Impact of Human Rights Law on General International Law* (Oxford University Press, 2009) やTh. Meron, *The Humanization of International Law* (Martinus Nijhoff Publishers, 2006) などが進展の著しい実態を分析してきている。

20) この事例については，新井 京「『国連軍による国際人道法の遵守』に関する事務総長告示」『京都学園法学』1号（2000年）1-49頁を参照せよ。

国際組織は国際法の主体であり，原則としてすべての国際法主体を拘束する一般国際法である慣習国際法の規律を受けるものであり，国際組織の活動にも慣習国際法となっている限りで人権規範が適用されるのだという意識自体は高まってきている。しかし他方で，法的責任制度の実現である被害者の具体的な救済となると，そのための制度・手続はほとんどないに等しい状態である[21]。

人権遵守義務や適用法規の問題を見るならば，例えば，国際司法裁判所は1980年の「WHO協定」事件における勧告的意見の中で，次のように述べている。

「国際組織は国際法の主体であり，そのようなものとして，国際法の一般的規則，その組織法やみずからが当事者である国際合意に基づいて課されている如何なる義務によっても拘束されている。」[22]

---

[21] A. Reinisch, "Developing Human Rights and Humanitarian Law Accountability of the Security Council for the Imposition of Economic Sanctions," 95 *AJIL* (2001), pp. 851-872, esp. 863-869.

[22] *Interpretation of the Agreement of 25 March 1951 between the WHO and Egypt, Advisory Opinion, ICJ Reports 1980*, pp. 89-90 (para. 37).

従来より，国際組織は，その設立条約，締結した条約および慣習国際法により規律・拘束されるとされ，特に問題とはされてこなかった。しかし，冷戦解消後，欧米の支配的価値である民主主義や人権保護が地球的価値と理解されるようになってくるとともに，国際組織の活動や決定が国内の私人や企業に対して直接に大きな影響を及ぼすようになってきた結果として，国際組織はどのような法に拘束されるのか，特に人権規範に拘束されるのかが，大きな争点となってきている。現在までにこの争点が特に議論されてきた領域としては，少なくとも，安保理と世界銀行・IMFに関連して，次のものを指摘できる。

① 平和（維持）活動の領域における人道法規範の適用可能性

この分野は赤十字国際委員会の積極的な対応のために，冷戦下における平和維持活動の初期の頃から議論があり，国際シンポジウムなども何度も開催されてきた。国連要員安全条約が1994年に作成され，人道法遵守に向けた事務総長の告示が1999年に出されるなど，実務的には一応の区切りを見せているが，人道法規範の適用可能性という理論的問題は依然として未解明ともいえる。

② 安保理の制裁と人権規範の適用可能性

この分野は冷戦解消後におけるイラクに対する経済制裁の適用以降に注目されるようになってきた。安保理においてはスマート・サンクションの動きが進み，安保理決議1267（1999）は「アルカイダ・タリバン制裁委員会」を設立し，制裁対象は国家からテロ行為を行う個人・団体へと変化し，同委員会が対象者のリストを作成・維持・管理している。しかし，誤ってリストの対象とされたと主張する人々に開かれた救済手段をめぐって，ハイレベル・パネルなどから批判を受けて改善の動きが進む一方で，実務的には，欧州司法裁判所，欧州人権裁判所，自由権規約人権委員会などで関連する事件・判例が数多く出さ

第10章　公権力としての安全保障理事会の課題

この言明は重要であるが，その射程は必ずしも広くない。実際，設立条約等の当該組織の組織法と当該組織が締結した条約を除けば，基本的には一般慣習国際法に限られる。人権遵守義務の点では，世界人権宣言の多くの内容は慣習法化しているとの主張もなされるが，国際人権規約などの主要な人権条約が有する広範かつ明確な内容の人権規範の直接的な拘束性が確保できないことは重大である[23]。

(2)　こうして，人権規範を含む適用法の国際組織に対する拘束力の根拠を，慣習国際法以外にも拡大する考え方が提起されてきた[24]。

れ，EC・EU法，ヨーロッパ人権条約，自由権規約などと関連して処理されたことを踏まえて，種々の判例批評や理論的議論が出てきている。

③　安保理決議に基づく暫定行政活動と人道法規範・人権規範等の適用可能性

NATOによるコソボ空爆後における安保理決議1244の下で活動しているコソボ暫定統治機構（UNMIK）や住民投票後の混乱を受けて安保理決議1272に基づく国連東ティモール暫定行政機構（UNTAET）などが典型例であるが，現在では任務の拡大に応じて数多くの平和活動においても人道法規範・人権規範等の適用可能性は重要な争点となっている。

④　開発援助の領域における世界銀行・IMFへの人権規範の適用可能性

世界銀行の融資に基づくダム建設などのプロジェクトが途上国の人々の生活・環境を破壊しているとの批判が1980年代以降に強まり，批判的な文献はあるが，人権規範の適用可能性という理論的争点に関しては，いまだ文献は少ない。一方で，人権規範の適用可能性を正面から否定するIMFの法律顧問の主張（F. Gianviti, "Economic, Social, and Cultural Human Rights and the International Monetary Fund", in Ph. Alston, *Non-State Actors and Human Rights*（Oxford University Press, 2005）pp. 113-138）があり，他方で試行錯誤的な肯定的主張（S. I. Skogly, *The Human Rights Obligations of the World Bank and the International Monetary Fund*（Canvendish, 2001）が出されている。

以上に示すように，ごく最近に重要な動きが急速に進んでおり，いずれの領域においても，国際組織の活動や決定が国内の私人や企業に対して直接に大きな影響を及ぼすようになってきた点が共通しており，国家中心的な国際法体系が非国家主体を重要なアクターとして取り込むという，国際法秩序の構造変動の動きを示唆するものとして興味深い。

23) See, for example, K. M. Larsen, *The Human Rights Treaty Obligations of Peacekeepers*（Cambridge University Press, 2012）.

24) See F. Mégret and F. Hoffmann, "The UN as a Human Rights Violater? Some Reflections on the United Nations Changing Human Rights Responsibilities," 25 *Human Rights Quarterly*（2003）, pp. 314-342, esp. 317-318; G. Thallinger, "Sense and Sensibility of the Human Rights Obligations of the United Nations Security Council," 67 *Zeitschrift für ausländisches öffentliches Recht und Völkerrecht*（2007）, pp. 1015-1040, esp. 1022-1026; J. Werzer, "The UN Human Rights Obligations and Immunity: An Oxymoron Casting a Shadow on the Transitional Administrations in Kosovo and East Timor," 77 *Nordic Jour-*

例えば，第1に，法の一般原則である。人権や人道法の多数国間条約の多くは，国際社会の一般法を作成するという意図のもとに広範な国々の代表により起草されてきた。国々は，批准しない限りはそれらの立法条約の適用を義務づけられないと主張するが，国際組織はそのような主張を行う立場にはないというのである。国際組織は，これら一般的立法条約の主要な実体規定の適用を義務づけられるのであり，この義務の「法的基礎は，国際条約としてのその性格にではなく，むしろ条約により法典化された法の一般原則としての性格にある」とされる。すなわち，「安全保障理事会は，形式的には人道法や人権法の関連条約中に規定された個別の規則に拘束されるのではないが，これらの諸条約に内在する諸原則には拘束されるのである。」[25]

第2は，国際連合の場合における内部法秩序である。憲章は，国連の目的として「人権及び基本的自由を尊重するように助長奨励する」ことを含むのであり，総会は数多くの人権諸条約の起草・採択を行ってきた。これら人権諸条約を採択した決議は，決議自体としては加盟諸国を法的に拘束することはないが，国連という組織の意思を表明するものであり，内部法秩序の一部を構成し，自らを拘束することになる。これらを踏まえて，その意味では事後的にではあるが，国連自らが人権遵守の義務に拘束されることを認めずして，どうして国連は人権の遵守を呼びかけることができよう，と指摘される[26]。

実際，平和維持活動による人道法遵守に向けた事務総長の告示や，国連および平和維持活動などの人員による国際人権法の遵守を求める旨の訓練マニュアルなど多数の内部文書が存在する。これらの内部文書が加盟諸国を法的に拘束することはないが，平和維持活動などに従事する人員はこれらの内部文書に従うことを義務づけられる。しかしながら，これらはあくまで内部法としてであって，国連の国際法に基づく対外的な義務ではないともいわれる[27]。その論理からは，国連の外部に位置する被害者には，国連の内部法上の義務に対応す

---

  nal of International Law (2008), pp. 105-140, esp. 108-109.
25) H. G. Schermers and N. M. Blokker, *International Institutional Law* (Martinus Nijhoff Publishers, Fifth Revised Ed., 2011), pp. 1001, 1003.
26) Clapham, *Human Rights Obligations of Non-State Actors, supra* note 19, p. 127. 滝澤美佐子『国際人権基準の法的性格』（国際書院，2004 年）266-273 頁も参照せよ。
27) Schermers et al., *supra* note 25, p. 1002.

る権利は認められないということになろう。

　第3は，加盟国が引き受けた条約義務の存在に依拠する，国際組織による「機能的」条約承継ともいわれる考え方である[28]。EC加盟諸国の通商領域の権限がECに委譲されるとともに，EC自体もGATTにより拘束される事実上の当事者として扱われたことが発端と思われる。ECにおいては，加盟諸国が欧州人権条約（ECHR）の当事国であることに基づいて，EC機関が事実上ECHRを遵守することが求められたが，その際には，EC加盟諸国がECに一定の権限を委譲したからといって，当該委譲権限のECによる行使に関連して，ECHRに基づく加盟諸国の責任が排除されることには必ずしもならない，とされた。ここでは，EC自体が条約に拘束されることを認めているのではなく，加盟諸国による条約の遵守義務のあり方に着目していることに留意する必要がある。すなわち，ECにおいて基本権が「同等の保護」を受けない限り，加盟諸国によるECへの権限委譲はECHRと両立しない，という[29]。

　この考え方の延長上には，国々は，「汚い仕事」をさせるために国際組織を作ることによって自らの人権義務から逃れることを許すべきではない，という原則が存在する。この原則は，国際法委員会が起草した「国際組織の責任」に関する条文の第61条「国際組織の加盟国による国際義務の回避」において，次のように示されている。

> 「国際組織の加盟国は，当該国の国際義務の主題事項に関して当該組織が権限を有するという事実を利用して，自らが行えば義務違反となる行為を当該組織に行わせることによって当該義務を回避するならば，国際責任を負う。」[30]

このような対応は，国際組織の政策決定および活動方針を実質的に担う加盟

---

[28] A. Reinisch, "Securing the Accountability of International Organizations," 7 *Global Governance* (2001), pp. 131, 137-138, 141-143.

[29] 「同等の保護」理論については，庄司克弘「欧州人権裁判所の『同等の保護』理論とEU法――Bosphorus v. Ireland事件判決の意義――」『慶應法学』6号（2006年）285-302頁および同『新EU法　基礎篇』（岩波書店，2013年）320-327頁を参照せよ。

[30] Draft Articles on the Responsibility of International Organizations with commentaries, 2011, *Report of the International Law Commission, Sixty-third session, 2011*, A/66/10, p. 93, *available at*: http://www.un.org/law/ilc/.

国の責任を経由して，国際組織による人権条約等の遵守を確保しようとするものといえる。

しかしながら，国際組織自体が人権条約等の遵守を直接に義務づけられているのではなく，結果として，人権侵害が発生した場合には，被害者の救済には多くの障害が残されることになる。実際，欧州人権裁判所は，ECHR の当事者ではない国際組織に対する提訴については管轄権を欠くものと判断するのみならず，当該組織の加盟国に対する個別的あるいは集団的な提訴についても管轄権を認めていない。同様に，自由権規約委員会も，国際組織による人権侵害に対する苦情の受理可能性を認めていない[31]。

(3) こうして，国連は，自らが当事者とはなっていない条約中に含まれる義務によって，そもそも拘束されるのか，されるとしてもどの程度なのか，という問題が残る。実際，例えば，安保理決議1244によりコソボに派遣された国連ミッション（UNMIK）は，2006年に，自由権規約委員会の要請に応じてコソボにおける人権状況報告書を提出したが，この報告書において，国際人権諸条約の諸規定は UNMIK 規程の結果としてコソボにおける適用法の一部となっているが，このことは，これらの諸条約がいかなる仕方でも UNMIK を拘束することを意味するものではない，と述べている[32]。

この点で注目されるのは，人権条約の当事国・当事者ではなくて，人権が帰属する人々に着目する考え方である。自由権規約委員会は，自由権規約の義務の継続性に関する一般的意見26において，同規約からの脱退が認められない理由として，否定的な起草者意思と脱退を認める条約に典型的な一時的性格を欠くという性質とに加えて，次のような指摘をしている。

「規約中に規定された権利は，当事国の領域に居住する人々に帰属する。……規約に基づく権利の保護が一旦人々に付与されれば，……当事国政府の変更や規約の保証する権利を奪うことを企図した当事国のいかなる事後的行為にもかかわらず，当該保護は領域とともに移転し，人々に帰属し続ける。」[33]

---

31) Reinisch, *supra* note 28, p. 140.
32) Schermers et al., *supra* note 25, p. 1003.
33) Human Rights Committee, "General Comment No. 26 (61), General comment on is-

ここには，自由権規約の当事国であるかどうかにかかわらず，自由権規約の保証する権利を享受する人々に対して統治機能を行使する主体は，当該権利を遵守することを義務づけられるとする仕組みを基礎づける原理が見いだされる。

人権を中心とする人間価値中心的な動きを示すものとして，一般化することが許されるならば，次のように言えるかもしれない。すなわち，安保理の活動を規律する国際法規則の現状は，発展途上にあり，国内社会において国家機関が行うように国際組織が私人や私的団体に対して直接に「統治的な governmental」活動を行う限りで，国際組織も国家に適用される類似の国際法規則により規律されるのであり，適正手続に対する権利や公正な裁判に対する権利などの人権規範が適用されるという期待・傾向が確立しつつある段階である[34]。

第4節　公権力としての安全保障理事会を規律する諸原則

(1) 冷戦解消後における安保理の多様な領域と機能に踏み込む活動は，グローバリゼーションの進展を背景として，国際組織の近年の活動が単に望ましい目的に向けたものとして実効性の促進に値する対象としてのみ扱われるのでは

---

sues relating to the continuity of obligations to the International Covenant on Civil and Political Rights," UN Doc. CCPR/C/21/Rev.1/Add.8/Rev.1.

34) 例えば，国際連合法務部の委託研究において，ファスベンダーは，現状を次のように分析している（B. Fassbender, "Targeted Sanctions and Due Process: The responsibility of the UN Security Council to ensure that fair and clear procedures are made available to individuals and entities targeted with sanctions under Chapter VII of the UN Charter, 20 March 2006", *available at*: http://www.un.org/law/counsel/Fassbender_study.pdf）。

「現在，慣習国際法は，個人との関係で適正手続きの基準を遵守するように国際（政府間）組織を義務づけるような十分に明確な規則を定めてはいない。そのような基準について慣習法規則が存在する場合には，それらは国内法における国家の義務を対象としており，国際組織の義務を対象とするものではない。しかしながら，個人との関係で国際組織の直接の『統治的』行動を含む方向で適正手続に関する慣習法の射程を拡大する傾向が見受けられる……。

法の一般原則と認められる個人の適正手続の権利は，国際組織が個人に対して『統治的』権限を行使する際には，国際法主体としての国際組織に対しても適用されるのである。」

なくて，一定の影響力を国内の私人や企業にも及ぼすとともに関係規範に違反することも起こりうるために，適切な規制の対象としても扱われる必要があることを象徴的に示している。こうして，国際組織，特に国連などの普遍的国際組織については，これらの組織が公的な権力を行使する限りで，それらの行為は一定のコントロールに服すべきであるとの主張が説得的になされるようになってきている。国連の活動が拡大して，詳細な制裁レジームや多機能の平和維持活動や特定領域の暫定行政活動など，個人に直接の影響を及ぼす活動に踏み込むのであれば，そのような活動を規律する手続的および実体的な原則と規則およびそれらの実施の仕組みの必要性が一層認識されるようになってきている³⁵⁾。近年の動きを見てみよう。

第1は，国際的（グローバル）立憲主義の観点からの検討である。経済，環境，人権などの多くの領域における多数国間条約レジームが併存し，相互に抵触する懸念が認識されるとともに，国際法秩序の「断片化」が問題とされ，その克服に向けたアプローチとして，国際法秩序の立憲化が議論されるようになってきたと考えられる。そこでは国内憲法秩序を踏まえて，憲法秩序は，一方で公的権力を組織するとともに，他方で統治機構が服すべき適切な手続を示して公的権力の乱用を抑制することをその任務とする，という前提から出発することが多い[36]。

グローバリゼーションを背景として，国々は自国に影響を及ぼすことになる

---

35) *See, in general*, V. Golland-Debbas, "The Security Council and Issues of Responsibility under International Law," *supra* note 8, pp. 347-431; M. Zwanenburg, *Accountability of Peace Support Operations*（Martinus Nijhoff Publishers, 2005）.

36) J. Klabbers et al., *The Constitutionalization of International Law*（Oxford University Press, 2009）, p. 9（written by Klabbers）. 国際的（グローバル）立憲主義については，T. Mogami, "Towards Jus Contra Oligarchiam—A Note on Critical Constitutionalism-," 55 *Japanese Yearbook of International Law*（2012）, pp. 371-402，最上敏樹「国際的立憲主義批判と批判的国際立憲主義」『世界法年報』33号（2014年）1-32頁，丸山政己「国連安全保障理事会における立憲主義の可能性と課題——国際テロリズムに関する実行を素材として——」『国際法外交雑誌』第111巻1号（2012年）20-46頁，同「国連安全保障理事会と国際法の『立憲化』——法的コントロールの問題を中心に——」『世界法年報』33号（2014年）65-93頁，須網隆夫「グローバル立憲主義とヨーロッパ法秩序の多元性——EUの憲法多元主義からグローバル立憲主義へ——」『国際法外交雑誌』第113巻3号（2014年）25-55頁およびそこに紹介された諸文献を参照せよ。

活動を行う国際組織に参加することを事実上余儀なくされているという意味では，国連などの普遍的国際組織は，事実上国際社会の（公的）組織としての地位にある。その結果，国際組織のみならず多くの条約レジーム上の機関についても，国内社会において国家機関が行使している（公的）権限に影響を与える任務や権限を行使する限りで，政治的アカウンタビリティ，法の支配および人権の保護などの対応する憲法上の保障に服すべきである，と主張される[37]。特に法の支配の内容としては，権力の恣意的な行使を回避して法による統治をめざすという観点から，権力分立，手続的諸原則，司法審査が指摘される[38]。

(2) 第2は，グローバル行政法の観点からの検討である[39]。グローバル行政法という新規のアプローチは，グローバル・ガバナンスの多くは行政と理解しうることと，そのような行政はしばしば行政法的な性格を持つ原理により組織され形作られていること，という二つの点から出発する。グローバリゼーションの進展する中で，グローバル・ガバナンスを行政法の適用対象たる行政として捉え，国家以外に，個人・企業・NGOなどの様々な主体が国境を越えた活動をすることを視野に収めるために，グローバル行政空間という概念を設定する。そして，この行政空間において行政活動を行う主体（行政主体）として，国際組織以外に，各国の規制当局のネットワークや規制機能を持つ私的機関な

---

37) J. Klabbers et al., *supra* note 36, p. 51 (written by G. Ulfstein).

38) 同様の観点から，パウルスは，民主主義，権力分立，法の支配と法治国家，および国家の権利と人権とを指摘する。A. L. Paulus, "The International Legal System as a Constitution," in J. L. Dunoff et al. (eds.), *Ruling the World?: Constitutionalism, International Law, and Global Governance* (Cambridge University Press, 2009), p. 92.

39) B. Kingsbury et al., "The Emergence of Global Administrative Law," 68 *Law and Contemporary Problems* (2005), pp. 15-61. 紹介として，宮野洋一「『グローバル行政法』論の登場――その背景と意義――」横田洋三他編『グローバルガバナンスと国連の将来』（中央大学出版部，2008年）323-338頁，藤谷武史「多元的システムにおける行政法学――アメリカ法の観点から」『新世代法政策学研究』6号（2010年）141-60頁，興津征雄「グローバル行政法とアカウンタビリティ――国家なき行政法ははたして，またいかにして可能か――」『社会科学研究』第65巻2号（2014年）57-88頁。

See also for recent articles E. Benvenisti, "The Law of Global Governence," 368 *Recueil des cours* (2013), pp. 47-280; N. Krisch, "The Decay of Consent: International Law in an Age of Global Public Goods," 108 *AJIL* (2014), pp. 1-40; R. B. Stewart, "Remedying Disregard in Global Regulatory Governance: Accountability, Participation, and Responsiveness", 108 *AJIL* (2014), pp. 211-270.

どを含めるとともに，条約に基づく制度的な活動以外に，公私混合型の行政や私的団体による行政をも適用対象とする点にグローバル行政法の特徴がある。このような舞台設定の下で，多様な行政主体に対して適用可能なグローバル行政法に基づいてアカウンタビリティの確保を求める点に，このグローバル行政法というアプローチの核心がある。

この結果，グローバル行政法は，グローバル行政主体が，透明性・参加・理由づけられた決定・合法性などの適切な審査を提供することで，当該主体のアカウンタビリティを促進する，あるいはそれに影響を与える仕組み・原則・実行，およびそれらを支える社会的理解から構成される。そして，アカウンタビリティ確保のための既存の制度的仕組みをいくつかの類型に分けて提示した上で，現在形成されつつあるグローバル行政法の原則として，次のものを指摘する。すなわち，手続的な参加および透明性，理由づけられた決定，審査（決定の合法性についての裁判所や組織の内部機関による審査），実体的基準（比例性，目的手段合理性，不必要に制限的な手段の回避，正当な期待）である。

第3は，国際組織の内部的な立憲化の観点からの公法アプローチと呼ばれる検討である。「国際公権力の行使」という概念に焦点を置くこのアプローチ[40]においては，国際組織の如何なる統治活動も，それが行政的であろうと政府間的であろうと，もしそれが，個人，私的団体，企業，国家，あるいはその他の公的組織を規定するならば，国際公権力の行使と見なされるべきである，とする。ここで，権力（authority）とは，他者の自由を減ずるなど，その法的あるいは事実上の状況を一方的に形成する法的能力と定義される。公法は，一方で公法に基礎づけられない公権力の行使はあり得ないという意味で構成的機能を果たし，他方で公権力は公法により規定される実体的および手続的基準によりコントロールされ制限されるという意味で制限的機能を果たすという，二重の機能を有する。そして，権力の行使と個人の自由との間の緊張を扱う公法は，公権力の正当性にとって不可欠の要件であり，公法の制限的機能は，統治活動の正当性に関わる懸念を合法性の議論に変換する上で有益であるとする。主に国々である公的権力の共通の国際的行為により，それらが公益と定義した目標

---

[40] A. von Bogdandy et al. (eds.), *The Exercise of Public Authority by International Institutions: Advancing International Institutional Law* (Springer, 2010. Pp. xiii, 1005).

を促進するために，設置された権限に基づいて行使される権力を国際公権力と定義することに示されるように，権力行使の「公共性」は，その法的基礎に依存する。このような観点から，権力の合法な行使と違法な行使とを区別するための適用法を如何に同定するか，そして正当性の懸念に照らして適用法を如何に発展させるか，に示される，公権力行使についての法的な理解とその法的枠組みの発展が，この公法アプローチの焦点とされる[41]。

(3) 第4は，国際法協会が 2004 年に採択した「国際組織のアカウンタビリティ」と題する報告書[42]である。実際的実務的観点から作成された当該報告書は，コメンタリーを伴う「推奨される規則と慣行（Recommended Rules and Practices：RRPs）」をまとめている。国際組織の望ましいアカウンタビリティは，国際組織の意思決定において必要とされる自律性（autonomy）の保持と，その作為・不作為に対して責任を負う必要との間に，デリケートなバランスを維持することに配慮して制度設計されるべきとされる。また，このような観点に基づいた上で実効的なアカウンタビリティの実現に資する規則や指針を示すという意味で，一連のRRPs は既存の実定法に限定されるものではなく，立法論的なもの，政治的・行政的性格のものも含まれる。具体的には，法的な責任

---

41) A. von Bogdandy et al., "Developing the Publicness of Public International Law: Towards a Legal Framework for Global Governance Activities," von Bogdandy et al. (eds.), *supra* note 39, pp. 3, 5, 9-10, 13-14, 17. ボグダンディ自身は，国際公権力と国内公権力とは，一般的な法的および機構的文脈が大きく異なるために，両者を包括する原則を想定することには否定的であり，その限りで，グローバル行政法の主張には批判的である。むしろ，公法の一般的諸原則の具体化として国際組織の諸原則を理解し，様々な国際組織の内部的な立憲化をめざす方が有望なアプローチと考えるが，具体的には，次に述べる国際法協会（ILA）の報告書に示される考え方を支持する。A. von Bogdandy, "General Principles of International Public Authority: Sketching a Research Field," von Bogdandy et al. (eds.), *supra* note 39, pp. 727, 738-741, 746-748.

42) ILA, "Final Report: Accountability of International Organizations," *Report of the Seventy-First Conference*, Berlin, 2004, *available at:* http://www.ila-hq.org/en/committees/index.cfm/cid/9. *See also* K. Wellens, *Remedies against International Organizations* (Cambridge University Press, 2002); C. de Cooker, *Accountability, Investigation and Due Process in International Organizations* (Martinus Nijhoff Publishers, 2005); S. Kuyama et al. (eds.), *Envisioning Reform: enhancing UN Accountability in the Twenty-first Century* (United Nations University Press, 2009). 蓮尾郁代『国連行政とアカウンタビリティーの概念』（東信堂，2012 年）も参照せよ。

に関する諸規則と救済の仕組みに加えて，次のような政治的行政的な諸原則（principle）が列挙されている。

- 「グッド・ガバナンス（good governance）」
- 「信義誠実（good faith）」
- 「合憲性および機構上のバランス（constitutionality and institutional balance）」
- 「監督および統制（supervision and control）」
- 「決定または特定の行動に関する理由の開示（stating the reasons for decisions or a particular course of action）」
- 「手続上の正規性（procedural regularity）」
- 「客観性および公平性（objectivity and impartiality）」
- 「相当の注意（due diligence）」

これらの諸原則のなかで，「グッド・ガバナンス」は，その性格上，例外的に，次のような諸要素を含むとされる。

- 「意思決定手続および機構上・活動上の決定の実施における透明性（transparency in both the decision-making process and the implementation of institutional and operational decisions）」
- 「意思決定手続への参加（participatory decision-making process）」
- 「情報へのアクセス（access to information）」
- 「良好な国際公務員制度（well-functioning international civil service）」
- 「健全な財政管理（sound financial management）」
- 「報告と評価（reporting and evaluation）」

このようなRRPsは，国際組織の自律性への配慮も指摘したうえで，国際組織の望ましいアカウンタビリティに向けた法的・政治的・行政的性格の諸原則を包括的にまとめたものであり，今後の実際的実務的な対応や制度設計において重要な意義を有すると評価できよう。

（4）以上に簡潔に紹介したように，国際的（グローバル）立憲主義，グローバル行政法，国際公権力への公法アプローチ，国際組織のアカウンタビリティなどの近年の動きは，国際組織の活動が適切な規制の対象としても扱われる必要があることを象徴的に示すとともに，活動を規律する手続的および実体的な原則と規則およびそれらの実施の仕組みを模索するものである。またこれらの

第10章　公権力としての安全保障理事会の課題

動きは，基本的に類似の方向性をもち，具体的な内容の点でも重なる点が多い。その意味で，それらの実現・実施が問題となる。以下に，実現・実施に向けたルートの多様性と具体例を見てみよう。

　実現・実施に向けたルートの多様性を示唆するものとしては，グローバル・ガバナンスの担い手としての国連や専門機関などの組織において共通して指摘される透明性確保の必要性という事例を挙げることができる[43]。この点での実証研究によれば，グローバル・ガバナンスの諸組織を対象とする透明性に関する有効な単一の法は，現段階では存在していない，という。そして透明性に関する規律は，以下のような多様なルートを経て形成される可能性が指摘される。

　まず間接的には，組織の加盟諸国が，組織のグローバルな政策の実施主体として各国の管轄権において自らの公法を通して行うことができるが，これはパッチワークとなる。また直接的には，グローバル・ガバナンスの諸組織に適用可能な規範が実行を通して，少しずつで不揃いではあるが形成されることがありうる。確かに，これらの諸組織が透明性の政策を採択するに際しては，法的に拘束されて採択したとは思われないのであり，実際の動機づけとしては，正当性，効率性，情報への人権，政治的参加，民主的統治などの多様な要因が考えられよう。そして，組織が「公的な」組織であり，類推により，加盟諸国の国内公法が課す透明性に関する類いの義務による規律の下にあるとの意識とも関わるという。先に人権の拘束力の根拠の第2として指摘したことと同様に，例えば世界銀行が貸し付け相手国政府に対して透明性を求めることと，世銀自身の実行との間に齟齬があることは，透明性の確保に向けた政策を不可避としよう。このような内部的な政策や実行は，いずれかの段階で法的な規範の形成につながる可能性が高いと考えられる。さらに，組織は活動において他の関連組織とも密接な関係を有するがために，最初の段階では一つの組織のみを拘束していた規範も，事後的に他の関連組織にも様々な要因に基づいて波及してい

---

43)　M. Donaldson and B. Kingsbury, "Power and the Pubic: The Nature and Effects of Formal Transparency Policies in Global Governance Institutions," in A. Bianchi and A. Peters (eds.), *Transparency in International Law* (Cambridge University Press, 2013), pp. 502, 515-519.

くこととなり，結果的に透明性に関する規範が組織の内外で発展し，既存の法の中に定着することになろう。

　実現・実施に向けた具体例を安保理の活動に探せば，アルカイダ制裁レジームの変遷と議論[44]が一つの典型例である。「アルカイダ・タリバン制裁委員会」が安保理決議1267（1999）により設立されたが，決議1988（2011）と1989（2011）によりタリバン関係の制裁措置を分離して，「アルカイダ制裁委員会」として現在活動している。同委員会によるアルカイダ制裁リストの管理・運営が批判の対象とされ，アルカイダ制裁レジームの対応が問題とされてきている。

　当初，リスト制裁措置対象のリストからの削除に関する手続は不明確であったが，スウェーデン人をめぐる削除問題が2001年に発生した後，同委員会は2002年にガイドラインを策定（後に順次，改訂されてきている）して手続を明確化した。委員会の指揮の下に分析支援・制裁監視チームが，決議1526（2004）により設置された。さらに，個人や団体からの削除要請を受け付けるフォーカル・ポイントが決議1730（2006）により設置されたが，手続の改善に向けて，

44）　アルカイダ制裁レジームに関する文献としては，以下を参照せよ。B. Fassbender, "Targeted Sanctions and Due Process: The responsibility of the UN Security Council to ensure that fair and clear procedures are made available to individuals and entities targeted with sanctions under Chapter VII of the UN Charter, 20 March 2006," *supra* note 33; "Strengthening Targeted Sanctions Through Fair and Clear Procedures: White Paper prepared by the Watson Institute Targeted Sanctions Project Brown University, 30 March 2006," *available at*: http://watsoninstitute.org/pub/Strengthening_Targeted_Sanctions.pdf; "Addressing Challenges to Targeted Sanctions: An Update of the "Watson Report", October 2009," *available at*: http://www.watsoninstitute.org/pub/2009_10_targeted_sanctions.pdf; "Due Process and Targeted Sanctions: An Update of the "Watson Report", December 2012," *available at*: http://www.watsoninstitute.org/pub/Watson%20Report%20Update%2012_12.pdf; B. Fassbender (ed.), *Securing Human Rights? Achievements and Challenges of the UN Security Council, supra* note 16; D. L. Tehindrazanarivelo, "Targeted Sanctions and Obligations of States on Listing and De-listing Procedures," in L. Boisson de Chazoournes et al. (eds.), *International Law and the Quest for its Implementation* (Brill, 2010), pp. 127-171; M. Kanetake, "Security Council through Pluralistic Structure: The Case of the 1267 Committee," 12 *Max Planck Yearbook of United Nations Law* (2008), pp. 113-175. 日本語文献としては，次を参照せよ。丸山政己「国連安全保障理事会による国際テロリズムへの対応──狙い撃ち制裁をめぐる法的問題に関する一考察」日本国際連合学会編『国連憲章体制への挑戦（国連研究 第9号）』（国際書院，2008年）133-156頁，吉田拓也「アルカイダ制裁レジームの展開：『個人を制裁措置対象とする狙い撃ち制裁』に関する一考察」『東北法学』42号（2013年）1-51頁。

独立したオンブズパーソンが当初 18 か月の任期で(その後に更新された),決議 1904 (2009) により設置された。また,決議 1989 (2011) により,オンブズパーソンが削除勧告をした場合には,委員会で 60 日以内にコンセンサスにより維持を決めない限り,またいずれかの委員の提案で同問題が安保理に付託されない限り,削除されるとの手続に変更した。

このような経緯に示されるように,一方でアルカイダ制裁の実効性確保と他方で人権侵害の回避という二つの(短期的には対立しうるとしても,中長期的には相互補完的と考えられる)要請の間の調整が試みられてきている。決議 1989 (2011) による改善後になされてきた批判の視点に着目するならば,透明性などを含む手続的および実体的な原則と規則およびそれらの実施の仕組みを模索するものであることが確認できる。実際,国連人権理事会における特別報告者(テロリズムとの闘いにおける人権と基本的自由の促進と保護)の 2012 年報告書によれば,アルカイダ制裁レジームは依然として適正手続の国際的最低基準にもとるものと評価される。制裁委員会や安保理という政治的・執行機関が,準司法的機能を果たすオンブズパーソンの決定を覆しうるという構造自体が,独立した適正手続の要請を充たさないとされ,最終的には削除についての決定権限がオンブズパーソンに付与されることを勧告し,この勧告が安保理により受諾されない場合でも,透明性の向上や決定理由の開示などの諸点を改善することが勧告されている[45]。

---

45) B. Emmerson, "Report of the Special Rapporteur on the promotion and protection of human rights and fundamental freedoms while countering terrorism," UN Doc. A/67/396, 26 September 2012, paras. 15-16, 34-35, 59. 決定理由の開示については,決議 1989 (2011) (Annex II, para. 13),決議 2083 (2012) (Annex II, para. 14) および決議 2161 (2014) (Annex II, para. 16) で,オンブズパーソンへの 60 日以内の通知を決定した。しかし,オンブズパーソンの 2015 年報告書によれば,実情は内容不十分で決議の規定する理由開示の要件を充たしていないと指摘される ("Report of the Office of the Ombudsperson pursuant to Security Council resolution 2161 (2014)," UN Doc. S/2015/80, 2 February 2015, para. 43)。このように透明性が欠如することなどが問題であるが,従来の実績では,オンブズパーソンの勧告は従われており,委員会がコンセンサスにより反対の決定をしたり,安保理への付託がなされたこともなく,公平な手続と独立した審査がなされてきたという (*ibid.*, para. 36)。

第5節 おわりに──まとめ──

　国連安全保障理事会を国際社会の公権力として位置づけることは，安保理という機関およびその担う集団安全保障制度が，個別国家や国家集団などとは異なる，国際社会の公的な機関であり，公的な秩序を維持するための制度であることを象徴的に示す。そこにおいて保護の対象とされる利益が，個別国家の私的な利益ではなくて，国際社会全体の公的利益であり，国際社会の秩序破壊行為に対して発動されるのが，公権力であることを象徴的に示すことになる。

　確かに，「公」の概念は常に一義的に定まるものではなく，多かれ少なかれ私的な利益が入り込み，一部の私的利益を「公」の名の下に正当化するというイデオロギーとして機能する側面があることも事実である。しかし，「公」の概念の使用の当否は，「国際公益の事実性」と「国際公益のイデオロギー性」のバランスと進展に基づいて判断する必要がある。国際社会の組織化が進展し，グローバリゼーションの下で国際社会の法構造も人間価値中心的な変容を遂げつつある段階においては，「公」の概念のイデオロギー的機能の危険性を十分に認識した上ではあるが，国際連合や安保理などの普遍的国際組織や集団安全保障制度などを公的な組織や制度であり，公権力として捉える見方が有益になってきていると考えられる。

　安保理による集団安全保障制度の運用を見れば，確かに多くの問題がある。アメリカなどの大国の利益を偏重する側面は否定できず，決定内容の公正さや正当性に問題があることもある。人権侵害も様々な形で発生してきたし，伝統的な国際法秩序の下では安保理の活動を規律する人権規範の拘束性を十分には確保できてきていないのが実情である。

　しかしながら，安保理などの活動が私人や私的団体に対して直接に「統治的な」活動を行う限りで，適正手続に対する権利や公正な裁判に対する権利などの人権規範が適用されるという期待・傾向が形成されつつある。また，国連などの普遍的国際組織が公的な権力を行使する限りで，それらの行為は一定のコントロールに服すべきであると主張され，その活動を規律する手続的および実体的な原則と規則およびそれらの実施の仕組みの必要性が一層認識されるよう

になってきてもいる。国内社会の法制度や経験を安易に国際社会に類推適用することは極めて危険である。しかし，以上に検討してきたように，「公」の概念の使用の有益性は，今や真剣な検討対象となってきていると考えられる。

あとがき

　ちょうど10年前の2005年（国連創設60周年）に，私は『国際組織法』（有斐閣）を刊行した。その後ほどなく，同書の際と同様に奥村邦男さん（当時有斐閣京都支店）のお世話で，本書刊行の計画をたて取り組むことになった。しかしながら『国際組織法』刊行の影響か，50歳代の中頃になっていた私は，直に世界法学会と国際法学会という国際法分野の二つの重要な学会の執行部に参画することになった。いずれも自ら望んだわけではなく，30年間にわたる研究活動において享受した恩恵に報いるという意味で，研究時間の犠牲を前提として引き受けることにした。覚悟していたとはいえ，必ずしも行政能力が十分でない者が誤りのないように慎重な仕事を心がければ多大な時間を必要とするのは当然のことであり，結果として本書刊行の計画は数年間の中断を余儀なくされた。いずれの学会でも，偶然ではあるが，執行部在任中に研究大会報告の依頼を受け，責任上乏しい研究時間のすべてをその準備に投入することになった。

　学会活動が一段落した2012年秋に本書刊行の取り組みを再開したが，国際社会の動きは速く研究動向も移っており，当初考えていた書き直しは現実的でないとの判断にいたった。その結果，「はじめに」に記したように新たな方向性として公共性の視点を取り込み，その方向で再編し新たな研究状況を紹介するとともに既存の拙稿は基本的に再録するにとどめることとした。

　顧みれば，50歳代の貴重な研究時間をかなり犠牲にして学会運営という公益に尽くしたなかでも，気持ちの持ち方次第では多くの学会員の研究活動を支えているということから不思議にやりがい感・生きがい感を与えて頂き，良かったと思っている。また結果として，研究動向の新たな展開を取り込むことができたとも考えている。

　他方で，そのような回顧のなかで考えたことを1点，若手後進に伝えておきたい。近年，発信の重要性が指摘され，国際共通語としての英語で論文発表を

することが多くなってきたことは良いことである。もっとも，日本の学界で活動し，深い思索には母語である日本語を必要とするために，結果として多くの場合は日本語で発表し，これはという力作は同時に英語でも発表するという対応になるだろう。可能であれば，博士課程在学中に留学し，当該分野の一流の研究者の指導を受けながら英語で博士論文を執筆・刊行するのが良い。しかし諸般の事情からそのようにできないことが多いであろう。その場合にも，20歳代～30歳代に膨大な時間をかけて完成させた博士論文の全体あるいは中核部分を英語で発表・刊行することの重要性はいくら強調してもしすぎるということはない。才能に溢れた例外的な研究者は別として，私を含む多くの者にとっては，博士論文を超える研究成果を出すことは容易ではないからである。

確かに，日本語で発表したモノグラフを英語で発表するのは時間もかかり大変である。しかも研究書は多量の先行研究の蓄積と引用の上に書かれており，プロであっても翻訳者に一任することはできない。しかし逆に，すべての関係文献は自分の研究室に収集されており，1年～2年の我慢をすれば，英文に直して International Law in Japanese Perspective などに投稿することができる。新しい研究に取りかかることに急かされたり，業績の点数を出す必要に駆られて，たぶん（失礼ながら）自分の最高峰となる研究成果を日本語のままに放置しておくことはもったいないと言うほかない。数年して時機を逸すればほとんど不可能になるという意味では取り返しのつかないことである。

誠に恐縮ではあるが，この点での私の感慨を参考までに記しておきたい。拙著『国際組織の創造的展開』（勁草書房，1993年）刊行後，2年におよぶ苦しい翻訳作業に従事した後に，幸い *Evolving Constitutions of International Organizations* (Kluwer Law International, 1996) として刊行することができたが，この苦労を選んだことは，後々本当に良かったと考えている。日本語版は一応学会誌の書評の対象とはなったが，他の研究者による論文・書物で引用されることは必ずしも多くはない。他方で英語版は *American Journal of International Law*, Vol. 92 (1998), pp. 153-155 で F. L. Kirgis による書評対象とされたほか，この問題に関する論文・モノグラフ・体系書にて言及されることが現在にいたるまで続いており，世界（主に欧米）の学界の広さを感ずる。例えば，"The most authoritative monograph in English is Tetsuo Sato, *Evolving Constitu-*

tions of International Organizations" by J. Klabbers (*Nordic Journal of International Law*, Vol. 70 (2001), p. 305, n. 74); "Sato convincingly concludes that ..." by C. Brölmann (*The Institutional Veil in Public International Law* (Hart Publishing, 2007), p. 119); by A. Peters (J.-M. Sorel (ed.), *Droit des organisations internationales* (LGDJ, 2013), p. 223); "The leading monograph is Tetsuo Sato..." by J. Klabbers (*Advanced Introduction to the Law of International Organizations* (Edward Elgar Publishing, 2015), p. 28, n. 61) などである。

　最後になり恐縮だが，本書刊行にあたり，土肥賢，高橋均（有斐閣）および田顔繁実（有斐閣学術センター）の3氏にお世話になったことを記して感謝申し上げる。また校正作業には，一橋大学大学院法学研究科博士後期課程院生でリサーチ・アシスタントを務める近藤航君に大変助けて頂いた。本書は，同研究科の選書として出版助成を受けて刊行される。私事をお許しいただきたいが，本年9月に92歳で天寿を全うした母，佐藤つやに本書を捧ぐ。

2015年9月11日

　　　　　　　　　　　　　　　国立の研究室にて

　　　　　　　　　　　　　　　　　　　　佐　藤　哲　夫

条約・文書索引

国際連合憲章
 25条 68
 39条 37-39, 67, 80, 105, 161, 254
 41条 39-41, 67, 257
 42条 41-46, 83, 260
 49条 71
 50条 71
 51条 89
 103条 69, 97
条約法に関するウィーン条約
 5条 20
 31条3項(b) 18
普遍的国際機関との関係における国家代表に関するウィーン条約
 1条1項(34) 20
 3条 20
 60条5項 62
国と国際機関との間及び国際機関の間の条約法に関するウィーン条約
 2条1項 20
国家責任条文
 22条 63
 41条2項 43
 49条 63

 50条 63
 51条 63
 54条 65
国家責任に関する暫定条文草案
 19条 47
 ——2項 64
 ——3項 64
国際法委員会
 「国際組織の責任」に関する条文61条 373
コソボ国連ミッション（UNMIK）
 人権状況報告書 374
自由権規約委員会
 一般的意見26 374
国際連盟規約
 12条 340
 13条 341
 15条 341
 16条 341

ガット 70
国際民間航空条約 70
日米航空協定 70
日米通商航海条約 70

判例・事件索引

〔国際判例〕

「損害賠償」事件（1949年）　16, 317
「南西アフリカの国際的地位」事件（1950年）　16
「補償裁定」事件（1954年）　16, 282
「ある種の経費」事件（1962年）　19, 292
「ナミビア」事件（1971年）　17, 26, 36, 48, 292
「WHO協定」事件（1980年）　325, 370
「ニカラグア」事件（本案）（1986年）　116
「ロッカビー」事件（1992年）　292
「ジェノサイド条約適用」事件（1993年）　326
「タディッチ」事件（1995年）　38, 52, 260, 280, 305, 311
「核兵器使用の合法性」事件（WHO, 1996年）　34-36

〔事　件〕

アフガニスタン侵攻（アメリカによる）　43, 358
コソボ空爆（NATOによる）　42
フォークランド紛争　93
ロッカビー　53

決議索引

〔国際連合安全保障理事会〕
83（1950）　83
217（1965）　48
221（1966）　72, 86
276（1970）　48
661（1990）　68, 313
665（1991）　72
678（1990）　41, 72, 77-111, 260-262
687（1991）　50, 258, 262-264, 314, 359
688（1991）　132-141
713（1991）　150
733（1992）　141
743（1992）　151
787（1992）　72
794（1992）　142, 146
816（1993）　154
827（1993）　259
836（1993）　155
875（1993）　72
955（1994）　259
1244（2000）　43
1368（2001）　44, 54
1373（2001）　44, 54, 315
1540（2004）　315

〔国際連合総会〕
43／131　118
45／100　120
46／182　121
47／168　122
377（V）「平和のための結集決議」　82, 83

事項・人名索引

〔あ 行〕

明石（康） 193
アークハート（B. Urquhart） 206
アフリカ待機部隊（African Standby Force） 212
アメリカ合衆国連邦憲法 24-25
アメリカによるアフガニスタン侵攻 43, 358
アランジオ・ルイーズ（G. Arangio-Ruiz） 258, 274-276
アルヴァレス（A. Alvarez） 15
アルヴァレス（J. E. Alvarez） 256, 293, 296
アルテミス作戦（Operation Artemis） 240
アユーブ（M. Ayoob） 185
アンゴラ 194
EU戦闘集団（Battlegroups） 212
ヴィラリー（M. Virally） 97
ウェレンズ（K. Wellens） 363
ウォルドック（H. Waldock） 321
ヴォルフラム（R. Wolfrum） 318, 320
内田（久司） 289
エメリー・リーブスの『平和の解剖』 199
援助に自由通過を認める義務 128
援助の申し出の権利 127
援助を受け入れる義務 128
「公」の概念 4
大沼（保昭） 187
尾崎（重義） 87, 139
オーリュー（M. Hauriou） 25

〔か 行〕

カーギス（F. L. Kirgis, Jr.） 247-248, 255, 260, 282, 284, 288, 290, 313
カンボジア 194, 349-350
キャプストーン・ドクトリン 223-227
キャロン（D. D. Caron） 280
旧ユーゴスラビア 350-353
旧ユーゴスラビア国際裁判所 283
許可方式 41, 182
グッドリッチ（L. M. Goodrich） 278

クリシュ（N. Krisch） 264
グールディング（M. Goulding） 193
クルド人保護 131-141
グレイ（C. Gray） 231
グレフラート（B. Graefrath） 257, 259, 282
グローバル行政法 377
ケルゼン（H. Kelsen） 15, 265, 343
権力の機能的な分立 280, 331
香西（茂） 220, 221, 224, 228
「公平性の原則」 193
公法アプローチ 378
合法性確保機能 32, 47-58
国際医事人道法 123
国際刑事裁判所（ICC） 312
国際組織のアカウンタビリティ 379
国際的（グローバル）立憲主義 376
国際連合イラク・クウェート国境画定委員会 285
国際連合憲章の解釈 249
国際連合補償委員会 283
「国連緊急即応待機旅団（SHIRBRIG: Multi-national Standby High Readiness Brigade for UN Operations）」 209
「国連早期展開旅団（UN Rapid Deployment Brigade）」 209
『国連平和維持活動：原則と指針』 223-227
「国連平和維持活動のための合意ガイドライン」 171
コソボ 357
固定的指示（renvoi à contenu fixe） 27
コード・メイヤーの『平和かアナーキーか』 199
小森（光夫） 363

〔さ 行〕

酒井（啓亘） 221
サルーシ（D. Sarooshi） 231, 269, 287
指揮・統制 183
事後の実行 317

資産凍結・資産没収　65
司法審査　328
シモン（D. Simon）　11
シャクター（O. Schachter）　90, 110
準司法的権限　282
準立法的権限　288
ショー（M. Shaw）　267
シンガー（P. W.）　217
「人権の保護と国家の国内事項への不干渉の原則」　125
人道的救援　114
『新パートナーシップ基本方針：国連平和維持活動の新たな展望』　241
シンマ（B. Simma）　287
信用供与・経済援助の停止　65
神余（隆博）　185
スペンダー（P. Spender）　19
スュール（S. Sur）　96
制裁委員会　71
制度理論　25-26
セイヤステッド（F. Seyersted）　15
「世界政府論」　198-203
『世界難民白書』　189
「専門性の原則」　35
組織法　9-13, 22-29, 166-168
ソマリア　141-150, 354-356

〔た　行〕

第三国による対抗措置　63-65
第二世代の平和維持活動　190
田岡（良一）　343
高野（雄一）　106
多国籍軍　197, 229-242
田中（忠）　101
朝鮮国連軍　252
「締結後の慣行」（国の）　17-18
「締結後の実行」（国際組織の）　18-22
デュピュイ（P.-M. Dupuy）　274
テロリズム対策委員会（Counter-Terrorism Committee）　55
同等の保護　373
透明性　381
トゥンキン（G. I. Tunkin）　15
トムシャット（Ch. Tomuschat）　273, 320, 324

〔な　行〕

NATOによるコソボ空爆　42
「内戦における不干渉原則」　122
中村（道）　231
ニカラグア事件（本案）　116
任務・機能（function, fonction）　7

〔は　行〕

ハイレベル・パネル報告書　304, 326
バウエット（D. W. Bowett）　80, 295, 296
ハックワース（G. Hackworth）　15, 16, 317
ハーパー（K. Harper）　282
ハマーショルド事務総長　171
「パリサー作戦（Operation Palliser）」　239
東ティモール　358
ファスベンダー（B. Fassbender）　327, 375
フィッツモーリス（G. G. Fitzmaurice）　26-27, 36, 97
フィンドレイ　222-223
不干渉原則　114
復仇（reprisal）　62-63
フランク（Th. M. Franck）　272, 277-278, 297
フランクとペイテル（Th. M. Franck and F. Patel）　101
ブリシャンボー（M. P. de Brishambaut）　289
古谷（修一）　364
フローヴァイン（J. A. Frowein）　276
「平和強制」　180, 222-223
「平和強制部隊（Peace-Enforcement Units）」　180
「平和への課題」　128
「平和への課題―追補」　175, 180, 183
ペスカトール（P. Pescatore）　25
ヘルデゲン（M. J. Herdegen）　291, 294
変動的指示（renvoi mobile）　27
法的グレー・ゾーン　265-269
ボーダンスキ（D. Bodansky）　319

〔ま 行〕

松井（芳郎）　86
松田（竹男）　147, 362, 365-368
マーフィー（S. D. Murphy）　278
皆川（洸）　116
南アフリカ　252
南ローデシア　252
民間軍事会社（PMC）　216
メロン（Th. Meron）　290
黙示的権限　101, 109
「黙示的権限の法理」　8
目的論的解釈方法　317
モナコ（R. Monaco）　10
森川（幸一）　94

〔や 行〕

山内（進）　337

「有効性の原則」　13-14
UNITAF（United Task Force）　142
UNOSOM Ⅱ　142, 148
ヨーロッパ共同体　23-24

〔ら 行〕

ラウターパハト（E. Lauterpacht）　19, 268, 295, 326
リコルヌ作戦 Opération Licorne　240
ルナール（G. Renard）　25
ルワンダ　188, 206, 356-357

〔わ 行〕

湾岸戦争　347-349

(著者紹介)

佐藤　哲夫（さとう　てつお）

1955年1月　浜松市生まれ
1978年　一橋大学法学部卒業
　　同大学院法学研究科博士課程中退後，助手，専任講師，助教授，教授を経て
　　一橋大学博士（法学）
現　在　一橋大学大学院法学研究科教授
　　この間，アメリカのフレッチャー・スクール法律外交大学院にフルブライト
　　奨学生として留学（法律外交修士の学位取得）したほか，パリ第2大学，ロ
　　ンドン・スクール・オブ・エコノミックスにて在外研究に従事する。

〔主　著〕
『国際組織の創造的展開——設立文書の解釈理論に関する一考察』（勁草書房，
1993年）〔同書の基となった論文は第24回安達峰一郎記念賞（1991年度）を
受賞した〕
Evolving Constitutions of International Organizations (The Hague: Kluwer
Law International, 1996)
"The Legitimacy of Security Council Activities under Chapter VII of the UN
Charter since the End of the Cold War", in J.-M. Coicaud and V. Heiskanen
(eds.), *The Legitimacy of International Organizations* (Tokyo: United Nations
U.P., 2001)
『国際組織法』（有斐閣，2005年）

国連安全保障理事会と憲章第7章
――集団安全保障制度の創造的展開とその課題――
*The Security Council of the United Nations and Chapter VII of
the UN Charter*

2015年12月10日　初版第1刷発行

著　者　　佐　藤　哲　夫
発行者　　江　草　貞　治
発行所　　株式会社　有　斐　閣
　　　　　　　　　　　郵便番号 101-0051
　　　　　　東京都千代田区神田神保町 2-17
　　　　　　電話　（03）3264-1314〔編集〕
　　　　　　　　　（03）3265-6811〔営業〕
　　　　　　http://www.yuhikaku.co.jp/

制作・株式会社有斐閣学術センター
印刷・株式会社精興社／製本・大口製本印刷株式会社
© 2015, Tetsuo Sato. Printed in Japan
落丁・乱丁本はお取替えいたします。
★定価はカバーに表示してあります。
ISBN 978-4-641-04675-7

JCOPY　本書の無断複写（コピー）は，著作権法上での例外を除き，禁じられてい
ます。複写される場合は，そのつど事前に，(社)出版者著作権管理機構（電話03-
3513-6969, FAX03-3513-6979, e-mail:info@jcopy.or.jp）の許諾を得てください。

本書のコピー，スキャン，デジタル化等の無断複製は著作権法上での例外を除き禁じられています。本書を代行業者等の第三者に依頼してスキャンやデジタル化することは，たとえ個人や家庭内での利用でも著作権法違反です。